JN323271

シリーズ
縄文集落の多様性 IV

信仰・祭祀

鈴木克彦 編

雄山閣

シリーズ「縄文集落の多様性」の刊行にあたって

　南北に連なる日本列島の豊かな自然環境のもとに形成された縄文時代の集落形成には、地域と年代により多様性があることが知られている。

　集落は、人々が生活を営む過程でくらし易いように人工的に土地や環境を改変して形成されるもので、居住の家だけでなく広場、墓、貯蔵、屋外炉、捨て場など、諸作業あるいは信仰、祭祀儀礼、生業などの生活に必要な諸施設の全体範囲を指す。それらの諸施設は、みな有機的に連携されているものである。当然そこには家族、親族、血縁・地縁集団の社会組織や世界観が存在するだけでなく、社会的な規制、慣習などが反映されている。

　そういった有形、無形の「縄文集落」の全体像を正しく認識するために、これまでわれわれが発掘調査で明らかにしてきた集落を形成する諸要素を、単元的にとりあげて全体で総括的にまとめることとし、下記のとおり企画編集した。

　そのⅠでは、各地域単位に集落形成の主体となる住居および住居群の集落形態と構造を俯瞰するかたちで総論的にまとめ、ⅡからⅣにおいて集落を構成する諸施設を便宜的に分割してテーマ化し、縄文時代における地域の多様な集落形成の特徴を発掘された埋蔵文化財を通して明らかにするものである。そのうえで、執筆者各位には、経験的に考えてきたことや研究成果により地域の文化や社会的な思惟あるいは社会構造などの諸問題を任意にとり上げてもらうことにした。このシリーズが21世紀のスタート時代にふさわしい問題提起となり、新世代の「縄文集落」研究の礎になることを望んでいる。

　なお、本書の企画には前編集長の宮島了誠氏よりご理解とご協力を賜わるとともに、刊行にあたり株式会社雄山閣に対し衷心より感謝の意を表するものである。

(シリーズⅠより)

　Ⅰ　集落の変遷と地域性 (既刊)
　Ⅱ　葬墓制 (既刊)
　Ⅲ　生活・生業 (既刊)
　Ⅳ　信仰・祭祀 (本書)

凡　例

編集の主旨

1：全国の地域、時期ごとの多様な縄文時代の信仰・祭祀施設の内容が理解できる内容とする。
2：各地域の信仰・祭祀施設研究の現状と課題（第1章）、各時期の変遷と特徴（第2章）を明らかにする。
3：集落における信仰・祭祀に係わる諸施設を分析し、各地域の特徴をまとめる（第3章）。

編集方針

- 地域区分は、任意で行なった。
- 文中の人名は、敬称を省略した。
- 用語については、次の事項を統一した。
  ①：住居を指す竪穴、竪穴式住居、住居跡、住居址は「住居」に、集落跡、集落址は「集落」に、数量単位について、住居は「軒」、掘立柱建物は「棟」、ほかは「基」とした。
  ②：土坑、土壙の用語は、墓と確定できない場合は「土坑」、墓を指す場合は「土壙墓」とした。
- 遺跡名には最初に限り都府県名市町村名を記したが、北海道に限り市町村名のみを記した。
- 住居、集落の時期表記は、土器型式に基づく場合、例：十腰内1式期と表記した。
- 数値は算用数字を用い、単位はm、㎡、kmと記号化して表記した。
- 引用・参考文献は、文中に（鈴木2001）と括弧書きで著者名と西暦発行年を記し、文末には著者姓名、西暦発行年、「論文名」、『掲載誌』または『単行本』を五十音の順に記した。
　　また、文中の出典文献の表記は、地方公共団体等（教育委員会、埋蔵文化財センター）の場合、教育委員会等を省略し、例：北海道2001と記した。ただし、文献一覧には北海道教育委員会2001と記載した。
- 遺跡に関連する報告書等の文献は、巻末に都道府県別にまとめた。

シリーズ縄文集落の多様性Ⅳ
信仰・祭祀　目次

　刊行にあたって　ⅰ
　凡例　ⅱ

総論　信仰・祭祀施設に関する諸問題
　　　　—日本における信仰の発生形態と死霊観—・・・・・・・・・〈鈴木克彦〉　1
　第1章　縄文信仰の体系—信仰・祭祀に係わる施設と考古学の課題・・・・　1
　　第1節　縄文信仰の性格と考古学の役割　1
　　第2節　信仰・宗教の起源と考古学　2
　第2章　配石遺構の分類と概念・・・・・・・・・・・・・・・・・・・・・・・・・・・・・・　3
　　第1節　配石遺構の分類と概念と認識　3
　　第2節　初期の配石遺構の変遷　6
　　第3節　信仰・祭祀の主体者（社会組織）と共同祭祀　9
　第3章　縄文信仰の死霊観と他界観、祖先崇拝・・・・・・・・・・・・・・・・・　10
　　第1節　埋葬に関する死霊観　10
　　第2節　祖先崇拝に関する問題　11
　　第3節　縄文信仰の根源—死霊信仰　14

Ⅰ　北海道北部の縄文集落の信仰・祭祀・・・・・・・・・・・・・・・・・・〈鈴木克彦〉　17
　第1章　北海道北部の信仰・祭祀施設研究の現状と課題・・・・・・・・・・　17
　第2章　北海道北部の信仰・祭祀施設の変遷・・・・・・・・・・・・・・・・・・　19
　　第1節　草創期〜早期の信仰・祭祀関連施設　19
　　第2節　前期〜中期の信仰・祭祀関連施設　21
　　第3節　後期〜晩期の信仰・祭祀関連施設　28
　第3章　北海道北部の信仰・祭祀施設の特徴とまとめ・・・・・・・・・・・・　40
　　第1節　北海道における信仰・祭祀施設に関する諸問題　40
　　第2節　北海道のストーン・サークル　45

Ⅱ 北海道南部の縄文集落の信仰・祭祀……………………〈遠藤香澄〉53
　第1章　北海道南部の信仰・祭祀施設研究の現状と課題………　53
　第2章　北海道南部の信仰・祭祀施設の変遷………………………　55
　　第1節　草創期～早期の信仰・祭祀施設　55
　　第2節　前期～中期の信仰・祭祀施設　57
　　第3節　後期～晩期の信仰・祭祀施設　61
　第3章　北海道南部の信仰・祭祀施設の特徴とまとめ…………　82
　　第1節　屋内信仰・祭祀施設　82
　　第2節　屋外信仰・祭祀施設　83

Ⅲ 東北地方北部の縄文集落の信仰・祭祀
　　………………………〈熊谷常正・児玉大成・武藤祐浩〉89
　第1章　東北地方北部の信仰・祭祀施設研究の現状……………　89
　第2章　東北地方北部の信仰・祭祀施設の変遷…………………　90
　　第1節　青森県　90
　　第2節　岩手県　96
　　第3節　秋田県　104
　第3章　東北地方北部の信仰・祭祀施設の特徴とまとめ………　111
　　第1節　屋内信仰・祭祀施設　111
　　第2節　屋外信仰・祭祀施設　112
　　第3節　まとめ　113

Ⅳ 東北地方南部の縄文集落の信仰・祭祀……………〈小林圭一〉115
　第1章　東北地方南部の信仰・祭祀施設研究の現状……………　115
　第2章　東北地方南部の信仰・祭祀施設の変遷…………………　115
　　第1節　草創期～早期の信仰・祭祀施設　115
　　第2節　前期～中期の信仰・祭祀施設　116
　　第3節　後期～晩期の信仰・祭祀施設　125
　第3章　東北地方南部の信仰・祭祀施設の特徴とまとめ………　141
　　第1節　屋内信仰・祭祀施設　141
　　第2節　屋外信仰・祭祀施設　141

Ⅴ 関東地方の縄文集落の信仰・祭祀……………〈石坂　茂・林　克彦〉145
　　第1章　関東地方の信仰・祭祀施設研究の現状と課題………… 145
　　第2章　関東地方の信仰・祭祀施設の変遷………………… 146
　　　第1節　草創期〜早期の信仰・祭祀施設　146
　　　第2節　前期〜後期初頭の信仰・祭祀施設　147
　　　第3節　後期前葉〜晩期の信仰・祭祀施設　160
　　第3章　関東地方の信仰・祭祀施設の特徴とまとめ…………… 171
　　　第1節　屋内信仰・祭祀施設　171
　　　第2節　屋外信仰・祭祀施設　173

Ⅵ 北陸地方の縄文集落の信仰・祭祀………………………〈渡邊裕之〉181
　　第1章　北陸地方の信仰・祭祀施設研究の現状と課題………… 181
　　第2章　北陸地方の信仰・祭祀施設の変遷………………… 182
　　　第1節　草創期〜早期の信仰・祭祀施設　182
　　　第2節　前期〜中期の信仰・祭祀施設　182
　　　第3節　後期〜晩期の信仰・祭祀施設　188
　　第3章　北陸地方の信仰・祭祀施設の特徴とまとめ…………… 196
　　　第1節　屋内信仰・祭祀施設　196
　　　第2節　屋外信仰・祭祀施設　197

Ⅶ 中部地方の縄文集落の信仰・祭祀………………………〈新津　健〉201
　　第1章　中部地方の信仰・祭祀施設研究の現状と課題………… 201
　　第2章　中部地方の信仰・祭祀施設の変遷………………… 202
　　　第1節　草創期〜早期の信仰・祭祀施設　202
　　　第2節　前期〜中期の信仰・祭祀施設　205
　　　第3節　後期〜晩期の信仰・祭祀施設　218
　　第3章　中部地方の信仰・祭祀施設の特徴とまとめ…………… 225
　　　第1節　屋内信仰・祭祀施設　225
　　　第2節　屋外信仰・祭祀施設　227
　　　第3節　丸石への祈り　229

Ⅷ　東海地方の縄文集落の信仰・祭祀･･････････････････〈川添和暁〉233
　　第1章　東海地方の信仰・祭祀施設研究の現状と課題････････233
　　第2章　東海地方の信仰・祭祀施設の変遷･･････････････････234
　　　第1節　草創期～早期の信仰・祭祀施設　234
　　　第2節　前期～中期の信仰・祭祀施設　236
　　　第3節　後期～晩期の信仰・祭祀施設　244
　　第3章　東海地方の信仰・祭祀施設の特徴とまとめ･･････････260
　　　第1節　屋内祭祀・信仰施設　260
　　　第2節　屋外信仰・祭祀施設　261
　　　第3節　後期中葉以降の配石遺構の遺跡について　262

Ⅸ　近畿地方の縄文集落の信仰・祭祀･･････････････････〈松田真一〉265
　　第1章　近畿地方の信仰・祭祀施設研究の現状と課題････････265
　　第2章　近畿地方の信仰・祭祀施設の変遷･･････････････････266
　　　第1節　草創期～早期の信仰・祭祀施設　266
　　　第2節　前期～中期の信仰・祭祀施設　267
　　　第3節　後期～晩期の信仰・祭祀施設　269
　　第3章　近畿地方の信仰・祭祀施設の特徴とまとめ･･････････282
　　　第1節　屋内信仰・祭祀施設　282
　　　第2節　屋外信仰・祭祀施設　284
　　　第3節　まとめ　286

Ⅹ　中国・四国地方の縄文集落の信仰・祭祀････････････〈中村　豊〉291
　　第1章　中国・四国地方の信仰・祭祀施設研究の現状と課題･･291
　　第2章　中国・四国地方の信仰・祭祀施設の変遷････････････292
　　　第1節　草創期～早期の信仰・祭祀施設　292
　　　第2節　前期～中期の信仰・祭祀施設　292
　　　第3節　後期～晩期の信仰・祭祀施設　294

第 3 章　中国・四国地方の信仰・祭祀施設の特徴とまとめ･･････ 303
　　　第 1 節　屋内信仰・祭祀施設　303
　　　第 2 節　屋外信仰・祭祀施設　303
　　　第 3 節　大型石棒の展開からみた縄文祭祀の終焉　305

XI　九州地方の縄文集落の信仰・祭祀･･････････････〈堂込秀人〉309
　　第 1 章　九州地方の信仰・祭祀施設研究の現状と課題･･･････ 309
　　第 2 章　九州地方の信仰・祭祀施設の変遷･･･････････････ 310
　　　第 1 節　草創期～早期の信仰・祭祀施設　310
　　　第 2 節　前期～中期の信仰・祭祀施設　316
　　　第 3 節　後期～晩期の信仰・祭祀施設　317
　　第 3 章　九州、沖縄地方の信仰・祭祀施設の特徴とまとめ･･････ 323
　　　第 1 節　屋内信仰・祭祀施設　323
　　　第 2 節　屋外信仰・祭祀施設　324
　　　第 3 節　発掘調査の成果と意義　325

　遺跡関連文献 ･･･ 327
　執筆者一覧 ･･･ 351

総論　信仰・祭祀施設に関する諸問題
―日本における信仰の発生形態と死霊観―

鈴木克彦

第1章　縄文信仰の体系―信仰・祭祀に係わる施設と考古学の課題

第1節　縄文信仰の性格と考古学の役割

　信仰は、無形ゆえに立証することが難しく、その表現形式である祭祀も同様である。特に、先史の縄文時代なら尚更である。しかし、信仰・祭祀には儀礼が伴うので、その物的証拠（諸遺物、諸遺構）が残されているはずである。それらを観察、分析して信仰的な要素を抽出し、何故信仰に係わるのか、どういう信仰か、具体的な説明を行なって精神世界やその原初形態、社会制度としての信仰を実証的に明らかにすることが考古学の役割である。そして、縄文時代の信仰（以下、縄文信仰）を究明することは、事実上日本民族の信仰、宗教の起源ないし発生形態を明らかにするに等しい。

　生産が文化の形式を規定する（グローセ1921）。縄文信仰は、採集、狩猟、漁労の生業のもとに生まれた性質を持つことは自明であり、農耕文化の信仰と本質的に違うものである。しかし、信仰は豊穣の祈願だけでなく、生きるための生活全般の安全、病治癒、倫理などの諸事項や人の死に伴う埋葬の葬送儀礼など、ありとあらゆることが対象になって社会の習俗、慣習の社会制度として複合的に行なわれるものである。

　信仰・祭祀の施設として、草創期から晩期まで一貫してみられる遺構が、主に墓坑と配石遺構、屋外炉、焼土群等である。墓坑以外の機能は発掘の状況で判断することだが、墓坑と配石遺構は歴史的に密接な関係にある。信仰と不可分な墓の精神的な拠り所は死霊観にあり、事実上、墓坑と配石遺構が縄文信仰の中枢になる主要な遺構であり、それを特色付ける。

　何故に信仰や墓の施設に石を多用するのか、それは墓などと石の関係を歴史的に捉えて引き出されることであって、石に精霊を認めてのことだと解釈する

なら何の根拠になろう。肯定も否定もできないことへの非科学的な解釈主義が、今日の信仰研究の停滞を招いた。21世紀の考古学に求められるのは、解釈主義でなく事物に対する根源的な考え方であり、それを実証的に明らかにする方法論である。本論では、狩猟社会の枠組みにおいて、考古学の永遠的課題と言える信仰と墓つまり死霊観と墓や配石遺構が一体化する初期の形態を中心に論じ、人が持つ死生心意、死霊観を宗教学の理論に基づいて考える。

第2節　信仰・宗教の起源と考古学

(1) 信仰・宗教の起源学説

　不可見な存在の信仰は、「全体が謎であり、不可解事であり、解き得ない神秘である」(ヒューム 1972)。「霊魂不滅、彼の世」などの存在は客観的に証明できない不可知論であり、そういう来世の信仰より死の恐怖が人間の精神の根源と考えた。民族誌を援用したヒュームの宗教起源学説は、後のコント、タイラーなどの精霊・霊魂説の宗教の社会進化論に影響を与えた。スペンサーやクーランジュ (1961) は、マーニズム（祖霊信仰）が根本となりそこから他の宗教が発生し死者を崇拝する祖先崇拝が家族や社会組織、社会制度の根源になったと考えた。氏族制のトーテムを信仰の原初形態とみるデュルケムは、祖先崇拝が原始的なものでなく進んだ社会に現れるとみなし、グローセも狩猟民に精霊信仰を認めても階級的な祖先崇拝を否定した。

　どの学説が真理だと言うわけではないが、文化装置として社会の倫理、福祉に果たした意義が大きい宗教的イデオロギーの信仰を、宗教人類学は心理学と社会学等の方法により分析する。考古学もまた、宗教社会学の機能主義の観点から集団社会の考え方として信仰を文化的で社会的な装置の習俗制度と捉え、社会組織、社会構造と一体で考えねばならない。しかしながら、宗教観念の定義、本質、信仰とは何かという、考古学だけで解決できない心の問題は、理論的方法論が優れている宗教学に譲るか、それに学ぶことが賢明のようだ。

　もちろん、信仰、宗教の起源を明らかにする上で、考古学の果たす役割が大きい。しかし、これまで考古学は用をなさなかった。宗教学者が信仰、宗教を認識したのに対し、考古学者は解釈したからである。配石遺構等を見て安易に他界観、祖先崇拝を語る現状の考古学が、その典型である。

(2) 信仰、宗教の起源と他界観

　人類史上の信仰、宗教の発生は、旧石器時代のネアンデルタール人の埋葬事例に求められている。それを他界観、祖先崇拝とみる拙速な解釈（ハウエル1970、ミズン1998）や信仰の発生を人類が直立した段階に求め「埋葬は死後存続の信仰を確証する」と積極的に他界観を認める見解（エリアーデ1991）がある一方で、「この世とあの世との区別の意識は存ぜず、霊魂や精霊といった超越的な観念はなかった」（木村1959）とする意見がある。民族誌と比較するエリアーデの方法はチャイルド（1951）が否定した方法だが、チャイルドの「(死後に)現世が継続する」「空想的な考え」という他界観は、古野清人（1973）も旧石器時代に埋葬儀礼や呪術的宗教観念は認めても社会組織が不明では推測の域を出ず証明は不可能だと慎重な態度をとりつつ、容認している。よって、チャイルドの言う空想的で原初的な他界観が縄文時代にも存在することを否定しない。

　他界観は、生者が死者の記憶を追う情緒的、空想的観念、輪廻再生、救済などの哲学的信念、諸々の観念が入り混じった天国、浄土、地獄等の世界観だが、旧石器、縄文時代の他界観はチャイルドの言う情緒的で人として持つ永世の空想的な観念であろう。しかし、もし旧石器時代と同様だと言うなら、その間思考が停滞し進歩しなかったことになる。旧石器時代より進化した哲学的信念、他界観が存在したことを、縄文時代に証明することも難しい。よって、縄文時代に他界観が存在したと言うなら、肯定も否定もできない解釈でなく、造墓、埋葬、副葬品等を具体的に分析し、何時からどういう内容で説明できるのか、根本問題を議論せねばならない。

第2章　配石遺構の分類と概念

第1節　配石遺構の分類と概念と認識

(1) パラドックス考古学

　環状列石の研究は、北海道の環状石籬に始まり、北海道ではケルン、メンヒルなど大陸と関連させる独特な歴史観を生んだ。墓域を形成する環状列石、環状土籬により縄文後期に他界観が成立した（大塚1964）と考えたが、重松和男（1971・1972）が疑問を投じたのは当然である。後に、大塚（1967・79）の他界

観の所論が微妙に変わってゆくが、解釈論の宿命である。ポピュリズム的な彼の世、夏至、冬至、ランドスケープなどは、配石遺構に限らずどうにでも解釈できるパラドックスであり、虚構に過ぎない。集石、配石は、信仰等に係わる場の設定として行なわれていると機械的に考えるべきである。

(2) 配石の分類と概念

配石遺構は、「石を使用して作られた構築物の総称（用途不定）」（日本考古学協会編 1962）である。石を多用する背景にあるものは、時代の文化的慣習であり、石をクロウド（組石）、リングに集め、配することの意味を重視すべきである。環状列石、配石土坑、配石墓あるいは集石等は配石形態の一類型であり、石の大小、数、規模の大小、配列の仕方等は本質的な問題でない。つまり、それらは石を用いるという現象と類型で統括される概念なのである。

配石遺構は、下部の土坑の有無により無坑型と有坑型に大別され、どちらも多様性があり数種に細分される。一般に、無坑型を信仰、有坑型を墓とみなすことが多いが、有坑型の土坑から必ずしも人骨が出土するわけでない。無坑型の配石遺構に関して、どういう信仰を行なったものか、出土遺物等を含めた研究により内容が明確にされた試しがない。

配石土坑、配石墓は、石の用い方の類型がほぼ共通しており関連するものだと考える。配石遺構に焼土、炭化物等が一般に認められ、住居内外の炉の形態がサークル型の構図に類似する事例もあり、それらも配石の副概念として検討されてよかろう。集石と称し、九州地方に多い早期の焼石、炭化物を伴う石組炉など炉の機能を考える問題を含め、多様性の著しい配石遺構は定義や共伴遺物、規模などの諸属性を含め、考え方と方法論において抜本的、体系的（編年的、型式学的）に再検討されねばならない。

(3) 配石遺構の認識と特色 ——「野生の思考」

縄文信仰全般を配石遺構に限定して捉えるつもりはないが、配石遺構と墓坑、葬送との関連性が強く認められる。その場合、下部の土坑の有無によって信仰か墓かを択一する前に、出現期における墓坑と配石遺構の関係を歴史的に捉えないと、配石遺構の性格を正しく理解できないであろう。

配石遺構は、地域、年代により盛衰し、多様な形態を生み必ずしも一系統に発達しているわけでない。配石に礫石器を使い、やがて立石、石棒、土偶を

伴うなど出土遺物との関連性において多様性がみられるようになり、地域の多様な信仰的諸要素を取り入れて時期的に遷移している。その中で重要なことは、当初から墓的な要素と密接な関係をもって変遷していることであり、それが遺構から縄文信仰を考える場合の初期の特色である。

　土壙墓に石を多用する習慣が古くから認められ、石の用い方にも多様性がみられる。そういう配石遺構、配石土坑等の背景にある考古学的意義は、死者だけでなく人間（生者）と墓（葬墓制、葬送儀礼）と様々な信仰（アニミズム、マナイズム等）が霊交（コミュニオン）する信仰的イデオロギーにあると考える。早期において、次第に集落の中で一定の場所を占めるようになる背景に、その場所が聖域化する作用が働いているとみることができる。

　石を用いる配石遺構、配石土坑等と、石を用いない土壙墓が共存する背景にある根本的な葬送文化の観念は、一種の自然葬法の思想であろう。個人的、社会的な理由に由来することが十分に想定され、弔い心や信仰心の濃淡でなくファジーなフェティシズムの強いアイヌ社会のような、自然現象と人間の行為を同化させる「野生の思考」（レヴィ・ストロース1976）にあると考えられる。そのように、死者を神のような存在に造化せず、自然に同化させ自然力の内化を図る感性が、多様な葬送儀礼・文化の背景にあるのだということは容認されてよいと思う。死霊観を基調にする信仰・祭祀の「野生の思考」が、縄文信仰の体質にある思想ではないかと考える。

（4）集落内信仰・祭祀施設

　集落内にある信仰・祭祀施設は、住居内と住居外に区分され、信仰、信仰＋墓、墓、の性格に分類できる。住居内施設は、中部地方等において石壇と呼ぶ遺構が知られている。それを、現代の家庭にある神棚、仏壇のように祖霊を祭ったと想像したが（水野1969）、短絡的解釈に過ぎず、縄文時代におけるこれまでの祖先崇拝研究の実状を端的に物語る。

　配石遺構を構成する石組みの構図と、住居内の炉石の組み方、立石が類似したり、埋甕も配石遺構の一部になっている場合があり、フレーザーの類感呪術のように相互の形態、構図が類似する関係にあることも事実である。

　集落内に存在する配石遺構は、基本的に集落の共有、共同祭祀と思われる。しかし、配石遺構の見られない集落で、信仰が行なわれていないと断定できな

い。小規模な配石など世帯或いは家族の個人的姿も盲点にしてはならないし、今後は集落における位置関係を捉えることが課題である。

第2節　初期の配石遺構の変遷

(1)　配石遺構の出現と成立

　旧石器時代に、北海道蘭越町立川遺跡など無坑型配石が知られている。しかし、縄文草創期まではまだ資料が少ない。青森県六ヶ所村表館1遺跡（隆線文期）、八戸市櫛引遺跡（多縄文期、敲石出土）に無坑型配石があり、同県階上町滝端遺跡（爪形文期）に下位に掘り込みのある最古の有坑型配石が検出されている。無坑型が有坑型配石に先行する可能性があり、集落に小規模な配石として萌芽し、墓と信仰が分化する葬・祭分離の形式と思われる。

　早期では、北海道函館市中野B遺跡（住吉町式期）に配石や立石のある土坑、全体に大きな石が詰まっている配石土坑があり、内部から石錘等の礫石器が出土し、配石にも礫石器が混在している。同市八木A遺跡では無坑型と有坑型配石が検出され、前者は小規模な4×4m程の範囲に被熱した石などが集中し、後者は配石状態がまばらだが土坑直上にある。この遺跡では、他に前期中葉（円筒下層a、b式期）の83号墓に配石と人骨、獣骨、土器、石器が出土し、配石に磨石等の礫石器が使われている。森町駒ヶ岳1遺跡（中茶路式期）では、住居がみられず夥しい焼土群や配石土坑群が検出され、配石は未発達だが、長さ1m以下の小規模な土坑が数基で単位をなし、石、礫石器、粘土塊を出土し、立石のある有坑型配石が少なくない。

　青森県八戸市長七谷地2遺跡（赤御堂式期）に有坑型配石、岩手県滝沢村仏沢遺跡（物見台式期～早期末）に有坑型配石群が検出されている。北海道や東北地方では、土坑内や直上の礫の数を問わなければ相当数存在する。

　新潟県湯沢町上林塚遺跡（押型文期）に無坑型配石8基、有坑型配石11基が検出されている。長野県大町市山の神遺跡（押型文期）では集落内に土坑（SB02）を囲む9×11mのコ字形配石遺構があり、同県松本市こぶし畑遺跡（押型文期）では14×14mの配石遺構が検出され、住居は検出されていない。山梨県南アルプス市六科丘遺跡（押型文期）では6×11mの範囲に配石遺構、同県上野原市仲大地遺跡、富士吉田市古屋敷遺跡（後半期）から配石土坑が検

出されている。静岡県富士宮市沼久保遺跡（三戸式～押型文期）で6×10mの範囲に8基からなる配石遺構が検出されている。

兵庫県豊岡市神鍋遺跡（押型文期）では、3×5mの範囲に配石土坑を含む配石遺構が検出されている。鳥取県米子市上福万（かみふくまん）遺跡（押型文期）でも住居が無く、配石31基のうち有坑型配石が10基あり、礫石器類を伴い埋葬施設とされている。

熊本県大津町瀬田裏（せたうら）遺跡（押型文期）では広範囲（約15,000㎡）に礫群があり、7×21mの方形配石遺構を含む231基の集石、配石遺構が検出されている。環状の有坑型配石は2基、無坑型が多く花弁状配石を炉とみているが、無炉住居2棟のうち1棟は2㎡以下、全体の規模から1集落の構築なのか共同祭祀施設か、検討を要する。大分県由布市下黒野遺跡（押型文期）でも、径1m強の花弁状配石は石組炉とされている。同県別府市十文字原第一遺跡（押型文期）でも住居が無く、径10mの配石遺構群が検出され、配石8基のうち3基が有坑型で石鏃が出土し、墓の可能性が指摘されている。

(2) 早期の類例の特徴と問題点

草創期や早期の類例は、前期以降に較べると少ないのは事実だが、全国にあり配石土坑を除いても小規模なものならかなり多く存在する。また、西日本の押型文期とされる土器に時期幅があると思われるが、北日本の貝殻文期の類例を考慮すると北日本と西・東日本の配石遺構が別々に独自に出現したのか、大陸文化の影響も含め、草創期から早期の遷移と共に配石遺構の出自形成の問題は、全国的な視野で再検討されてよい。

以下、その他に早期の類例に関する問題点をまとめておく。

①早期には前期以後の配石遺構の諸類型（原型）が全て揃っている。②北日本や西日本でも同一集落（遺跡）に無坑型と有坑型配石が併存する。③瀬田裏遺跡の有坑型の10号配石や上福万遺跡など配石と墓との関連性が顕現し始める。④近くに住居が検出されず居住区域または集落から離れた場所に独立するような配石遺構、配石土坑群が出現する。⑤配石に礫石器、焼石、炭化物が少なからず認められる、⑥下部の土坑は、必ずしも人体をそのまま埋葬する規模でない、ことである。これらから、従来の配石遺構に関する考え方を抜本的に見直してよかろう。また、無坑型と有坑型が分けて造られる理由も重要な問題である。

(3) 配石遺構の形成動機―石の多用と死霊観

　草創期には集落内の信仰施設（配石）と埋葬施設（墓）が分化する葬・祭分離の祭祀形式であったと思われるものが、早期になると配石と墓が一体化するような葬・祭合体の祭祀形式が現れ、住居を伴わない配石遺構等が造られ、葬・祭施設が独立的に分離する祭祀形式が萌芽するようになると考える。このような葬・祭儀礼および祭祀形式の遷移が、集落構成や社会組織、社会構造にどのように反映されているのか、集落における住居、配石、墓の平面的な位置や断面的な重畳関係（層位的累重）などを細かく分析、観察することが今後の課題である。

　もちろん、それらだけでは遺体処理つまり人骨を伴う配石遺構が認められないという反論が生じよう。上記のとおり前期ではあるが、八木A遺跡の人骨を出土する多数の墓坑群と土坑を伴わない83号墓は、岩陰遺跡以外で配石遺構に人骨が伴う最古の事例である。配石は磨石等の礫石器で占められ、その上に遺体を置き、土器や獣骨を伴う配石遺構の原初形態の一類型と考えられ、供犠の儀礼を想定する条件を満たすであろう。

　また、長野県北相木村栃原岩陰など、草創期から早期の配石を伴う人骨出土例があることは周知のとおりである。岩陰、洞窟遺跡から多数の人骨が出土する類例について、国分直一（1968）が指摘した複葬や尊崇すべき死者に人工的に手を加える葬法が他界観の理由になる可能性はある。人骨出土が必要十分条件だが、人骨が出土せずとも十分条件に成り得るという意味で、埋葬、死者に係わる祭祀と想定した家根祥多（1990）の指摘も、上の諸例による所見であり再検討してよかろう。

　何故、石が埋葬に関連し多用されるのか。タイラーのアニミズム説のような石に精霊があるとみなす心理ではなく、石に死霊を重ね同化する心理が働く観念、石を集めた場を死霊の住処（聖域）とみなす観念だと考えるべきである。集落で死者が発生したら死体を遺棄ないし埋葬するまで一時的に集落内に安置するだろうから、そ（殯）の場所に死者の最後の姿（死霊）を記憶し、そういう場所に石を集めて聖域とみなす配石遺構の形成動機を仮説化することもできる。初期の段階はまだ人の手が加わった礫石器など供犠の意識が働いていたが、やがて供犠の品々はもっと別なものに替えられ石のみに形骸化してゆくのであ

ろう。しかし、遺棄葬の多い縄文時代の葬送儀礼のプロセスにおいて葬送の基本は遺体処分なので、供犠の場としてならともかく、殯行為が早期の段階に習俗として社会制度化されていたと断定できない。

第3節　信仰・祭祀の主体者（社会組織）と共同祭祀

(1) 信仰・祭祀の主体者（社会組織）と信仰の性格

　集落の信仰・祭祀儀礼は、原則として家族、世帯の祭祀と親族など集落構成員の共同体祭祀に分けられる。住居内で執り行なわれる祭祀の主体者は世帯であり、住居の外で行なう場合を集落構成員全員の集落共同体祭祀とすれば、早期に住居の少ない小規模な集落が多いので単系出自のリネージを単位に行なわれていると考えられる。主体者と信仰の関係は、集落の社会組織、信仰の性格、個人的事情などにより異なるだろうが、早期に住居内で儀礼を行なっている形跡が認められず、世帯祭祀と集落共同体祭祀が一体化していると思われる。塚田光（1966）は、早期に家を単位とする家族の成立を否定したが、むしろ世帯が自立していない社会組織であった可能性が高い。

　信仰の性格は、基本的に集落内の当該遺構の位置、内容と出土遺物、出土状態等によって規定される。諸遺物の内容は地域、時代の慣習によるものであり、石皿、磨石が出土すれば採集に係わる信仰、石鏃が狩猟の信仰などと、短絡的に解釈すべき問題でない。瀬田裏、上福万遺跡などの有坑型配石遺構、多数の人骨を出土する岩陰遺跡などの事例を考慮すると、死者、死霊に係わる信仰の性格を持つと考えられる。同じ場所に無坑型も造られているのは、縄文時代の葬送は埋葬だけでなく遺棄葬がノーマルに行なわれている（鈴木2010）と考えるので、そういう葬法の違いが反映されていると思う。

(2) 集落外祭祀の出現と課題

　配石遺構と集団、集落の関係について、近くに住居等の居住施設が検出されない場合に集落外と言うが、適切な表現と言えず説明を要する。想定される構築の主体者の関係には、ジャスト・モーメント（一型式内）を条件に2つの意味がある。1は主体者が1つの集落の場合、2は複数の場合である。

　社会組織、社会構造が不明な現状で1と2のケースを想定するためには、隣接地に同時期の集落が幾つ存在するかを立証しなければならない。それは地域

研究に期待しなければならないが、1つの仮説として1のケースには、A：集落と配石遺構が固定的な関係にある場合、B：配石遺構が固定され集団が移動（回遊等）している場合を想定できる。しかし、1Aのケースなら集落内や隣接して構築してよいはずなので、1Bのケースが想定される。

2のケースは、複数の集団もしくは集落が、葬・祭儀礼を共有する村落共同体祭祀つまり地縁的または氏族的社会組織（クラン）を反映すると考えることができる。複数の氏族や集落の上位にある村落共同体が共同で維持管理するものであり、集落の中間などに造営され比較的規模も大きく内容も複雑になるに違いない。しかし、それを早期に想定できるなら、社会構造を考える上で極めて重要な問題である。十分な考証を要するにも係わらず、後期の環状列石等に対し、複数集落の立証も配石群の平面的、層位的観察と主に土器型式、出土遺物との関係の検討もなく、大規模という主観的な外見（机上論）だけでこのケースが想定されているが、大規模と複数集落に因果関係はない。

早期の駒ヶ岳1遺跡、瀬田裏遺跡には、複数の土器型式（時期差）の複合的要素が認められるので、同時期に複数の集団か集落が葬・祭儀礼を共有する2の形態でなく、1Bのケースの可能性が高いと考えられよう。

集落外祭祀施設の存否は、地縁的、氏族的村落共同体が早期に存在し得るのか、そして多数の人骨を出土する岩陰、洞窟が居住を兼ね死者と共住する場所なのか、単独の埋葬場所なのか、集落や村落の社会組織、社会構造の問題も含めて検討しなければならない。いずれにせよ、瀬田裏遺跡などは早期にしては余りにも規模が大き過ぎ、その意義は甚大である。

第3章　縄文信仰の死霊観と他界観、祖先崇拝

第1節　埋葬に関する死霊観

人間は、必ず死を迎え、生と死の意味、死者が生者の記憶に永遠に生き続ける、ことなどは古い段階（旧石器時代）から自覚していたはずだ。しかし、縄文時代の信仰、宗教観として、如何に生き死ぬべきか（死生観）、彼の世（来世）、生まれ変わり（輪廻転生）、陰陽・生死の両義性など、より進歩した観念があったことを立証できない。私は父の臨終を看取ったが、仏教の教えを信じつつも

父が彼の世で生きていることを確信できず父を先祖と思ったこともなく、唯父として私の心の中に生きている。それは私だけの感情だろうか。死後の霊が生者の記憶にしか無いことを知りつつ、"行って見て来たかのように"彼の世の存在を語るのは、虚言、レトリックでしかなかろう。

　死霊および霊魂の尊崇は、生前共に生き暮らした親族でも2親等3世代間とされ（竹田1957）、記憶にない死者は崇拝の対象にならないことも人の道理である。縄文人が死霊観を持っていたことは理解できるが、先行世代という理由で、誰彼なく死霊を尊崇し来世に責任を負い信仰していたのであろうか。墓や配石遺構などの信仰的な遺構を観察する考古学の目的は、「考える動物」として当たり前に持つ情緒的（先祖）観念を研究するものではない。

　「死霊に対する信念を持たない社会集団は存在しない」（古野1964）。死者（死霊・祖霊）崇拝が祖先崇拝の基盤だが、チャイルドや古野らのデュルケム学派ばかりか祖先崇拝が歴史的に新しい文明の宗教だと考えるのは宗教学の常識であり、それをクーランジュ（前掲書）が実証的に論証した。死霊観は個人に帰する心の問題であり、マナ的な死霊・精霊信仰が縄文社会に習俗制度として行なわれていたとは考える。しかし、それは一族などの氏族的な祖霊信仰つまり先行世代の親族に対する祖先崇拝と違う（赤田編1991）。

　ところが、根拠を環状列石や配石遺構に求め祖先崇拝が縄文前期（佐々木2002、谷口2007）、後期（小杉1995）、他界観は縄文早期（丹羽2007）、後期（大塚前掲書）に始まると安易に解釈されている。それは、縄文時代に祖先崇拝が存在したという前提で、先祖、先祖観の概念を漠然と墓＝先祖と解釈してのことに過ぎず、先祖でもモルガンやチャイルドの言う遠い先祖でもない。死霊観の存在は死霊・精霊信仰を物語っても祖霊信仰の存在を意味せず、祖先崇拝は埋葬、副葬品など葬墓制の問題であり、配石遺構や環状列石だけでそれを立証できない。祖先崇拝がどういう祖霊、先祖観に基づくか、先に概念を明らかにして先祖祭祀の内容を論じねばならないのである。

第2節　祖先崇拝に関する問題

(1)　先祖と祖先崇拝について

　祖先崇拝に関して、日本では柳田国男（1946）が仏教以前の神道的な「日本

固有の信仰」と位置付けた。それに対し、有賀喜左衛門（1965）、白川静（1990）などの批判がある。白川は、弥生、古墳時代など歴史的な過程に仏教だけでなく儒教、道教的な民衆の習俗文化が大陸から渡来人や文物、文字等と共に伝来し、その基本は中国文明の農耕社会の儒教的な家長制にあり、仏教以前の日本固有信仰の性質を開化的に理解すべきことを指摘した。日本における祖先崇拝の出自に諸説あるが、弥生時代以後で共通しているのである。

　それらと現状の考古学との乖離は、先祖概念に対する認識の違いに起因するが、縄文時代だけに通用する宗教概念、定義は有り得ず、学際的な共通認識を持たねばならない。祖先崇拝の起源に関する問題は、歴史的な家制度、ヒエラルキー、社会組織の社会人類学、先史社会学の問題であり、単なる解釈主義ならそこに考古学が参入する余地はない。

　旧石器時代の或る頃から心理的自己認識として、自分や自分の父母に親があり、その先の親にも親がいる、という血統の継続性は認識していたと思う。また、社会的自己認識として、兄弟のいずれかが独立して住居を構え新たな家族ができ、それぞれの家系が継続される、という家系独立とその継続性は縄文時代に認識されていたと思う。この２つの血統と家系の系譜関係の認識が、祖先崇拝の根源的思想である。

　自分たちが先祖の子孫であるという認識は人類に普遍的な通念であり、先祖を信仰として崇拝しない民族がいても畏敬しない民族はいない。先祖を否定することは、自己の存在を否定することになるからである。祖先崇拝は、父を先祖とするアフリカの牧畜民（フォーテス1980）や日本ばかりか中国、韓国など東洋の農耕民にみられ（グラネ1989、フリードマン1987）、トーテム信仰の狩猟社会でも普遍的であるが、先祖の概念が各々異なるのである。

　柳田国男が指摘したとおり先祖概念に、幾通りかの解釈がある。基本的には、血統か家系、家族と家の系譜関係の範疇にある。両者は無関係ではないが、同一ではなく内容、機能において本質的に異なる（竹田前掲書）。先祖の概念は、遠い先祖、近い先祖、直近の先祖に大別される。遠い先祖とは神話的始祖伝承等にみるトーテム信仰の氏族的始祖、近い先祖とは系譜関係にある親族先行世代の死者、そして家族の死者（直近のみなし先祖）である。日本人の複雑な先祖観は、仏教思想の立場から三種（抽象的、観念的、具象的先祖）に分類されて

おり（桜井 1967）、私の考えと矛盾しない。

　縄文時代の墓坑に埋葬された死者（被葬者）を一律に先祖とみなし祖先崇拝があったかのように解釈するが、家族の被葬者は直近の先祖であり得ても近い先祖でない。死者が、父母か子供、祖父母、同居傍系親族かを知る手立てがなく、ましてや年功順に死ぬと限らない。近い先祖、直近の先祖の祭祀が、世代を越えて継承されていることも証明されていない。

　墓坑を先祖の墓とすれば、考古学は縄文社会の制度的葬墓制を論じることにならず、全て祖先崇拝を論じることになり縄文葬墓制の研究は事実上祖先崇拝の研究になってしまう。さらに、切り合い関係にある墓坑群に対し、相対的に最も新しい墓坑を近い先祖と認識すれば、過去に埋葬された直系親族の死者と昨日まで共に享楽していた家族の死者（直近の先祖）を観念的に遠くに押しやって切り離すという矛盾が生じる。共に直近の先祖なら、記憶にある死者の墓を壊し、その上に重ねて墓を造ることもあり得ない。墓坑が切り合うのは、盛り土が崩れ草地と化し先に葬った者の墓を特定できなくなったか、家族単位（リネージ）の墓域が設定されていたからであろう。

　時を越えて継続される祖先崇拝の儀礼は、直近の先祖でさえ新しい死者により更新される。しかも、祖先崇拝の信仰は、「今ある子孫が先祖のおかげ」と考える信念の下に、先祖が現世の生活に必要な援助と力を与え、子孫が不断の神饌と感謝を怠らない儀礼の義務を負う（田中 1994）だけでなく、土地所有を継続する家系的なヒエラルキーを前提にする。そういう信仰を要求する社会構造が、縄文時代に存在したとは言えまい。

（2）　縄文時代の（空想的、抽象的）祖先崇拝―遠い先祖観

　祖先崇拝の根底にあるものは、先祖と子孫の血縁関係、土地所有のほかに神の人格化つまり人格神であり、家の直系関係にある死者に対してだけ祭祀の対象にする（クーランジュ前掲書ほか）、排他的な文明の思想である。

　それに対し、インディアンの氏族社会にみる遠い先祖観すなわち始祖（モルガン 1954）に対する抽象的先祖観念は、否定するまでもなく、デュルケム学派も容認している。アイヌ民族の場合と同様である。つまり、縄文文化に遠い先祖観があっても、宗教として祖先崇拝は存在しないであろう。しかし、そのような遠い先祖に対する認識を持っていたから、弥生時代以後に大陸から伝来し

た外来的な近い先祖に対する祖先崇拝の思想を受け入れることができたのだと思う。

第3節　縄文信仰の根源─死霊信仰

　縄文信仰の根源はアニミズムにあり、土偶に代表されるフェティシズムや墓坑、配石遺構にみる死霊観に基づく死霊・精霊信仰（死霊アニミズム）、複合的な信仰のシャマニズムにあったと考える（鈴木 2009）。

　日本民族の信仰の始まりを資料として明らかにできるのは、死者の葬送に顕現する死霊観つまり死霊アニミズム信仰だと考える。旧石器時代後期に副葬遺物（北海道知内町湯の里4遺跡）、縄文草創期に複葬や石を墓に利用する形態が認められても、そういう信仰を論証する資料がまだ少ない。しかし、縄文早期には配石遺構と墓坑との関係が捉えられ、死者と墓と配石遺構が結合するようになり、縄文信仰の思想的根源に死霊観があると考えられる。

　肉親の死者を大事に思うことは当たり前であり、証明を必要としない。科学的に証明できない死霊が、生者の心に実存することを否定する科学者もいない。死者より死者への記憶を重んじ死霊を尊崇する信仰と共に、人間が本性に持つ遠い先祖の観念は認めてよいだろう。しかし、死者と死後の霊魂観は別であり、霊魂の存在を科学的に証明できない。ましてや、霊魂＝生命、死後の世界（彼の世）＝霊魂＝霊魂不滅という思想を持っていたと考えるのは、潜在的な仏教の教えによる認識でしかない。

　死者に対する弔葬の祭儀は、先祖たちが築いた仕来り（葬送儀礼、習俗）に従って行なわれ、自分たちと社会の福祉のための道徳的、社会的秩序を表象することを認めねばならない。それは、自分たちがアニミスティックな精霊の遠い先祖や、社会の仕来り、福祉を築いてきた創造者である死者たちの過去と連続する、トーテム信仰にみられる死生観と同質な性格を持つ。埋葬行為に止まらず配石など様々な複合的要因が重ねられ、人間や自然種に生命を与える豊穣儀礼のアニミズムの観念（古野 1973）であると考える。

　信仰が発生し発達する動機に、シャマンの役割や死の恐怖、東日本大震災のような天変地異など、因果関係にある原因、背景があろう。また、霊魂観、他界観を持っていたとしても、早計な想像は無用であり過去の論証無き解釈論は

疑ってよい。今後は、早期などの集落構造や社会構造の関係において、そこに潜在している諸要素を摘出し詳細に分析し、社会学的見地から縄文信仰の発生や配石遺構などの信仰施設が発達する背景を考える必要がある。

引用・参考文献 （諸遺跡事例の発掘調査報告書は本誌巻末掲載）
赤田光男編 1991『祖霊信仰』
有賀喜左衛門 1965『日本の家族』
エリアーデ 1991『世界宗教史』
大塚和義 1964「北海道の墓址」『物質文化』3
大塚和義 1967「縄文時代の葬制」『史苑』27—3
大塚和義 1979「縄文時代の葬制」『日本考古学を学ぶ』3
木村重信 1959『原始美術論』
グラネ 1989『中国古代の祭礼と歌謡』
クーランジュ 1961『古代都市』
グローセ 1921『芸術の始原』
国分直一 1968「わが先史古代の複葬とその伝統」『日本民俗学』58
小杉　康 1995「縄文時代後半期における大規模配石記念物の成立」『駿台史学』93
桜井徳太郎 1967『死霊の誘い』
佐々木藤雄 2002「環状列石と縄文式階層社会」『縄文社会論』下
重松和男 1971・1972「北海道の古墳墓について　1・2」『北方文化研究報告』5・6
白川静 1990『中国古代の民俗』
鈴木克彦編 2007『日本のストーン・サークル』『季刊考古学』101
鈴木克彦編 2009『縄文時代の祭り』『季刊考古学』107
鈴木克彦 2009『縄文信仰祭祀の体系』『季刊考古学』107（『縄文時代の祭り』）
鈴木克彦 2010「縄文時代の葬墓制研究の諸問題」『縄文集落の多様性Ⅱ　葬墓制』
竹田聴洲 1957『祖先崇拝』
田中真砂子 1994「祖先祭祀と家・親族」『宗教人類学』
谷口康浩 2007「祖先崇拝」『縄文時代の考古学11　心と信仰』
チャイルド 1951『文明の起源』
塚田　光 1966「縄文時代の共同体」『歴史教育』14—3
日本考古学協会編 1962『日本考古学辞典』
丹羽佑一 2007「他界観」『縄文時代の考古学11　心と信仰』
ハウエル 1970『原始人』

ヒューム 1972『宗教の自然史』
フォーテス 1980『祖先崇拝の論理』
藤井正雄 1993『祖先祭祀の儀礼構造と民俗』
フリードマン 1987『中国の宗族と社会』
ブリチャード 1967『信仰人類学の基礎理論』
古野清人 1964『原始宗教』
古野清人 1973『原始信仰の構造と展開』『古野清人著作集』2
水野正好 1969「縄文時代集落研究への基礎的操作」『古代文化』21―3・4
ミズン 1998『心の先史時代』
モルガン 1954『古代社会』
柳田国男 1946『先祖の話』『定本柳田国男集』10 所収
家根祥多 1990「西日本地区」『縄文時代屋外配石の変遷』
ラドクリフ・ブラウン 1978『未開社会における構造と機能』
レヴィ・ストロース 1976『野生の思考』

I 北海道北部の縄文集落の信仰・祭祀

鈴木 克彦

第1章 北海道北部の信仰・祭祀施設研究の現状と課題

(1) アニミズム、シャマニズムの物・霊送り祭祀儀礼

　北海道の信仰祭祀施設の特徴は、生業に関連する豊穣祈願のアニミズム、シャマニズム、物・霊送りの狩猟儀礼、葬送に関連する配石、環状列石にあると思う。信仰と葬送は密接に係わるので形態構造の類似性、系譜を比較する意味で配石土壙墓を取り上げるが、葬墓制は本稿の趣旨でない。また、住居内外に焼土、ベンガラ、礫群など遺構として明確に捉えることが難しい事例が多いことや土壙墓から焼土、灰、ベンガラ、フレイク・チップ類、(焼) 獣骨類、土器、石器類が集中して出土することも大きな特徴であり、それらは単に一般的な副葬として理解するレベルを超える内容である。住居跡の窪地や堆積土、床面にもみられ、本州にあまり例のない北海道特有な事例である。道内ではこの地域に諸例が早期からみられ、晩期まで盛行することも特質である。

　貝塚に対し、アイヌ文化の物送り (イオマンテ) にあたるものとして理解することは古くから指摘され (河野1935)、類似する行為、風習は続縄文期や擦文文化期或いはアイヌ文化期まで継続されている (宇田川1989)。しかし、貝塚を一様に物送り場とすることは観念論になってしまいかねず、特定の遺物や魚介獣骨が集中または整列するとか、土坑に埋納されるなどの特殊な状態のものに限定する必要がある。もちろん、人の葬送も送り行為の一種であり、現代の針供養の如くアニミズムは命あるものに対する人類の普遍的なスピリットであろうが、大事なことは縄文文化の信仰をアイヌ文化に比較して類似性を求めるだけでなく狩猟文化のアニミズム、シャマニズムの観点から信仰や (狩猟) 儀礼の本質的な文化要素を潜在的なアイヌ文化との同質性としてどのように認識、止揚するかということである。

考古学研究として、焼土、灰、ベンガラ、フレイク・チップ類等を個別に信仰遺物と断定できない。しかし、出土状態の観察を精緻に行いそれらが一過性の遺物、出来事でないことを認識して説明し時代を超克した普遍性として通時的に論証すれば、唯の石屑が常に焼土、ベンガラ等と共伴関係にあることを実証でき、類例を集成することによって或いは信仰—シャマニズムに係わっていると類推され帰納的に論証できるだろうと思う。

(2) 北海道の環状列石、ストーン・サークルと配石土壙墓ほか

　信仰の施設を代表する環状列石の調査において、北海道は先駆的な地域であった。しかし、今やケルン、墳墓とみなした嘗ての熱気は消え、その系譜さえ正しく認識されていない。1950年代の駒井和愛による深川市音江遺跡等の環状列石つまりストーン・サークルの調査研究が道内外に影響を与えたが、学史的意義は認めても『日本の巨石文化』（駒井1973等）で旧稿を「ストーン・サークル」に改め、「巨石記念物」、「環状列石（墓）、ストーン・サークル」の名称と定義やその所論に問題が多い。それを批判的に止揚しなかった在地の研究にも問題がある。環状列石、ストーン・サークルとされる類例は、著名な小樽市忍路（三笠山）、地鎮山や知内町湯の里5遺跡、斜里町オクシベツ川遺跡等の一部を除いて配石土壙墓の類であることはコンセンサスが得られている。

　道内の環状列石に対する、大塚和義（1964）と重松和男（1971・72）の解釈は対称的である。大塚は環状列石が環状土籬と密接な関係を持ち意識の根底に他界観があり、後期末葉に御殿山遺跡の積石に変わってゆき環状列石の意味が消失すると考えた。それに対し、重松は環状列石墓と捉えて細分し縄文文化の生成過程において石を使う墓—配石を有する墓として論じるべきと述べ、他界観の論証の仕方の安易さを指摘したのは当然であった。

　巨石記念物、環状列石、ストーン・サークルは、人によって様々なイメージと認識の下にあり、文化庁の遺跡担当は記念物課ではないかという屁理屈もあるくらい用語に齟齬を来している。ストーン・サークルはポピュリズム用語だが、死語にするまでもなく、近年『季刊考古学』101号でストーン・サークル特集号（鈴木編2007）が組まれ、北海道に関し大島秀俊（2007b）、鈴木克彦（2007）が寄稿している。

　道内の諸例に、早期から礫を多用し主に造墓の文化的系譜において一貫性が

認められる一方で、後期において整列的な配石遺構など本州からの影響が認められる。それは後期や配石遺構、配石土壙墓に限らない二面性であり、異なる文化を受容し新たに発展する時の必然的な止揚の仕方であろう。当然、何が北海道の特質（オリジナリティー）で、何が他地域（東北北部）からの影響なのかという異同を型式学的に分類し、信仰の観点からどういう意味を持つのか、所見を明らかにする（第3章参照）。

寒冷な当地において、積雪期に狩猟文化の信仰行為が行われなかったとは考えられず、屋内や雪上に簡易な施設が作られたか、無形の行為が想定される。アイヌ民族誌では、炉がその役割を担っていたようだ。

第2章　北海道北部の信仰・祭祀施設の変遷

第1節　草創期〜早期の信仰・祭祀関連施設

北海道北部では、草創期の関係施設（遺構）は検出されていない。

(1)　早期の信仰・祭祀関連施設

富良野市鳥沼遺跡（図1-1）に、早期後葉から中期までの多数の礫を充填する配石土壙墓群が検出され、主体は早期後葉である。墓坑内の礫に対し配石と記しているように、円礫が集中する場合や石皿などの石器が含まれている。

深川市納内6丁目付近遺跡に、早期中茶路式期の焼土群がある。他に、住居内土坑（鈴木2009）も留意される。

江別市吉井の沢1遺跡に、早期から前期、後期及び続縄文・北大式期までの配石土壙墓が検出されている。早期のP247は小さな土坑に大きな石皿を置いている。前期のP13、P260では多数の石器類に混じって礫が出土し礫が副葬遺物と同様に扱われ、後期のP254では石皿等の礫石器である。

北広島市共栄1遺跡（図1-2）に、早期コッタロ式期の直径0.75m程度の配石土坑（報告書では集石）3基、大型石皿の立石1基が検出されている。配石土坑内部に礫のほかに磨り石、石皿破片等が含まれ、隙間なく詰め込まれていたと記されている。こういう早期の類例は道南部（函館市中野B遺跡等）にもみられるが、本例は充填の度合いが著しい。

北広島市富ヶ岡遺跡に、早期後半の土坑群が環状に廻り中央に径3mの焼土

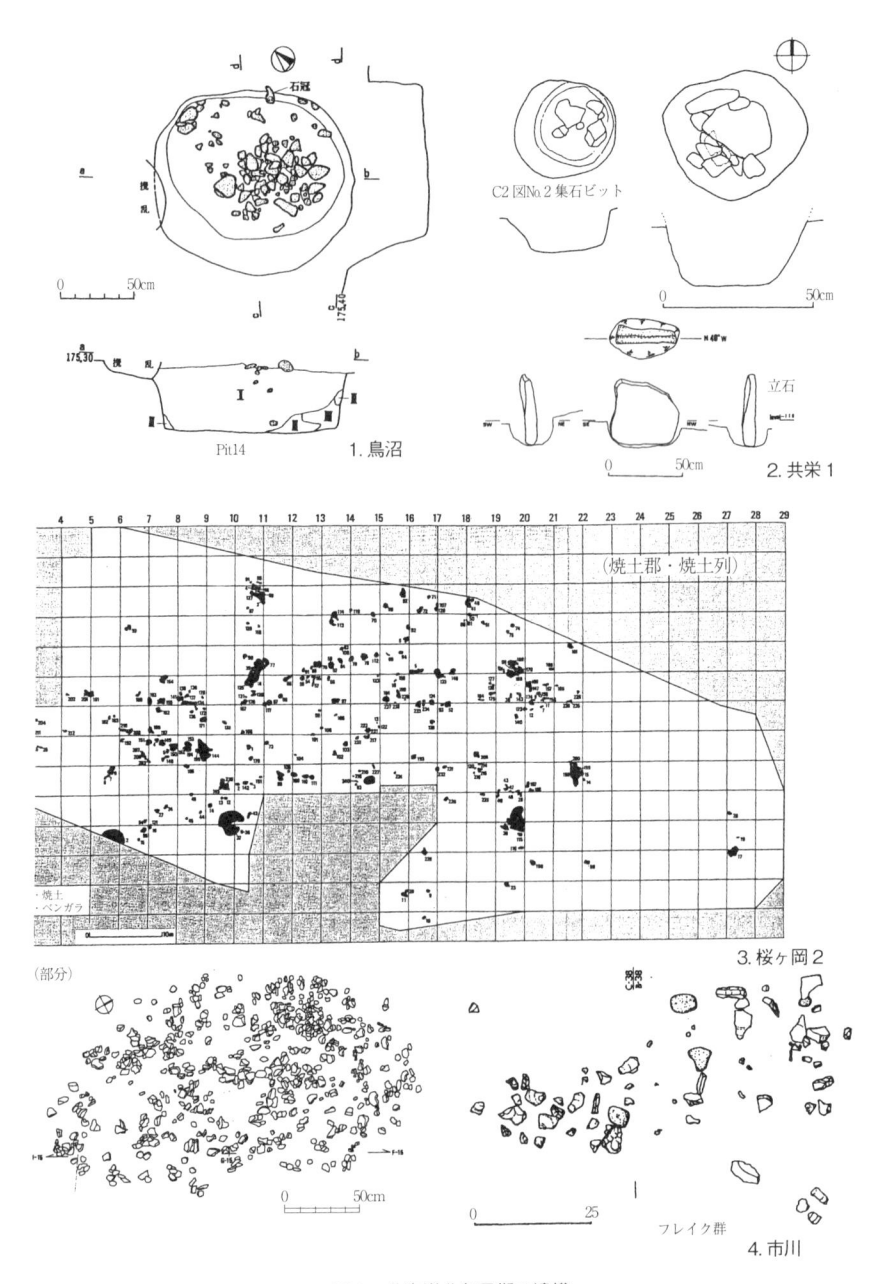

20　I　北海道北部の縄文集落の信仰・祭祀

1. 鳥沼
Pit14

2. 共栄1
C2図No.2集石ピット
立石

3. 桜ヶ岡2
(焼土群・焼土列)
焼土
・ベンガラ
(部分)

4. 市川
フレイク群

図1　北海道北部早期の遺構

があり、土坑列の空白域に長径0.95mの大型石囲炉、焼土が検出されている。他に、時期不詳の組石がある。

　恵庭市カリンバ2遺跡（第Ⅰ地点）で、早期の配石遺構（集石）2基のほかに擦文文化期に3基が検出されている。両者は外見だけで時期を判別できないほど類似する。早期の78〜80、92号土坑上位に類似する配石がみられ、80号は規模が径0.36mで小さく浅い。

　浦幌町共栄B遺跡に、浦幌式期の83個の礫群が2〜3mの範囲にまとまって検出され、石鏃1点が出土している。湧別町市川遺跡（図1-4）に、早期の焼土群、剥片集中、石錘集中、56点の瑪瑙礫集石がある。釧路市幣舞遺跡で、北海道特有な焼土群が早期から中期、晩期に層位的に捉えられており、既に早期から存在することを示している。

　釧路市桜ヶ岡2遺跡の第1次調査（図1-3）で、テンネル式から東釧路Ⅲ式期頃の焼土群、ベンガラ集中箇所と東釧路Ⅲ式期の焼石群が検出されている。焼土には12基が連続して並ぶもの、環状になるものがある。第2次調査ではテンネル式期頃の焼石群が3基あり、そのBは1.3〜1.9mの円形になり底面が少し焼けているが、基本的には焼けた石を集めたものであろう。また、略円形の70号土坑の底面から石錘41点が出土している。同市武佐川1遺跡は、東釧路Ⅲ式期から前期、中期の集落だが、住居や土坑などの堆積土の他に野外にベンガラ66ヵ所、焼土55ヵ所が検出されている。住居内のベンガラは、床面と堆積土にみられ、床面に敷かれていると記され、1号住居の堆積土断面図でも読み取れる。しかし、他の住居の場合はベンガラを含む黄褐色土と表記されている。ベンガラ散布は土坑にも多い。早期から多量なベンガラを惜しみなく利用する、習俗の意味を考える必要があろう。

第2節　前期〜中期の信仰・祭祀関連施設

(1)　前期の信仰・祭祀関連施設
　石狩市上花畔1遺跡C地区に、植苗式期の包含層があり多数の礫、石器類が出土し、鮫歯、エゾシカ、鯨、ヒグマの遺存体が出土している。集中して出土したヒグマの骨は上半身に限られることから、儀礼的行為が行われた疑いがあると記している。

恵庭市柏木川8遺跡に前期植苗式期とされる焼土が9基検出され、斜面と低湿地に投棄されたと思われる大量の焼土層が125㎡の範囲に分布し幾重にも堆積している。これ程の焼土層が図示された例は珍しく、焼土量は尋常でない。その数十倍の量の焼土が集落内部で作られたはずで、北海道特有な事例としても十分検討するべきであろう。暖を取る行為や火を使う作業が考えられようが、報告者も解釈に苦慮し祭祀的要素を検討しても結論は得られなかった。集落としては中期の住居2軒等だけで、前期の住居は皆無である。他に、中期後葉の小さな配石遺構（径0.45〜0.4m）が検出され、配石に凹石（くぼみいし）が含まれている。こういう焼土群は、北海道では大小を問わず何処でもみられ、擦文文化期まで継続する。また、北海道では、配石遺構のうち土坑内外、上位、底面に多かれ少なかれ礫を多用する配石土坑も本州に較べると圧倒的に多い。

厚真町厚幌（あつぼろ）1遺跡（図2-2）に、静内中野式期の不整楕円形の配石土壙墓があり、大きな砂岩板状礫が多数検出されている。直立していた可能性がある。

北見市栄浦第一遺跡で、前期末葉平底押型文土器のシュブノツナイ式期に砂地の上に

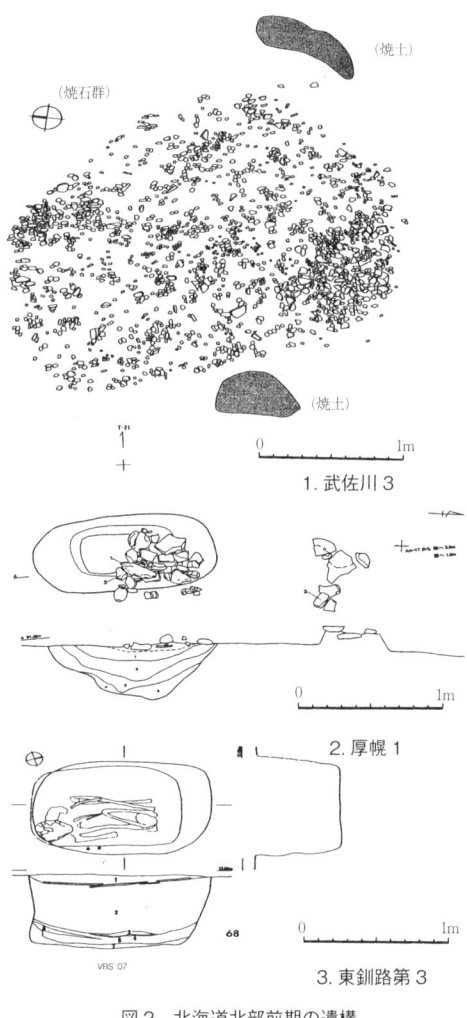

図2　北海道北部前期の遺構

径10m、厚さ10cmの粘土を貼った面を造り、大型石囲炉を中央に置き周囲に小型石囲炉（現存7基）を円形に配した石囲炉群が検出され、屋外祭祀、海産物の二次加工場と記されている。同時期の石囲炉群は同市常呂川河口遺跡でも検出され、魚・鳥・獣類骨が出土し漁労儀礼とされている。道内では、床に粘土を貼った面が住居内によくみられる。

釧路市武佐川3遺跡（図2-1）の植苗式期頃の第3号住居の上位に2.3～3mの範囲に焼石が敷き詰められて集中してあり、周囲に焼土2ヵ所がある。同市東釧路第3遺跡（図2-3）に、東釧路Ⅴ式期の第68・76・165号土壙墓上面に大きな砂岩の角礫が敷かれた状態で検出されている。同市東釧路貝塚は早期から晩期までの遺跡だが、著名な貝塚は前期なのでここに記す。早期では人骨、ベンガラのある配石土壙墓が検出されている。東釧路Ⅴ式期の貝塚から、イルカの頭骨が鼻先を中央に向けて放射状に並んで出土している。貝塚に海獣骨類が多く、物送りの漁労儀礼が想定されている。

(2) 中期の信仰・祭祀関連施設

音威子府村咲来2遺跡（図3-1）に、北筒式期の小規模な集石4基があり、下位に土坑はない。北東に40m離れて環状土坑群があり、セットで考えてよかろう。

名寄市智東遺跡B地点に北筒式期の小規模な配石が浅い窪地に検出され、その上に土器片が被せられていたようである。

芦別市滝里安井遺跡では、ⅡB層（前、中期）で集石、焼土、ⅡA層（後期三ツ谷式期）で集石、焼土、灰集中、小ピット群、Ⅱ1層（晩期タンネトウL式期～続縄文期）で集石、焼土、野外炉、土坑が層位的に捉えられている。遺構組成が層間で類似し、北海道の墓域構成のあり方を示すと思われる。

江別市西野幌12遺跡（図3-3）に、中期（北筒式期）、晩期（タンネトウL式期）、続縄文（後北C2式期）の径1m前後の小さな配石土坑がたくさん検出されている。中期のP198は礫2個の真下に深鉢形土器、晩期P158は石皿と礫27点が充満し、見た目はストーン・サークルのクロウド（組石、鈴木2007b）と変わらない。中期の広範囲な焼土（面積786㎡）は、当地周辺では他に類例が多いが、機能に関する解釈に苦慮しているようだ。

石狩市紅葉山49号遺跡は、埋没河川の自然堤防にある漁労を生業とする柏

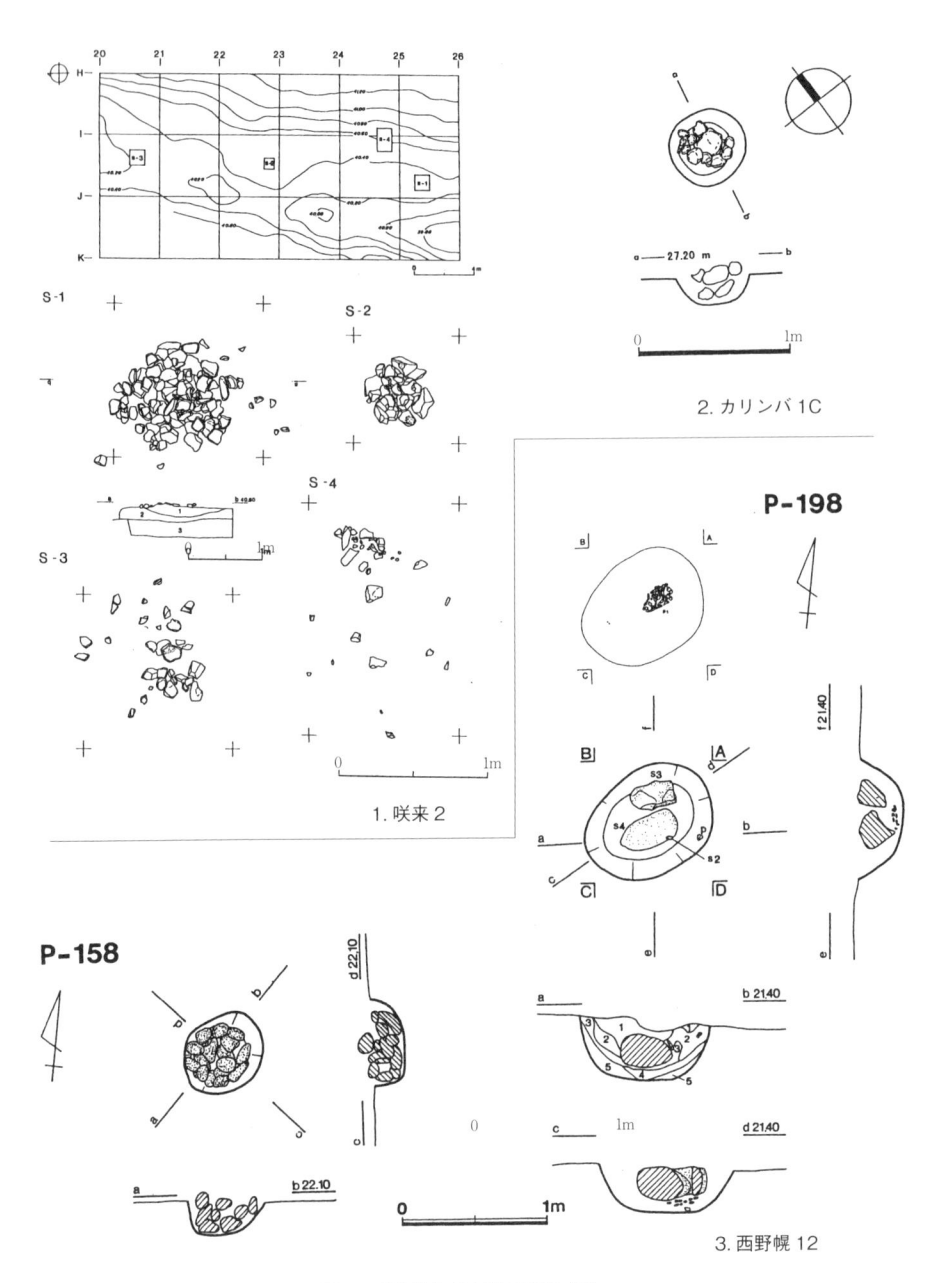

24　Ⅰ　北海道北部の縄文集落の信仰・祭祀

1. 咲来2

2. カリンバ1C

P-198

P-158

3. 西野幌12

図3　北海道北部中期の遺構（1）

木川式期の2棟一対の住居からなる小さな集落である。円筒上層a・b式〜泉山式平行期頃から営まれていると思われ、UP、HP、DPの土坑は墓であろう。焼土 (15基)、炭化物 (21基)、剥片 (18基)、小礫 (7基) の集中箇所及び小規模な焼石を含む集石28基が検出され、それらの機能は不明である。しかし、無機物集中箇所は北海道では何処でも何時の時期でもみられるものであり、アイヌのコタンを彷彿させるこの遺跡で信仰に係わる施設がないことの方が不自然である。

　中期中葉の大型住居 (長径30m) で知られる恵庭市カリンバ1遺跡C・E地点に、早期から中期の集石5基、中期の配石土坑、焼土群が検出されている。後期前葉のJH8住居の壁際に40cm四方の浅いピットがあり、磨石片5点、礫7個が詰まっている。中期 (サイベ沢7式期頃) の焼土列、焼土群 (RF3) とそれに伴う小さなピット群 (図4-1) は注目される。RF3の焼土は長さ20m、幅4mに8基と8基が左右等間隔に並び片側中央に1基あり、ピットは径8〜12cm、深さ15〜30cmで、焼土に伴う位置にあるものと焼土の間にあるものがあり、祭祀に関連すると推測されている。この焼土列は一見すると大型住居の炉に類似するが、RF3に壁や柱穴が確認されていないので屋外炉とみてよかろう。相互は8m離れてあり、方位は直交する関係にある。問題は焼土17基がジャスト・モーメント (一型式内同時期) かどうかだが、類例が他の地点でも確認されておりサイベ沢7式期頃を大きく逸脱しないと思う。焼土に伴う小ピットは、大型住居の炉にもみられる。北海道の場合、アイヌ文化のヌササン (屋外祭壇) に使うイナウを立てるピットに思うところもあるが、径8cm以上では太すぎるように思え今後の検討課題である。仮に祭祀の想定がそのようなものであれば、北海道であればこそ十分検証して欲しい。焼土群のフローテーションの必要性も強調したい。また、小さな63土坑 (図3-2) に叩き石、石皿 (すりいし) が充填されている。

　千歳市丸子山遺跡 (図4-2) は、後期の環状土籬と重複し、より古い中期天神山式、柏木川式期の環濠が検出されている。環濠は、規模が南北約70m、東西約60m、溝幅は最大4m、平均2.5〜3m、深さ最大1.62m、平均1.3m、濠の随所が途切れている。環濠内部に同時期の遺構は見当たらず、時期不特定の130基の焼土が存在するだけである。環濠は構築直後に北筒式期のH18・

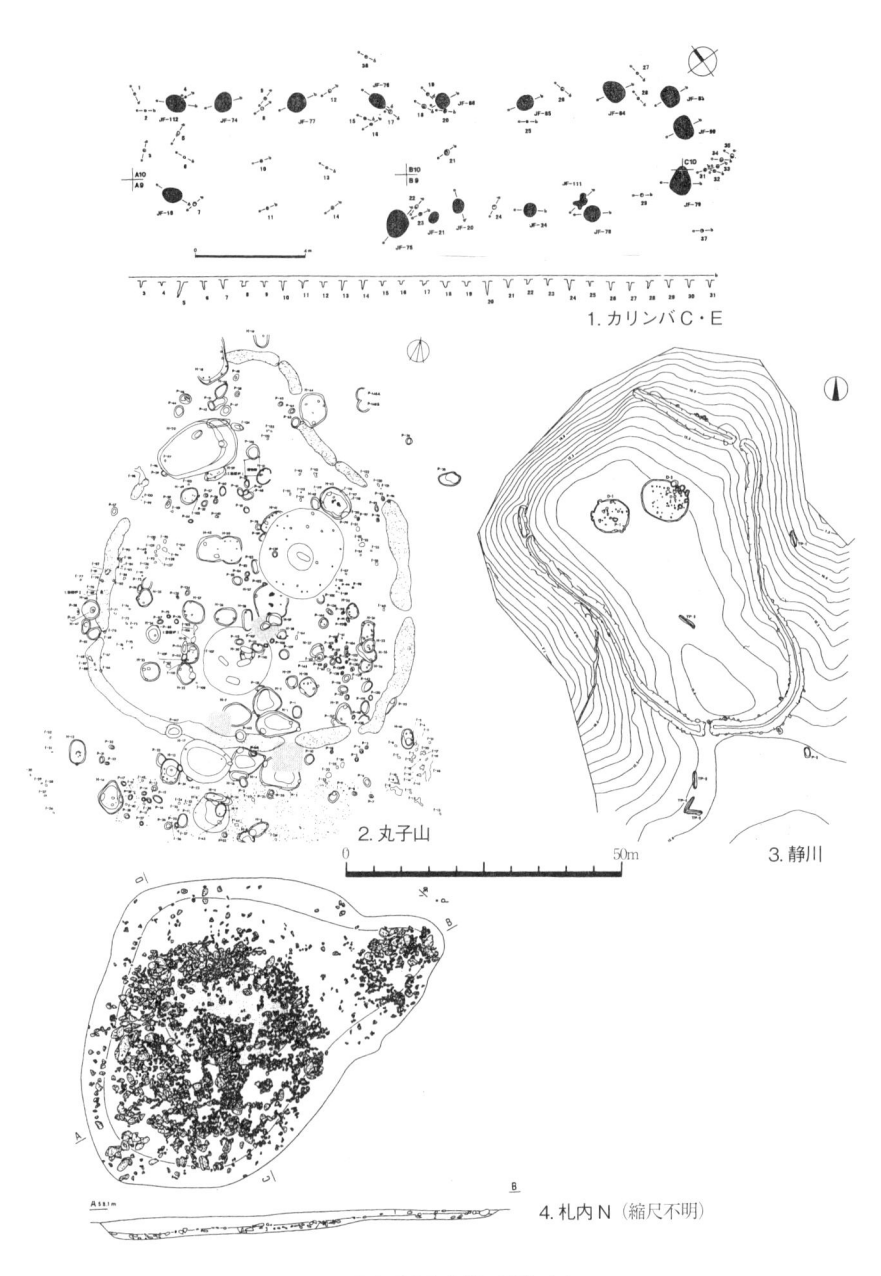

26 I 北海道北部の縄文集落の信仰・祭祀

1. カリンバC・E

2. 丸子山

3. 静川

4. 札内N（縮尺不明）

図4　北海道北部中期の遺構（2）

44・48に切られており、文中に濠の作りかけ、途中埋戻し、掘削中止という説明記述をみるとおり、短時期に機能を喪失している（第3章参照）。

　千歳市イヨマイ6遺跡には、黒土層（Ⅰ・Ⅱ）2層があり下位のⅡ層（早期～晩期）から焼土102基が検出されている。中期のⅡH21中央にある径30cm、深さ30cmの方形ピットから土器片がまとまって出土している。ⅡH21の壁際にある不整形土坑から三角錐形土器片と呼ぶ遺物41点が出土し、道央部で数少ない屋内の信仰関係施設と言えよう。中期末葉から後期初頭のⅡF50焼土に、径25cmの焼土を囲むように余市式土器が集中して出土している。なお、Ⅰ層（晩期、タンネトウL式期）に配石土坑が幾つかみられる。

　千歳市メボシ川2遺跡に、中期余市式期の可能性がある2m強の方形ⅡH9住居床面下にⅡP64土坑がみられ、土坑上部に焼土がある。恐らく、竪穴内墓坑と思われる。同市美々3遺跡に、13個よりなる小さな集石があり下位にピットはない。

　苫小牧市静川遺跡（図4-3）は、A地区に余市式期の環濠、内部に余市式期とされる住居2軒、晩期などの土坑18基、焼土56基、集石4基、B地区には中期などの住居33軒（但し環濠平行の余市式期は数軒）、土壙墓1基、土坑18基、焼土54基（晩期含む）が検出されている。両地区は沢を挟んで東西に約100m離れて対峙し、同一丘陵の尾根にあたる。環濠は長軸約60m、最大幅40mの不整形、濠内部の面積1,590㎡である。濠は概ね幅2m、深さ2m、断面がV字形、総延長約140m、3か所が途切れ、西側丘陵斜面には造られていない。住居2軒は3m離れており、長軸6.3mと8.5mで大型住居の部類に属し、内部に炉がみられず、環濠とはジャスト・モーメントとされている。この遺跡に様々な解釈が行われているが、祭祀説が多い（第3章参照）。

　幕別町札内N遺跡の中期の不整形な土坑197（図4-4）に、円形に敷き集められた径2.5mと径1mの礫群（礫総数は4798点、352kg）がある。他に、遺物集中箇所が6基あるが、土坑180の上位にあるものがあり機能を示唆するであろう。

　音更町西昭和2遺跡に、北筒Ⅱ式期の黒曜石製石槍74点が集中し、付近に黒曜石フレイク・チップ類集積5基、焼土4基が検出されている。石槍群集中はデポの可能性があるが、掘り込みがなく全体で考えた方がよいであろう。

第3節　後期～晩期の信仰・祭祀関連施設

(1) 後期の信仰・祭祀関連施設

　礼文町船泊(ふなどまり)遺跡は、硬玉製大珠や多数の貝製平玉が人骨に伴って出土し、葬墓制を知る上で注目される。後期前葉船泊上層式期の墓坑24基が検出され、10号と24号墓が配石土坑である。10号墓は土坑上位に11個の礫を集合させ、人骨付近に貝製平玉365個が出土している。24号墓は土坑上位に大きい板石を立て廻らし内側に多数の小礫を集積し、見た目で最も重厚な構築だが人骨に何も伴っていない。配石の構図に留意したい（第3章参照）。

　旭川市神居古潭(かむいこたん)遺跡は、1号（図5-2）では2.8～3mの範囲に21個の立石をほぼ楕円形に廻らし、内側に2,000個の川石がほぼ地表面から深さ0.9mまで積まれ、その下位に1.78m程の長方形の穴があり、（撹乱されていたようだが）墓坑とみている。6号（径1m）にも径1.06mの楕円形の穴があったようだが、どれにも遺物は出土せず時期は不明である。同市末広7遺跡に、後期中葉の小規模な集石（0.3～0.7m）が検出され、下部に土坑も焼土もみられない。

　深川市音江(おとえ)遺跡（図5-1）は、古く阿部正巳、駒井和愛が発掘し、斜面北側に10基（1～10号）、南側に3基（11～13号）の環状列石が連なっている。北側の環状列石の規模は大きいもので径5m、小さいもので径2m、周囲に大きな板石を立て、内側に小礫が積石状に充填され、平たい板石が花弁状に置かれている特徴がある。内部に矩形、楕円形の土坑があり、中から石鏃、翡翠、蛇紋岩の玉などが出土している。5号出土の土器片は後期中葉ホッケマ式土器と思われる。9号は写真では外側と内側に立石が二重になっており、5号の平面図もそのようにみえる。湯の里5遺跡の形態に類似する可能性がある。

　南側には立石がみられず、敷石とか石畳と記し北側の環状列石と趣を異にする。そういう板石を敷く墓坑は、（道内にみられず）特異である。北側に較べて、副葬品と思われる翡翠玉、石鏃、漆弓等の出土遺物も圧倒的に多い。

　深川市内園6遺跡に、手稲式期の集石4基が検出され、集石5の下位に小さなピットがある。窪地を利用した黒曜石製剥片石器（石器素材）の埋納遺構とされたものは北海道では北大式など続縄文期に多くみられる。埋納（デポ）というよりは、他のフレイク・チップ類の集中出土の一種であろうか。

1. 音江

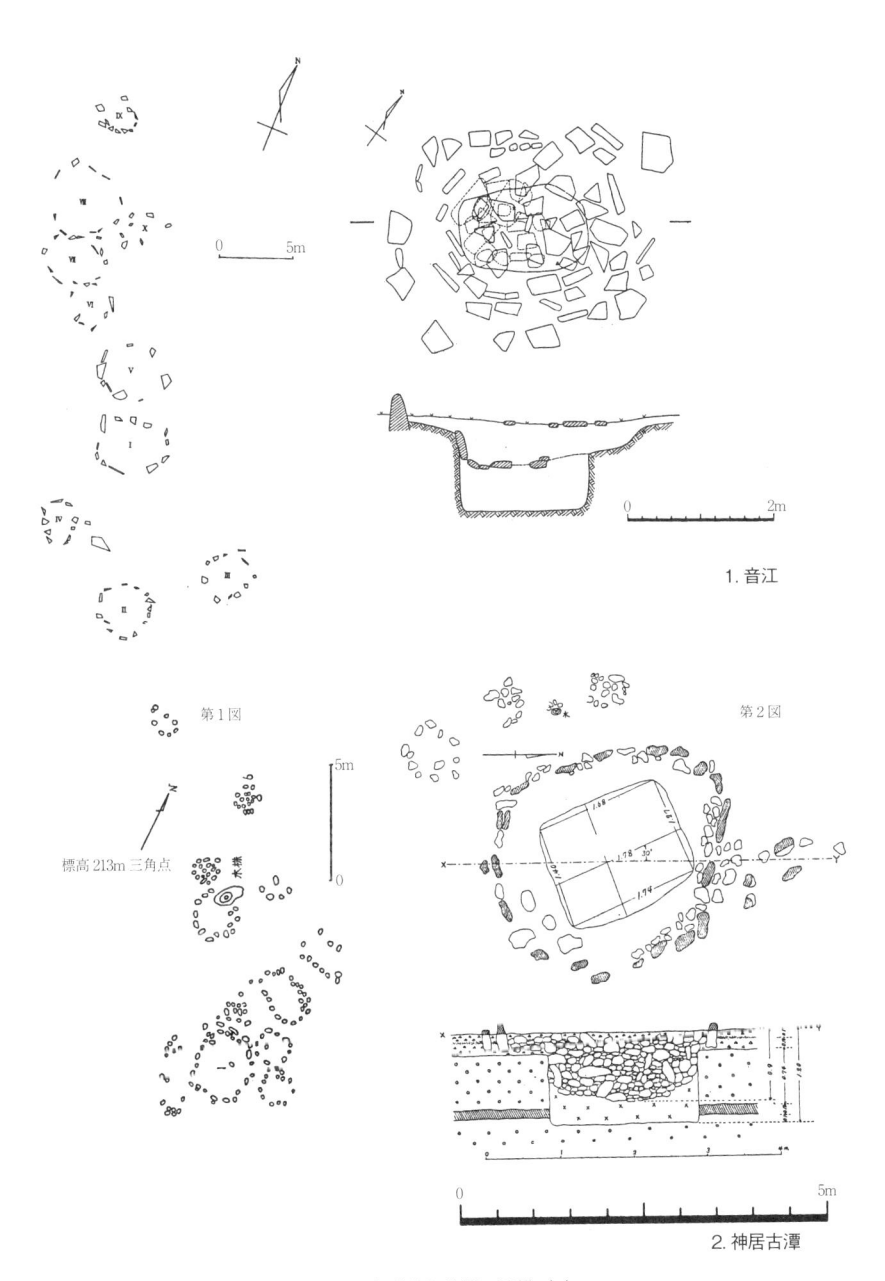

2. 神居古潭

図5　北海道北部後期の遺構（1）

札幌市 T71 遺跡に土壙墓 172 基が検出され、時期を判断できるものは後期中葉 5 基、晩期 32 基のようだ。内部に礫を出土するものが多く、29 号ピットなど坑内全体に礫が充填されているものもある。
　恵庭市柏木 B 遺跡は、堂林式期の環状土籬（周堤墓）群だが、ここでは配石遺構の観点から観察する。この遺跡には、早期から続縄文北大式期までの 433 基の土壙墓が検出され、礫を多用する配石土坑が多くみられる。第Ⅰ地点の第 1 号環状土籬の内部に土壙墓 21 基と焼土 3 基があり、随所に大きな礫が出土し、特に GP1119・1120・1121 土壙墓の上位に集石がある。土坑直上に小さな礫を積み上げ周囲に大きな礫を廻らす構造は、基本的に駒井の言うストーン・サークルや船泊遺跡 24 号土壙墓などと同様である。第Ⅱ地点にも、列状に並ぶ土壙墓群の周囲に配石群や配石土坑がある。一般に配石の礫の数が少ない。配石（C1-20）20 基は土壙墓との位置が少しズレているものが多く、少なくとも配石 13 基の下位に土坑が存在しない。
　恵庭市カリンバ 3 遺跡は、後期中葉から後葉及び晩期初頭の土壙墓群から玉類、漆器櫛飾など多数の副葬品を出土している。多くの副葬を出土する土壙墓及び配石を伴う土坑は限られるが、副葬品と配石は連繋せず土壙墓の規模とも無関係にある。長径 50cm 程度の土坑でも大きな礫が多数あり斜めに立てられた形跡の土壙墓（105 号・110 号）、大きな礫が蓋をするかのような土壙墓（36 号）もあれば、副葬品が多数出土する土壙墓（113 号・116 号）もある。晩期の第 114 号土壙墓は、内外に大小の礫を置いている。
　恵庭市西島松 5 遺跡は後期の環状土籬、土壙墓群を主体にするが、早期から前、中、後期までの配石土坑がある。何も出土しない土坑が多いが、概ね墓坑とみている。早期 P651 は径 0.56ｍで上位に円礫、前期 P389 は長径 1.54ｍで深鉢形土器の上に壊れたか壊した大きな石皿片を載せ、中期 P375 は直径 1ｍの上位に礫 2 個を置き、小さな P596 は径 0.5ｍで黒曜石片 895 点が土坑に溢れるように出土し袋に入れられていたと推定している。後期三ツ谷式期の P411 は長径 1.48ｍの長楕円形土壙墓で、壺形土器、太形縄文管玉などが堆積土上位に奉納され、坑底に人骨片、多量のベンガラがみられる。配石には、埋戻した土を載せながら壺形などの奉納品や礫を土坑片側のみに置いている。したがって、土壙墓はマウンド状になっていたと推定される。それは施設とし

て厚葬だが、玉類の質量は左程でない。これに類似するものが晩期末葉御殿山式期のP508（長径1.25m）で、坑底片側に多数の礫、剥片を並べ置き、サメ歯、ベンガラ小玉196点などを副葬し、その上位堆積土に礫、土器を奉納している。堆積土の状態からマウンド状になっていたと推定され、脇に大きな礫が出土している。P497、504も大きな礫が堆積土にある。

　千歳市末広遺跡は周堤墓群である。1980年の発掘で、周堤墓3基、住居群、盛土のSM1、2焼土遺構（幅15m、長さ60m以上）が検出されている。SM1、2に径1～5mの焼土が随所にあり、土器が集中的に出土している。その堆積土の状態は、累積されたもので長期間にわたる。信仰に係わる遺物の出土が多いせいか、祭祀場説がある。1992年の発掘では0.7～1mの範囲に礫が集中しており、ほとんど遺物が出土せず時期、用途は不明なことが多いが、礫は土坑集中域に多い。

　千歳市美々4遺跡（図6-2））の御殿山式期X309・310土壙墓の坑口脇に、供献された土器群が出土している。それら土壙墓長軸に2個と1個の柱穴状ピットがあり、切妻覆い屋と墓標の柱穴と想定される。美々4遺跡（Ⅷ）のⅡ黒層に、後期中葉の土壙墓群が6群あり、その第6群の幾つかの土壙墓傍らに棒状礫がある。中央にあるX817周囲にも墓坑（楕円形、長軸1.48m、深さ0.98m）を囲むように棒状礫が10個横たわっているというよりも配列されているとみてよかろう。しかし、もっと重要なのは墓坑脇にある墓坑より深いピットの存在であり、これこそが木柱墓標の跡と推測する。他にも、第6群土壙墓群P168などにも類例がある。この遺跡では、墓坑の脇に棒状礫が多数みられ、土壙墓群の第2群P123に唯一墓坑内に埋没した立石が検出されている。沈み込んだ可能性があるが、埋め込まれていたと記載されている。

　新ひだか町御殿山遺跡は、御殿山式期を主体にその前後から晩期初頭にわたる配石土壙墓群である。人小の礫を多数重ねケルン（積石）と称された下位に、土壙墓が多く検出されている。内部から人骨やベンガラ、玉類、漆器櫛、土器、石器などが出土し、配石上位に供献された状態で御殿山式土器が多数出土したものもある。新ひだか町ホロケ遺跡でも、同様な土壙墓上に盛り上げた状態の礫群が検出されている。

　足寄町上利別20遺跡（図6-4）は、御殿山式期の土壙墓群の一角に下位に土

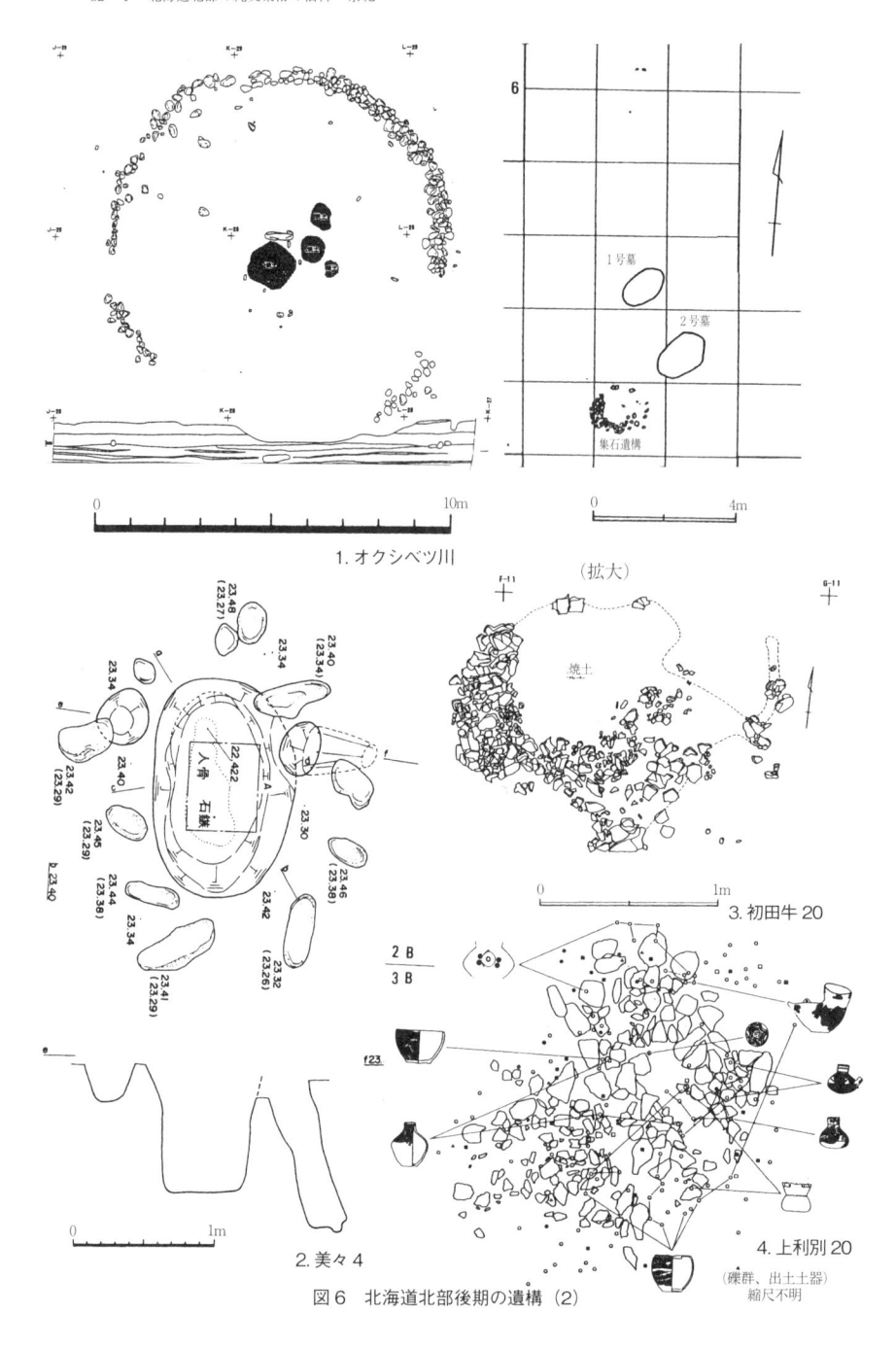

32   I   北海道北部の縄文集落の信仰・祭祀

1. オクシベツ川

2. 美々4

3. 初田牛20

4. 上利別20
(礫群、出土土器)
縮尺不明

図6　北海道北部後期の遺構（2）

坑のない3〜5mの不整形な配石遺構1基が検出され、被熱礫や注口土器など多数の土器が出土している。配石の中央に空白部がありそこに遺体を置いたと想定しているが、憶測であろう。土坑1には、多数の礫が2段に充填されている。

　オホーツク海に面した小河川河口砂丘地の斜里町オクシベツ川遺跡（図6-1）は、下位に土坑がない直径約10mの環状列石（図6、堂林式期）である。1km南に朱円環状土籬（朱円式期）が所在する。環状列石の中央部が凹レンズ状に窪み、そこに長さ73cmの大礫があり、ベンガラ、焼土4ヵ所、獣骨、海獣骨等が出土している。環状の列石は5〜7群からなり、部分的に途切れ南側に列石がない。列石は立石と5〜10個の礫を単位にする組石群（41単位）から成ると記載され、立石と根固め石がみられる。南西約10mに径1.8mの配石があり、下位に土坑がない。他に、土坑3基が検出されている。

　問題は、断面図（図6-1）にみる中央に位置する横倒しの大礫、焼土と列石との絶対高の乖離であり、その部分だけが黒色土が切れていて窪んで掘り込まれている可能性があると記載した報告を考慮すると、中央部に当地域に特有な浅い掘り込みの墓坑が存在した可能性がある。獣骨、海獣骨等が出土し祭祀儀礼の可能性も考えられるが、そうした場合は掘りこむ必要がなく列石と同レベルになるだろうから、浅い墓坑があった蓋然性の方が高いであろう。

　阿寒町オンネサルンペツ遺跡に、後期末葉（朱円式期）とされる小規模な配石遺構が検出されている。

　根室市初田牛20遺跡（図6-3）に、御殿山式期の土壙墓2基と多量な焼土とそれを囲むように焼石の集石遺構が隣接して検出され、相互は関連するものと思われる。下位に土坑がなく、集石からは何も出土していない。

(2) 晩期の信仰・祭祀関連施設

　稚内市声問川大曲遺跡（図7）には、晩期終末（タンネトウL式）から続縄文前半（宇津内Ⅱb式）の配石遺構53基と土壙墓22基が検出され、発掘区に住居は検出されていない。配石遺構は2層にわたり土壙墓と切りあい関係にあり、大小様々で礫も径7cm前後なので報告書では集石と呼んでいる。配石下位はいずれも凹レンズ状の窪みで明確な土坑でないが、他の土坑には配石もみられる。主体は宇津内Ⅱ式期と思われるが、報告書に言う調理、保存施設について

は調理場が墓坑群と同じ場所にあるのは不自然であり、次章に記すとおり再考すべき事例と思うので敢えて紹介した。なお、北見市栄浦第二遺跡でも続縄文期に類例がみられる。

　東川町幌倉沼(ほろくらぬま)遺跡の晩期終末から続縄文期の土壙墓群に多数の礫が充填され、それを配石遺構、配石の墳墓と呼んでいる。礫の量が多い配石土壙墓群であり、盛土もみられる。

　東神楽町沢田の沢遺跡に、湧水を挟んで東西A区とB区に晩期後葉の175基の墓坑群が検出されている。土坑の平面形や大小規模等に多様性があり、概して不整形が多い。ピット19に石鏃137点、琥珀平玉など約30点、磨製石

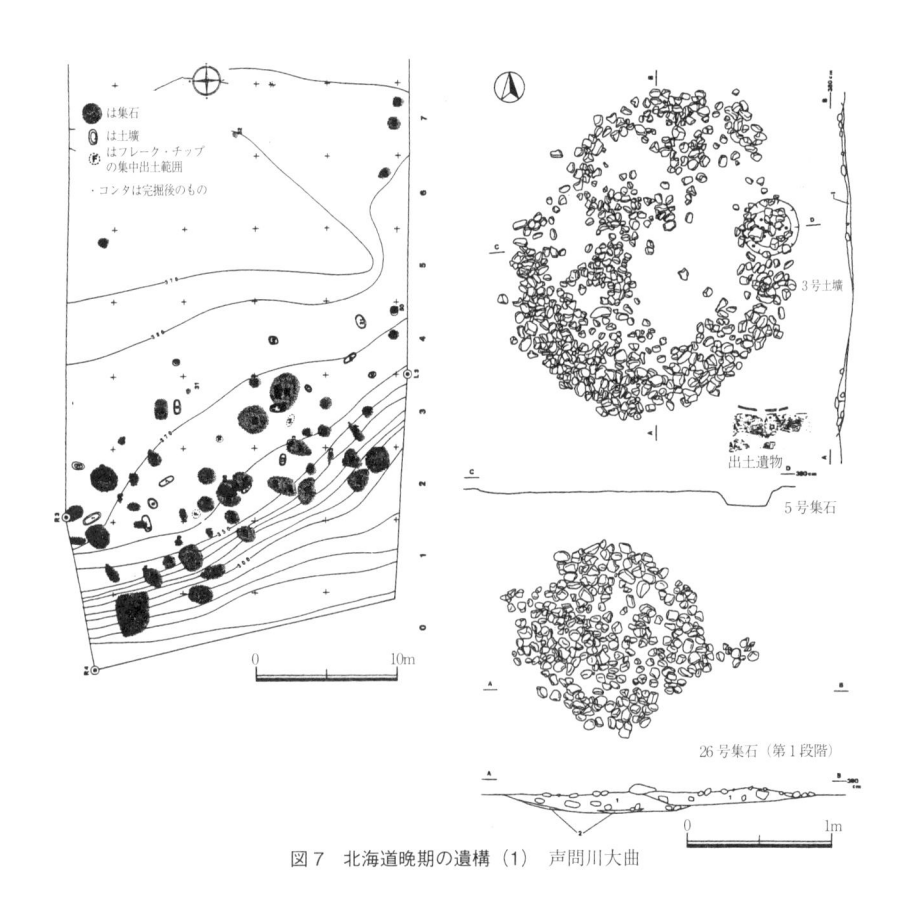

図7　北海道晩期の遺構（1）　声問川大曲

斧2点、ピット19の坑底にベンガラ、堆積土上位に夥しい黒曜石フレイク等を出土し、他に坑底から焼土が検出される墓坑、小さな土坑（ピット33、規模0.63m）に礫が充填されたものなどがあるが、配石土坑は少ない。このような墓坑内に多数の遺物を出土する葬法が、北海道の特徴である。

富良野市無頭川遺跡A区に晩期後葉などの21基の墓坑群があり、その中に焼土2基やピット20（径0.8m）から焼けた人骨、焼土が検出されている。他に、ピット17（径0.67m）の上位に径30cmの大きな石皿を置いたものもある。同B区に中期から晩期までの15基の墓坑群、焼土3基、集石1基があり、晩期初頭のピット2（径1.47m）の堆積土中に小礫群、他に多数の礫が充填する墓坑が検出されている。集石は、直径5mの範囲で墓坑群の中央付近にある。明確に配石遺構のような整列する形態をとらなくても、同市三の山2遺跡（晩期末葉～続縄文期初頭）のように墓坑群近く（や集落内に）多数の大小礫がまとまって検出される例が多いものである。

札幌市N30遺跡Ⅰ地区（図8-1）で、晩期聖山2式もしくは幣舞式平行期のピット1に隣接してHE68屋外石囲炉（規模0.7～1.1m）、ピット3基（ピット2～4）が検出され、周囲に焼土群、屋外炉群等が存在する。ピット1（径1.2m）の坑底に、遺体層、多量なベンガラ、サメ歯20点、意図的に破壊した土偶1点が出土している。ピット2（径0.8m）に礫3個、ピット4（径0.5m）に礫1個があり、ピット3（径0.7m）には何も出土していない。いずれも墓坑とみている。HE68の東側に小ピットが十数本みられ、HE60など焼土の内外にそういう小ピットがある類例が少なくない。また、DCと呼ぶ炭化物や灰、剥片、礫が集中する小遺構が周囲に多くあり、フローテーションにより植物、鳥獣類、魚骨片が多数見つかっている。Ⅰ地区には並列する2棟一対の住居の近くに土壙墓群が2群あり、上記の説明の諸遺構はジャスト・モーメントの関係にあるとみてよかろう。墓坑数は左程多くないが、周辺の諸遺構は作業や厨房施設とみるより、墓坑に関連する祭祀儀礼施設と考えられる。この遺跡ではアブノーマルな聖山2式の土偶を出土するピット1は、シャマンの墓（鈴木2010）と考える。

千歳市ママチ遺跡（図8-2）は晩期後葉の土壙墓群の遺跡で、第三次調査の黒土層から石鏃123点、磨製石斧13点、黒曜石剥片275点が集積して出土し、

図8　北海道北部晩期の遺構（2）

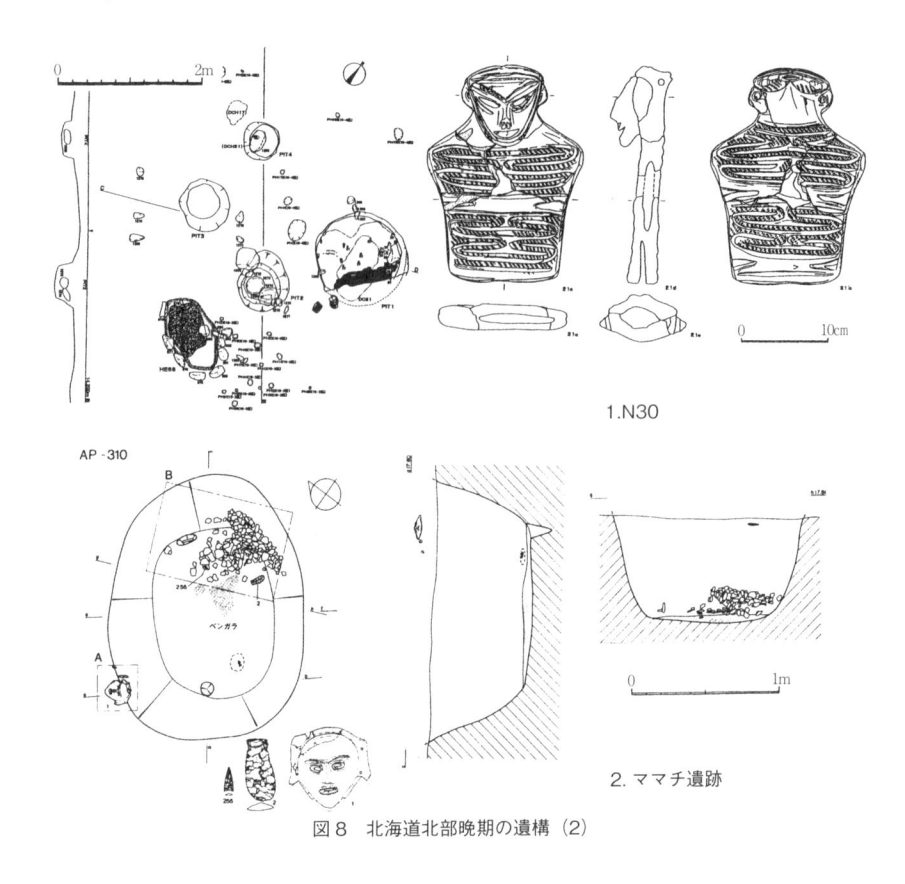

墓坑の上にあったことから祭祀的な性格が想定されている。Ⅰ黒土層とⅡ黒土層があり、晩期の土器に大きな年代差がなく聖山1・2式平行の幣舞式土器などが出土している。Ⅱ黒土層は住居2軒、土坑113基、焼土79基、Ⅰ黒土層は住居3軒、土壙墓27基、土坑342基、焼土17基である。そのうち、Ⅰ黒土層の土坑壁肩部上位から土面を出土したAP310が著名である。土面の性格を考慮すると、シャマンの墓に生前使っていた土面を供献したものと考える。坑底から人の歯、石器、ベンガラ、フレイク・チップ類324点が出土している。そういう多数のフレイク・チップ類が、土坑上位に出土する場合や埋納と呼ぶ小ピット（BP53）から出土する場合もある。Ⅱ黒土層の焼土群から焼けた獣鳥骨、魚介類、植物性遺存体、骨角器や土器、石器等が多数検出され、鹿と鮭が

多い。そのため、焼土は燻製加工などのために形成されたと推定されているが、再検討の余地があると思う。

　千歳市梅川3遺跡では主に晩期の土壙墓群が検出され、その中に幾つか配石土坑がみられる。同市ウサクマイ遺跡A地区（図9）に晩期の集石2基が検出され、集石1は径0.9mに約100個の礫、集石2は堂林式期のAH3の上位にあり径3mに約200個の礫が集められ晩期土器片が出土している。また、続縄文期と思われる径1m前後のAP3・4・6・7土坑に多数の焼礫が詰まった状態で検出され、縄文文化の配石の形態が続縄文から擦文文化期まで継承されている。それも北海道の大きな特徴である。

　苫小牧市柏原5遺跡では、A区2B層上位（後～晩期）に小規模集石4基、焼土53基、2B層下位（中期タプコプ式期）に焼土、石囲炉31基が検出され、共に土器、石器が伴う。C・D区2B層（主に後期末葉、晩期）では297基の焼土群が4ブロックをなし、石器、玉類、土製品、ベンガラ、魚骨、獣骨類、クルミなどの諸遺物が伴い、周囲に集石、埋設土器がみられる。

　幕別町札内N遺跡（図10）に224基の土坑が検出され、その9割が晩期で配石土壙墓が多い。土坑6基（土坑179・183等）の堆積土全体に多数の礫が充満し、土坑25に土偶2点、土器が出土している。他に、堆積土全体に礫でなく石器、フレイクが多数充填されている土坑も少なくない。土坑163には、石槍9点やフレイク3721点（484g）が出土し、礫とフレイクは精神的に同質なものと考えられる。フレイクを出土する土坑に礫が少なく、その区別に何か意味があると思われる。反面、小さな土坑に礫が1,2点出土しているだけのものもある。他に、黒曜石片や礫、石器が集中して出土する箇所が十数ヵ所存在し、石器製作の痕跡か信仰・祭祀的なものか意見が分かれるとは思う。

　北見市中ノ島遺跡（図11-1）で、自然の窪地（A・B遺構）に晩期終末から続縄文期の土器、石器類、焼骨片、礫等が多量に出土している。窪地利用の住居遺構として動物解体場、祭祀場、製作地と記しているが、特定していない。

　北見市栄浦第一遺跡で、晩期末葉（幣舞式、緑ケ岡式期）の住居11軒のうち7軒の床面直上にベンガラが多量に混じった赤褐色砂層（ベンガラ層）が検出され、住居廃棄儀礼と考えられている。他に、床面にフレイク・チップの集積、粘土が出土することも多い。この遺跡では他の後続期（続縄文、オホーツク、

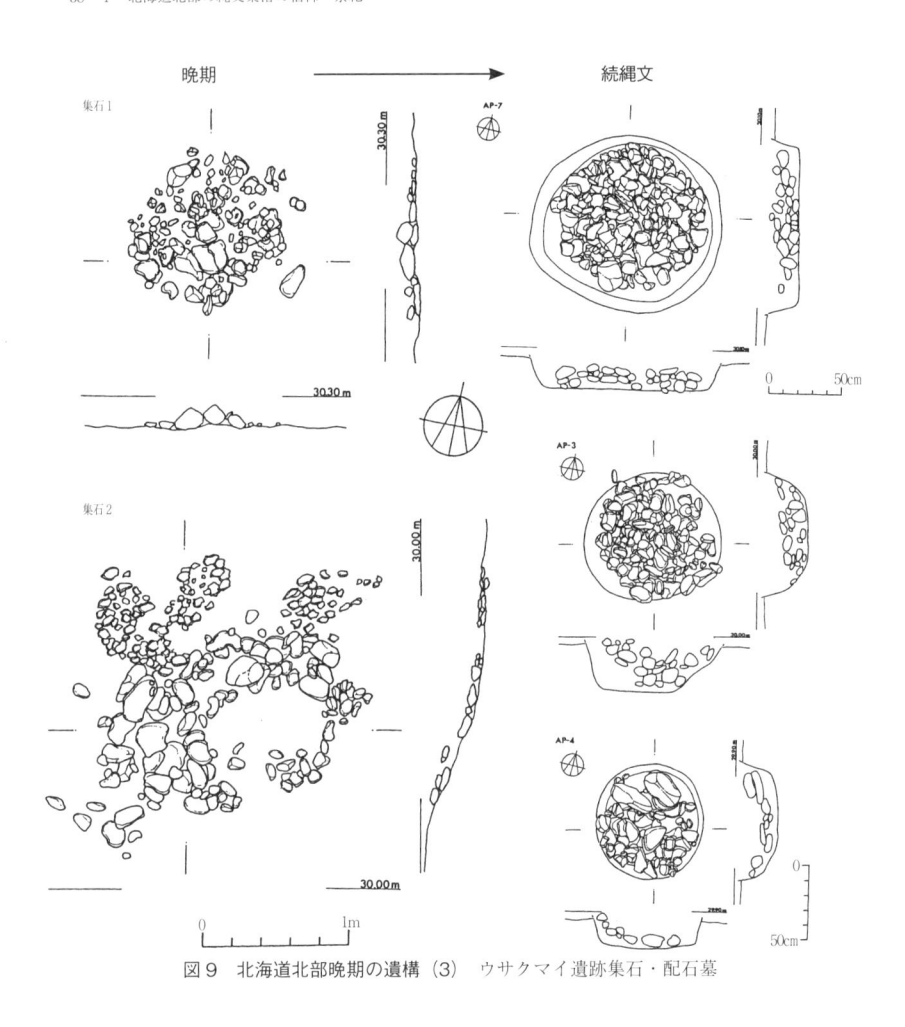

図9 北海道北部晩期の遺構(3) ウサクマイ遺跡集石・配石墓

擦文期)の住居にみられず、晩期特有な事例とされる。
　北見市常呂川河口遺跡は、晩期末葉(幣舞式期)から続縄文期初頭の住居、土壙墓群が多数検出されている。157a号竪穴に、上記栄浦第一遺跡にみる住居床面直上に焼土、ベンガラ層、黒曜石のフレイク・チップの集積がみられる。また、1225ピット(幣舞式期)では、墓坑内に溢れるほどの礫群が充填されている。そのような当該期の墓坑は、礫に多少があってもノーマルなものであり、玉類や石鏃などが多数出土する。類例が多く葬墓制事例により以下省略するが、

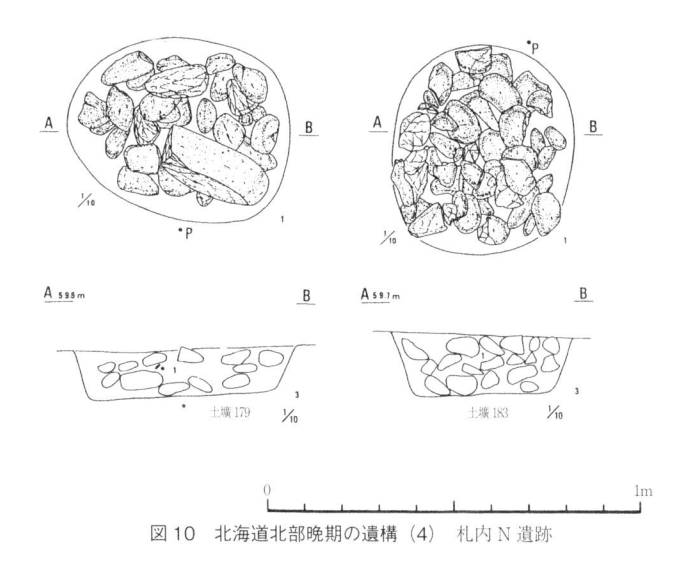

図10　北海道北部晩期の遺構（4）　札内N遺跡

470号墓に対しシャマンの墓と考察されている（武田2009）。

　斜里町内藤遺跡で、幣舞式の倒立した深鉢形土器の下位に礫8点が検出されている。同町谷田遺跡で、晩期のpit100に人骨、玉を出土する配石土壙墓が検出されている。同町尾河台地遺跡（図11-2）でも晩期末葉（幣舞式期）から続縄文期の竪穴、土壙墓群が検出され、主体は続縄文期だが、北海道特有な事例なので紹介する。その1は、竪穴や土壙墓の断面が皿状を呈する事例で底に更に小さい土坑があり礫の出土もみられる。その2は、断面が浅い皿状を呈する土坑に炉、骨類、ベンガラがあっても柱穴が見当たらないものが多い。その3は、埋まりきらない42竪穴上位の窪地に礫を環状に廻らし、礫の外見は環状を呈する。こういう廃棄した竪穴の上位窪地に、炉を造り、付近から焼土、骨片等が出土する事例は、道内全域に古い時期からみられる。柱穴が無くとも炉があるため、住居として利用されたと記述している報告書もある。

　斜里町ピラガ丘遺跡（図11-3）は、緑ケ岡式期の土壙墓群である。円形ピット19に人骨が見られず、ヒグマ2頭以上の頭蓋焼骨、ベンガラ、焼礫、石器が出土している。アイヌ文化の熊送りと比較することに慎重な態度を採りつつ、儀礼の場としている。不整形ピット23に焼砂、獣骨が出土している。

　釧路市幣舞遺跡（図11-4）は、緑ケ岡式期の集落（住居4軒、墓坑、土坑、焼

1. 中ノ島　　　　　　　　　　　2. 尾河台

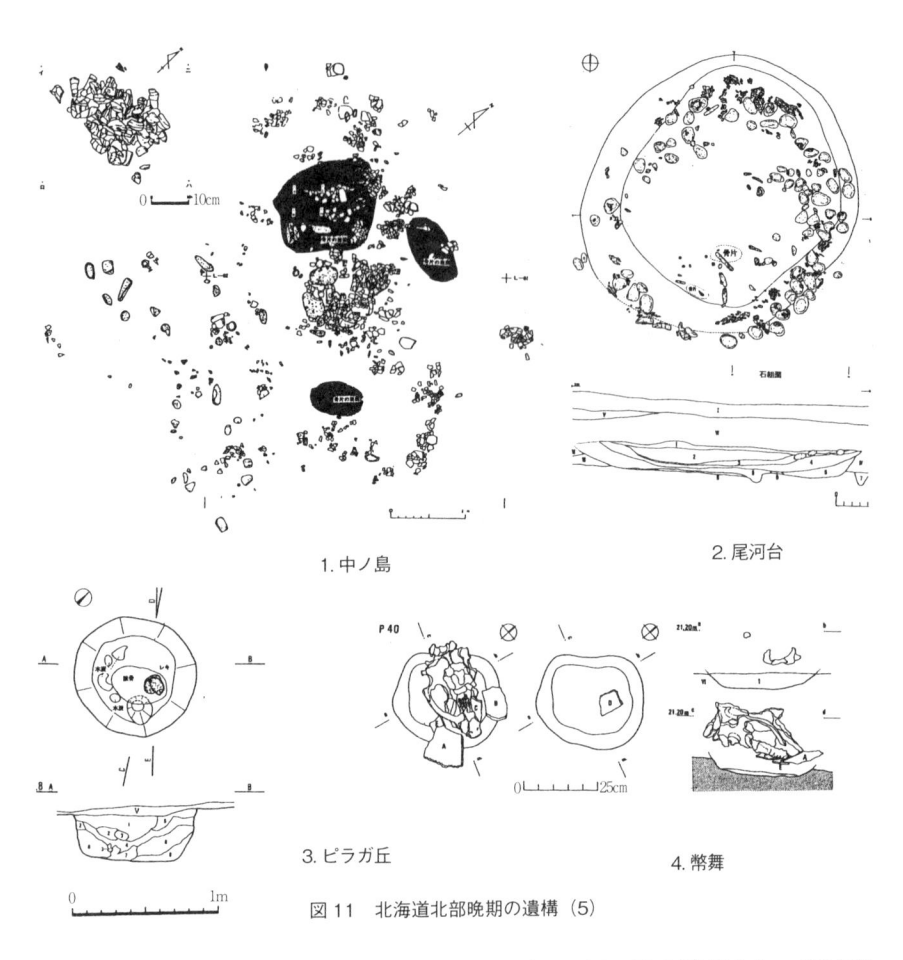

3. ピラガ丘　　　　　　　　　　4. 幣舞

図11　北海道北部晩期の遺構（5）

土群）である。住居群の東側に墓坑群、土坑群、北側に焼土群があり、墓坑群一角にヒグマ頭骨を収めた土坑 P40 が検出され儀礼的な扱いと記されている。

第3章　北海道北部の信仰・祭祀施設の特徴とまとめ

第1節　北海道における信仰・祭祀施設に関する諸問題

(1)　北海道北部の信仰に係わる諸遺構と特徴

北海道の特徴は、遺跡および住居や土壙墓内から焼土、ベンガラ、フレイ

ク・チップ類、石器類が集中して多量に出土することであり、砂、焼砂、灰、白粘土、白色火山灰もみられる。主に焼土が群や列をなし、多数の獣骨類、堅果類等も出土する。また、フレイク・チップ類、石器類の一括集中出土状態は、デポではなく住居、土壙墓群近くに多い。集石、礫群も少なくなく、焼石も用いられている。

　それらは早期から晩期まで、そして続縄文期以降にもみられるが、縄文時代の場合は土壙墓群に近接し一様に群在する特徴があり、堆積土にも多い。諸例は、機能つまり信仰か生業（動物解体、燻製、調理加工、石器製作）かの判断が難しく意見が分かれ、ベンガラのみ信仰祭祀に係わるかもしれないと曖昧に記述される。しかし、民族誌上の火、神話の炉火神信仰、シャマンの火（文献省略）あるいはアイヌのカムイ・フチ（先祖の火の女神）の祖霊祭（マンロー2002）など、火にまつわる習俗文化を考慮するべきであり、焼土に含まれる動植物遺骸は（火の）精霊をもてなす狩猟儀礼の供犠の可能性が考えられる。

　カリンバ1遺跡に大型住居内の炉と同様な焼土群が列を成し、焼土近くや焼土の間に先細りの小ピットがみられる。直立しているので魚肉用焼き串穴ではなく、イナウにしては太いせいか火を使う祭祀とのみ記している。こういう小ピットに対し、考証も検証もなくイナウの杭穴とする所見（文献省略）もみられるが、イナウ、御幣の起源は国内ばかりか重要問題であり、鳥居龍蔵（1919）、大林太良（1960）らの学説（他文献省略）を弁えるべきである。全体的に焼土に獣骨類、フレイク・チップ類が出土することが多く、動植物遺存体の種別分類は考古学的な決定的な理由になり、生業関連の所見を全く否定するつもりはない。しかし、墓坑群近くで動物を解体すると思えず、私はマンローが生き生きと叙述した信仰・儀礼説を採りたいと思っている。この問題は、フロテーションを行い、時代を下げても集成等が望まれ、北海道でこそ研究し早急に議論する必要があろう。

(2)　礫の多用とその多様性

　北海道の礫を使う遺構の特徴は配石土壙墓が多いことだが、他に①配石の下位が明確な竪穴の形をとらず窪地になり、②小石の集石が多い。①は墓とも調理施設とも解釈されるが、そのような墓の類例は北海道の独特な葬法であり、恐らく寒冷地仕様の墓と思われる。②は後期の船泊、音江、狩太遺跡の配石土

壙墓に代表されるが、中期の札内N遺跡土坑197内の円形集石も侮れない事例である。

墓以外では、凹レンズ状の窪みで明確な竪穴の土坑がない集石に対する声間川大曲遺跡の調理施設という見解がある。東南アジア民族誌の焼石蒸し焼き調理法を想定してのことなら植生等から当てはまらず、北の主な海獣調理は生食、鍋物、焼肉であり、保存は乾肉、干魚、燻製は焚火に椴松の枝葉をあぶして（更科1968）行い、解体、焼肉でも集石は無用である。しかも、この遺跡に調理の背景にある住居や獣骨類が検出されておらず、むしろ土壙墓と重複関係にあることを重視したい。小石を集める形態は、札内N遺跡を嚆矢とし船泊遺跡などに関連し、整然と円形に集められた声間川大曲遺跡はその後続退化形式でないかと考えられ、信仰及び葬送儀礼の施設として再検討する必要があると思う。

(3) 竪穴跡上位の窪地利用とベンガラ層等について

北海道の報告書に、廃絶住居の窪地に炉や焼土があるから柱穴が無くとも居を構えた、という記述が多い。アイヌ民族の「夏の家」を連想しているのであろうか。確かに炉があっても無柱穴の竪穴があるとは言え、住居再利用の形態と言えるだろうか。そういう窪地に、焼土だけでなくベンガラや石器、フレイク・チップ類、時には焼獣・魚骨、炭化物など、つまり日常生活の道具類一切が出土する特徴がある。住居や竪穴の廃絶後にできる窪地は、利用者たちが窪地の意味を認識していたと思われ、意図的に選んでそこに火を灯しベンガラを撒いて浄化し、物送りや葬送に利用されたものと考える。

このような住居廃絶後のベンガラ含有堆積砂層（ベンガラ層）は、武佐川1遺跡のように早期から晩期以降までみられ、栄浦第二遺跡で住居廃棄儀礼と記している。ベンガラの多少を問わねば類例は全道にみられるが、道東に顕著でしかも早期からみられる。

栄浦第二、常呂川河口遺跡では、堆積土中に砂層の間層として確認されているが、武佐川1遺跡では床面に撒いて敷いていると記載され断面図でも確認できる。しかし、堆積土中の間層か床面に敷いているかは大違いであり、住居廃絶行為とベンガラ層に対するジャスト・モーメントの捉え方に曖昧さがあることを否定できない。

常呂川河口遺跡の 157a 号竪穴堆積土に炉やフレイク・チップ類の集積があり、住居の壁肩部にもある。148e 号竪穴堆積土の埋甕、ベンガラ、フレイク・チップ類の集積も一連のものと考えられる。157a 号の断面図をみると、床上にあっても住居廃絶後しばらく経ってからベンガラを撒くか、含有した砂を撒き散らしたとみた方がよいだろう。その上下層に炉、埋甕、フレイク・チップ類集積、他の事例では堆積土のベンガラ層が間層で検出されている。何らかの儀礼行為を示すだろうが、住居廃棄儀礼と言うと通常は住居廃絶と同時に居住者が立ち去る時の離別行為の住居送りと受け取られる。しかし、栄浦第二の断面図は時間差のある間層である。

　仮に、撤退と同時に床にベンガラを撒いた場合と、無人化した屋根などの上物が崩れるか、その直前の老廃した窪地にベンガラと焼砂を撒いた場合の二種があるとすれば、後者は住居廃絶との時間差を考慮すると廃棄儀礼とは言えない。むしろ、上記の窪地利用の形態ではないかと考えられ、どちらも赤色なのでその意味では共通し、フレイザーの類感呪術の模倣形態として焼土かベンガラの違いでしかないように思える。

　道東に顕著であることを考慮すると、地域の土器型式の内容から見て背景に部族差があると考える。焼土やベンガラなら道南部にもみられるが、この種の顕著なベンガラ層は道東部に特有のもので、その習俗の終焉は幣舞式期前後であり、続縄文期の宇津内Ⅱ式期にはあまりみられず断絶している。そのようにみると、道東に配石土坑の礫の多寡つまり配石、礫数が少ないことも気掛かりである。また、擦文期からアイヌ文化期の竪穴上の窪地に多くの遺物が出土する事例は、アイヌ文化にもみられる「物送り」つまりイオマンテと解釈されている（宇田川 1989）。反面、住居跡の窪地利用は縄文時代に廃絶住居の土器廃棄として本州で一般にみられるので、発掘者が土層や内容をよく観察して判断すべきである。

(4) 動物送り―イオマンテのアニミズム

　貝塚に対して、アイヌ文化のイオマンテに擬似する考えが古くからある。イオマンテの形式に多様性があるが、象徴的な出土状態に限るべきである。象徴的事例とは、竪穴を掘る、岩陰に置く、整列など、意図的な行為の所産を確認することである。だから、精神はともかく貝塚から熊の頭骨が出土しても全て

イオマンテとすることはできない。

　幣舞遺跡は、小さな土坑上位にヒグマ頭骨を置いた事例で、厳密には埋納と言えないが、考慮すべき事例である。ピラガ丘遺跡は、ヒグマ頭蓋焼骨、ベンガラが堆積土から出土し、どちらも堆積土中に浮いたかたちで出土している。アイヌ文化期の釧路市桂恋フシココタンチャシの竪穴に海亀を埋納する事例が類似する。

　アイヌ文化は、熊祭に代表される物送り（イオマンテ）をステイタス・シンボルに止揚している。しかし、イオマンテの起源が不明である。命ある生き物や物を大事にし、役割を全うしたことに感謝の念を表し送り返す観念は、アイヌ文化に限らず人類に普遍なアニミズムの思想である。縄文文化と同様な狩猟の社会と文化、生活を築いてきたアイヌ民族誌に学ぶことは、そういう観念論でも類似性でもなく、同質性を認識することである。年代的に縄文文化は狩猟民としてアイヌ文化の先輩格であり、逆説的にアイヌ文化が時を化石のように停止した生活形態にあるわけでなく、必ずや異同しているだろう。熊送り儀礼が縄文文化になかった（西本1989）とすることも短絡であり、年代が違えば形式も異なるであろう。

　必要なことは、信仰に係わると類推される諸遺構、遺物を摘出し論理的に分類し観察することである。縄文文化において物を送る習俗があったとすれば、どういう習俗かを類推することである。仮に、A縄文文化、B続縄文文化・擦文文化、Cアイヌ文化とし、AとBが継承、CとBが継承の関係にあるなら、AとCも継承の延長線上の範疇にあるという論法によって事実確認する必要がある。

　厚真町厚幌1遺跡のV層（中期末葉頃）とIII層（アイヌ文化期）は、この問題を考えるための好例である。V層にフレイク・チップ類集中箇所、III層に獣骨類、炭化物、灰集中箇所が多数検出され、焼土群、礫集中が両層に共通する。礫集中が年代差を越えて共通し、III層の焼土に焼骨片類が多数含まれ遺物内容が異なる。つまり、III層とV層の内容は、本質的に同じ性格にあると推考されるが、V層のフレイク・チップ類集中、III層になると獣骨類、炭化物集中という違いが認められる。その中間期にある晩期のママチ遺跡、柏原5遺跡では動植物遺存体が多くなり、焼土内の遺物や組成に年代差があり、焼土に含まれる

遺物が変化している可能性がある。すなわち、上記の焼土、ベンガラ、フレイク・チップ類、石器類等の集中出土状態は、廃絶住居上位の事例も含め信仰的要素を持ち、アイヌ民族誌にみる物・魂送りの根底にある猟漁豊穣祈願、そして遠い祖霊の祭祀儀礼行為の所産も考えられる。

(5) その他─環濠：チャシの原型の可能性

丸子山、静川遺跡の環濠は、信仰の施設とされる。丸子山遺跡に環濠と同時期（Ⅲ群c類期）の小さな土坑があり、他に同時期の焼土などの遺構がないか、環濠の時期はⅢ群d類期までが許容範囲でないか、などの問題がある。静川遺跡の場合も、2基の竪穴を大型住居、同時併存、土葺きとみなしているが、疑問である。報告書に豊穣の祭りの建物と記されているが、根拠が示されていない。

静川の竪穴は堆積土が異なるので時期差が考えられ、大型住居を支えるだけの主柱穴がみられず、不整形で内部に土坑が多い道北、道東部の大型住居（大泰司2011）を考慮すると、竪穴は墓域、環濠は墓域を囲う施設の可能性がある。後のアイヌ文化に通じるチャシのような聖域区画の機能と、チャシの起源、形態が出現期から近世まで一定の形式と機能を保っていたと限らないのでその原型の可能性が考えられる。

第2節　北海道のストーン・サークル

(1) 駒井和愛のストーン・サークル観

駒井は、環状列石に対しグローバルな大陸文化の影響という歴史観を持ち北海道の関連遺跡を発掘し、新石器時代から青銅器時代までの欧州、シベリア、満蒙など諸外国のドルメン（支石墓）、クロムレク（円周立石、ストーン・サークル）、メンヒル（立石）、アリグメント（列石）と比較して捉えた（駒井1973等）。しかし、その博識が災いし、巨石記念物としてそれらの複合物とみなし弥生文化、アイヌ文化の墳墓、東北アジアと関連視して考えた。魅力ある学説であったが、旧態な石器時代アイヌ説に立ちミネルヴァ論争を相克できず、階級に言及したことなどにおいて問題があるばかりか、鳥居龍蔵（前掲書）の所見にも触れていない。

しかし、音江などの諸例を発掘により縄文文化（後期）の墓と決定した功績

も駒井である。また、嘗て西洋で流行ったマンローの天体観測場、太陽崇拝説を否定的にみる見識を持ち、一貫して墓説を唱えたことは評価できよう。そういう認識を持ちつつ年代差を超えた満蒙の古代の類例と比較した考え方の背景に、E・スミスらの文化圏説がある。環状列石を第1形式から退化する第2、3形式に分けて遷移を解釈したが、論考の都度対象事例が変わり矛盾もある。駒井の所論は、北海道の研究に影響を与える一方で、道内の巨石記念物のイメージと解釈に混乱を齎したようだ（藤本1971）。その後、道内でアイヌ文化の墳墓とする駒井説に不利な発掘事例が相次ぎ、いずれも縄文や続縄文期の積石をもつ配石土壙墓であった。

(2) 北海道の環状列石の編年と系譜・類型

北海道における（列石下位に土坑のない）環状列石の最古形式は涌元式期の湯の里5遺跡であり（鈴木2007b）、白坂式期の鷲ノ木遺跡を経て堂林式期のオクシベツ川遺跡に遷移する。その間、西崎山遺跡（船泊上層式期）、音江遺跡（ホッケマ式期）など立石や周囲に板石を立て内側に集石を持つ配石土壙墓が多々存在し、ストーン・サークルとか墳墓と呼ばれてきた。最も著名な忍路（三笠山）、地鎮山環状列石は時期を特定できず、地表に露出していて他の類例と異なる。学術的に縄文時代と断定できるまでは環状石籬と呼び分けてもよかろう。船泊、西崎山、音江は、駒井説を採れば環状列石墓だが、環状配石土壙墓である。

それら環状列石は、A類：湯の里5、鷲ノ木、オクシベツ川遺跡の列石サークルタイプ、B類：船泊や音江遺跡の土壙墓上位に板石を衝立状に立て内側に小礫を持つ集石タイプ、C類：西崎山遺跡の土壙墓上位に立石や礫群を持つクロウドタイプ、D類：その他に分類できる。それらは、A類、B類の北海道に独自な北海道型形式、C類の東北型形式に大別される。

北海道の環状列石の形態基本構造は、湯の里5から発してオクシベツ川に変遷する過程で、鷲ノ木とオクシベツ川の間に、船泊→西崎山→音江が位置付けられ、いずれも下位に土壙墓を構築する特徴がある。最後のオクシベツ川の中央部にも土坑（窪地）が存在する。換言すると、北海道型は配石土壙墓の形式である。北海道の環状列石つまりストーン・サークルとその原型の形式は、最も古い衝立状立石、二重環列石の湯の里5に発し、船泊の要素を取り込み、中

央配石の鷲ノ木により成立（完成）すると考える。

(3) 形態構造の文化的要素とその配列構成

何がネイテブな北海道型形式で、何が東北型形式かを分析することによって、北海道の環状列石の性格を理解できよう。

形態構造の文化的単位要素　北海道型、東北型を問わず環状列石の要素に、①：二重環、②：列石、③：立石（組石）、④：衝立状立石、⑤：中央配石、⑥：充填小礫、⑦：土壙墓などがある。北海道型と東北型では、諸要素とその組み合せ構成がほぼ共通し、見た目のイメージが違うだけである。つまり、湯の里5は①、②、④、鷲ノ木は①、②、⑤、オクシベツ川は②、③、⑦、西崎山は③、⑦の組み合せであり、いずれも東北型を基調にする。

配列構成　それに対し、B類の船泊、音江は④、⑥、⑦の組み合せで下位の⑦が基本になり、規模はその長軸範囲に等しいか、大きく超えない。では、何故A類が北海道型なのか。湯の里5と鷲ノ木の全体外見構成が東北の類例と違い、オクシベツ川の⑦が東北にない窪地だからである。換言すれば折衷型と言えよう。

西崎山のC類は、東北の中期の岩手県樺山遺跡に祖型があり青森県太師森遺跡などの形態構造と関連すると思われ、A類特にオクシベツ川遺跡やB類にも東北型の組石が潜在的に遺存している。

(4) 北海道の環状列石の独自性と北海道型形式の原型

従来の在地研究は、秋田県大湯環状列石と見た目の比較でしかなかった。最後の時期にあたるオクシベツ川遺跡の後期後葉に東北で類例が少なく、一見北海道は東北より後続しているが、東北では晩期初頭に青森県大森勝山遺跡の類例をみる。そういう円環の構図はオクシベツ川までで、後期前葉から後葉の短期間に終焉する。

問題は、大湯より少し古い湯の里5の出自系譜であり、板石を衝立状に二重に立て廻らす形態構造は独自である。しかし、それもまた中期末葉から後期初頭の東北地方の岩手県清水屋敷Ⅱ、館石野Ⅰ遺跡など立石や二重になる円環構成を重視するクロウド及びサークルタイプの形態を複合的に受け入れ、独自な形態として成立したものと考える。中期末葉の土器が道南部から出土していることも傍証になろう。そして、それが後の北海道型形式の環状配石土壙墓の造

墓形式をも規定していると考える。つまり、北海道の伝統的な集石または積石状の配石土壙墓の集石タイプが結合して、鷲ノ木の環状列石と船泊、音江などの板石を立て環状に廻らし小礫を積む造墓形式に影響し発達してゆくものと考える。船泊、音江のような小礫を充填する典型は東北に少ないが、清水屋敷Ⅱ遺跡などにみられ、全く存在しないわけでない。集石タイプは第2章に記載したとおり配石土壙墓として北海道では古くからみられ、後・晩期とそれ以後にも盛行する。

　湯の里5の基本形は、板石を中央と外環に二重に立て廻らす円環の構図であり、鷲ノ木の中央配石→オクシベツ川の退化形式と言える中央窪地の大礫、墓坑に系譜が継承されるであろう。編年的には、鷲ノ木とオクシベツ川の中間に上記B類が位置する。同時期の後期中葉には、形態が違うものの仁木町モンガクB遺跡の環状墓列に囲まれた中央の墓坑（本誌シリーズⅡの表紙）のように、円環の構図が好まれ流行ったのであろう。そのように見ると、鷲ノ木の中央配石は掘り込みのない葬送祭祀施設の可能性がある。だからと言って、類例の内容を分析、考証せず中央にあるというだけで始祖、階級的人物の墓だと見た目だけで拙速に考えてはならない。少なくとも湯の里5は、中央に墓坑のない異なるバージョンである。

(5)　配石墓、環状列石の思想原理

　環状列石は、下位の土坑を墓坑とみることに異論はないが、土坑の有無に係わらず石を使う文化の一形態として葬送祭祀儀礼を主体にする施設（斎藤1985等）だと考える。天体、冬至・夏至観測、山岳信仰等は払拭してよい。信仰説、墓説の択一なら水掛け論だが、記念物、階級、先祖祭祀も感想文に過ぎず、特定の親族家系の記念碑（物）を造る制度的慣習があったなら、縄文時代に階級社会が存在したことを証明するべきである。また、下部に土坑が無い事例を、単に祭壇、祭祀の信仰施設とした場合、如何なる信仰か、葬送祭祀以外に豊穣や安全など人々の萬の祈りを社会制度の習俗として論証できまい。

　本誌総論に述べ、また斎藤忠先生が指摘したとおり信仰と墓は一体であり、縄文時代の信仰、宗教はアニミズムおよびシャマニズムとして死者を尊崇する死霊観、死霊信仰とそれに基づく仕来りを社会通念にしていると考える。それは、家族の先祖崇拝と違う氏族的あるいは部族集団の遠い先祖観による祖先崇

拝であり、腐朽しない礫に世代を超えた継承性を込め集団に所属する人々が共有し、シャマニズム習俗によるシャマンが司る祭祀場だと考える。

　そういう意味で、道北部の石を多用する多様な遺構を早期から晩期まで万遍なく前章に例示した。初期の形態は単純だが、土坑の有無に係わらずベンガラや石を用いる習俗が最も盛行する地域であり、圧倒的に造墓に用いられる。土坑の無い配石に人骨が伴う事例を紹介したが、古くは長谷部言人（1919）の記事がある。また、土坑の有無を以て墓だ信仰だと解釈しても墓の99％に人骨を見ない以上、重松和男が指摘したように墓に石が多用されることの普遍性を認識することが重要なのである。そして、石の多用化と形態の多様性は信仰の盛衰の本質でないことも自明である。

(6) ストーン・サークルの懐疑、復元無用論など

　北海道だけでないが、ストーン・サークルの発掘時と発掘後の保存に人為工作が多い。前者は柏木B遺跡の環状土籬内の礫の復元（報告書PL7等）などだが、その憶測が真実であろうか。参考までにという意味は承知しても、余計なお世話どころか歴史的事実を歪曲しかねない禁じ手である。何故なら、礫棒が環状土籬の墓坑に林立していた保証がないどころか、上記した美々4遺跡X817などの木柱と思われる深いピットの存在を考慮すると、礫が墓標のように立てられていた保証もない。埋め戻された柔らかい盛り土上に大きい礫を立てても、直ぐ倒れるから意味もない。恐らく、実態は美々4遺跡第2群P123にみる墓坑内埋没立石のようなものであった可能性が高い。

　仮に墓標の如く礫が立てられていたとすれば、縄文時代に誰かが抜き取った事実とその意味こそが考古学研究の重要課題となる。復元写真によって、抜き取った者が縄文人であり、礫が立っていても一時的な目印でしかなく抜き取り行為が暗黙に了解されており、葬られた人に対する永久表示の意識が当時乏しかったことが分かるであろう。もちろん、礫が立っていたり斜位になる事例もあるが、立っていないものを立てることとは意味が違う。事実は事実として受け入れる問題であり、報告書なら付篇程度にするべきである。

　美々4遺跡X817などの木柱痕を考慮すると、墓標を造る葬送習俗は十分考えられ、その存在を否定しない。男女差、氏族差を示す、アイヌ文化の彫刻木柱墓標が著名である。それらは年月を経て必ず朽ちるものであり、それにも本

質的な意味があり、石柱なら狩猟社会では土地に縛られてしまうことも逆説的な遠因の一つにあろう。恒久的墓標、墓石が造られるのは日本では農耕社会の律令期や中世からであり、縄文時代に死者や家系、一族の末代までの崇拝を意図した永久表示（の社会通念）、記念物があったなどと考えるのは、現代の石造墓石を無意識の内に連想した発想でしかない。

　最後に、忍路（三笠山）、地鎮山或いは西崎山などを検証すると、マンロー、阿部、駒井などの文や写真と現状が整合しない部分が多い。マンローや鳥居が記したように、忍路は当時（明治時代）既に手が加えられている。検証レポート（小樽市 2001、北海道 2001）があるが、縄文時代の立石が現代まで地表面に露出することが在り得るのか、発見と人為の経緯、層序、列石の立て方、構築時代などにもっと十分な説明が必要ではないかと思う。

引用・参考文献

阿部正己 1918「石狩国の環状石籬」『人類学会雑誌』33—1
阿部正己 1918「北海道に於けるツングース種族の遺跡遺物」『人類学会雑誌』34—2
阿部正己 1919「忍路の環状石籬」『北海道人類学会雑誌』1
宇田川　洋 1989『イオマンテの考古学』
ウノ・ハルヴァ 1971『シャマニズム』
恵庭市教育委員会 1981『柏木B遺跡』
遠藤香澄・鈴木克彦 2010「北海道南部の縄文集落の葬墓制」『縄文集落の多様性Ⅱ　葬墓制』
大島秀俊 2007「北海道の諸遺跡」『季刊考古学』101
大泰司統 2011「北海道北部の大型住居集成」『北日本縄文時代大型住居集成』
大塚和義 1964「北海道の墓址」『物質文化』3
大塚和義 1967「縄文時代の葬制」『史苑』27—3
大塚和義 1979「縄文時代の葬制」『日本考古学を学ぶ』（3）
大林太良 1960「inauの起源」『民族研究』24—4
小樽市教育委員会 1999『忍路環状列石』
小樽市教育委員会 2001『忍路環状列石Ⅱ』
河野常吉 1918「日本のストーン・サークル」『歴史地理』32—1
河野広道 1935「貝塚人骨の謎とアイヌのイオマンテ」『人類学雑誌』50—4
河野広道 1950「朱円ストーン・サークル」『北海道郷土研究会会報』1

河野広道・護　雅夫 1952「カムイコタンのストーン・サークル」『考古学雑誌』38―5・6
河野広道 1955「斜里町先史時代史」『斜里町史』
河野広道・藤本英夫 1961「御殿山墳墓群について」『考古学雑誌』46―4
小杉　康 2001「巨大記念物の謎を探る」『北海道の古代1　旧石器・縄文文化』
駒井和愛 1952「日本に於ける巨石記念物」(続々)『考古学雑誌』38―1
駒井和愛 1952「日本に於ける巨石記念物」(続々々)『考古学雑誌』38―5・6
駒井和愛 1952「日本石器時代の二文化圏」『東亜考古学』所収
駒井和愛 1954「中国北辺の細石器文化」『歴史教育』2―3
駒井和愛 1955「北海道音江の環状列石」『考古学雑誌』41―1
駒井和愛 1956「北海道音江のストーン・サークルと漆器の弓」『考古学雑誌』42―1
駒井和愛 1959『音江』
駒井和愛 1973『日本の巨石文化』
斎藤　忠 1985「配石遺構―特に環状列石について」『考古学ジャーナル』254
更科源蔵 1968『アイヌの四季』
重松和男 1971「北海道の古墳墓について」『北方文化研究』5
重松和男 1972「北海道の古墳墓について　2」『北方文化研究』6
鈴木克彦編 2007「特集　日本のストーン・サークル」『季刊考古学』101
鈴木克彦 2007a「日本のストーン・サークル眺望」『季刊考古学』101
鈴木克彦 2007b「北日本のストーン・サークル　北日本　総論」『季刊考古学』101
鈴木克彦 2009a「縄文時代の葬送儀礼と信仰」『季刊考古学』107
鈴木克彦 2009b「東北北部の竪穴内土坑（墓）」『北海道考古学』45
鈴木克彦 2010「縄文時代のシャーマニズム、シャマンとその墓と家」『縄文時代』21
高畑宣一 1894「石狩川沿岸穴居人種遺跡」『東京人類学会雑誌』10―103
武田　修 2001「平底押型文土器」『北海道の古代1　旧石器・縄文文化』
武田　修 2009「シャーマンの墓と多副葬遺物組成」『季刊考古学』107
鳥居龍蔵 1919「考古学民族学研究・千島アイヌ」『東京帝国大学理科大学紀要』42
　　―1（『鳥居龍蔵全集』5所収）
西本豊弘 1989「「ツマ送り」の起源について」『考古学と民族誌』
バンザロノ、ミハイロフスキー 1971『シャーマニズムの研究』
長谷部言人 1919「陸前国細浦上の山貝塚の環状列石」『人類学雑誌』34―5
林　謙作 1986「Ⅱ縄文時代」『図説発掘が語る日本史』1（北海道・東北編）
藤本英夫 1960「三石町ホロケ台地のケールン群（予報）」『せいゆう』5
藤本英夫 1961「御殿山ケールン群墳墓遺跡について」『民族学研究』26―1
藤本英夫 1963「北海道の墳墓についての若干の考察」『せいゆう』8（『現代のエスプ

リ』111 所収）
藤本英夫・愛下　淳 1963「新冠郡新冠町字緑丘の墳墓遺跡について」『北海道の文化』特集号
藤本英夫 1971『北の墓』
北海道埋蔵文化財センター 2001『西崎山ストーン・サークル』
マンロー 1908「環状石籬と古代建設の方位」『考古界』7―5
マンロー 1908『PREHISTORIC JAPAN』
マンロー 2002『アイヌの信仰とその儀礼』
宮坂光次 1925「北海道の環状石籬（一）」『考古学雑誌』15―3

Ⅱ 北海道南部の縄文集落の信仰・祭祀

遠藤香澄

第1章 北海道南部の信仰・祭祀施設研究の現状と課題

　北海道というより日本における配石遺構の研究は、渡瀬荘三郎(1886)が忍路の三笠山に所在する「環状石籬」を報告したことがその始まりであることは良く知られている。現在の「小樽市忍路環状列石」である。その最後は「恐らくは拝神場の遺跡ならん記して他日の攷究を待つ」と結ばれている。渡瀬の投じたこの一石がその後の調査、研究の出発点となったといえる。1906・1907年には、N.G.マンロー (1908) が調査し、「Stone Circle At Oshoro」として、写真と概略図を示した。また、河野常吉(1918)は忍路・音江を中心に、自らが見聞した道内各地のストーン・サークルを紹介している。戦後、北海道のストーン・サークルを大陸との関わりで捉えた駒井和愛 (1959・1973) は、「アイヌ(民族)の墳墓であろう」とみなし、忍路・地鎮山を皮切りに余市西崎山、狩太(ニセコ町北栄・滝台)、音江、忍路・三笠山等の調査を次々実施していく。その後、重松和男(1971・1972)が墓制史とそこから派生した研究課題を詳細にまとめ、積み石などを持つ墓の形態のひとつとして、後期のものについては駒井和愛の「環状列石墓」の語句を用い、6分類している。ここでは北海道における、1980年代以降の研究等について概略を紹介することとする。1987年に開催された第17回北奥古代文化研究会では、矢吹俊男が北海道の事例を報告、そして矢吹 (1985・1986・1988) は一連の論考で、配石遺構については、葬送儀礼が同じ空間で行なわれたことは認めながらも、「北海道の配石遺構はそのほとんどが「墓」(地)としてとらえられるもの」とし祭儀の場とすることに強く否定する見解を示した。

　1997年度の日本考古学協会秋田大会は「縄文時代の集落と環状列石」をテーマに開催され、三浦孝一 (1997) が北海道南部の環状配石遺構についての事例

を報告、その出現、消長、それに変わる区画墓の出現を述べている。小杉康（2001）は環状列石を「環状配石墓群」「環状囲繞列石」「環状集石群」の3型式に整理、本州東部の事例を概観した上で、道内の環状列石のいくつかを検討している。阿部千春（2001）は「集落維持の精神基盤」として、室内信仰施設に注目する。道南部の前期中頃から中期末までの住居に規格的に存在する付属施設（小土坑）について、「祭壇」施設と捉え機能と変遷をまとめている。

『季刊考古学』のストーン・サークル特集では、鈴木克彦（2007）が多様性のある「環状列石」を柔軟に理解するとした上で、これらを構成する単位である立石、組石、集石、また円形、環状など「用語」の型式学に則った定義の必要性を述べている。さらに北日本地域の総論では、形態学的に北海道のストーン・サークルは東北地方からの影響を受けた広域交流の所産であるとし、道内最古の湯の里5遺跡環状列石に繋がる東北地方の事例を示している。また、大島秀俊（2007）は道内の遺跡を紹介し、集落との関係を見据えた形での調査が行なわれていない現状と、集石・配石・環状列が混在する例も多いことから、系統論を含めた更なる議論と整理の必要性を指摘している。

小樽市忍路環状列石については、隣接する低湿地遺跡・忍路土場遺跡の調査結果から、この場所が環状列石を維持した集団と密接な関わりのある生業場所であるとの見方も示されている（道埋文1989）。さらに近年の分布調査では土坑や柱穴跡が確認され、周辺部の遺構群との関係も少しずつ明らかにされている（小樽市1999・2001）。ただ、列石内・下部遺構の存在は確認されていない状況である。また、西崎山環状列石群については、過去の調査の再確認が行なわれ、4区では新たな配石遺構の検出、遺跡が丘陵全体に拡がるといった知見も得られている（道立埋文2001、田才・青木・乾1999）。しかし、個々の配石の構築時期は4区の土坑に後期中葉船泊上層式土器が伴うほかは詳しく知られていない。その性格、また集落との関係等まだまだ不明な点が多く、周辺部遺跡との対比等を通しての総合的研究が検討すべき課題として残されている。

配石遺構の様相は多種多様であり、ひと括りに性格や機能を論ずることはできない。用語の不統一性が論を進める上で支障となっていることも否めない。このような点を踏まえ、ここでは基礎的な資料としての個々の事例を多く集成し、図面や報文から内容を的確に読み取り概観、紹介していくこととしたい。

第2章　北海道南部の信仰・祭祀施設の変遷
第1節　草創期～早期の信仰・祭祀施設

草創期　北海道南部ではこの時期の遺跡は発見されていない。

早　期　渡島地方の函館市中野B遺跡は、縄文時代早期中葉の貝殻文沈線文系土器（住吉町式）～条痕文系平底土器（ムシリⅠ式）期にかけての大集落である。ここでは住吉町式期に形成されたとみられる径1.5m内外の浅い土坑上部に、石皿・石錘・すり石・砥石などの礫石器を集積させる例（P332・354）と多量の石錘を埋納する例（P195）がある（図1-1）。P332には礫石器だけではなく、土器底部破片と石鏃などの剥片石器も伴っていた。P354は浅い皿状で、開口部に礫石器が歪な円形に配された状態がみてとれる。そして礫石器は完形品だけではなく、すり石、砥石には破損品がある。使われなくなった道具を廃棄する「送り」のような儀式の可能性がある。P195では浅い土坑に114個もの石錘をケルン状に積み重ねている。また、調査者は意図的に配したことを否定しているが、大規模な「集石（礫）」として集石（S-3）を取り上げておきたい。長さ20m、幅12mほどの楕円形状の範囲から、大量の礫がほぼ一定のレベルで出土しているもので、住居や土坑を掘った際の礫を捨てたとの解釈である。S-3よりも小規模な2ヵ所についても同様の見解である。

同（旧南茅部町）八木A遺跡では、詳細な時期は不明であるが、早期の包含層中に不整形に拡がる集石がある（図1-2）。多量の礫には被熱されたものもあり、集石の下面は浅く落ち込んだ状態である。また、楕円形の浅い63号土坑では覆土と底面から礫が多量に検出され、周囲に小土坑が7基巡っている。包含層中からは虎杖浜式・東釧路Ⅲ式系統の土器が出土している。

奥尻町青苗遺跡（F地区）には、アルトリ式期の石組遺構が3基あり、2基（S-1・2）では深さ15cmほどの土坑に配石されている。被熱礫が半数近くあるがいずれにも焼土はない。S-2では長径1mほどの土坑壁際に小礫を、土坑内には大型板状礫1個があり、底面にはやや大きめな扁平礫を配している。

森町駒ヶ岳1遺跡では早期後葉中茶路式期に形成された盛土上とその周辺部から、立石を伴う柱穴状小土坑6基と灰白色の粘土塊を伴う粘土埋納土坑3基が検出されている（図1-3）。立石は盛土1の北側に2基、南側に4基あり、う

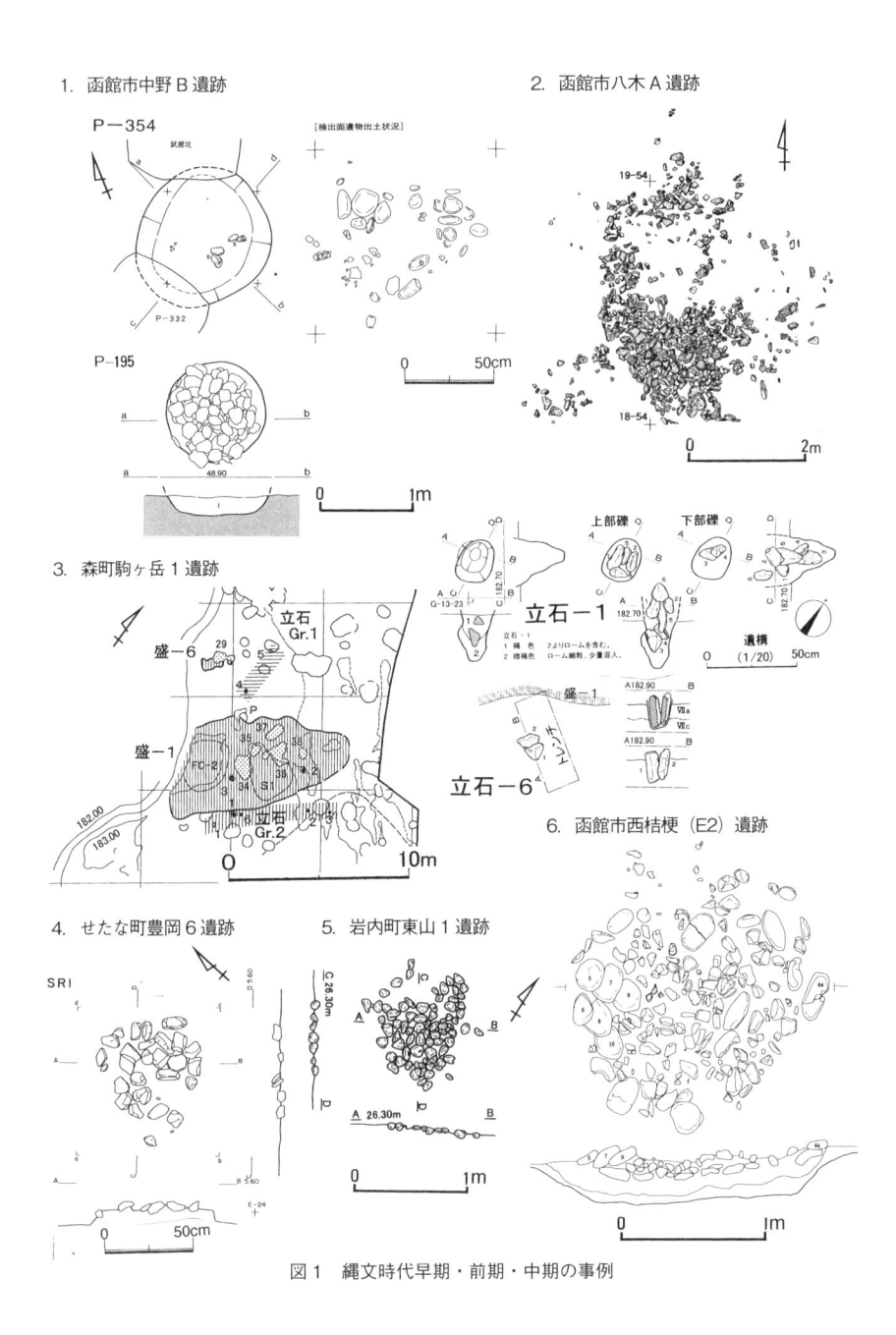

56　Ⅱ　北海道南部の縄文集落の信仰・祭祀

1. 函館市中野B遺跡
2. 函館市八木A遺跡
3. 森町駒ヶ岳1遺跡
4. せたな町豊岡6遺跡
5. 岩内町東山1遺跡
6. 函館市西桔梗（E2）遺跡

図1　縄文時代早期・前期・中期の事例

ち南側の4基は2基1対である。すり石が多く（5基）、たたき石、被熱した礫もある。立石が複数伴う立石1と立石6は対になるもので、立石1ではすり石4、たたき石2、被熱した棒状礫6の計12個を深さ25cm程の土坑いっぱいに埋納している。また、立石6ではすり石2個を合せ埋めている。粘土埋納土坑1は立石1と6の間に位置し、立石1とほぼ同じ深さで、開口部に粘土塊がある。性格は判然としないが土坑が多数あること、盛土上とその周辺に焼土が集中することを考え合わせると、墓域を含めた特別な「場」としての利用が考えられる。周辺部にこの時期の住居はない。

　檜山地方のせたな町（旧北桧山町）豊岡6遺跡には条痕文系平底土器（アルトリ式期）から東釧路Ⅱ式期にかけての集落、東釧路Ⅱ式期の配石遺構がある。0.5mほどの範囲に石錘を主とした礫が楕円形状に配石されているもの（SR1）で、下部に土坑は伴わない。様々な形態の石錘があることが興味深い（図1-4）。ほかに石器を含む礫84点を人為的に集積した礫集中（R1）がある。

第2節　前期～中期の信仰・祭祀施設

　前　期　前期前半期の事例は今のところ確認されていない。

　後志地方の岩内町東山1遺跡は円筒土器文化期の集落である、円筒下層d式期とみられる径1.2mほどの広がりを持つ集石がある。掘り込みはないが、拳大の礫を中心に、北海道式石冠1点を含む77点の集石である（図1-5）。

　函館市（旧南茅部町）八木B遺跡では、円筒下層a～b式期の集石が2ヵ所検出されている。両者は長さ6～8m、幅4、5mほどで不整形に広がり、熱を受け破損した球形のすり石と判断される円礫が多量にあるのが特徴的である。はかに、つまみ付きナイフ等の剥片石器も伴う。

　小笠原忠久（1982・1984）は、函館市（旧南茅部町）ハマナス野遺跡の前期後半（円筒下層c・d式）期の集落が内帯の住居群と外帯土坑群の双分構造をとること、これを区画する「集石帯」の形成が廃屋墓を伴う葬送儀礼に関するものであることを明らかにしている。さらにまた「集石帯」から出土する石皿、北海道式石冠等の石器の組み合わせ、土器の文様や特殊な器形、石剣・石刀の存在等から収穫儀礼の存在をも合わせもつことを推測している。

　このほか円筒下層c・d式期に道南の亀田半島を中心に分布する、竪穴内部

に五角形を呈する2段のベンチ状構造をもつ「日ノ浜型住居」について、先端に規格的に設けられる浅い小土坑を祭祀用の付属施設と考える見方がある（阿部 2001）。このような伝統が縄文時代中期末まで続くようである。

中　期　函館市（旧南茅部町）木直C遺跡は縄文時代中期末の大安在B式期～ノダップⅡ式期の集落である。配石（AP）は住居廃絶後の埋没過程で、すなわちノダップⅡ式期に構築されている。19基は形態と層位的検出状況から、中央に大型礫の立石のあるもの、小型礫を円形に配するもの、楕円形に交差させる石組の3タイプに分けられるとの報告があり略図と実測図が示されているが、その形状は捉え難い。「立石」として石皿が利用され、土器底部片が多い傾向が指摘されている。AP18からは、半折された「石柱（石棒）」の頭部が出土している。本来は「立石」として機能していた可能性もある（図2）。

　函館市西桔梗（E2）遺跡では、中期後半期とみられる皿状土坑上部から配石が検出されている（図1-6）。直径30cmほどの扁平な自然礫を周囲に配し、角礫や割れた石がその内側に2、3層に敷き詰められている。焼礫が多く、ほかの礫は径10cmほどの大きさである。底面から微量の炭化物が検出されており、火に関連する遺構と捉えられている。また、同（E1）遺跡には「石鏃の集積」がある。7点の石鏃（有茎1、無茎6）は、扇状に先端部が地面に突き刺さった状態である。生業（狩猟）に関わる祭祀遺構であろう。

　八雲町栄浜1遺跡は中期後半から末葉、後期初頭の集落であり、配石は22基（A地点7、B地点15）が報告されている。7号配石が3.5×2.7mに広がるほかは、2m四方内外に収まる大きさで、その形態は礫をサークル状に配し内側に小礫を置く、小礫だけを配する、大型礫と小型礫を不規則に配する、礫を楕円形状に配する、大型礫を多数配する等である。A地点では2基が明らかに土壙墓であり、ほかは下部に深さ15～40cm前後の土坑を伴う。B地点では1基が土壙墓である。具体的な指摘はないが、調査区東側区域（7基）と西側区域（8基）ではその形態が異なると報告されている。東側の配石には、立石を伴うものがあり、サークル状やコの字状、列状に並ぶものがある。西側のものは大小礫の不規則な配石が多いといった特徴であろう。下部に土坑を伴うものがいずれにもある。

　森町森川3遺跡には、刃部を上向きにした石斧2個が埋納されている柱穴様

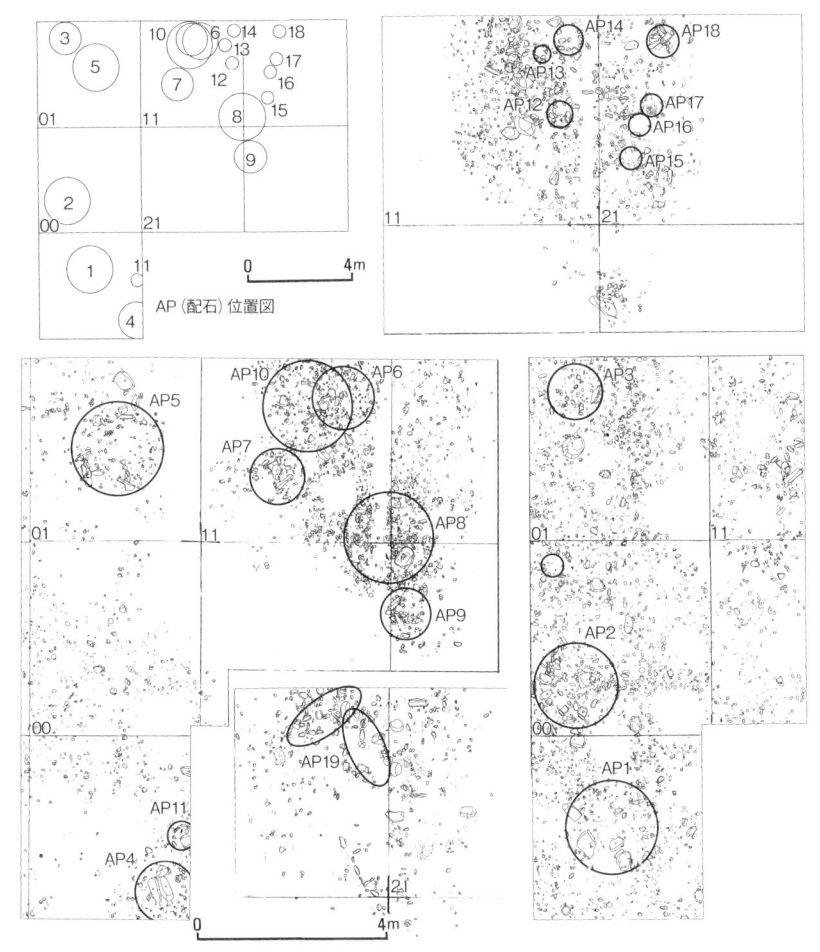

図2 函館市木直C遺跡の配石（縄文時代中期末葉）

の小土坑がある（SP-1）。時期は前期～後期前葉と幅がある。また、配石に埋設土器（中期前半のサイベ沢Ⅶ式）が伴う屋外炉F-4も祭祀的意味合いをもつものとして注意して置きたい。

　縄文時代中期後半（大安在Ｂ式～榎林式期）の住居内祭祀施設について、大規模集落である函館市（旧南茅部町）大船遺跡の住居形態と炉の変遷を通してのまとめがある（南茅部町1996、阿部2001）。祭祀施設は、出入り口の反対側の位置から検出される小土坑である。柱穴状と皿状の形態があり、前者では

径20cmほどの木柱が、後者はアイヌ民族のイナウのような小型の木幣が複数立てられていたものと推測している。これらは弧状の土マウンドで居住空間とは明確に区分されている。2形態の施設をもつ住居は同時期に並存し、初期では柱穴状のものが多く、時代が下るにつれて皿状土坑を持つ住居が優勢となる。異なる施設の存在は、集落内での集団分化あるいは同一集団での儀式形態の相違という問題を内包している。「祭壇」とみられる土坑周辺部から、クジラの骨刀（H8）、青竜刀形石器、石棒（H54）などの特殊遺物が出土している。

　中期後半に盛行する大型石棒は信仰・祭祀の一要素と考えられ、その住居内出土状況について、焼失住居例を含め特徴的なものがある。これらはいずれも中期後半榎林式並行期の住居である。函館市（旧南茅部町）安浦B遺跡では、3軒の住居から出土している。このうちH-16では人為的に埋められた土層（X-2）の直上から、壁に立てかけられた状態で出土している。「石柱」には無数のひび割れがあり、さらにX-2層に大量の炭化物が含まれていることから、廃棄された住居の窪みを利用した祭祀に使用されたものと推測されている。火を使ったなんらかの儀式が行なわれたのであろう。

　森町石倉2遺跡では標高70mほどの狭い尾根状地形の先端部から山側にかけて、住居11軒が、密に連なり検出されている。このうち9軒に埋設土器が認められること、5軒が焼失住居である点が特徴的である。IH-3では細かく破砕された石棒の破片が、焼失住居床面の広範囲から出土している（図3-1）。石棒は2分割したものをさらに板状に割った状態である。また、石棒片の下部からは被熱した蛇紋岩製玉と焼けた一個体分のイシイルカの頭骨片が検出されている。石棒、玉、イルカ頭骨はそれぞれ住居に火を入れる前に床面の別々の場所に撒かれたものである。住居廃絶時の儀式に加え、イルカに対する「思い入れ」のあらわれた「イルカ儀礼」がなされていたとの考察がある（種市2004）。住居の立地場所、配置が気に掛かる点である。急な崖上のごく狭い場所に構築した理由は何であろうか。特別な作業、目的で使われたのかもしれない。一家族を対象とした葬送に関連する遺構（世帯墓）の可能性もある。6軒の住居から円盤状土製品が計16個出土している点も注意されよう。なお、同時期の焼失住居からの石棒の出土例は、函館市安浦B遺跡H-2、同豊原4遺跡H-27にある。

1. 森町石倉2遺跡　　　　2. 上ノ国町小砂子遺跡

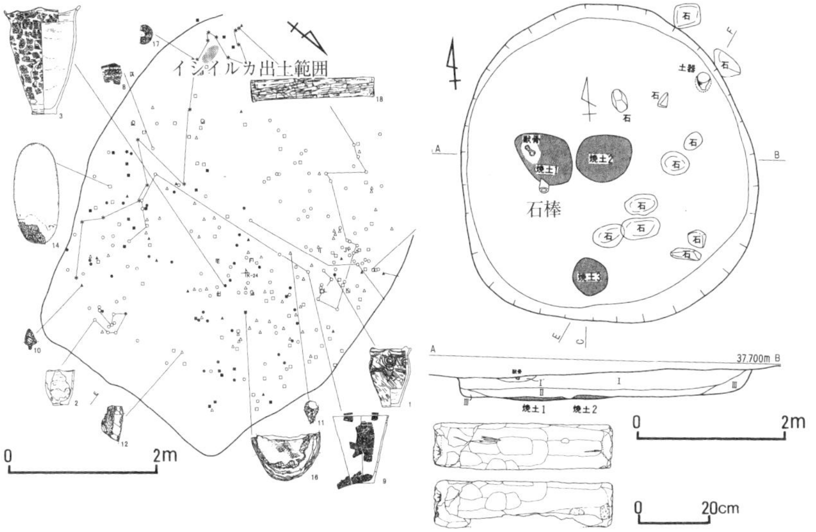

図3　縄文時代中期後半期の屋内祭祀事例

　檜山地方の上ノ国町小砂子遺跡では2軒の住居において、いずれも床面焼土の傍らから石棒が出土している。第7号住居では3つに分割された状態である（図3-2）。また、覆土中からトドの上腕骨が出土していることが注意される。

第3節　後期～晩期の信仰・祭祀施設

　後　期　後期前葉の涌元式、トリサキ式・大津式・白坂3式期にかけての時期、配石遺構は各地で多く認められるようになり、遺跡によりその形態は多様性に富む。

　渡島半島北西部に位置する知内町湯の里遺跡群は、旧石器時代および縄文時代前期から晩期にかけての6遺跡からなる。このうち湯の里5遺跡では、北海道最古となる縄文時代後期初頭涌元2式期の環状列石が検出されている（図4-2）。列石は2重に巡り、外環は6.7×6.5m、重さが10kg以上の大型角礫が主体で、この間を埋めるように小型礫が配されている。内環は2.8×2.5m、20～30cmほど掘り下げられた竪穴の壁際に、外環の礫よりも幾分扁平な大型と小型の礫を配している。また、北側の半周ほどの部分には扁平で細長い礫を

密に配している。隙間がある南側は撹乱等により礫が失われたと推定されることから、本来的には同様に礫で埋められていた可能性がある。竪穴の北東側には焼土があり、内環の礫の一部が被熱していた。竪穴住居に伴う日常的な「炉」とは異なる性格であろう。火を使った「何らかの行為」が行なわれていたことが想定される。そして、竪穴内から遺物はまったく出土していない。神聖な場所として全てを一掃したかのようである。ほかに内環と外環の間、すなわち内環を取り囲むような位置から柱穴様ピット（YP）5基が検出されている。南側にある YP4 を頂点とした先端の短い五角形状である。また、焼土下に一部かかる位置にも1基ある。これらは環状列石と同じ時期に作られたものといってよい。内環を巡る2基の YP 周辺部から、それぞれほぼ一個体分に相当する土器片が得られている。また、内面にススが付着している「鐸形土製品」が、外環南側の配石礫周辺から出土している。

函館市石倉貝塚（A地区）は、涌元式～トリサキ式・大津式期の期間に構築された大規模な墓地・祭祀関連遺跡である（図4-1）。中央広場、内帯部、そして盛土からなる同心円状の三段構造である。配石は外側の盛土遺構を含むそのほぼ全面にあり、大きく2種類ある。列状や飛び石状に配され空間を区画するものと、密集して地点を表わす土壙墓に関連するものである。前者には内側・外側・突出部・盛土上配石があり、後者には立石遺構（ピット）と土坑上部の組石遺構がある。ほかに広場中心に点在する中央配石と内帯部配石がある。内側配石は中央広場と内帯部との境界にあり、広場のやや外側寄りのものと内帯部の内縁に並ぶものがある。全体としては中央土坑（GP-1）を中心に隅丸方形を呈するものと推定される。杭列等外側配石は盛土遺構と内帯部の外縁の4ヵ所にあり、全体があれば六角形をなすものとみられる。北西側と北側石列の2ヵ所で密集するほかは、飛び石状である。内側配石から外側配石に飛び石状に延びる石列が、突出部配石で3ヵ所確認されている。盛土上の環状小型の配石については、廃棄された礫の集合との解釈もある。配石の礫は、その9割以上が火を受け赤色化している。

北斗市（旧上磯町）館野遺跡には、石倉貝塚と類する涌元2式期に構築された配石遺構がある（図5-1）。環状配石は確認された範囲で東西の幅は最大で約18m を保ち、総延長は 34m、全体として楕円形状である。東端は撹乱が著し

1. 函館市石倉貝塚

● 配石
□ 貝塚　● は土壙

第2地点貝塚　第1地点貝塚
盛土遺構
盛土遺構
←外側の配石
第4地点貝塚
ピット群
内帯部
←内側の配石
配石
配石
広場
中央土坑
第3地点貝塚
盛土遺構
盛土遺構
第5地点貝塚
列状土壙

0　　20m

2. 知内町湯の里5遺跡

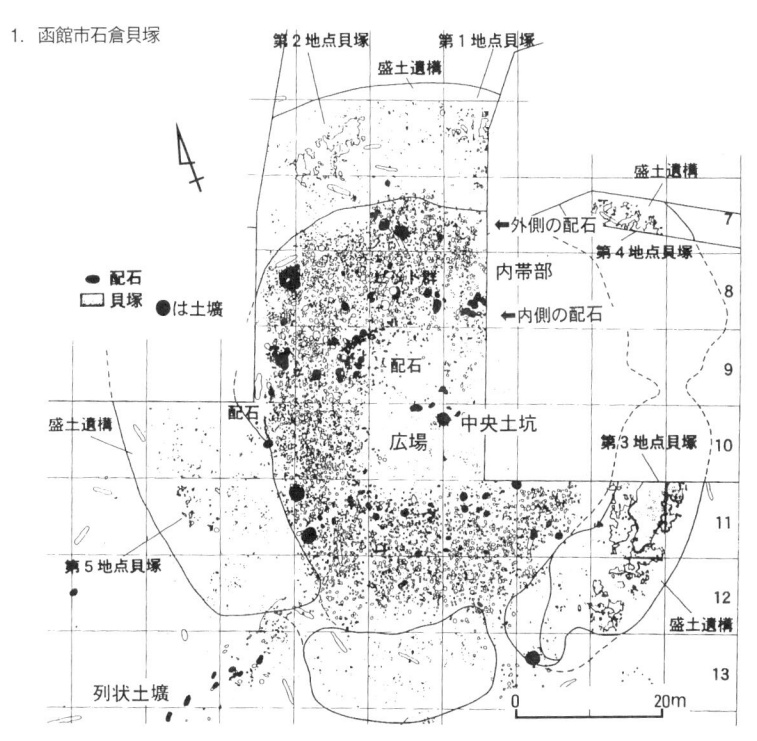

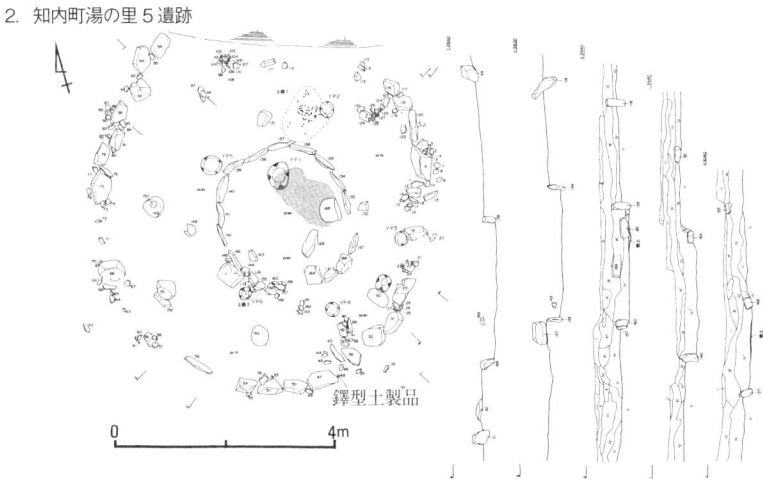

鐸型土製品

0　　4m

図4　縄文時代後期前葉の事例（1）

く配石は南東側では概ね完結に近く、北西側は調査区域外に延びている。配石を構成する礫は砂岩を主とする円礫で大小礫合せて300個ほど、痕跡だけのものもある。列石内側は平坦面が形成され（中央広場）、配石の両側には、幅約5、6mほどで貼土がなされ（内帯）、中段のテラスが形成されている。さらにその外側には長軸方向を配石と同じくして、北南に2条の盛土（外帯）が形成されている。配石と重なるあるいは配石内側に近い位置にはフラスコ状ピットが分布する。この時期の住居は周辺部では確認されていない。

木古内町蛇内（へびない）遺跡では浅い皿状の窪みに、2～10cm前後の小礫が楕円形状（1.9×1.4m）に集石されている。時期は涌元式～トリサキ式期とみられる。

湯の里5遺跡から知内川を挟み直線距離にして1.8kmほど西側にある湯の里1遺跡には、トリサキ式～大津式期の配石遺構がある。標高52～53mほどの舌状台地の中央部、稜線に沿って、列状あるいは環状をなして25基が検出されている（図6-1）。配石はその形態から3タイプに分けられる。A型：中央に立石を有し、周辺に川原石を環状に配するもので、配石2のみである。B型：比較的大型の石を平らに敷きつめる組石（B1型）と拳大の川原石を集積する組石（B2型）があり、下部に土坑のあるものと無いものがある。B1型は18基あり、概ね径1.5m内外の円形である。このうち配石5は130個ほどの積石で構成され、下部に皿状の土坑がある。すぐ傍らから、石棒の破片が出土していることが注意される。B2型は6基、長径1～1.5mの楕円形に配置されている。C型：長さ50～70cmの柱状礫を、間隔をあけてサークル状に並べたものである。明瞭に立石と判断されるのは8基である。台地上全体の配置をみると、中央平坦部の西北縁の緩斜面にA型の「配石2」が独立してあり、その南と北の両側にB型が各々2列配され、「内帯」と「外帯」の2群を形成している。そして、C型立石は、配石2を基点にB型組石の外側を5m程の間隔で緩やかな弧状を描き台地の頂部を囲んでいる。周辺部にはこの時期の集落はない。

八雲町浜松5遺跡では、標高24m前後の海岸段丘上から、トリサキ式～大津式期の環状配石遺構が2基（43号・44号）検出されている（図6-2）。いずれも部分的な発掘のため全体の様相は明らかではない。43号は北側から大きく東側に弧を描き、南西側に向け総延長32mほどの長さで連なる。概ね1列ではあるが、北西側の一部では2列に配され、縦・横の組石、立石も認められた。

1. 北斗市館野遺跡

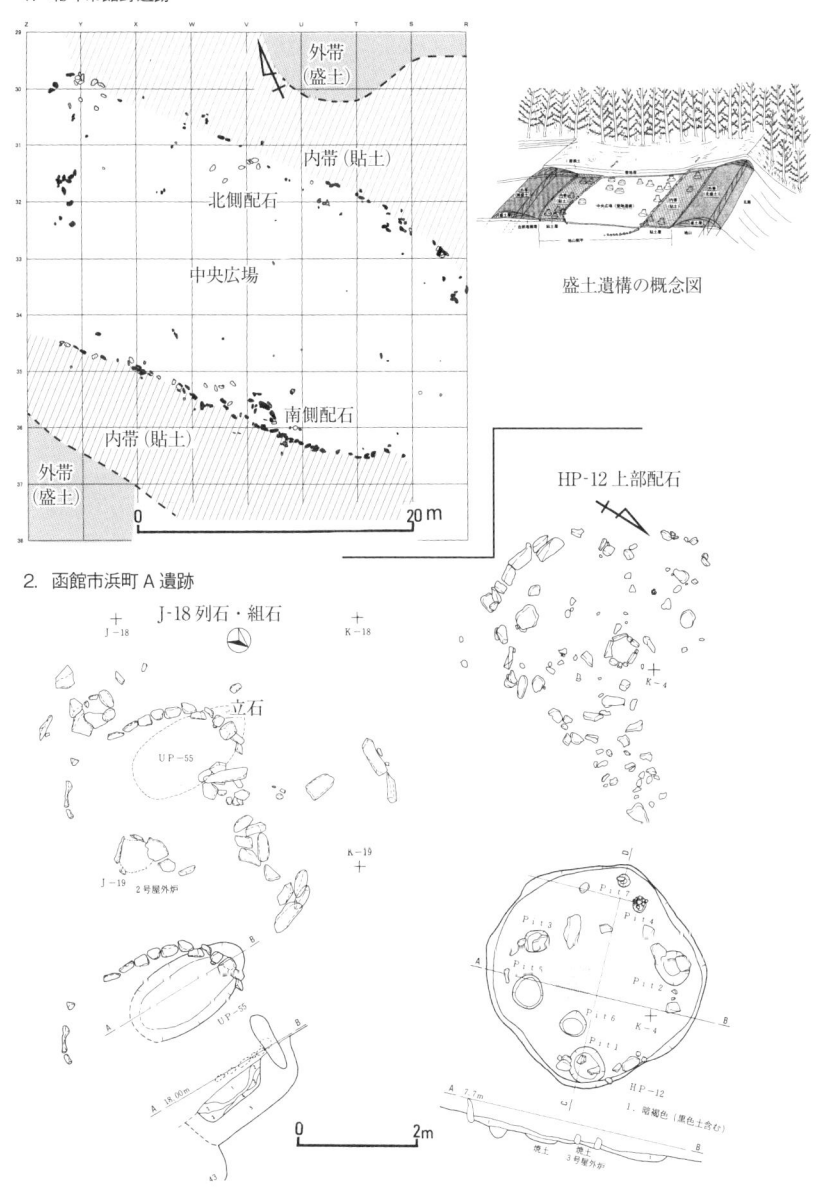

盛土遺構の概念図

HP-12 上部配石

2. 函館市浜町A遺跡

J-18 列石・組石

立石

図5 縄文時代後期前葉の事例（2）

66　Ⅱ　北海道南部の縄文集落の信仰・祭祀

1. 知内町湯の里1遺跡

配石5出土石棒

A型　配石2
B1型　配石3〜7、12〜24
　　　（5、19〜23下部土坑あり）
B2型　配石1、8〜11、25
　　　（9〜11下部土坑あり）
C型　配石26〜29など

配石5
配石11
配石14
配石13
配石2

2. 八雲町浜松5遺跡

44号配石
43号配石
44号配石

図6　縄文時代後期前葉の事例（3）

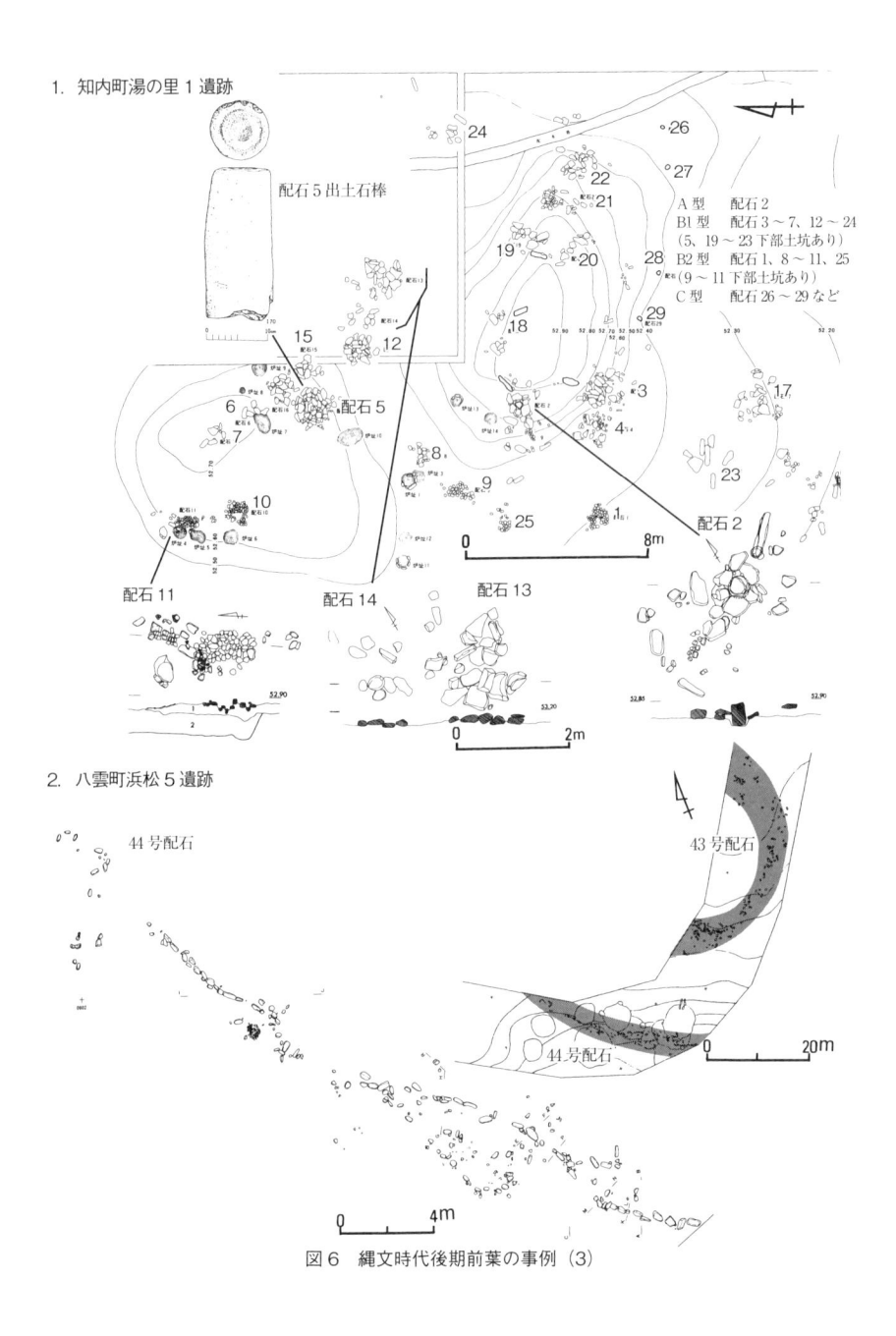

そして列石内側は平坦であるが土坑はない。44号は43号配石の南側、互いの間隔を20mほどに保ちながら、標高25m前後の等高線に沿って北西側から南東側に緩やかな弧状にめぐる。確認された総延長は30mほどである。なかでは一部に4〜6mの間隔で立石もある。全体的にみると44号が43号を取り巻くという位置関係にあり、前者が外帯、後者が内帯との可能性が指摘されている（三浦1997）。43号の北東部には、フラスコ状ピット群や住居群、さらに開口部に配石のある土坑や配石のある埋設土器を含む土壙墓群が分布している

　八雲町野田生(のだおい)1遺跡では、トリサキ式期の「環状を成す可能性のある」配石遺構が再報告されている（道埋文2004b）。礫群は40m四方ほどの範囲に分布し2種類のタイプがある。A：後期中葉鱗澗式期の住居BH23を中心に半径5mの円を描くもので、東側半分に礫が密に残っていた。本来は西側にも同様の礫群が存在したものと考えられている。B：Aの礫群を楕円状に大きく取り巻く集石である。個々の集石は径1〜5mの範囲に3〜5点ほどの礫があるもので、10ヵ所以上で確認されている。いずれの礫群も安山岩の長円礫で構成される。これら礫群で区画された空間については、配石構築後、後期中葉鱗澗式期になり集落が形成されるようになった時点で、「集落内の広場」としてそのまま利用されたものと理解されている。

　渡島半島の南西部、津軽海峡に面する福島町豊浜遺跡では、「盛土」を覆うように配石が構築されている（図7-2）。大津式期の3ヵ所の「配列」は南北方向に軸を取り並列している。いずれも長さ4mほど、B・C配列は隣接し一帯であり幅2mである。円・板状・亜角礫があり、長軸を揃え大・小の礫が隙間なく置かれている。B・C列では一部組石状を成す部分もある。自然礫のほか、たたき石、すり石等の礫石器も多い。配列Aには底部を欠いた壺形土器が倒立状態で認められ、周辺から鐸型土製品が出土している。

　後期初頭天祐寺式〜涌元式期に形成された函館市（旧戸井町）戸井貝塚には、貝層形成期にやや先立つ時期の配石遺構がある（図8-3）。長さ4m、幅2.5mほどの範囲に、円礫約200個が配されているものである。この中には長さが40cmを越す長大礫が2個あり（図黒塗り）、本来は立石であった可能性が高く、この立石を中心に幾重かの円形に巡る様相も窺える。土器、石器のほかエゾシカ等の獣骨があり、焼土や灰の広がりもある。下部に落ち込み等は確認され

1. 松前町東山遺跡

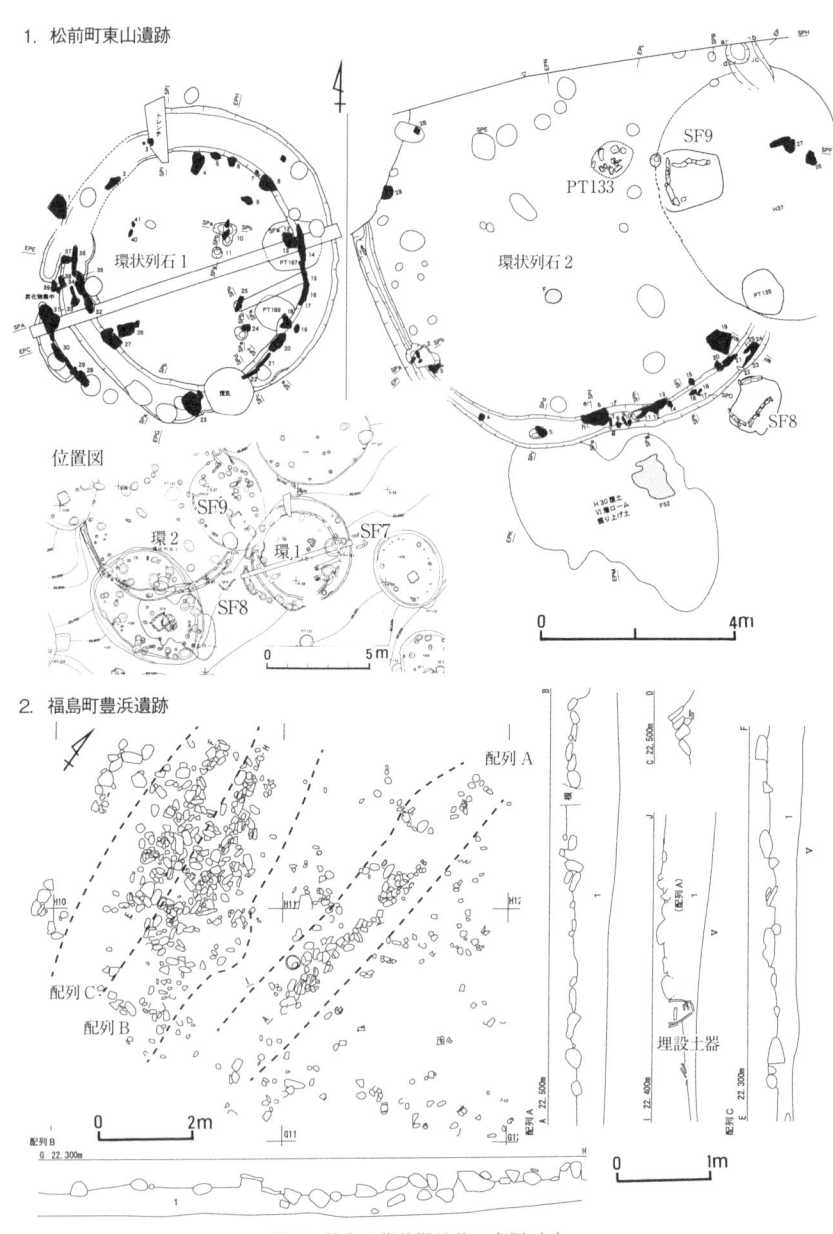

2. 福島町豊浜遺跡

図7 縄文時代後期前葉の事例（4）

ていない。配石はエゾシカ、オットセイ、アシカ等の「獣骨集中区」と一部重なっている。配石のほうが下部であり、配石の真上に獣骨が廃棄され、その後貝塚が形成されていくのである。一定の場所を「特殊な場」として区画、利用する意識が連綿と働いているのであろう。ほかに、円礫からなる小規模な集石遺構が3基あるがいずれも掘り込みは無い。

　同（旧戸井町）浜町A遺跡は、A・C区に大津式期の集石帯と配石遺構がある。集石帯はいずれも円・角礫のほか石皿、すり石、たたき石、北海道式石冠、石錘等の礫石器等からなる。A区集石帯は確認された範囲で長さ20m、幅8m前後。配石遺構はその下部、縄文時代中期前半期の竪穴住居（HP-12）の確認面から検出されている（図5-2右）。方形の竪穴の窪みを利用する形で、壁面に沿って礫が環状に巡っている。気にかかるのはA区集石と配石図が別々に示されており、これは「集石」が上部にあり、それを取り除いた段階で認められた礫の様相を「配石」と捉えていると解釈できる点である。C区集石帯は標高19～17.5m前後の斜面を大きく取巻くように形成されている。A区同様窪みを利用するものが多い（HP-3・24・28・34・43・44など）。そして、立石をもつ列石（J-18列石・組石）を中心とする推定直径36mの大規模な環状列石を想定している。ただ、UP-55の平面・断面図と見比べると、この立石は覆土5層に埋められていると判断でき、長軸上にあることも考え合せると、UP-55に伴う墓標の可能性があるかと思う（図5-2左）。

　松前町東山遺跡では環状列石2基が、標高21～20.5mほどのごく緩やかに傾斜する段丘面から発見されている（図7-1）。環状列石1と2は隣接し、最も近接する部分では1mにも満たない。構築時期はトリサキ式～大津式期の間に位置づけられ、環状列石1がより新しいとの見解が示されている。複数の環状列石を有する秋田県の大湯や伊勢堂岱遺跡のように、この2基が対になることも考えられよう。環状列石1はその南西側外周に弧状列石を伴う。列石内部は径4.5mほどの円形で竪穴状に掘り込まれ、立石はその周囲に巡らされた浅い「溝」に配されている。溝の幅は広い部分で1m、狭い部分で0.5mほどある。立石はその内側壁に沿うように主に板状礫が配されている。南西側の弧状配石は長さ2mほど、5個の立石があり、列石1同様、溝に配されている。同レベル、板状礫が使用されていることから、2重の環状列石と捉えることもできる

だろう。さらに実測図からの判断であり、溝の外側に配石が存在したとの報告はないが、全体で3重の構造を成すようにもみえる。立石は溝の内と外に2列あった可能性はないであろうか。溝の幅が広いことが気になる点である。環状列石2は北側で調査区外に拡がり、確認できた範囲では径9m前後、円形ないし楕円形を呈するものとみられ、板状礫は断面がくさび型を呈し、大半がその先端を埋め込んでいる。このほか、関連する遺構としては土坑と石組炉、埋設土器がある。列石2内から検出された配石土坑PT133は、小規模ながら内帯配石といえよう。石組炉はSF7が列石1東側、SF8が列石1と2の間、SF9が列石2の内側から検出された。その位置的な関係と合わせ、焼土上面がローム土で被覆され貼り床様に硬く締まっているなどの3基に共通する構造上の特徴から、日常性から離れた特殊な目的を持つ「炉」との理解である。また、環状列石2の南側の盛土中から検出された埋設土器2基は、正立状態で土器（甕）棺の可能性が指摘されている。ほかに祭祀的色彩の強い遺物として列石1から、砂岩製の三角形状の石製品いわゆる三角壔形石製品が、列石2からは左脚部と頭部の一部が欠損している板状土偶および鐸型土製品が出土している。

　森町倉知川右岸遺跡にはトリサキ式の「コ」の字形の配石遺構がある。配石の長軸は5m、短軸は2mほどで、40～60cm大の角柱礫の立石や横位の配石、扁平な円形礫を地面に水平に置くものもある。このほか周囲には配石と同程度の大きさの礫が10個ほどある。遺構のある周辺部を含む広い範囲が、配石を構築する前に造成されていた可能性がある。配石中央部、礫に挟まれた位置から検出された径10cm、深さ50cmを超える小柱穴（SP-62）については、配石に伴う木柱の痕跡と解釈されている。すぐそばには焼土もある。

　森町石倉3遺跡では標高72mほどの台地縁辺の崖際に、11,000個を超える礫で構成される配石（S-1）がある。東西に細長く広がる形状とみられるが、そのほぼ中央部が削平により失われているため全容は明らかではない。礫の残存する最大の範囲は、東西に長さ13.3m、幅は4.8mほどである。礫は、長さ20～50cm、重さ10～60kgの大型のものが38個、ほかは1～5cmに収まるごく小型のものである。おびただしい量の小礫配石の西側には、大型礫数十個が1mほどの範囲に環状に近い形態に配され直下には1～3cmの小礫が多量に敷き詰められていた。さらにその直下から長径1.2m、深さ0.6mの楕円形の土

坑が検出されている。配石中央部に相当する位置にはあるが墓の可能性は低い。

　松前町大津遺跡（B地点）には、大津式期の「組石」が4基検出されている（図8-4）。1号は径90cmに収まる範囲に自然礫を隙間なく置く形態のもので、部分的には2段、3段と積み上げている。2～4号は石組炉に類し、2号が長方形、3、4号は円形である。下部に土坑は無く、また、灰や焼土など火を焚いた痕跡も完無である。周辺部から大津式期の住居は見つかっていないことから、住居に伴う炉としての機能とは異なるとの判断である。

　森町鷲ノ木遺跡は噴火湾岸の南部、現海岸線から1kmほど内陸に位置し、標高67～73mの舌状の段丘上に立地する。環状列石は、1640年噴火の駒ヶ岳降下火山灰（Ko-d）に厚く覆われ、ほぼ当時のままの形で残っていた（図8-1）。白坂3式期のもので北海道最大規模である。形状は南北方向に長軸をもつ円形にちかい卵形で、外環と内環と中央配石からなり、西側5m地点に、7基の土坑と4基の小土坑のある「竪穴墓域」を伴う。外環は長径36.9m、短径33.8m、内環は外環と0.5mほどの間隔を保ち近接し、長径35.50m、短径32.5mである。中央配石は4×2.5mの楕円形状、長軸方向は列石とほぼ同じである。配石全体に使われている礫は合わせて600個ほど。安山岩が8割以上を占め、扁平・棒状礫が多く角礫や割れた礫もある。多くは地面を掘り込んで埋められ、そのまま置かれているものもある。外環の礫は長径40cm内外の礫が主体である。礫の長軸を横並びに置いて3、4m弧状に連ね、この礫のまとまりが、幾分隙間を空けて連続的に整然と配される。内傾するものが多いが構築時は直立していたのは間違いないだろう。内環の礫は外環の礫より大型のものが顕著で平均46cm前後である。その配置は外環に並列するものと直交させるものが混在してあり、外環に比べるとやや乱れた配石といえる。中央配石の礫は直立するものが多く、外環にはない棒状礫があるのが特徴的である。配石南側では扁平礫を2重に巡らせ、北側では放射状に配している様相が見てとれ、基本的には2重の配石といえる。外環と内環で列石が途切れ、礫が直交している部分があり、列石内への出入り口と理解されている。環状列石に伴う遺構には、砂利集積（SH）5基と埋設土器1基がある。SH1が列石外側に接するほかは、外環と内環に架かり、概ね径1～3m内外に納まる範囲に広がる。埋設土器は口縁と底部を欠く深鉢形土器が正立状態で埋められていた（図8-1左）。

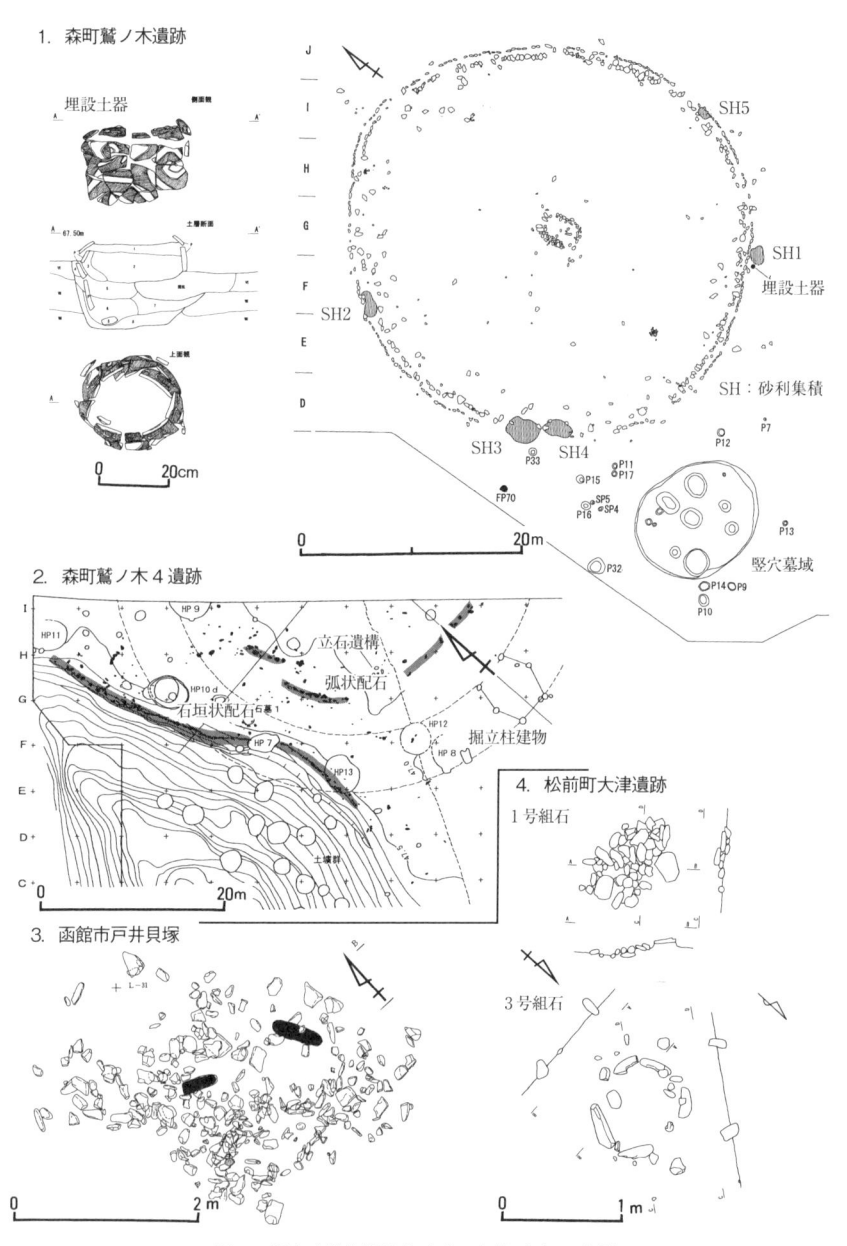

72 Ⅱ 北海道南部の縄文集落の信仰・祭祀

1. 森町鷲ノ木遺跡

2. 森町鷲ノ木4遺跡

3. 函館市戸井貝塚

4. 松前町大津遺跡

図8 縄文時代後期前葉（5）・中葉（1）の事例

鷲ノ木遺跡の東南150mほどに位置する鷲ノ木4遺跡には、後期中葉ウサクマイC式～手稲式期の短期間に構築された石垣状および弧状の配石遺構がある（図8-2）。石垣状配石は急斜面と中位段丘面の境界から検出された。地形に沿って緩やかなS字状を描くもので、確認された総延長は約37mである。構築に際して斜面裾部を最大で1.1mほど掘削し平坦面を造成している。この掘り込み部分は広範囲におよび全長42mを測る。配石は基本的には並列した立石列であり、特徴的なのは、立石上部に扁平礫を平置きしていることである。上からあるいは横から眺めた際の視覚的効果を念頭に置いた立体的構造といえよう。そして立石は予め掘られた溝中に、礫の大きさに見合うピット（立石ピット）を掘り、埋められている。斜面に直接埋め込んだ部分もあるが、大半のものは斜面側から0.5～1mほどの間隔を保ち平坦面に配石されている。棒状礫や長さ20～50cmの石皿状扁平礫が使われ、大部分が安山岩礫で、その平均重量は17kgである。弧状配石は石垣状配石の東側に、10mほど離れてある。立石遺構を挟んで南北方向17m、東西方向10m程に延びる2条が確認されているが、大半は調査区外に及ぶ。立石になる部分と直接地面に平置きされるところがあり、石垣状配石に見られるような上部への積み石はない。大型の礫が目立ち平均重量は23kg、石垣状配石のそれより重い。また、弧状配石の東側、6mほど離れた位置から、配石遺構と同時期の亀甲形に配された6本柱の掘立柱建物1棟が検出されている。高床式の可能性が高いものである。弧状配石は直径34m程で、全体で環状を成す可能性があり、これが内帯で、石垣状配石が外帯であると推測されている。そして配石遺構と同時期の竪穴住居は周辺部にはない。このことから環状列石が居住空間と祭祀の場を区画するものと理解されている。

　函館市（旧南茅部町）磨光B遺跡は、縄文時代後期中葉鮖澗式期の集落である。小沢に面した標高35m前後の海岸段丘東斜面に同時期の竪穴住居5軒があり、環状配石遺構2基はその西側、標高39m前後の斜面の変換点から台地平坦面にかけての位置に、10mほど離れて並列している。また、住居との間には掘立柱跡が多数検出されている（図9-1）。環状配石遺構1が直径7m、同2が6.5mとほぼ円形で、いずれも扁平な大型礫を2重に配した「環状列石」と長さ30cmほどの棒状礫を用いた「特殊配石」が組み合わされている。一部

復元できた列石の配置から、「大型扁平礫を2個並列して立て、次に扁平礫を1個、さらに1個配する」といった手順が指摘されている。特殊配石1・2はいずれも環状配石の北東側に一部が重なり、特殊配石1では円形もしくは方形に、特殊配石2では方形に組まれている。また、配石遺構2では、さらに内部のやや南より、配石に接する程の位置に、径4.2mと径1mの石組が認められた。このことから配石遺構1・2ともに内側に、2重、3重の石組がある可能性も指摘されている。鮸澗式期の遺構は、南東300mほどで磨光B遺跡と接している著保内野遺跡でも発見されている（図9-2）。1975年に「中空土偶」が見つかったことから再調査が行なわれ、この際「土偶」が入っていたと推定される土坑（GP-1）の北側、6〜8mほど離れた位置から環状配石遺構が確認された。撹乱等により全体の様相は十分には知られないが、長径は6mほどの楕円状で、配石を構築するにあたり、予め山側を削平し平坦に造成している。外帯と内帯からなり、外帯には大型礫、内帯には破砕礫を配している。破砕礫は数ブロックの集石に区分できる可能性もある。

　後志地方の余市町、小樽市にかけてあるストーンサークル群は早くからその存在が知られ数多くの調査がなされてきた。小樽市忍路環状列石は、標高130mほどの通称三笠山の山麓にあり、その存在は幕末の頃からすでに知られていた（図11-1）。環状列石は標高23〜25mの緩斜面を削平し平坦に整地したうえで構築されている。南北33m、東西22mの楕円形を呈する範囲には、大型の立石の周囲に大・小の自然礫を配する形で連続して環状に巡っている。配されている礫はおよそ440個、立石は100個ほどあり最大のものでは重さは数tにも達し、地上に見えている部分だけでも長さ1.3mを測る。ただし立石は近代に修復・復元されたものもあり、必ずしも原位置を保つものではない。中央部には3.7×4mの円形、西側には張り出し状の配石が、また、南側では一部が2重となっている。忍路環状列石は共伴する遺物がないこと、列石内部および周囲の遺構等の詳細は十分にわかっていないことから時期は明確ではない。しかし、隣接する忍路土場遺跡の調査者は列石内部に土坑があるという阿部正巳らの調査例や聞き取りの報告（阿部1919）を踏まえ、道内の縄文時代後期の墓制変遷の中に位置づけることでその時期を推定し、後期中葉鮸澗式期（前半）である可能性が非常に高いと結論付けている（道埋文1989）。また、忍路

1. 函館市磨光B遺跡

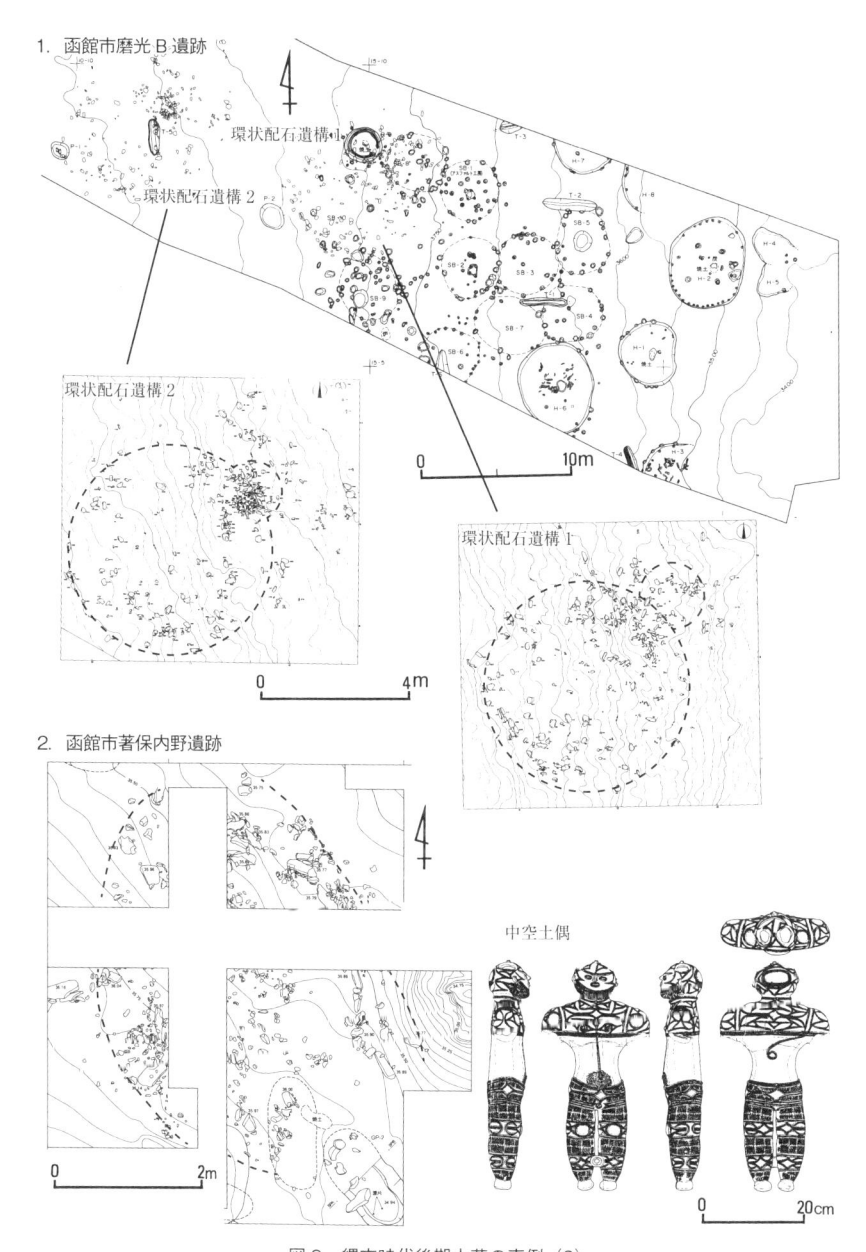

環状配石遺構1
環状配石遺構2
環状配石遺構2
環状配石遺構1

2. 函館市著保内野遺跡

中空土偶

図9 縄文時代後期中葉の事例（2）

土場遺跡の台地上（A地区）からは円形の土坑（大柱穴）が7基見つかっている。長径50〜85cm、深さ60〜90cm前後のもので、低位湿地部から出土した巨木建材とその痕跡が合致することから、環状列石と関わりのある巨大柱、構築物が取り巻いていた可能性が指摘されている。

　この忍路環状列石を「祭祀の場」とした人々の「生活の場」と考えられるのが、環状列石の北西側50mほどの位置にある忍路土場遺跡である。種吉沢川左岸の標高18mほどの台地と氾濫原に拡がりをもつ縄文後期中葉手稲〜鮴潤式期の低湿地遺跡である。ここでは氾濫原上の微高地から、環状列石よりも一段階新しい（鮴潤式期中頃）と捉えられる配石遺構3基が検出されている（図12-1）。礫は扁平な楕円礫が主で、弧状、楕円状に配される。礫は中心部では疎らで、周辺部で密である。土器は一部を除き（配石3）一様に細かく破砕され、礫を覆うものと礫とは重ならずやや離れた位置から出土する傾向が認められる（図の黒塗りの遺物）。そして、ほとんどが底部を欠いているほか、一個体分の土器を故意に割り、分散させて置いた様子も窺える（配石1）。3ヵ所の配石いずれにも台石、石皿、すり石、たたき石等の礫石器が伴うが、量は少ない。配石下に土坑はない。配石1では礫の2割ほどが火を受けている。注目されるのは「土偶」の胸部と両腕部分が各1点出土していることである。ほかに剥片集中2ヵ所と礫石器もある。配石2は東西に弧状に分布し、火を受けた礫は極めて少ない。配石3は東西の集石からなり、被熱した礫は数個である。西側集石からは大型の土器破片が、東側集石からは細かく砕けた土器片が出土している。なお、配石1の西側を取り巻く位置に、魚骨、海獣・陸獣骨片を含む焼土群が分布している。配石1を構成する礫の被熱率が高いことと合わせ、注意が必要であろう。配石遺構の南側に続く台地上には同時期の竪穴住居が2軒（H-1・3）検出されている。住居はここに止まらず台地奥にも広がり、集落を形成していたものと考えられる。

　小樽市・余市町西崎山環状列石群は、余市湾に向かって延びる標高50〜70mの丘陵頂部と丘腹にある（図10左）。余市町側には道指定史跡部分「1区」があり、小樽市側のものは「2・3・4区」と呼称されている。海側の4区から2区までおよそ500m、各地区の配石は形態や選択されている礫、土坑の有無等その様相は実に様々である。このうち1区と3区1群が明確な礫のまとまり

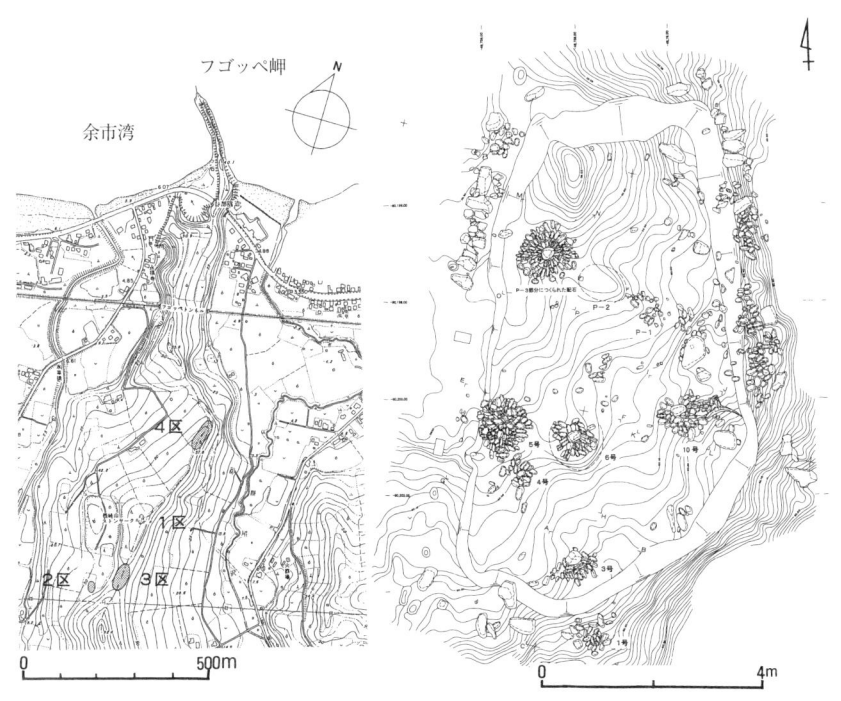

図10　西崎山環状列石 (1〜4区) と西崎山3区1群 (右)

があり、4区もある程度の形態を把握できる。2区と3区にはいわゆる「日時計型」の特殊配石がある。下部に明瞭な土坑が伴うものは各区にみられるが、浅い皿状のくぼみがあるものも多い。また、「日時計型」配石に必ずしも土坑が伴ってはいない点に注意が必要だろう。礫は1区と4区が安山岩の亜角礫、2区と3区が円礫を主とする。なお、1区は駒井和愛 (1959) が、2・3区は駒井および峰山巌と久保武夫 (1965)、4区は大場利夫・重松和男 (1977) が調査、整備している。また2000年には道立埋文センターが調査の再確認、検討を行なっている (道立埋文2001)。

　最大規模の1区は標高70mほど、東西11m、南北17mの楕円状の範囲に、長さ30cm以上の礫が500個ほど配され、そのうち20個ほどは立石である。配石中央より南側に小環状列石が7基みつかっており、形状が明らかなものは4基である。径1〜2m内外に大型礫を円形に配し内部に河原石や割り石で積み石し、その上に平らな礫を置くもので、下部に0.7〜1mほどの深さの

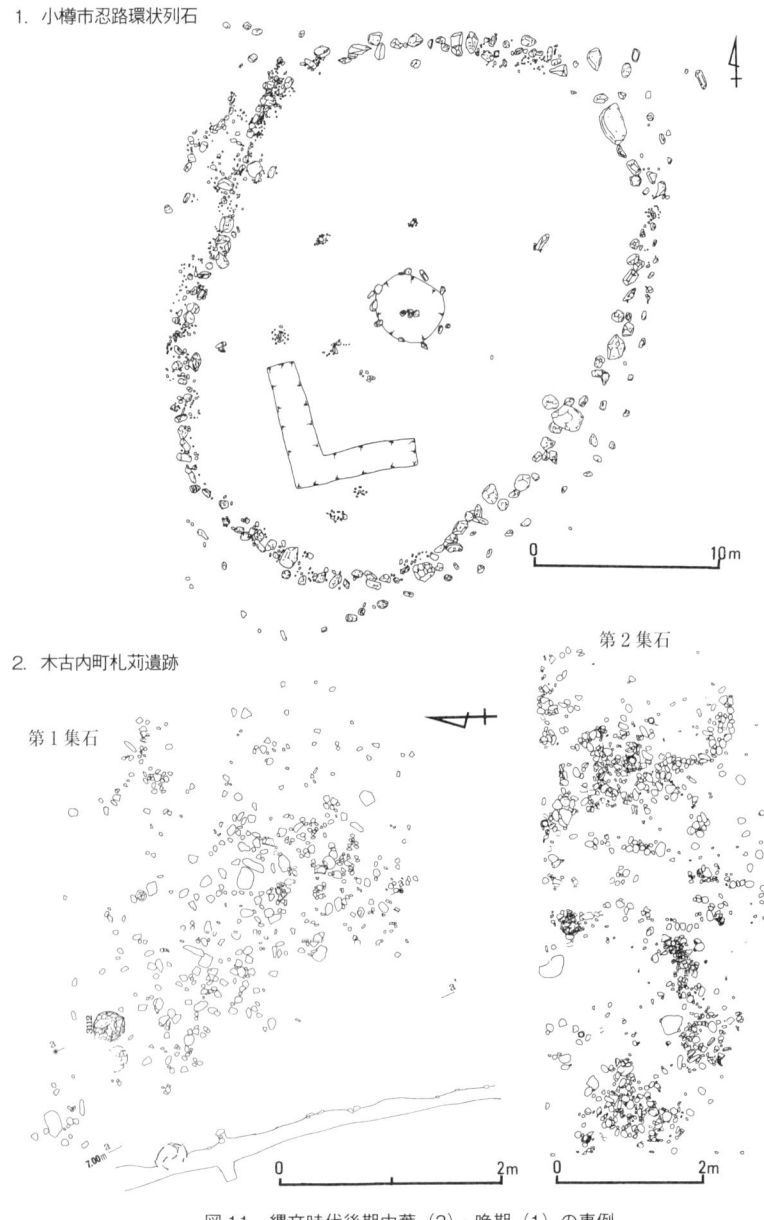

78　Ⅱ　北海道南部の縄文集落の信仰・祭祀

1. 小樽市忍路環状列石

2. 木古内町札苅遺跡

第1集石

第2集石

図11　縄文時代後期中葉（3）・晩期（1）の事例

土坑を伴う。4号の敷石間から後期中葉手稲式の浅鉢片が出土している（駒井1959）。3区は標高59〜62mの開けた平坦部に3群ある。このうち「3区1群」は、東南側に地面の削り取りがみられ、弧状に外湾する壁面を形作っており（峰山・久保1965）、全体としては11×7mほどの半円形の竪穴状に掘り込まれ平坦面が形成され配石されている。2000年の調査では日時計型配石4基（3・4・6・10号）が再確認されている（図10右）。整地部分では周囲に大型の亜角礫が並べられている。4区は丘陵屈曲部に5基の組石遺構がある。長径0.8〜2.5mほどの範囲に、20個（4号）から最大で120個（3号）程の石で構成される。板状礫と小礫を2、3重に積むものもある（2・3号）。1・2・3号では下部に浅い皿状土坑があり、3号では土坑底部にも大型礫が敷き詰められ、後期中葉船泊上層式の小型土器4個が納められていた。一連の配石の可能性がある4号と5号では、4号下部に擂鉢状の土坑が、5号は中央に立石が、下部には深さ90cmの土坑がある（大場・重松1977）。また、4区の南側では新たに配石遺構が見つかっている。13×5、6mほどの範囲に比較的大型の礫を円形に配するものがあり立石を中心に縦、斜めに積み上げるもの認められる。棒状礫を2、3列ならべる4区3号に類する配石もある。全体としては1区に類する配石遺構といえる。西崎山環状列石群は1区から4区まで丘陵上にほぼ連続して存在する可能性が高い（道立埋文2001）。

晩　期　縄文時代晩期初頭大洞B-C（上ノ国）式期の配石遺構が松前町高野遺跡にある。配石は、板状礫と河原石で構成される「組石」を、おびただしい量の「小砂利の集石」が覆う構造である。下部の組石は、安山岩板状礫とその破片、および15×35cm大きさで河原石が径2mほどの範囲に円形に配されるものである（図12-2）。そして組石を被う小砂利は楕円形に拡がる（図の破線の範囲）。集石は地形の傾斜との関連はあるが、配石中央部ほど厚く周辺部で薄い。配石下部には径2m、深さ8〜12cmの不整円形の浅い土坑があるが、墓である可能性については否定的である。南東部の組石上部から、伏せられた状態の小型台付き土器と3個体分（浅鉢等）の土器破片が出土している。また、組石下部北西部には傾いた状態、北東部では伏せられた状態で台付き土器がいずれもほぼ原形を保って出土している。北東部ではほかに6個体分の土器片がまとまってあり、これは意図的に破砕し、別々の場所に置いたものとの見解が

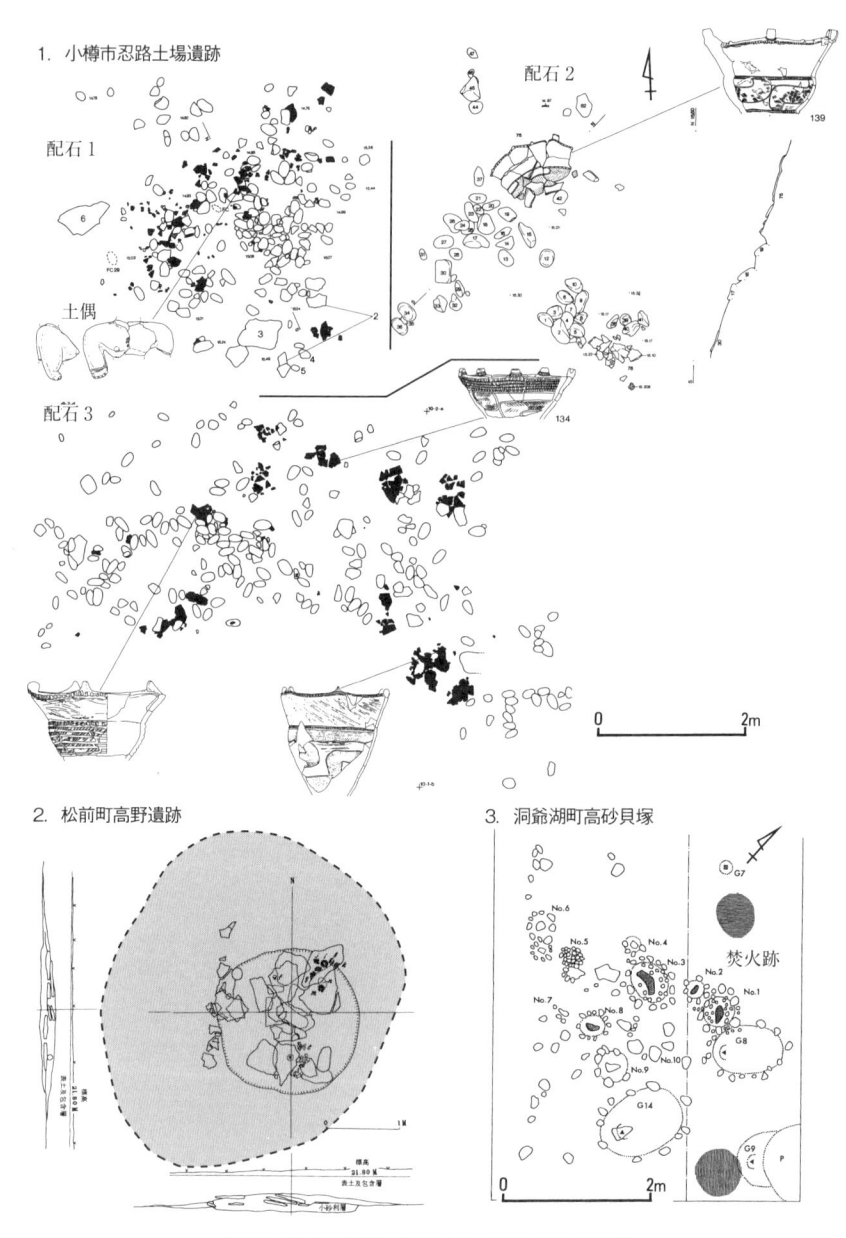

80　II　北海道南部の縄文集落の信仰・祭祀

1. 小樽市忍路土場遺跡

配石1

土偶

配石2

配石3

2. 松前町高野遺跡

3. 洞爺湖町高砂貝塚

焚火跡

図12　縄文時代後期中葉（4）・晩期（2）の事例

示されている。器種は壺形2、浅鉢2、台付き4、把手付き2個等である。壺形にはヒョウタン様のものがあり、把手付き土器の形状も特異で、その出土状況から食物が供えられていた可能性がある。さらに配石上部の小型台付き土器の内面にはベンガラが施されていた。これらは粗製土器ではあるが、日常使いの土器とは異なる特殊性が窺われる。祭祀的色合いの強い遺構であることを補強する土器の組成といえよう。周辺部にこの時期の住居はない。

　後志地方の蘭越町港大照寺遺跡には、小砂利の被覆はないが、板状石を円形に配する類似構造の遺構がある（第1地点2号石組遺構）。墓とみられる土坑にも同様の組石が認められる（第1地点1号、3A〜3E土坑など）。大洞C1・C2式期とやや新しい時期の所産である．

　木古内町札苅遺跡は縄文時代晩期中葉大洞C1〜C2式期の集落である。台地南端部の埋没沢の両岸2ヵ所に集石がある（図11-2）。第1集石は斜面上の東西4m、南北3mの範囲にあり、拳大の河原石が主で、晩期の土器片が多量に出土している。第2集石は第1集石から40mほど離れてあり、東西15m、南北4mの拡がりをもち土器、石器、剥片を伴う。北側が大きく削平されていることから本来は南北の広範囲に及んでいた可能性がある。また、第2集石下部には小規模な集石と、壺形・浅鉢土器等数個体が見つかっている。小規模な焼土や灰もあり、獣骨片が混入していた。集石下部から板状土偶の破片が19点見つかっていることが注目される。集石、集石下部に置かれた土器さらに土偶が廃棄された時期は必ずしも同時期ではないが、同じ場所を祭祀場として利用するといった点から、この場所が「特殊な場」であるとの想定が示されている。その集落構造については、若干の時間的幅はあるが、台地東側縁辺部に居住域、やや奥まった台地中央部には墓域、海に向かって拡がる土器焼き場とみられる焼土分布域、隣接して祭祀場と想定される集石が拡がる、といった異なる機能の「場」が結合された様相が復元されている。

　胆振地方の洞爺湖町（旧虻田町）高砂貝塚は、縄文時代晩期の小貝塚1ヵ所と墓群を伴う集落である。配石遺構は晩期中葉大洞C2式期のもので墓群の一隅にあり、小型の環状列石9基と積石状配石1基の10基からなる（図12-3）。小規模な範囲に歪な楕円状に連なり、南端には土壙墓が2基（G8・14）ある。環状列石はA：立石を有するもの（No.1・2・3・8）とB：列石だけのもの

（No.4・9・6・7・10）がある。A 列石は立石を中心に拳大の円礫を円形（No.1・2・8）、楕円形（No.3）に配するもので、No.1 と No.3 では内側にも小礫が配され 2 重となっている。いずれも配石下部に浅い土坑がある。No.1 下部の土坑内にはベンガラ散布の形跡が認められた。また、No.3 の土坑は貝殻混じりの土で充填され、立石下部にはヒスイ・蛇紋岩製の丸玉各 1 個と鹿骨製の針状骨器が納められている。B 列石は円形（No.4・9）、円形の 2 基が連続するもの（No.6）、不規則な配石のもの（No.7・10）である。このうち No.9・4 の下部には土坑があり、No.9 では中央部に三角形の扁平礫が置かれている。下部土坑は径 35cm、深さ 25cm、底面には大きさの異なる壺形土器 3 個が東西に並び置かれ、中央の土器にはベンガラが満たされ、左右の土器中には魚骨片少量と貝殻片が混じっていた。また、覆土上位には左腕を欠いた小型の板状土偶が伏せた状態で埋納されていた。No.4 下部の土坑は覆土上面に大型土器片が置かれ、その直下にはベンガラの塊が納められていた。No.6 では円礫と土器片が列石中央部にある。積石状配石（No.5）は板状礫があり、その傍らに拳大の円・球状礫を積み上げている。また、「焚火跡」は微細な炭や獣骨の小片が含まれる灰層があり、南側には一部焼失した鹿角と肩甲骨それぞれ 1 個が並んで検出され、配石遺構を構成する重要な要素の一つとして捉えている。配石遺構の内容、全体の遺構の配置から供献物を伴う墓前祭祀の場としての様相が窺える。

第 3 章　北海道南部の信仰・祭祀施設の特徴とまとめ

第 1 節　屋内信仰・祭祀施設

　縄文時代中期後半榎林式期に焼失住居から石棒が出土する例が多い点は、道南の住居廃絶儀礼を考えるうえで注目してよいだろう。なかでも森町石倉 2 遺跡では「住居の焼失」とイルカ頭骨を散布する「イルカ儀礼」があり、ここでは祭祀用具として玉も伴う。住居の廃絶とこの儀礼とがどのような関係にあるかは不明であるが、道内でも唯一の例である。縄文前期東釧路Ⅴ式期の釧路市東釧路貝塚では、ネズミイルカの頭骨が放射状に並んで発見された例が知られている（釧路市立郷土博物館 1980）。屋内、屋外の違いはあるが、イルカをめぐる祭祀は北海道の特徴のひとつといえる。

また、第2章では紹介しなかったが、中期末葉の特殊な形態の「炉」について簡単に触れておく。一例は、方形な炉の4隅に、「ウイング」と呼称される、あたかも羽根が生えているかのような配石のある「炉」で、函館市（旧南茅部町）臼尻B遺跡252号（南茅部町1986）、森町御幸町遺跡16・17号住居（森町1985）などにある。もう一例は、七飯町桜町6遺跡の20H竪穴（中期末ノダップⅡ式期）13号の「土器片敷き石囲炉」である。周辺を扁平礫で囲い、内側に土器片を隙間なく敷き詰める形態で、非常に手間の掛かった工程が見て取れる凝った作りの炉で、大木土器文化圏の特殊な炉の形態とされる（七飯町1999）。この種の炉は、後述する岩手県安俵6区Ⅳ遺跡の大木10式期の環状列石にみられることから非常に興味深い。これらの炉は「飾る」といった観点から、いずれも実用性とは違った意味合いを持つことは確かであろう。

第2節　屋外信仰・祭祀施設

　早期～中期の特徴　北海道南部の早期、前期の集石・配石遺構はその下部に浅い土坑を伴うものが多いこと、また、自然礫だけでなく、すり石や石皿等主だった礫石器が多く使用されていること、焼土が伴わないが焼けた礫があること等がその特徴である。特に早期段階では石錘の使用が際立っているといってよい。函館市中野B遺跡のケルン状配石はその好例である。

　最も古いと考えられるのは、伴う遺物が無く検出された包含層出土の土器からの判断ではあるが、函館市八木A遺跡（条痕文系平底土器：虎杖浜式期）の事例の可能性が高い（図1-2）。意図的ではないとされている函館市中野B遺跡の大規模な集石（礫）は、さらに古い貝殻・沈線文系の住吉町式期のものである。拙速に判断することはせずに保留し、検討することも必要かと思う。

　本シリーズ『葬墓制』（遠藤・鈴木2010）で取り上げられている奥尻町青苗遺跡（F地区）の石組遺構（S-2）は、八木A遺跡よりもやや下るアルトリ式期であるが、壁際と土坑内で異なる大きさの礫を選択し、さらに大型礫を1点配するといった様相が見て取れる。「石を組み合わせる」という「組石」の観点から、注意してよいだろう。ある場所を日常性とは異なる空間として区画するために、単に石あるいは石器を集めて敷き詰めることに始まり、その場所を特別な場として広く顕示するために、石の形状を選択しその配置を決めていく

といった様相が窺われる。石組の萌芽ではないかと思う。中期後半期の函館市西桔梗（E2）遺跡の事例も意識的な配石である（図1-6）。

また、「石を立てる」という行為からみると、早期後葉東釧路式系の中茶路式期の森町駒ヶ岳1遺跡の礫石器を埋め込む小型の「立石ピット」は、その嚆矢と考えられる。中期〜後期前葉と時期を特定できない点はあるが、石斧を埋納する森町森川3遺跡の事例もまた同様であり、このような遺構が北海道では後期に盛行する立石へと繋がっていくのであろう。

後期の配石遺構の変遷過程　後期になると配石遺構は急激に増加し、その様相は多種多様である。ここでは主な遺跡・遺構について簡単な特徴を加え、その編年的序列を示すこととしたい。

後期前葉では、①涌元式期②トリサキ式期③トリサキ式〜大津式期④大津式期⑤白坂3式期にあり、③のように時期が限定されないものがある。

①涌元式期：知内町湯の里5遺跡の外環と内環からなる環状列石、館野遺跡の盛土を伴う大型の環状列石はほぼ同時期とみられる。盛土の内側に2重の配石をもつ函館市石倉貝塚は複数の土器型式（涌元式〜大津式）にわたるものである。

②トリサキ式期：八雲町野田生1遺跡には中央の礫群を個々の配石が大きく取巻く環状配石が、同倉知川右岸遺跡にはコの字形配石がある。

③トリサキ式〜大津式期：松前町東山遺跡の隣接する2基の環状列石、知内町湯の里1遺跡の立石をもつ配石を中心に組石・配石など個々の遺構が大きく2重に巡る配石遺構、八雲町浜松5遺跡では組石・配石・立石が外帯と内帯を構成し長大に巡る弧状配石がある。

④大津式期：函館市浜町A遺跡には集石帯と組石等がめぐる浜松5遺跡に似る環状配石遺構がある。福島町豊浜遺跡のものは並列する帯状の形態である。松前町大津遺跡の小型の組石遺構もこの時期である。

⑤白坂3式期：森町鷲ノ木遺跡には竪穴墓域を伴う道内最大規模の環状列石がある。

後期中葉では以下の①〜④期にある。

①ウサクマイC式期：森町鷲ノ木4遺跡には石垣状配石と弧状配石があり、これらは内帯と外帯を構成する可能性がある。手稲式までの時間幅がある。

②船泊上層式期：5基の組石遺構からなる小樽市西崎山環状列石4区1群では土坑に土器が伴っている。

③手稲式期：余市町西崎山1区4号の配石下部から手稲式の浅鉢片が出土している。土坑に伴うものではないが、この時期に近いものであろう。

④鮞潤式期：小樽市忍路環状列石はこの時期の可能性が高い。この列石を維持した人々の集落が隣接する同忍路土場遺跡であり、土偶を伴う集石状の配石がある。日時計型配石をもつ西崎山2区1群、竪穴状に掘り込まれた西崎山3区1群はこの時期の可能性があるものとしておきたい。函館市磨光B遺跡には特殊配石を伴う環状配石が、同著保内野遺跡では配石は内帯と外帯からなる。『葬墓制』（鈴木・遠藤 2010）で取り上げたため、今回事例紹介はしていないが、北海道特有の方形土坑に礫が敷き詰められる配石遺構はこの時期である。函館市日吉（現日吉A）・同八木B・同臼尻小学校・八雲町浜松2遺跡、小樽市地鎮山環状列石など道南・道央各地に見出せる。

以上、羅列的に大まかな編年を概観したが、これらの規模、様相も多様な配石を一つの系列の中で捉えることは難しい。湯の里5・東山・西崎山3区1群・忍路などのいわゆる「環状列石」と、地形を意識するように個々の遺構（組石・配石）が弧状や環状にめぐる湯の里1・浜町A・浜松5遺跡等の「環状配石遺構」とは、系統が異なるのではないかと思う。後者は、早期からの配石の系譜を引くものであろう。また、盛土を伴う館野遺跡、石倉貝塚も同列とするには違和感がある。

北海道の環状列石の系譜　北海道で最も古い後期前葉（涌元式期）の湯の里5遺跡環状列石について、道内にそれまでにある配石遺構の中にその系譜を求めることは困難である。第1章で述べたように、ストーン・サークルの変遷について鈴木克彦（2007）の広域交流という示唆に富む系譜論があることから、これを援用し、形態的特徴を通してその系譜を見ていくこととしたい。

注目されているのは、岩手県の2遺跡などの環状列石である。湯の里5遺跡よりも古い段階、中期末葉大木10式期の岩手県花巻市（旧東和町）安俵6区V遺跡（東和町 2000）と後期前葉門前式（新）期の同清水屋敷Ⅱ遺跡（東和町 2002）の事例で、両遺跡は200mほどの距離で隣接している。

安俵6区Ⅴ遺跡と同Ⅳ遺跡（東和町1998）は調査年度・地点は異なるが同一の遺跡であり、環状列石は8基検出されている。形態は楕円形、不整円形もあるが、基本的には円形で、外径は6～4mほど、内径は3m前後と普通の住居の規模と変わらないが、いずれにも柱穴跡はない。また、3基に石囲い（炉）があるが、焼土はない。6号列石（図13-1）は南側に張り出しの石敷き部分があり、石囲い（炉）がある。土層断面から判断すると、配石内側（床面）は浅く掘り込まれている。張り出し部については関東地方の柄鏡形住居との類似性は認めてはいるが、関連性については消極的である。一方、鈴木は大湯環状列石の先駆として、張り出しのある敷石住居の形態に類似する安俵6区Ⅳ・Ⅴ遺跡などが影響していることを指摘している。3号列石（図13-2）は6号よりも一回りほど大きく、配石は2列であり、列石内北よりの位置に「土器片敷き石囲炉」といった特殊な炉がある。報告者はこれらの環状列石について、季節的な住居で祭祀に関連するものと考えている。

　そして中期と後期を繋ぐのが、清水屋敷Ⅱ遺跡の環状列石である。配石遺構AG03は外帯配石と配石の形状が異なる2基の内帯配石からなる。断面図でみるかぎり明瞭な掘り込みは認められない。外帯は7.3×6.7mのほぼ円形で長大な礫と扁平礫からなり、配石は5ブロックに分けられ、長大礫は本来立石であった可能性が高い。内帯Aは大型円礫を中心に、外側をやや大振りの礫が囲み、「日時計型配石」の初現ではないかと考えられている。内帯Bは中心礫を2、3重に囲み隙間なく配される。このような内帯と外帯の構造について、鈴木は大湯の野中堂環状列石の原形ではないかと指摘している（鈴木2007）。

　ここであらためて湯の里5遺跡と2遺跡の環状列石を見比べてみると、その形態の類似性が浮かび上がる。3遺跡ともに直径約6～7m前後で通常の住居ほどの大きさという点が共通する。清水屋敷Ⅱ遺跡AG03とはほぼ同じ規模といってよい（湯の里5：外環6.7×6.5m）。2重の列石という点からみると、焼土はないが安俵6区Ⅴ遺跡6号の「石囲い炉」は、湯の里5遺跡の焼土を伴う、炉の役割をも持つであろう「内環」にその共通性を見出せる。清水屋敷Ⅱ遺跡での外帯の空間のある配石の形は、湯の里5遺跡の大型礫間の隙間を埋め尽くさない手法と共通する。また、安俵6区Ⅴ遺跡8号環状列石は一部が集石状になっており、これはブロック状の配石に通じるもので、さらにそれが隙間を空

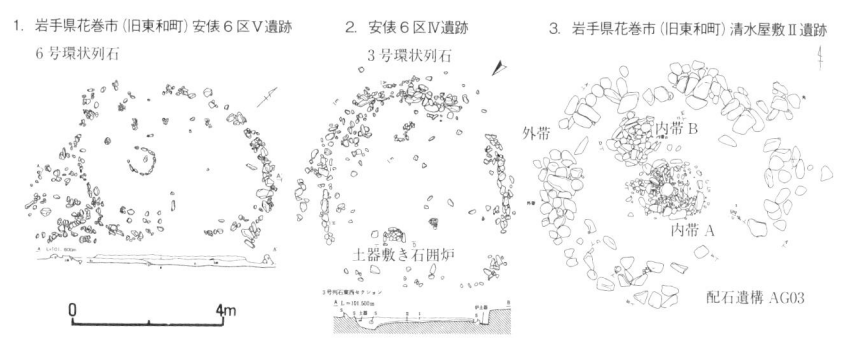

図13 安俵6区Ⅳ・Ⅴ遺跡、清水屋敷Ⅱ遺跡の環状列石

けるといった手法に繋がるのではないだろうか。また、2基の異なる形態の内帯のあり方、A：日時計型に似る配石とB：組石は、余市町西崎山環状列石3区1群の6号（日時計型）と5号配石の位置関係にも関連するのではないかと思う。そのほか大津式期の松前町東山遺跡の環状列石2の中央から、やや偏った位置にある内部配石PT133などは内帯Bに関連付けられるであろう。

中期末葉の安俵6区Ⅳ・Ⅴ遺跡から後期前葉の清水屋敷Ⅱ遺跡を経て、東山遺跡や西崎山環状列石の場合はここに大津式段階の秋田県大湯環状列石の類似要素が介在していくのか。いずれにしても、後期前葉の清水屋敷Ⅱ遺跡の段階や青森県平川市（旧平賀町）太師森遺跡などを経て、その影響の下で北海道に環状列石が出現したことが十分考えられる。

引用・参考文献
阿部千春 2001「大規模集落の出現―北海道南部の縄文集落」『北海道の古代1　旧石器・縄文文化』
阿部千春 2010「著保内野遺跡出土の土偶とその周辺」『考古学ジャーナル』608
阿部正巳 1919「忍路の環状石籬」『北海道人類学会雑誌』1（1969年復刻による）
遠藤香澄・鈴木克彦 2010「北海道南部の縄文集落の葬墓制」『縄文集落の多様性Ⅱ　葬墓制』
大島秀俊 2007「日本のストーン・サークル 北海道の諸遺跡」『季刊考古学』101
小笠原忠久 1976「北海道著保内野出土の中空土偶」『考古学雑誌』61―4
小笠原忠久 1982「ハマナス野遺跡」『縄文文化の研究8　社会・文化』
小笠原忠久 1984「北海道南部における縄文時代前・中期の集落」『北海道の研究1

考古編1』
釧路市立郷土博物館 1980『東釧路の貝塚』
小杉　康 2001「巨大記念物の謎を探る」『北海道の古代1　旧石器・縄文文化』
河野常吉 1918「日本のストーン・サークル」『歴史地理』32─1（1974『河野常吉著作集Ⅰ 考古学・民族誌編』による）
駒井和愛 1959『音江』
駒井和愛 1973『日本の巨石文化』（駒井の関連諸論考はこれに所収されているので、それらは頁の都合上割愛する）
重松和男 1971「北海道の古墳墓について1」『北方文化研究』5
重松和男 1972「北海道の古墳墓について2」『北方文化研究』6
鈴木克彦 2007「北日本のストーン・サークル　北日本総論」『季刊考古学』101
鈴木克彦編 2007『日本のストーン・サークル』『季刊考古学』101
種市幸生 2004「(3) 森町石倉2遺跡出土のイルカ頭骨片について」『森町石倉2遺跡』
藤田　登 2004「環状列石と竪穴墓域」『月刊文化財』435
藤田　登 2004「鷲ノ木遺跡の環状列石と竪穴墓域」『考古学ジャーナル』515
N.G. マンロー 1908『PREHISTORIC JAPAN』（1911年再版の1982年復刻による）
三浦孝一 1997「北海道南部の環状配石遺構」『日本考古学協会1997年度大会研究発表要旨』
矢吹俊男 1985「縄文時代の区画墓について（前編）」『北海道の文化』53
矢吹俊男 1986「縄文時代の区画墓について（後編）」『北海道の文化』55
矢吹俊男 1988「北海道の配石遺構」『北奥古代文化』17
山本暉久 1999「遺構研究　配石遺構」『縄文時代』10
雄山閣編集部編 2010『縄文集落の多様性Ⅱ　葬墓制』
渡瀬荘三郎 1886「北海道後志國に存する環状石籬の遺跡」『東京人類学会報告』2

III 東北地方北部の縄文集落の信仰・祭祀

熊谷常正・児玉大成・武藤祐浩

第1章 東北地方北部の信仰・祭祀施設研究の現状

　東北地方北部は晩期亀ヶ岡文化の中核地域であり、先行する十腰内土器様式期も含め、古くから土偶や土製品・石製品など多様な信仰・祭祀に関わる遺物が注目されてきた。しかし、いわば特異な遺物に関心が注がれるあまり、信仰・祭祀の場として遺跡を把握しようとする動きは弱かった。これに変化をもたらしたのが1931年秋田県鹿角市大湯環状列石の発見であり、岩手県北上市樺山遺跡など各地での関連遺跡発見に少なからぬ影響を与えた。
　大湯では野中堂・万座の大型環状列石、とりわけ「日時計状組石」の発見により祭祀にまつわる特殊な遺跡との見解が登場してくる。1951・52年の「国営発掘」の報告書には墓地説を基本としつつも、石に対する信仰の場としての可能性も含め「構築者の複雑な心的事情」との表現がなされ、信仰・祭祀も考慮すべきことが述べられている。また、1970年9月に大湯で開催された北奥古代文化研究会「縄文時代の配石遺構」シンポジュウムでも、墳墓説と祭祀場説の両者が俎上にあがった。その後、大型環状列石周囲からの掘立柱建物群検出、土坑を伴わない配石遺構の評価、土偶や祭祀と関連の深い遺物の出土など、「マツリ」の場と把握する動きが強まり、さらに遺跡周辺の山岳や景観あるいは太陽運行との関わりなど新たな視点の導入がそれに拍車をかけた。このように本地域の信仰・祭祀遺跡の研究は、配石遺構を中心とした議論が主であった。同時に環状・列状だけでなく特異な配置をとる例も増してきている。時期的にも後期前半期にとどまらず、晩期や前・中期にも配石遺構の存在が確認され、これらにも土坑を伴わず墓と断定しがたい例がある。
　また1970年代以降、大規模開発に伴う発掘調査が各所で実施され、集落の様相が把握できるようになった。特に住居発見例の急増を受け、複式炉や埋設

土器（埋甕）などを屋内祭祀との関わりで理解する動きがある。また、住居廃絶に関わる行為にも各時期さまざまな展開が見られる。さらに、集落中央部に形成された広場に関しても祭儀的空間として評価する分析も行われている。

（熊谷常正）

第2章　東北地方北部の信仰・祭祀施設の変遷

第1節　青森県

(1)　草創期〜早期の信仰・祭祀施設

青森県では当該期の信仰・祭祀施設は知られていない。

(2)　前期〜中期の信仰・祭祀施設

前期中葉の円筒下層a・b式期には平川市大面(おおづら)遺跡のように墓坑の上部施設として配石が用いられる。中期になると、青森市三内丸山(さんないまるやま)遺跡や六ヶ所村富ノ沢(とみのさわ)(2)遺跡のように径5m前後の環状配石が出現し、三内丸山遺跡では中央部に墓坑を伴うものも目立つ。

(3)　後期〜晩期の信仰・祭祀施設

中期末葉〜後期初頭にかけて配石遺構の増加と大型化が目立つようになり、後期前葉の十腰内(とこしない)Ⅰ式期には、遺跡数の飛躍的な増加とともに配石遺構を有する遺跡が非常に多くなる。特に、中央に平坦な広場をもつ環状列石、組石や列石から構成される大型配石遺構が隆盛する。

青森市小牧野(こまきの)遺跡（表紙）では、あらかじめ斜面の高い部分を削り、その排土を低い方に盛土し中央に平坦面を作り出したのちに、環状列石を構築している。

環状列石は、径2.6mの中央帯、径29mの内帯、径35mの外帯のほか、一部四重となる列石や環状配石などから構成され、径55mにも及んでいる（図1上）。タテ・ヨコを繰り返して石垣状に組まれた「小牧野式」と呼ばれる配列が特徴的である（図1右下）。また、墓域や捨て場跡を中心に土器・石器のほか、土偶・ミニチュア土器、動物形土製品、鐸形土製品、三角形岩版、円形岩版など祭祀的要素の強い遺物が出土している。特に三角形岩版は、400点以上も出土し、環状列石などで何らかの儀式が行われたものと思われる。

青森市稲山(いなやま)遺跡は、3基の配石墓を中心に置き、多量の礫や配石などを円形

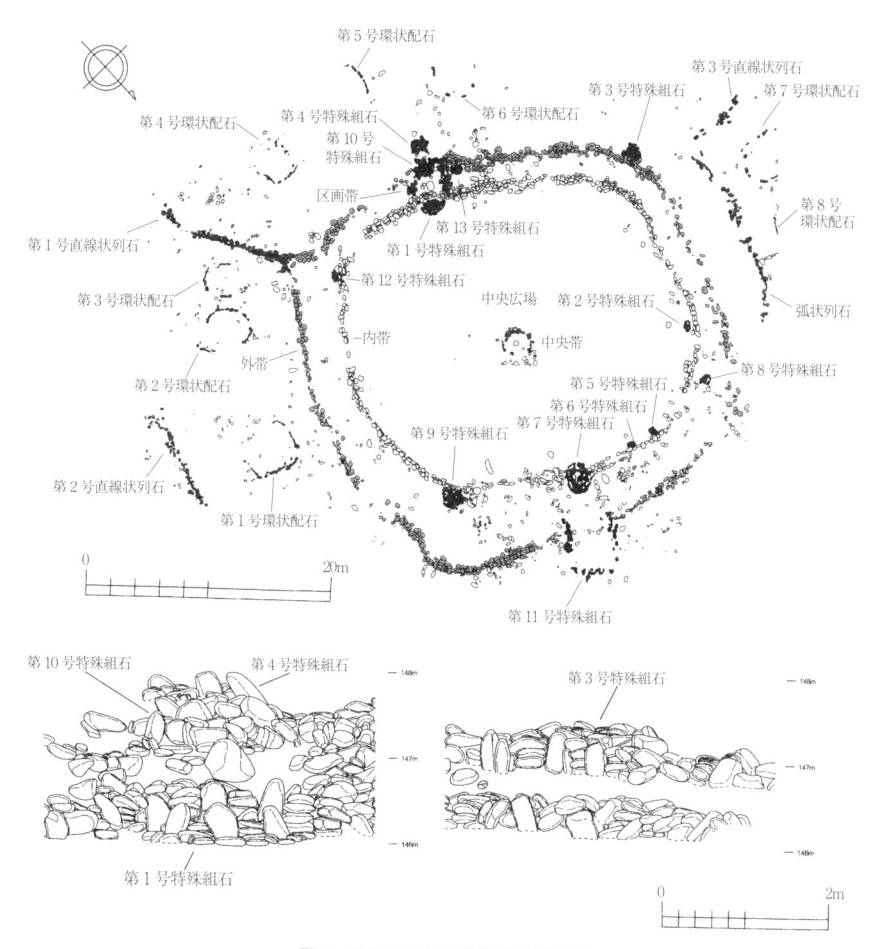

図1 青森県小牧野遺跡の環状列石

に配置した径32mの環状列石で、人工的に造成された中央広場を有する（図2右）。環状列石の外周には、500基をこえるフラスコ状土坑が環状に配置され（図2左）、さらに外側には数箇所の捨て場が形成されている。小牧野遺跡と同様に、環状列石の周辺から土器や石器のほか三角形岩版や円形岩版などの岩版類が600点前後出土している。

平川市太師森(たいしもり)遺跡の環状列石は、径約40～45mの楕円形あるいはC字状を

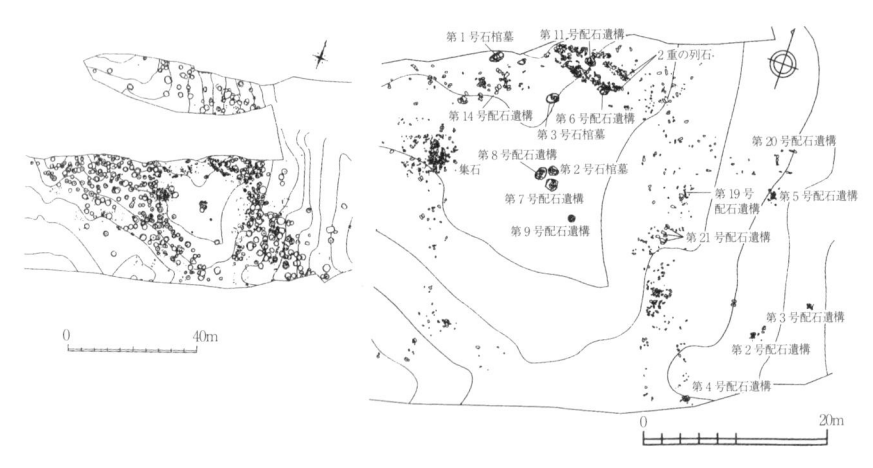

図2　青森県稲山遺跡の環状列石

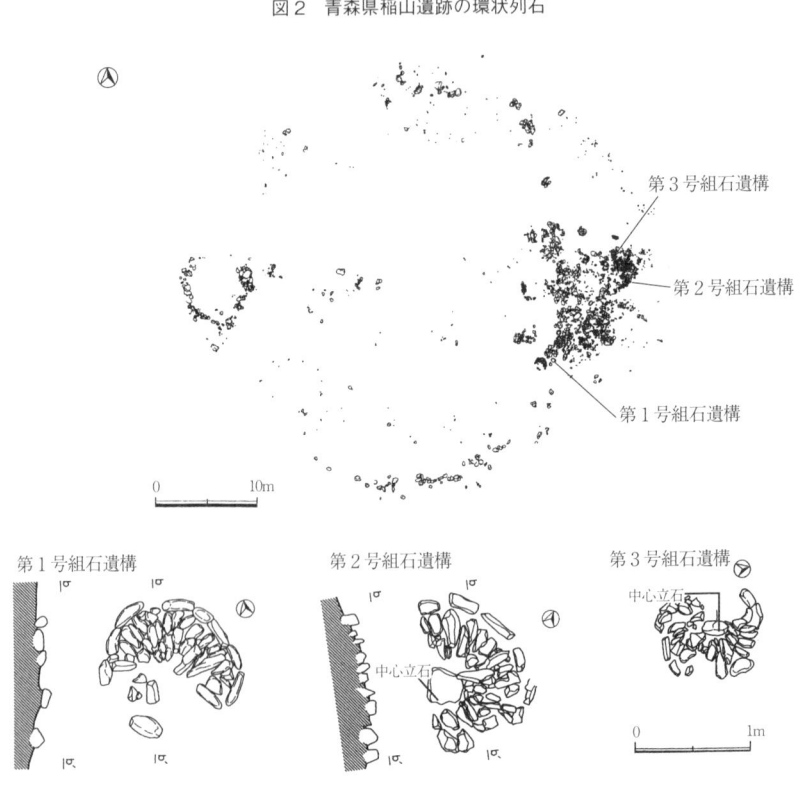

図3　青森県太師森遺跡の環状列石

呈しており、50基以上の組石や弧状列石などから構成される（図3上）。この環状列石には秋田県鹿角市大湯環状列石と同様に、所謂「日時計状組石」が複数配置され（図3下）、組石下部に墓坑を有するものもある。

また、中央広場の外周上に弧状の列石を配置するもので、環状列石と同様の要素を持った遺跡もある。六ヶ所村大石平遺跡では、径25m前後の中央広場の中心に径5mの配石、広場外縁部に長さ15mの弧状列石が配置されている。列石の外側には土坑群や柱穴群が環状に巡り、さらに外側には複数の住居が分布している。同村上尾駮(2)遺跡でも、径20m前後の中央広場の周囲に礫群や配石墓を配置した遺構が検出され、周囲に土坑群や住居群が分布している。以上の環状列石及び中央広場を有する弧状の列石は、いずれも後期前葉の十腰内Ⅰ式期に相当する。

環状ではないが、環状列石と同様に多量の礫を用いた大型の配石遺構も確認されている。黒石市一ノ渡遺跡では、十腰内Ⅰ式期の組石や集石、列石、立石などの配石遺構群が検出されている。配石遺構の中でV32組石は特に大型で、長さ15m、幅3mの長方形を呈し、10ヵ所前後のブロックで構成されている（図4）。南部町水上遺跡では、多数の礫とともに弧状列石や直線状列石、特殊組石などから構成される大型配石遺構が検出され、径17mを測る（図5）。比高差30～40cm、斜角度35°前後の法面に対して石垣状に礫を配置しており、小牧野遺跡の配石方法と類似する部分がある。全体形はコ状を呈しており、環状列石と同意義的な区画帯及び広場を意識して構築された可能性もある。時期は後期初頭の牛ヶ沢式期に相当する。

このほか、小牧野遺跡では、同遺跡の環状列石の特徴（タテ・ヨコ交互に細長の礫を配し、内帯・外帯を巡らせる点）をもつ屋外配石炉（石囲炉）も見つかっており、同様の屋外配石炉が西目屋村砂子瀬遺跡でも検出されている（図6）。また、八戸市田面木平(1)遺跡の第33号住居から中央東寄りに立石とその反対側に石皿を配置した石囲炉が検出されており、こうした炉が信仰に関わっていた可能性が考えられる。時期は、3遺跡とも十腰内Ⅰ式期に相当する。

晩期においても、環状列石や大型配石遺構が確認されている。弘前市大森勝山遺跡では、径約49×39mの楕円形を呈しており、70基以上もの組石から構成されている（図7）。このうち15基の組石が調査され、2基の組石下部か

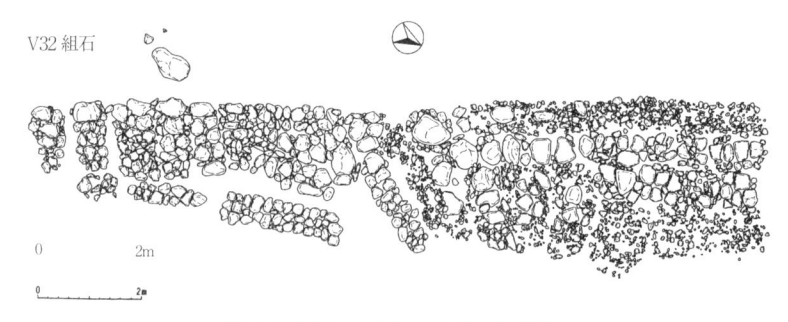

図4 青森県一ノ渡遺跡の大型配石遺構

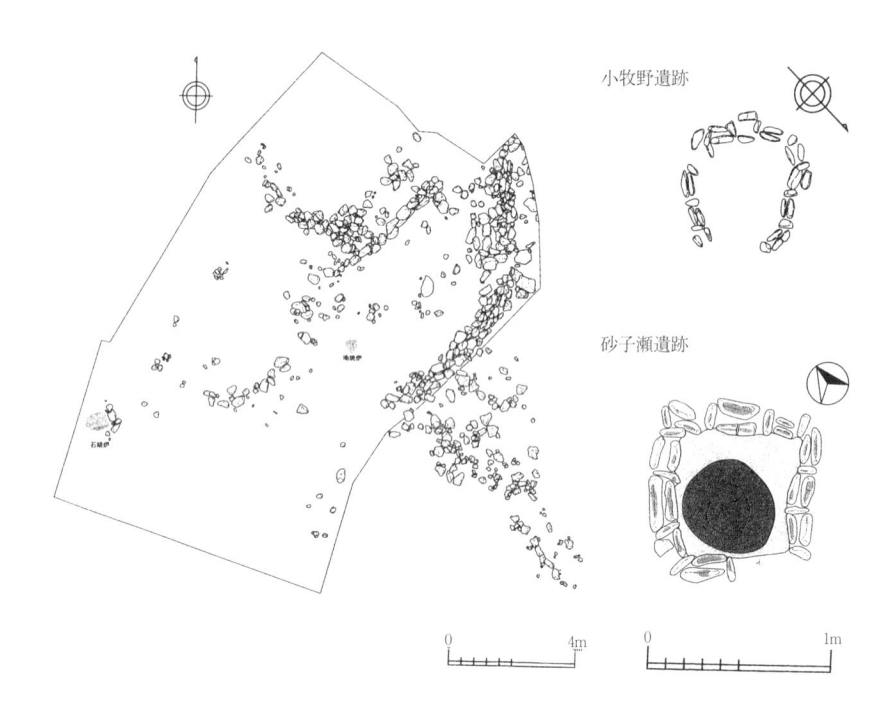

図5 青森県水上遺跡の大型配石遺構

図6 青森県小牧野遺跡・砂子瀬遺跡の屋外配石炉

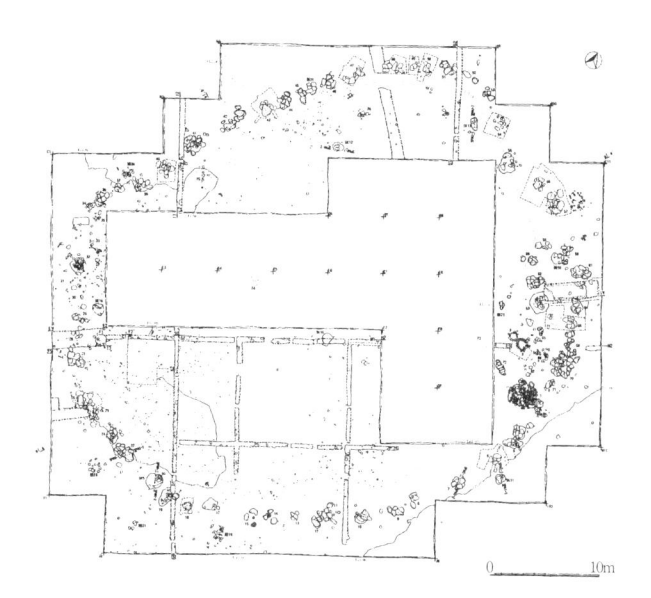

図7 青森県大森勝山遺跡の環状列石

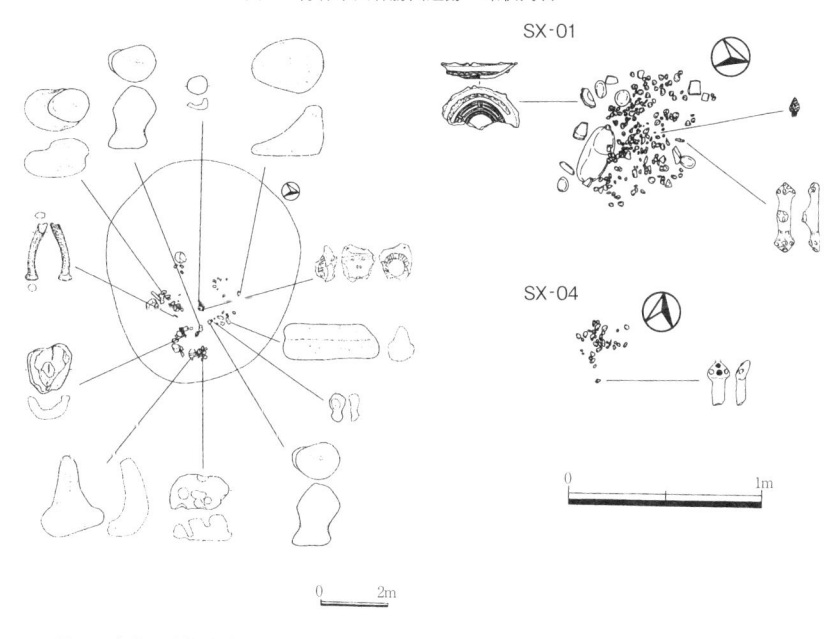

図8 青森県宇鉄遺跡の祭祀遺構　　図9 青森県宇鉄遺跡のメノウ集石遺構

ら土坑が検出された。また、組石からは径10〜20cm内外の円板状石製品が組み込まれたものも見られ、環状列石周辺も含め250点以上確認されている。時期は、晩期初頭から中葉の大洞B〜C₁式期に相当する。

　また、部分的な発掘調査により、環状列石として推定されているものもある。三戸町泉山遺跡では、2ヵ所の発掘調査区域より長さ約10m及び約28mの弧状列石を検出し、両者は円形に連なった晩期前半の環状列石と推定されている。八戸市荒谷遺跡は、大小さまざまな礫から構成される長さ15m前後の弧状の配石で、隣接する同市松石橋遺跡の配石遺構に連なった晩期後半から弥生前期の環状列石（径32m）と推測されている。

　このほか、青森市玉清水遺跡からは、晩期前半と考えられる複数の石棒を配した長さ約3m、幅約1mの配石遺構が検出されている。晩期中葉から末葉の外ヶ浜町宇鉄遺跡では、くびれた自然石のほか注口土器の注口部や土偶頭部（後期前葉）を拾い集め、それらを径5.5mのほぼ円形のくぼ地に置いた遺構が発見されている（図8）。自然石は男女の性器や足形を思わせるようなものも目立つ。また、宇鉄遺跡からは白色のメノウの割石による集石遺構が4基検出しており、うち2基から緑色石を象嵌した土製品が出土している（図9）。

（児玉大成）

第2節　岩手県

(1)　草創期〜早期の信仰・祭祀施設

　岩手県内での草創期集落に、後半の無文土器群期の花巻市上台I遺跡がある。住居は5軒、平面形は不整円形で、炉や柱穴は明確ではない。このうち4軒が間隔狭く東西に並ぶ。広場のような空間は持たないが、1軒の床面から礫石器16点と共に自然礫が25点ほど出土し、住居廃絶直後の投棄行為が窺える。先行する爪形文段階の盛岡市大新町遺跡や滝沢市室小路15遺跡では、遺物が複数のブロックにまとまるが、遺構は稀薄で、遺物も利器に限られ、信仰・祭祀に関わる活動を具体的に確認することは難しい。

　集落以外では、北上市持川遺跡の神子柴系石器群が注目できる。頁岩製で入念な両面加工の石器7点が、低湿地が広がる微高地に長軸を揃え重ねて埋納されていた。先端が圭頭状をとる4点と、丸みを帯びた3点に区分でき、前者は

槍を、後者は石斧を彷彿させ、いずれも使用痕跡はなく威信財的性格を有したものと考えたい。この時期の石斧や石槍は、単独や数点単位で大型の優品が発見されることが多く、単なる貯蔵目的のデポとは思えない。

早期前半の押型文、沈線文土器期も集落構造が判明する例は少ない。盛岡市庄ヶ畑A遺跡では、壁柱穴が巡り簡易な地床炉をもつ押型文期の住居が5軒検出されている。墓坑も複数確認されるなど、集落を構成する場が次第に整いつつある。屋内炉は沈線文段階でも少なく、二戸市長瀬B遺跡では屋外炉を敷設する。住居は不規則な配置で、いずれも広場的空間は見当たらない。

早期末葉の縄文条痕土器期では遠野市権現前遺跡で12軒の住居が検出されている。周囲には土坑群も分布し、環状配列をとる集落との見方もあるが、判然としない。このように草創期・早期は、小規模なデポを除けば、屋内・屋外を問わず信仰・祭祀活動を具体的に示す例は乏しい。

(2) 前期～中期の信仰・祭祀施設

宮古市千鶏遺跡や住田町小松Ⅰ遺跡など、前期初頭に10軒以上の住居からなる遺跡が増加し、拠点的な集落が登場してくる。その一方、単独あるいは2・3軒からなる小規模な遺跡もあり、集落規模が分化する傾向がみえる。

滝沢市仏沢Ⅲ遺跡では、前期初頭～前葉の長方形の竪穴状遺構が検出されている（図10）。平面形はこの時期の住居に似る。壁に沿い扁平な礫が配置され、壁際には柱穴も確認できた。中央部に楕円形の浅い土坑が、壁近くには地床炉状の焼土も2ヵ所あった。竪穴の南西から東側には土坑群が分布し、この時期には稀な配石も有する。また、やや離れて北と西側にも土坑群や配石列が広がる。これらは20～30基でまとまり、4～5群に分かれる。遺物は貧弱だが平面形や人為堆積の埋土から墓坑と考えられる。このような墓域を主とした遺構群のなかで竪穴は1基に限られ、通常とは異なる炉や中央部の土坑の存在から、葬送儀礼に関した施設の可能性がある。

山田町沢田Ⅰ遺跡など大木2a式前後から確立、展開し始めるいわゆる「ロングハウス」タイプの大型住居は、その後中期中葉にいたるまで、多寡はあるが拠点的集落での基本的な住居形態となる。北上市蟹沢館、遠野市綾織新田、奥州市大清水上遺跡など前期中葉から後葉にかけて、このような住居が放射状・環状に並ぶ集落が出現する。中央部の広場に遺構はほとんどなく、そこで

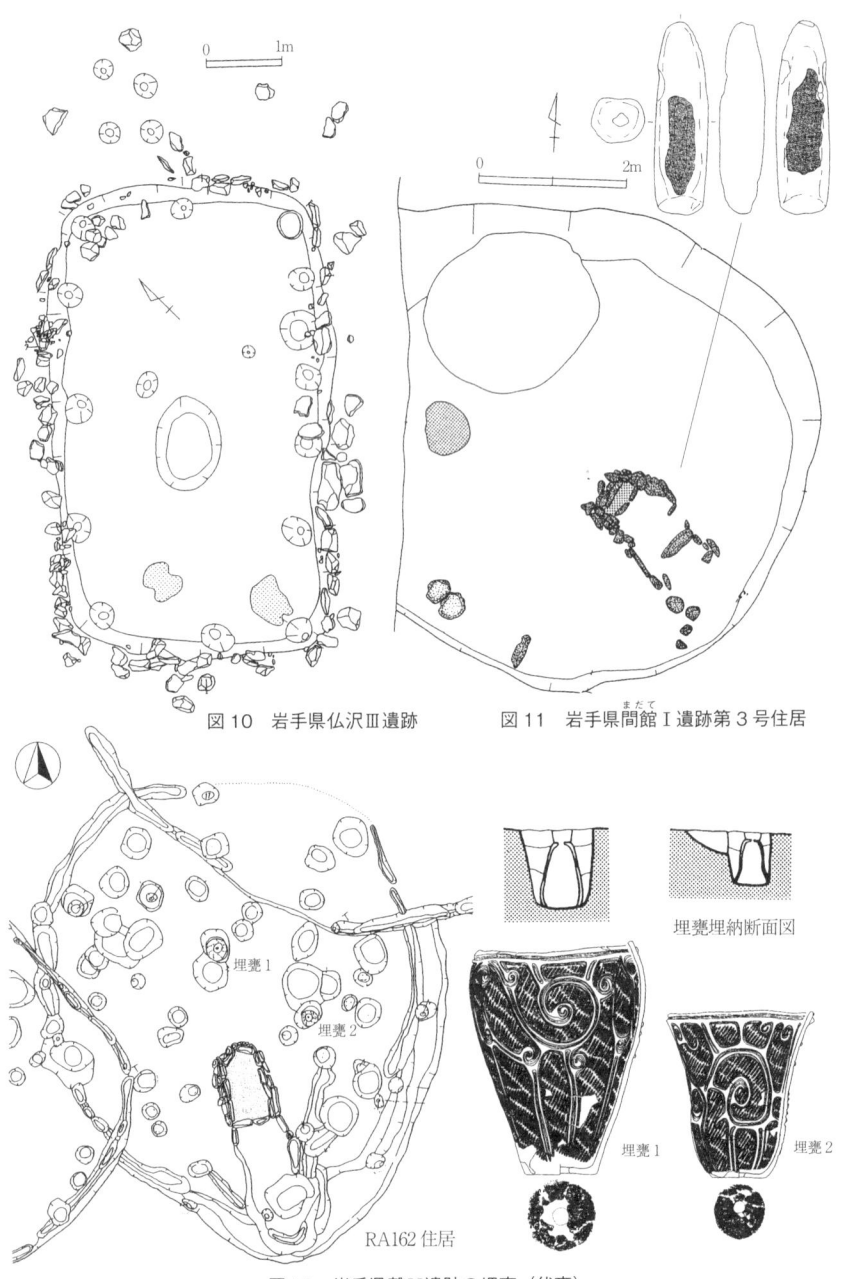

図10　岩手県仏沢Ⅲ遺跡　　図11　岩手県間館Ⅰ遺跡第3号住居

図12　岩手県繋Ⅴ遺跡の埋甕（伏甕）

の祭祀活動を確認することはできない。また、大規模な捨て場、墓域等も形成されていない。ただし、綾織新田では2軒の住居で柱穴の底面から磨製石斧が出土しており、住居廃絶にあたり石斧を埋納する行為が行われている。前期後葉以降には大型石棒が住居床面などに置かれた状態で発見される例も見いだせる（図11）。前期のそれは角柱状節理の自然礫に僅かに研磨や剥離を施したものが多く、中期になると頭部を作りだすものが増加する。これらには、加熱、破損した例が少なくない。住居以外にも墓坑と思われる土坑から複数出土した遺跡もあり、葬送儀礼ともかかわる可能性がある。

　屋内での祭祀に関連するものに埋甕（伏甕）がある（阿部 2008）。岩手県内では、中期中葉の大木8b式期にピークがあり、盛岡市周辺を中心に沿岸部にも分布がたどれる。住居のほぼ中央、石囲炉の中軸線状に土器の最大径に合わせるように土坑を穿ち、底部穿孔した深鉢を倒立させ埋め込む。床面と底部穿孔部とを貫通孔で結び、貫通孔上に礫や板で蓋をする例や底部穿孔部を床面に露出させる場合もある。盛岡市大館町・繋Ⅴ・柿ノ木平・上米内遺跡など拠点的集落では、高頻度で設置される（図12）。埋甕（伏甕）は、主に幼児埋葬甕棺説、胎盤収納容器説の二説あるが、人骨発見例がなく後者が有力視されている。住居内で日常的に認知できる場所や状況から、それを意識した行為が展開したことが想定できる。

　北上川中流域右岸の独立丘陵上に位置する紫波町西田遺跡は、大木8a式期に形成され、中央に東西二列の土壙墓群が、その周囲に長軸を中央に向けた墓坑群が円環をなし、これを囲んで掘立柱建物群、そしてその外側にやや間隔をあけ住居群・貯蔵穴群が配置される環状集落である。これほど明瞭な同心円状の配置を示す例は県内では見当たらない。このうち掘立柱建物は、葬送儀礼に関わる殯屋的施設と想定されている（佐々木 1994）。

　中央の墓域を囲む掘立柱建物群は、大木8b式期の一戸町御所野遺跡でも確認されている。中央部に大規模に削平し平坦な場所を造りだし、配石を伴う土壙墓群が設けられる。掘立柱建物は、これを取り囲むよう配置されるほか、南側に隣接する盛土遺構でも発見されている。この盛土は、墓域造成の残土を積み上げたもので配石遺構を見渡すように東西80～90m、南北30mの弧状に広がる。大量の土器・土製品・焼けた獣骨の出土や焼土塊の投げ込みなどから、

墓域で展開された葬送祭祀に関連した場と想定されている。

　また、宮古市崎山貝塚では大木 8b 式期、東西にのびた台地の平坦面中央部に土壙墓がならぶ広場があり、その周囲に浅い環状の溝を掘り込み外側の住居群・貯蔵穴群と区画している。広場の一端に大型の立石があり、ここが特別な場であったことを窺わせる。掘立柱建物は住居群中に設けられ、広場の墓坑と直接的な関係はつかめない。

(3)　後期〜晩期の信仰・祭祀施設

　花巻市安俵6区遺跡は、北上高地を西流する猿ヶ石川右岸の沖積面に位置する。かつてこの周囲は沼地で、そこに浮かんでいた中島状の微高地から後期初頭門前式期の環状に礫を配した遺構が8基検出された。外径は4〜6m、3基には石囲炉状の石組が、突出部をもつものもある。一見、住居に似るが、柱穴は検出されず石組内部にも焼土はなく石も焼けていない。なかには石組下底に土器を敷き詰めた例もあった。周辺には集石や屋外炉があり、沼地へ向かう緩斜面には護岸状の石列も造られる。環状配石・集石に土坑は伴わず、墓の可能性は低い。ミニチュア土器や土偶の出土、石器類では石鏃が卓越するなど、この時期の遺物構成とは差異が見られる。

　住居周壁に石を置き並べる例は、大船渡市宮野貝塚や花巻市大瀬川田屋遺跡などにもあり、集堤礫をもつ住居との関連も考えられる。また北上市横欠遺跡では、住居壁縁に沿う礫群が検出されている。床面からは浮いており住居埋没過程での形成と見なせるが、住居廃絶に関わる行為の可能性もあろう。

　安俵6区遺跡から東南方向へ約280m、同様な沼地の中島上に花巻市清水屋敷Ⅱ遺跡がある。安俵6区よりやや新しい時期の環状列石が発見されている（図13）。径は7.3×6.7m、二重の外帯と内部中央に1基、その北西に外帯に接して1基、都合2基の組石が造られる。外帯外縁は石の長軸を揃えて巡らし、内縁は元来起立していた長めの石が置かれる。内部の2基の配石は、石の配置が異なり、特に中央組石は中心に円形の石を置き、一部放射状の配置も見られる。周囲にも列石や集石のほか埋設土器や剥片貯蔵がある。環状列石を含め、これらに土坑は伴わず、調査区内で住居は発見されていない。

　下部土坑のない配石遺構は、古く二戸市堀野遺跡でも指摘されていたが、北上市樺山遺跡、花巻市立石、盛岡市川目Aなど複数の遺跡で土坑のあるもの

と混在する。また、二戸市下村B遺跡など、土坑の位置とずれて石を置く例から埋葬と配石設置に時間差のあったこともわかる。

　陸前高田市門前貝塚では、標高20～25mの居住域にあたる丘陵から南に下った斜面で特異な配石遺構が発見されている。斜面上方には、おそらく生活域の南限を示す貯蔵穴が群在し、人骨の出土から墓域空間の可能性もある。そ

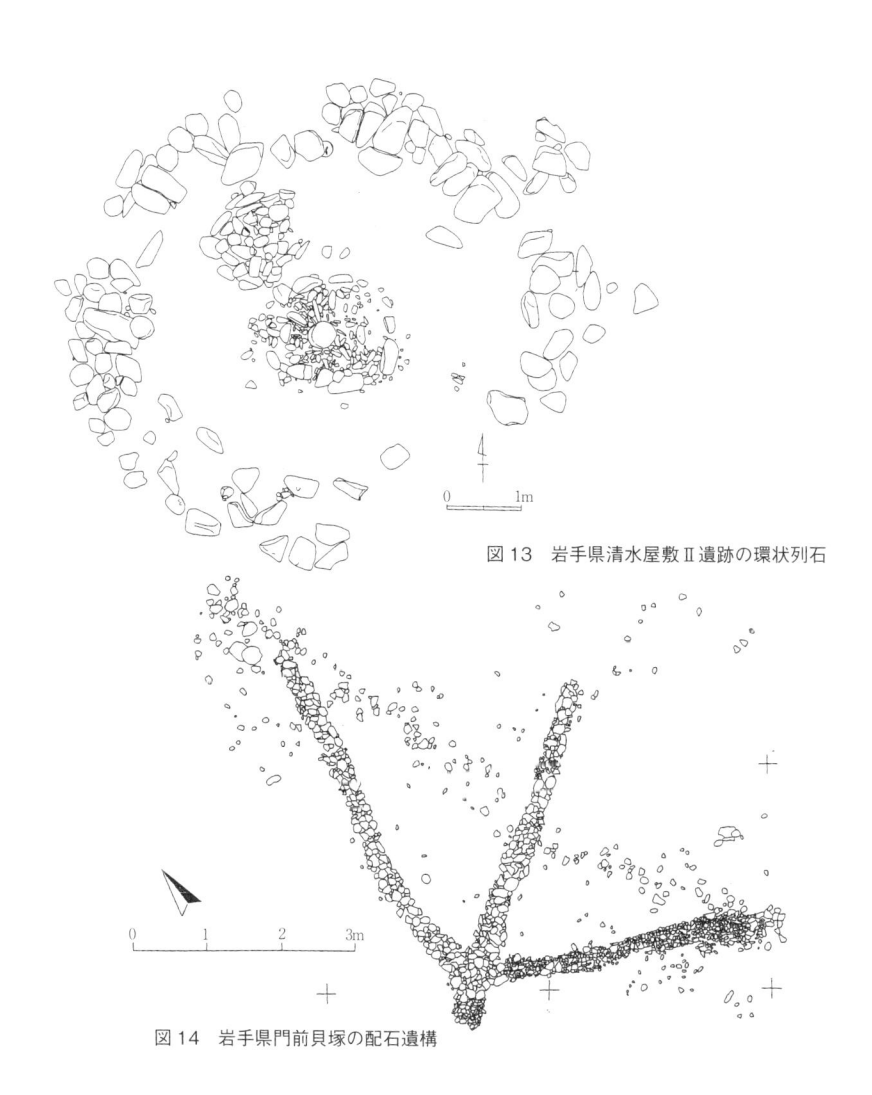

図13　岩手県清水屋敷Ⅱ遺跡の環状列石

図14　岩手県門前貝塚の配石遺構

の下方に柱穴状の小ピットが広がるが、建物群にはならない。この下に、人為的に持ち込まれた円礫が幅10m、長さ30mにわたり帯状に広がる。この中には、径1mを超す大型礫も置かれ、崩落防止の根石も確認されている。周囲からは、石鏃が約2,800点出土した。さらに下方、旧汀線近くで発見されたのが三角形と直線とが組み合った「弓矢状配石遺構」である（図14）。弓にあたる三角形の東半分には背後の丘陵から持ち込まれた角礫、西半分は海岸で採集したと思われる円礫、そして矢柄に相当する直線部には両者が混在し、先端には角礫が置かれる。これらは幅約60cmの溝中に配置されていた。また、弦にあたる部分には、まばらだが円礫が散布している。この中には、石皿や大型石棒片、敲石も含まれるが、焼土や土坑は検出されていない。

　中期中葉からの掘立柱建物も、墓域との関係は希薄となり、系譜はともかく、円形配列の建物が出現する。一関市清水遺跡は、北上川左岸の丘陵上に位置する後期初頭を中心とした遺跡で、北側斜面から外径約13m、二重の環状柱穴列からなる掘立柱建物が検出されている。柱穴は径・深さとも1m前後で、丸太材を半割し、半割面を外側に向け据えられる。西側、斜面下方に溝状の掘りこみがあり出入口となろう。周辺の遺構とは重複せず、建て替えが繰り返し行われ、炉がないことなど、通常の住居とは思われない。同様な例は、北上市丸子館遺跡にもみられる。さらに清水遺跡の北側斜面下方には旧沢跡の凹地に形成された大規模な捨て場があり、複数の焼土ブロックが検出された。最大のものは長さ12m、幅2m、厚さ30cmに達する。ここから出土した土器は二次的被熱で赤変し、また接合個体も複数あるなど、焼土は現地で生成したと推定でき、火に関わる祭祀が行われた場と考えられる。

　花巻市稲荷神社遺跡では方形に石を巡らし、内部に敷石と炉を持つ平地住居が11軒検出されている。後期中葉を主とするが、この時期、稗貫川を挟み指呼の位置に土偶など土製品等を多数出土した配石遺構群からなる立石遺跡がある。両遺跡とも石を多用した遺構が集中するが、立石遺跡では住居は稀で祭祀的色彩が濃く、稲荷神社遺跡と補完的な関係にあったのだろう。

　立石遺跡では、古く鼻・耳を象った土製品が採集されていた。同様な土製品は、県内では盛岡市萪内・同上米内・北上市八天の3遺跡で出土しているが、いずれも焼人骨を伴っており、再葬・集骨葬を含めた儀礼と関わる可能性があ

る。また、萪内遺跡の著名な大型の土偶頭部は、鼻・耳・口の表現がこの土製品に似るが、本来は全身像で、墓坑群の上に散乱するような状態で出土した。これも土偶祭式の一端を示す例かもしれない。

　八天遺跡では、4〜5本の主柱穴と壁柱穴を巡らす円形建物も検出されている。出入口を共有し、外径は当初17×13.5mと大型で、次第に狭まりながら都合10回の建て替えが行われる。かつては平地式と想定していたが、竪穴式との指摘もあり、奥州市久田(きゅうでん)遺跡でも類似の建物が検出されている。久田遺跡例は、建て替えはなされず他の住居と重複するなど占地にも特異な点は見いだせないものの、柱穴は1.5m以上の深さがあり、そこから推定される上屋の高さは、他の住居を圧倒したと思われる。

　後期中葉以降も、住居廃絶にかかる祭祀がみられる。野田村根井貝塚では住居廃棄直後に、単孔土器・小型注口土器・吊下孔付細口壺など7点が床面に遺棄されていたが、単孔土器と無文の小型鉢にはヘビの椎骨が、それ以外には赤色粘土が納められていた。

　また、八幡平市崩石(くずれいし)遺跡では、約6000年前の岩手山噴火による平笠岩屑なだれで堆積した巨岩塊の奥深い隙間から後期中葉の鉢・壺・単孔土器などが出土した。これらは破片であったが接合し、打割して埋納したものと思われる。同市長者屋敷遺跡でも丘陵崖線斜面の巨岩塊群から完形土器や磨製石斧、石皿と磨石がセットで出土するなど、おそらく巨岩塊あるいは当時噴煙をあげる岩手山に対する祭祀行動が想定できる。

　岩手山を意識した遺跡としては、晩期前葉の八幡平市釜石遺跡の環状列石が知られている。径12mの環状列石の北隅に角礫を平置きした2m四方の突出部があり、中央には円礫による径1.8mの焼土を伴う円形石組がある。柱穴の有無は不詳で建物の可能性も否定できないが、突出部と円形石組を通るラインはほぼ南北となり、南方に聳える岩手山の山頂部に重なる。この環状列石の周囲には、径3mほどの10基ほどの小環状列石が衛星状に配置され、大型の石を列状に立て並べた配石も見られたという。

　晩期になると住居群や墓地などのほか、大規模な捨て場を持つ遺跡と、単独に近い住居などからなる遺跡に明瞭に区分できるようになる。信仰・祭祀に関わる「第二の道具」は前者に多く、当然このような活動の本拠が大規模捨て場

を有する拠点的な集落で展開されていたと思われる。しかし、配石遺構の減少など、祭祀に関係するような遺構は少なくなる。例えば土偶は捨て場からの出土が圧倒的で、墓坑などに伴う例はほとんど見当たらない。かつて二戸市雨滝遺跡で遮光器土偶の上半身が小礫で囲まれた浅い小土坑から出土したというが、包含層中の出土とみるべきであろう。石刀類（小型石棒・石刀・石剣）も北上市本内Ⅱ遺跡での墓坑出土などを除けば、確実に遺構に伴う例は寡聞である。ただし、八幡平市の標高700mを超す大沼付近で採集された石刀など、後・晩期の石刀類は、大型石棒とは異なる扱いがなされた可能性がある。石刀類は完形で出土することは稀で、集落内での破砕・加熱行為が行われている。一関市南小梨蛇王遺跡は、近隣に産出する粘板岩系石材による石刀類生産に関係した遺跡だが、長さ21cmほどの石棒を真砂土で固定し起立させ、周囲に炭化物を混えた焼土と大小の礫が広がっていたという。

　古くから発掘が行われてきた沿岸部の貝塚は調査面積が狭いためか、動物供献儀礼などを示す例は少ない。宮古市近内中村遺跡では墓域に近接して配石遺構があり、それに重なるようにシカ、イノシシの頭骨や下顎骨などの集中ブロックがあった。出土骨の一部には焼痕があり、祭祀儀礼が繰り返し行われていたと思われる。　　　　　　　　　　　　　　　　　　　（熊谷常正）

第3節　秋田県

(1)　草創期～早期の信仰・祭祀施設

　草創期から早期の資料は少ないが、草創期では、横手市岩瀬遺跡の両面調整石器の集積遺構がある（秋田県1996）。また、早期中葉の大館市坂下Ⅱ遺跡で、住居中央の浅い掘込に石皿の使用面を下にして置かれた事例について住居廃絶の儀礼の可能性が指摘されている（秋田県2009a）。

(2)　前期～中期の信仰・祭祀施設

　前期では、大仙市上ノ山Ⅱ遺跡がある。大木5式期を中心とする大型住居の環状集落であるが、17軒の大型住居群が長径約50m、短径約25mの広場を中心に巡り、広場の中央に、経1.5mで不整形な配石遺構がある。人頭大の石を中心に約30個の石が用いられており、下部施設は無い（秋田県1988a）。

　前期の東成瀬村上掵遺跡は大木3～6式期の集落であるが、重要文化財に指

定された4点の大型磨製石斧が出土している。刃先がいずれもそろって西を向いていたこと、石斧同士の間隔がほぼ等しくおかれていたことに着目し、これらが黒褐色土中に埋納されたものとしている（庄内1999）。また、円筒下層a・b式期の集落である大館市上ノ山I遺跡（秋田県1988c）では、台地の先端部で2点の鉾形石器が基部を合わせるように出土しており、儀器埋納と評価されている（大野1991）。これら前期北東北の大型の石製品について、集団による祭祀のための共同儀器ではないかという指摘がある（小林1997）。

　中期前半の屋内祭祀では、北秋田市桐内沢遺跡で、円筒上層c式期の住居貼床面東側壁よりに立石が検出されている（秋田県2002）。

　また、秋田県北半の住居には特殊ピットがあるものがある。長楕円形の住居の長径壁際に設けられ、径50〜130cm、深さ45〜100cm、断面形はロート状で、ピットの縁に幅20〜30cmの粘土の土手を馬蹄形にめぐらせたものと粘土の盛り土を持たないものがある。用途の特定はできていないが、祭祀施設説、大黒柱説、有機物処理施設説などがある。能代市館下I遺跡（秋田県1979）や三種町和田III遺跡（秋田県2003b）、萱刈沢遺跡（八竜町1979）など円筒上層式期のものが多いが、円筒下層d2式の例が小坂町はりま館遺跡（秋田県1990b）にある。また、秋田市坂ノ上F遺跡（秋田市1985）や下堤A遺跡（秋田市1988）には大木7a・7b式期のものがある。

　住居の建て替えについて、冨樫泰時は男鹿市大畑台遺跡の16〜18号住居の変遷に着目し、改築にあたり炉と壁よりのピットを破壊しないという条件があったのではないかと指摘している。また、この住居の建て替えについては円筒土器様式の土器を使用していた人たちが大木土器様式の土器を使用するようになったとしている点（冨樫2007）も注目される。

　中期後半の住居では、東北地方南部と同様に複式炉が一般的で、110遺跡以上での調査事例がある。ただし、県北と県南の地域差が顕著で、県北では土器埋設部を欠落するものが多い（新海2005）。壁よりの堀込部にピットがある点に着目し、その部分を祭壇施設とする説や、複数の燃焼施設がある点から灰を確保するためのものとする説などがあり、今後も各部の使用痕跡に注意が必要である。

　北秋田市の小又川左岸にある深渡遺跡では、大木10式期の住居が注目され

る。住居廃絶後に上屋が解体され、竪穴の壁に石が立て置かれる。その際に石の上端が水平にそろえられ、その後、竪穴を埋め戻して環状の配石としている（秋田県 2006）。この過程について、住居廃絶に伴う儀礼が想定されているほか、小又川流域で 300m ほど上流の深渡 A 遺跡（秋田県 2006）の 1 基が類例、約 6km 下流の姫ヶ岱 C 遺跡（森吉町 1999）の 1 基に類例の可能性が指摘されている。

　鹿角市天戸森遺跡は、住居 140 軒が調査された中葉から末葉の集落であるが、住居群から離れた台地先端の緩斜面部、住居群北縁の微高地、住居群南部の平坦面の 3 ヵ所に偏在して、中期後葉から末葉の配石遺構 21 基が調査されている。石は拳大から人頭大で、扁平、横長、棒状のものを用い、石の配置は一定の範囲に雑然と集石されたもの、集積の中央部がなく環状となるもの、石列を円形もしくは楕円形に巡させるもの、直線的に並べるものなどがある。21 基の内 12 基は配石墓と考えられるが、それらが住居群から離れた台地先端部に多いのに対し、住居群北縁のものは土坑を伴わないものが多く祭祀区域と想定されている（鹿角市 1984）。

　秋田市坂ノ上 B 遺跡には、立石を伴う掘立柱建物がある（秋田市 1976）。石棒が地表下約 22cm に立った状態で検出され、その周囲の 4 基のピットの関連性も指摘されていたが、再検討により、二至二分の日の出・日の入に関係するものとされている（冨樫 2004）。由利本荘市オノ神遺跡の大木 8b 式期の集落でも遺物包含層中に石棒が検出されている（秋田県 1980）。掘り方は確認されていないが、ピットに立てたものと考えられる。調査範囲が狭く明瞭ではないが、集落中央にあった可能性がある。ほかに、横手市江原嶋 1 遺跡には、大木 10 式期の遺構で、径 1m ほどに円礫が集中するものがあり、石棒が含まれている（秋田県 2001）。

　このほか、秋田市坂ノ上 A 遺跡で中期末葉から後期初頭（秋田市 1976）、仙北市黒倉 B 遺跡で大木 7a 式期から大木 7b 式期を中心に中期全般（田沢湖町 1985）、同市高野遺跡で中期後葉（秋田県 2004）、湯沢市欠上り遺跡で大木 7a 式期から大木 8b 式期（稲川町 1990）の遺物包含層中に配石遺構がある。高野遺跡では、長さ 2m、幅 60cm の長方形に集められた石の上面が平らに整えられており、周囲からは青竜刀形石器や石冠状石製品などが出土している。

秋田県には、大きな自然石に魚形を線刻した魚形文刻石（通称「サケ石」）がある。沿岸南部、子吉川の上流の由利本荘市矢島の前杉遺跡など5ヵ所、内陸南部雄物川支流の役内川の沢筋にあたる湯沢市秋ノ宮で1ヵ所、県北部阿仁川支流の根子川の右岸、北秋田市阿仁の根子館跡で1ヵ所確認されている。発見状況が明らかでなく、線刻の時期特定は難しいが、小林克は、矢島の前杉で、昭和28年に行われたサケ石周囲の発掘調査で、縄文中期の遺構が検出されている点を評価しており（小林2009）、ここに取り上げて今後の類例をまちたい。

(3)　後期～晩期の信仰・祭祀施設

　後期初頭の環状集落である北秋田市日廻岱B遺跡では、住居群外縁南西側に4基、北東側に1基の小規模な下部施設の無い配石がある。このほか、住居群から南東約50mの地点に離れて、配石墓が10基調査されている（秋田県2005）。

　北秋田市伊勢堂岱遺跡は、台地先端部に4基の大規模な環状列石（A～D）が確認されている（図15）ほか、別地点に日時計状の組石、集石遺構などがある。環状列石Aは径30mの円環で、真北に張り出しがあるほか、東側にも円弧に配石された部分がある。石の組み方が青森市小牧野遺跡の環状列石と同じ部分があり注目された。配石下に不整形な土坑群があるが、配石との対応は明瞭ではない。外側に近接して3地点に掘立柱建物がある。環状列石Bの配石は、長さ15mほどの弧状である。A同様に配石下の土坑群および配石に接する位置の6地点に掘立柱建物が確認されている。環状列石Cは、最も規模が大きく径45mで、3重の円環で構成される。構築にあたり内側を掘削整地している。配石下の土坑の有無は未確認であるが、配石中に土器埋設遺構が含まれている。環状列石の外側に接して掘立柱建物群の一部が調査されている。環状列石Dはハンドボーリング探査で把握されたもので、径36m、二重の円環で構成されるはか、配石帯の間に小型の配石遺構がある。これらの環状列石の位置は、AとBはほぼ東西に並び、CはA寄りの南側にある。A～Cは、いずれも掘立建物群の配置まで含めた円環を考えるとそれぞれ接する。DはCの南東約20mほどとやや離れている（北秋田市2011）。

　鹿角市高屋館跡は、大湯環状列石の南西5kmにある。十腰内Ⅰ式期の配石遺構8基が弧状に並んで調査されているが、全体としては径30mの環状で

図15　秋田県伊勢堂岱遺跡

あった可能性がある。また、環の中心付近にも1基の配石がある。配石は、およそ1.5～8mに直線状、弧状、円形に配置される。下部に土坑等が検出されているものもあるが、配石との対応は明瞭ではない。このほか、径20cm前後、長さ20～60cmほどの棒状の石を柱穴様ピットに立てた立石遺構が6基あ

る。配石帯に接して、外側に掘立建物26棟が巡っている(秋田県1990a)。

鹿角市大湯環状列石は、径1〜2mほどの組石を径48mに配置した万座環状列石と径42mに配置した野中堂環状列石を中心に、環状、方形、列状など大小多数の配石遺構がある(鹿角市2005・2010)。約90mの間隔で並ぶ万座、野中堂の環状列石は二重の環状に組石が配置されているほか、環の中の特別な位置に日時計状の組石がある。2つの環状列石の中心と日時計状の組石を結ぶ線の延長上に夏至の日没があたることが注目されている(図16)(冨樫1995)。環状列石の外側に、列石を囲むように掘立柱建物群がある。万座環状列石の北側約80mにも、掘立柱建物群が環状に検出されているが、その内側には後期中葉に、長径28m、短径20mで張り出しを持つ環状配石遺構が構築されている。

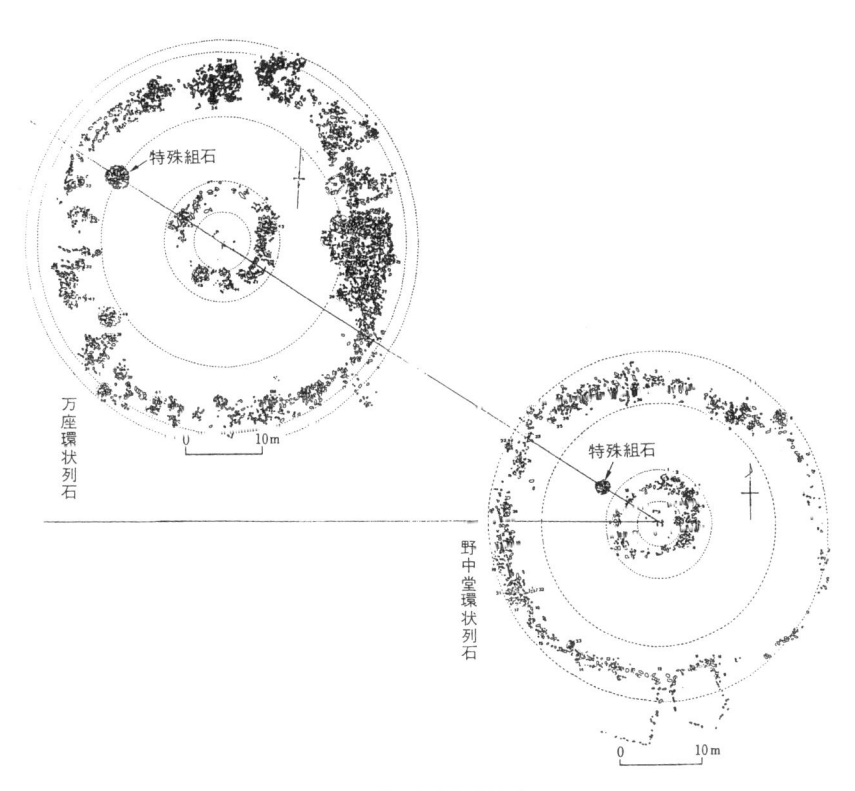

図16　秋田県大湯環状列石

このほか、野中堂環状列石の北東約 250m の一本木後口地区では、約 60m の列状に並ぶ組石墓群と長さ 33m の弧状の配石列がある。
　北秋田市漆下遺跡は、阿仁川支流の小又川流域で日廻岱 B 遺跡に後続する後期中葉から後葉の拠点集落である。掘立柱建物群が径約 70m の半環状に巡り、周辺斜面の 4 ヵ所に捨て場がある。地点を別にして配石墓群があるが、土坑を伴わない配石があるほか、弧状の立石列を組み合わせ X 字状に組まれた配石がある（秋田県 2011）。
　小坂町中小坂遺跡は、急斜面裾の狭小な平坦面にある後期中葉の集落だが、扁平な礫を一辺 2.5m 程度の三角形に敷き並べた配石遺構がある。調査範囲が狭く明瞭ではないが、墓域に伴うものとは異なる祭壇的な印象がある（秋田県 1988b）。
　仙北市潟前遺跡は田沢湖畔にある遺跡で、後期初頭以降の列状あるいは弧状の配石遺構 18 基が確認されている（秋田県 2000）。遺構の全体を把握できていないものが多いが、住居壁溝に沿う配置になることが確認されているものがある。石を伴う住居として検討すべき可能性もあるが、一応取り上げておく。
　湯沢市長蓮寺遺跡には、後期後半の環状配石がある。幅 8m の調査区の中に、長さ 40m ほど続く配石群の中央部に確認された。径 5m ほどで、弧の接線方向に 40～50cm ほどの平石を 2～3 個並べた部分があるほか、周辺よりは一回り大きい石が環状に配置されている。下部には多数の土坑があるが、1 基は楕円形の土坑内に 1 個の立石と 4 個の平石を立て並べ、底にも平石を敷いて石棺状としている。周囲の配石には、特徴的な組み方は見られず、円形に組まれたもの、平石を並べたもの、立石などがある（横手市 2007）。
　県南では、このほか、横手市八木遺跡（秋田県 1989）、湯沢市長戸呂遺跡（秋田県 2005b）、羽後町上谷地中遺跡（秋田県 1985）、由利本荘市智者鶴遺跡（秋田県 2010）、にかほ市ヲフキ遺跡（秋田県 2003c）などに後期の配石遺構がある。
　晩期の配石遺構では、北秋田市向様田遺跡群（秋田県 2009b）がある。漆下遺跡の対岸で後期末葉から晩期中葉にかけて遺跡群である。高い段丘では、東側に円形や楕円形の配石遺構 14 基があるが、分布は比較的散漫である。西側には、径 1.4m の円形配石を中心に石が動かされた区画があり、その外側に径 13m、幅約 2m、高さ 40cm の環状に石が積み上げられた環状配石遺構がある。

この遺構は部分的に三重で、北側には長さ約20m、幅約6m、高さ約60cmに石が積まれる。ほかに石囲炉に類似した小規模な円形の配石遺構が複数あるが、いずれも火を焚いた痕跡や下部施設は無い。環状配石遺構の約60m西には、長径3.9m、短径1.9mの不整形に扁平な石を敷き詰めた石敷き遺構がある。低い段丘では、径約4mの円形に平たい石が置かれた配石がある。

横手市虫内Ⅰ遺跡は晩期前葉を中心とする墓域である。経0.4～2m程の範囲に円形あるいは集積させる形の配石遺構14基があるが、配置などの特徴は把握できない。墓域の中に柱間1m弱の6本柱の掘立柱建物が2棟検出されているが、小規模な点で、儀礼関連施設を想定できないものか。また墓域の北側に接する、径約13mの周溝を伴う建物は祭祀域の可能性がある（秋田県1998）。

横手市平鹿遺跡は晩期中葉～後葉の墓域であるが、長辺約2.1m、短辺約0.8mの台形状の配石がある。外縁に扁平な石を突き刺しており、全体的に形が整えられている。配石の中軸線の延長上1.1m離れて、中軸線を同じくする方形の石囲炉状の石組があり一連のものととらえられている（秋田県1983）。

このほか、葬墓制に関連するものだが、能代市杉沢台遺跡の晩期前葉の土坑に土偶が埋納された事例（能代市2006）がある。（小林ほか2008）。また、晩期前葉の28基の配石遺構が検出された湯沢市堀ノ内遺跡では、170点出土した石棒、石剣、石刀類の接合状況に着目し、葬送儀礼もしくは追善供養が想定されている（秋田県2008）。

(武藤祐浩)

第3章　東北地方北部の信仰・祭祀施設の特徴とまとめ

第1節　屋内信仰・祭祀施設

本地域では、住居内に祭壇など祭祀行為を直接示す施設が設けられる例は寡聞である。大型石棒も前期後葉以後に住居内から出土するが、床面に倒置された状態などが多い。また、前期末から中期前葉にかけて住居内に特殊なピットを設ける例や大木8b式期を中心にした埋甕（伏甕）などがある。しかし、いずれも分布は地域的なものにとどまる。中期末～後期初頭には敷石住居も散見できるが、むしろ住居壁面に石を配列した例が注目できる。秋田県北秋田市深

渡遺跡のように環状列石との関連も窺え、おそらく 1919 年に長谷部言人が環状列石として報告した岩手県大船渡市細浦上ノ山貝塚例も、規模・形状からこれに関連したものであろう。しかし、いずれも住居群中に造られ、集落内の特定の場所に占地するわけではない。

　屋内祭祀と直接の関連は薄いが、住居廃棄に伴う行為は、長期にわたって展開されている。中期中葉の岩手県一戸町馬場平遺跡では、土器の廃棄にあたって円筒系と大木式系では投棄方向の差異が確認できた。また、御所野遺跡西側地区では隣接する中期後半の住居群がまとまって焼失していた。事故とも考えられるが、住居は土屋根であり、類焼の結果だけとは断定できず、その後の建て替えもなされない。廃絶にあたって住居を焼却する行為も考えられよう。

第 2 節　屋外信仰・祭祀施設

　遺跡規模や住居の増加などが急速に生じた中期後半の動きは、後期前葉を境に大きく変容する。まず大型住居が、そして複式炉や群在する貯蔵穴群が廃れ、遺跡も拡散、小規模化する。このようななかで、配石遺構や墓域と異なる場所での掘立柱建物など屋外祭祀に関連する場が顕著になる。

　大湯や伊勢堂岱そして小牧野など大型環状列石が形成された遺跡では、同時期の住居が極めて稀で、通常の集落とは異なった性格をもつ。北上川や雄物川流域では、大湯のような内帯・外帯、周囲の掘立柱建物などの構成をとる大型環状列石の確実な例は現在のところ確認されていない。

　さて、配石遺構を有する遺跡からは、しばしば大量の土偶や特異な土製品・石製品が出土する。下部土坑の有無を問わず共同墓地的な場であると共に、これらにより祭祀・儀礼が展開された場所との指摘がある（中村 1986）。であるなら、配石遺構中から出土した土偶などは、その祭式の場に遺棄されたことになろう。しかし、晩期も含めて埋納などの措置がなされることは極めて稀である。出土部位も捨て場のそれと差異を見出すことは難しく、具体的な祭式方法を窺うことはできない。また、岩手県の立石遺跡や門前貝塚など石鏃を多出する遺跡がある。安俵 6 区遺跡でも、6 点の石鏃が先端を中心に向け放射状に埋設されていた。土偶など「第二の道具」のみならず、石鏃をめぐる儀礼も窺わせる。

後期初頭には、岩手県一関市清水遺跡の円形掘立柱建物など通常の住居とは異なる施設も出現してくる。石川県真脇遺跡などの巨大木柱列に類似するような特異な建物だが、その関係を直接たどることは難しい。

　集落に伴う捨て場は、霊送りの場との説がある。前期末〜中期初頭期の遺跡には膨大な円筒土器などを出土する遺跡があり、このような捨て場は消長を繰り返しながら晩期集落にまで受け継がれる。晩期の盛土遺構や捨て場からも土偶をはじめ信仰・祭祀に関わる多様な遺物が出土し、これらに関する祭儀が集落内で執り行われたことを示し、例えば石刀類などはその扱いが検証できるようになってきている。一方、晩期後葉の岩手県北上市飯島遺跡では、緩傾斜で鍋底状に掘られた土坑2基から土器等が投棄された状態で出土している。土坑の形状や遺物出土状況からは墓とは思えず、小規模遺跡においても祭祀的な活動の展開があった可能性を検討する必要がある。

第3節　まとめ

　信仰・祭祀は、中期末〜後期前葉に大きな画期があった。大まかには、前期から展開してきた大規模集落から、葬送に関わる場が独立してくる動きといえ、大型環状列石の形成はそれを象徴するといえよう。これが共同墓地であるなら、当然複数の集落、集団が関わり、選地に際し特定の場を選択する意識が働いたと思われる。しかも墓を舞台とする以上、基本的には「祖先祭祀」的性格を有した行為であったといえよう。もちろん豊穣祈願なども想定できるが、これらは独立的なものではなく、複合・重畳的な関係にあるのはいうまでもない。醒めた表現だが、祭儀行為の「結果」を示す遺跡から、そのプロセスを導き出すには、やはり詳細な出土状態の把握、遺物の観察に尽きる。本地域も含め縄文後・晩期には物資や人の流通・移動が頻繁であった。祭儀活動が特定集落に限られるか否か、集落領域や遺跡群のなかでの比較分析も行われつつある。

(熊谷常正)

引用・参考文献
秋元信夫 2005『石に込めた縄文人の祈り　大湯環状列石』
阿部勝則 2008「埋甕（東北地方）」『総覧縄文土器』

大野憲司 1991「大館市上ノ山Ⅰ遺跡出土の鉾形石器について」『秋田県埋蔵文化財センター研究紀要』8
児玉大成 2007「青森県の諸遺跡」『季刊考古学』101
小林　克 1997「大規模集落と生活の安定」『ここまでわかった日本の先史時代』
小林　克ほか 2008「能代市杉沢台遺跡の土坑埋納土偶―遺体変形と土偶祭祀―」『秋田県埋蔵文化財センター研究紀要』22
小林　克 2009「「サケ石」を訪ねて」『日本の美術』515
佐々木勝 1994「岩手県における縄文時代の掘立柱建物について」『岩手県立博物館研究報告』12
庄内昭男 1999「東成瀬村上掵遺跡における大型磨製石斧の発見状況」『秋田県立博物館研究報告』21
新海和広 2005「秋田県における複式炉の様相」『日本考古学協会2005年度福島大会シンポジウム資料集』
鈴木克彦 2007「北日本　総論」『季刊考古学』101
髙田和徳 2007「岩手県の諸遺跡」『季刊考古学』101
冨樫泰時 1995「秋田県大湯遺跡」『季刊考古学別冊』6
冨樫泰時 2004「立石を伴う遺構（まつりの場）」『秋田市史第1巻先史・古代通史編』
冨樫泰時 2007「集落遺跡に視る土器文化の変容について」『あきた史記歴史論考集』6
中村良幸 1986「岩手県内の配石遺構」『北奥古代文化』17
武藤祐浩 2007「秋田県の諸遺跡」『季刊考古学』101

IV 東北地方南部の縄文集落の信仰・祭祀

小林圭一

第1章 東北地方南部の信仰・祭祀施設研究の現状

　東北中・南部におけるこれまでの縄文集落の研究は、全面的に発掘調査した遺跡の事例数の少なさもあって、活発とは言いがたい状況にあったが、2001年に縄文時代文化研究会から『列島における縄文時代集落の諸様相』(鈴木編2001) が刊行されたことで、各県の研究の現状が整理され、集落の比較研究が容易になった。しかし管見の限りでは、集落と信仰・祭祀に関する先行研究は非常に少なく、学史的には山形県鶴岡市岡山遺跡における屋内祭祀の指摘が挙げられるに過ぎない。同遺跡では祭壇状の遺構及び立石が中期中葉の住居内に付随したとして関東・中部と関連づけられ、住居毎の石棒祭祀が想定された(山形県1972)。しかし分布域から大きく外れ、その後の類例が認められず、調査年次も古く信憑性に問題を残しており、研究が進展することはなかった。また福島県では、1983～95年に三春ダム建設に伴い大滝根川流域の遺跡群の発掘調査が実施された。その結果、三春町柴原A・西方前遺跡で敷石住居や配石遺構が検出され、信仰・祭祀に対する関心が高まって、1989年に特別展「縄文の石と祈り」(三春町歴史民俗資料館1989) とシンポジウム「東北の配石と集落」(三春町1989) が開催されたことも特記されよう。東北中・南部には、関東や東北北部のような大規模な配石遺構が見られず、精神文化に関する研究は、遺物中心に進められてきたとの印象は拭えない。

第2章 東北地方南部の信仰・祭祀施設の変遷

第1節 草創期～早期の信仰・祭祀施設

　東北中・南部の草創期の遺跡としては、山形県高畠町内の洞窟岩陰群が著名

である。日向洞窟・一の沢岩陰・火箱岩洞窟・大立洞窟・神立洞窟・尼子岩陰・ムジナ岩岩陰の7遺跡で草創期の遺物[1]が出土しているが、いずれも径5kmの円周内に点在しており、一連の遺跡群として捉えることができる。中でも最も標高の低い日向洞窟が規模や遺物の質量において群を抜いており、中心的な遺跡であったと考えられる。日向洞窟の周囲には湖沼（白竜湖）が展開し、石鏃が多量に出土したことから、弓矢による水鳥狩猟が盛んに行われていたことが想定される。また第Ⅰ洞窟から150m離れた日向洞窟遺跡西地区では、局部磨製石斧と打製石斧の一括貯蔵の痕跡（デポ遺構）が特記される。デポ遺構は収蔵施設としての性格や交易的な側面が強いと考えられるが、拠点となる集落は居住域や墓域、製作域を内包しており、仮に供献的なデポと見なすならば、祭祀に関連づけることも可能となろう。

　早期の日本海側の遺跡の規模は一般に小さく、遊動性を持った生活形態であったと考えられ、信仰や祭祀を示す痕跡を指摘することはできない。

第2節　前期～中期の信仰・祭祀施設

(1) 前期の信仰・祭祀施設

　前期初頭～中葉にかけては、一定の地理的範囲の中で拠点となるような規模の大きな遺跡が出現し、定住的な集落が成立したと見られている。該期には土壙墓も検出されているが、集団墓地を形成するような集落内を分割した定型的な集落はまだ明確でなく、信仰・祭祀に関わる施設は判然としない。しかし祭祀等の存在を窺わせる事例は現出している。そして前期末葉大木6式期になると遺跡数が増加し、大規模な定型的集落が成立して、中期環状集落の形成基盤が確立する。

　山形県押出遺跡　高畠町押出遺跡は、米沢盆地北東端の泥炭湿地に位置する大木4式期の単純遺跡である（図1）。

　精神文化を示す儀器として小型石棒2点が出土したが、精巧な作りの木製品も祭祀等に使用された可能性も考えられる。また押出遺跡を特徴付ける彩漆土器も非日常的な器物であり、特別な用途が推定される。図1には彩漆土器の出土地点（グリッド）をプロットしたが、多くは住居並びにその周囲から出土している。報告書から細かな出土状況を跡付けることはできないが、木の葉文浅

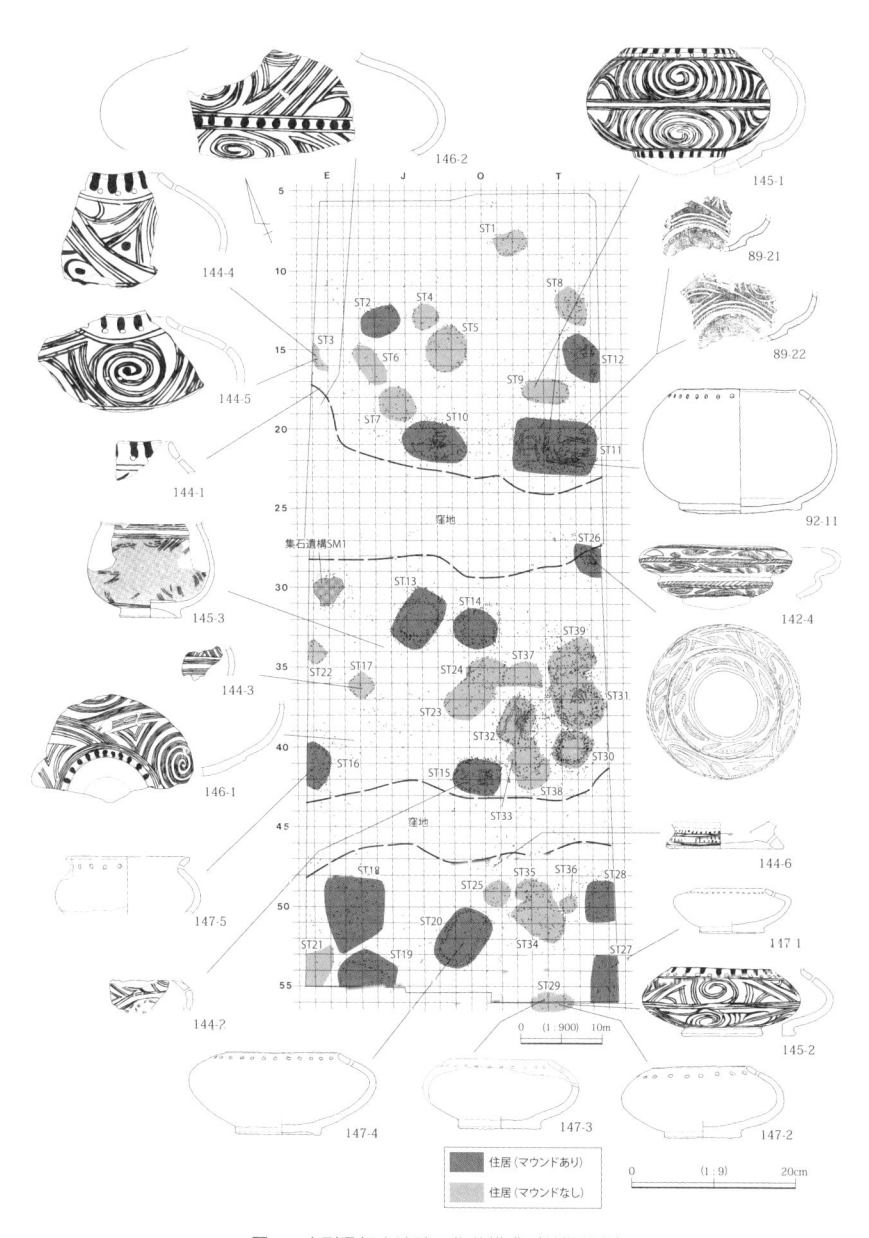

図1　山形県押出遺跡の集落構成（前期後葉）

鉢形土器（諸磯 b 式）が葬送や住居廃絶の儀礼の象徴的器物（小杉 2003）と目されることから、彩漆土器についても同様の用途の可能性が考えられる。また炭化したクリが多量に出土した ST13 では、クッキー状炭化物も多く出土している。中部地方の中期ではパン状炭化物を住居廃絶の際の供献品と見る解釈（中村 2012）もあり、彩漆土器と同様の役割が暗示される。

　なお押出遺跡の住居では、炉が検出されていない。そのことから中央区西端の焼礫の集石遺構（SM1）が共同炊事場として機能したと推定されているが、その周囲からは焼けた骨片や漁具（鹿角製ヤス）が出土しており、祭祀的な性格を含む施設であった可能性も考えられる。同遺跡では信仰・祭祀の関わる明確な遺構は指摘できない。しかし、高度な技術力に裏打ちされた多数の出土品から、祭祀性を帯びた遺跡と評価することが可能なように思われる。

　山形県吹浦遺跡　遊佐町吹浦遺跡は、大木 6 式期を主体とした集落で、住居が 48 軒、土坑が 334 基検出され、台地の縁辺に沿った馬蹄形の配列が認められた（図 2）。住居は不整方形を基調とし、主軸を集落の中心に向け同一地点で頻繁に建て替えられており、13 ヵ所の住居群にまとめられる。土坑群はフラスコ状・袋状土坑が 173 基検出されており、深さ・底径 2m 超の大型の例も多く認められた。台地は緩斜面をなし、中央部は遺構が希薄で、それを取り巻くように住居が配列される。住居と土坑の重複が著しく、遺構群の重帯構造[2]は明確でないが、中央部の浅い楕円形の土坑のまとまりを墓坑群と見なす指摘もあり、玉斧が出土した土坑 4 基は墓坑の可能性が高いと考えられる（相原 2010）。

　近年では、吹浦遺跡が日本海沿岸における北陸集団の北上を示した遺跡で、北陸系の朝日下層式や円筒下層 d 式系の土器が主体で、大木 6 式は傍系であったことが指摘されている（今村 2006a・b）。吹浦遺跡新段階の資料として例示されたのがフラスコ状土坑（SK1078・1079）から出土した土器であるが、ほぼ異系統の土器で占められている。両土坑からは土製玦状耳飾が出土しており、その周囲で死者から耳飾を外す葬送儀礼が行われた可能性が指摘されている（相原 2010）。祭祀に関わる施設は明確でないが、装飾品等の出土からフラスコ状土坑が埋葬施設に転用された可能性が高く、居住域と墓域が密接に関連した集落として指摘しておきたい。

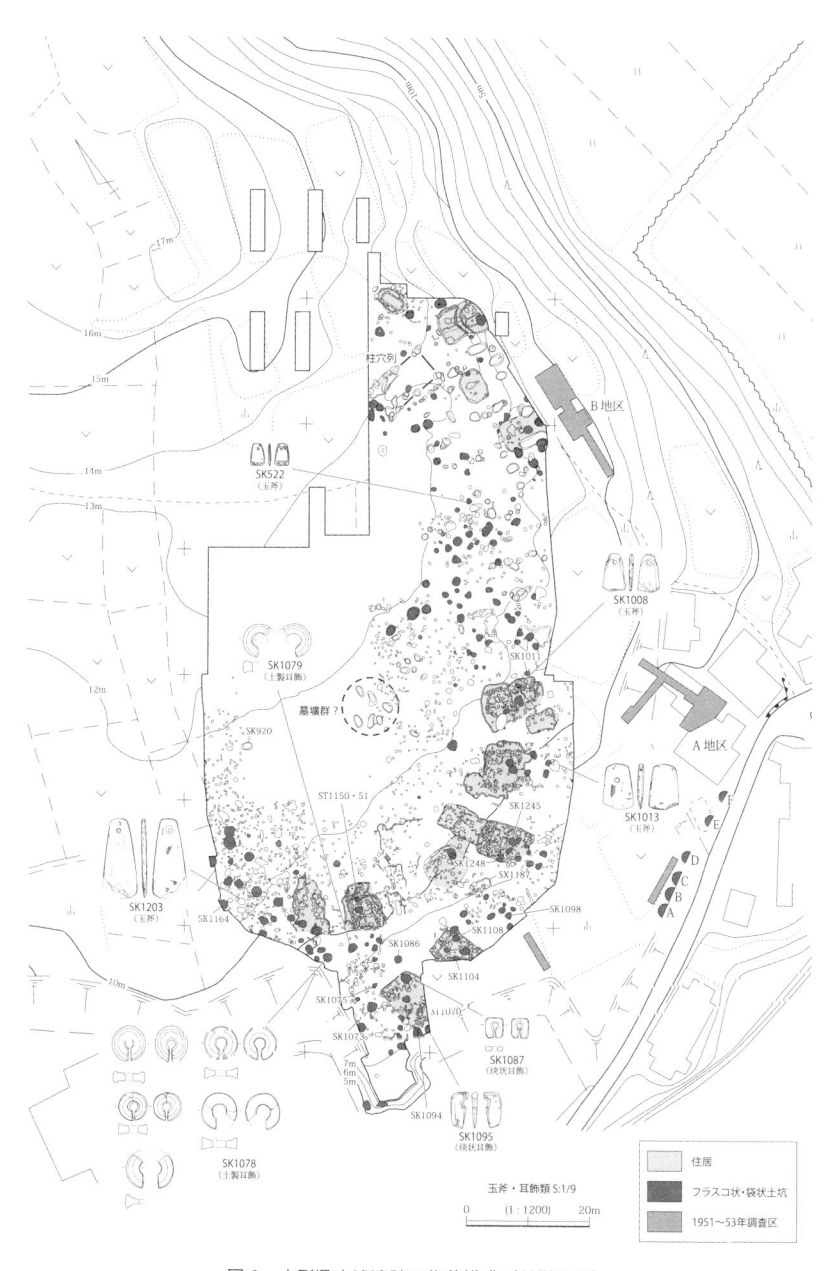

図2 山形県吹浦遺跡の集落構成（前期末葉）

大型住居を主体とした環状集落の系譜　東北中部の大木３〜５式期には、中央の広場を囲むように楕円形あるいは長方形の細長い住居（ロングハウス）を放射状に配置した集落構成が出現する。この構成は中期前葉〜中葉の新潟・山形両県において顕著に確認できることから「羽越パターン」（谷口2001）と仮称されており、その発祥域は岩手県南部を中心とした地域にあったと見られている（小林2012）。この地域の前期の集落には中央に墓域を形成した事例は確認できないが、秋田県大仙市上ノ山Ⅱ遺跡では集落の中央に配石遺構が存しており、それを中心として大型住居が配置されている。

　上ノ山Ⅱ遺跡は雄物川下流部の支流である淀川右岸、南側に延びた舌状台地上に立地しており、調査の結果住居64軒、土坑117基、フラスコ状土坑13基、陥し穴状遺構６基、配石遺構３基、溝状遺構１条のほかに、焼土、小ピット、捨て場が検出された。いずれも大木４〜５式期の所産と考えられ、径約130ｍの範囲内に分布しており、西部・中央部・北東部の３つの遺構群に区分することができる。集落の主体となる中央部遺構群には大型住居群が楕円形の帯状に配列され、その内側の東西25ｍ、南北60ｍの範囲が広場となる。大型住居群は南北の中軸線で二分され、放射状の配置が11軒、円弧状の配置が６軒認められ、時期差による相違と考えられている。また配石遺構（SQ219）が、大型住居群に囲まれた意図的空間の中央に位置している。人頭大の川原石を中心に大小約30個の石で構成され、配石下には掘り込みは認められない。配石は後世の攪乱により一部原形を失っているが、径1.5ｍの規模であったと推定され、凹石が１点含まれていた。遺構の性格は判然としないが、集落は配石遺構を中心にレイアウトされており、集落存続期間を通して集落の中心を占めていたと想定される。

(2)　**中期の信仰・祭祀施設**

　中期になると遺跡数はピークを迎えるが、遺跡数の大幅な増加と立地の拡大、大規模遺跡の形成は大木7b式期以降に顕在化する。日本海沿岸域では前期末葉に北陸からの影響が強まり、中期前葉もその延長線上にあって、北陸の新保・新崎式土器が多く出土している。一方日本海側の内陸部や太平洋側は安定した大木式土器分布圏となっており、大木8a〜8b式期には日本海沿岸域も大木式土器主体の分布圏となる。当該期は山形県村山市西海渕・米沢市台ノ

上遺跡、福島県会津若松市本能原遺跡に象徴されるように、大型住居を放射状に配列した集落構成が特徴となるが、環状の集落構成は大木8b式期でほぼ姿を消し、続く大木9〜10式期は円形を基調とした住居の小型化と規格化が進行し、複式炉が盛行する。山形・宮城・福島県は「上原型複式炉」[3]の主体的分布圏であるが、特に宮城県南部〜福島県では大木10式期に、複式炉の周辺とその前面に平坦な石が敷かれた住居が認められる。後期に盛行する敷石住居の先駆となるものであろう。

　山形県西海渕遺跡　西海渕遺跡は、遺構の希薄な中心エリアから外周に向かって、墓坑群→土坑群→大型住居群の4重の同心円で構成されており、一部未調査区域を残すものの、その広がりは径約120mの環状を呈している（図3）。集落中央の径15〜17mの範囲は遺構密度が希薄で、その外側の内径15〜17m、外径30〜35mの範囲には約150基の墓坑が環状に集中する。さらに墓坑群の外環部から幅10〜15m付近には土坑の夥しい集中が見られ、集落空間の外周に当たる内径約80m、外径約120mの環状の範囲には、50軒以上の住居が集中的に分布している。

　西海渕遺跡で検出された墓坑は、長径1.5〜1.8m、短径1mの楕円形あるいは小判形で、底面は平坦に作出され、底面の周囲には幅10〜20cmの溝を巡らせた例が多く見られる。墓坑同士は重複が著しく、正確な数量をカウントすることは困難であるが、分布状況から5単位の小群に分割され、142基以上を数えることができる。墓坑は長軸方向に対する規則性が弱く、放射状に並んだり円周方向を向いたものが混在する。

　山形県西ノ前遺跡　舟形町西ノ前遺跡は最上川中流域の小国川左岸の舌状に張り出した段丘上に立地し、西海渕遺跡の北方約18kmに位置する。大木8a式期の大型土偶（2012年国宝指定）が出土したことで著名な遺跡で、長方形住居を主体とする環状ないしは馬蹄形状の集落構成となり、集落の西側半分が調査された（図4）。集落は大木7b〜8b式期にかけて形成されており、台地の縁辺に沿って住居が配置され、住居9軒とフラスコ状土坑60基を含む200基以上の土坑が検出された。住居同士は重複せず、大半は長軸10m前後、短軸4m前後の長方形の大型住居からなり、ほとんどの住居が大木8a式期に構築されており、住居群の内側に位置するST34のみが大木8b式期に帰属され、

122 Ⅳ 東北地方南部の縄文集落の信仰・祭祀

凡例:
■ 墓坑
■ 円形・楕円形住居
▨ 長方形大型住居
● 石囲炉

C区
第2次調査区
B区
A区

0 (1:1100) 20m

図3 山形県西海渕遺跡の集落構成（中期中葉）

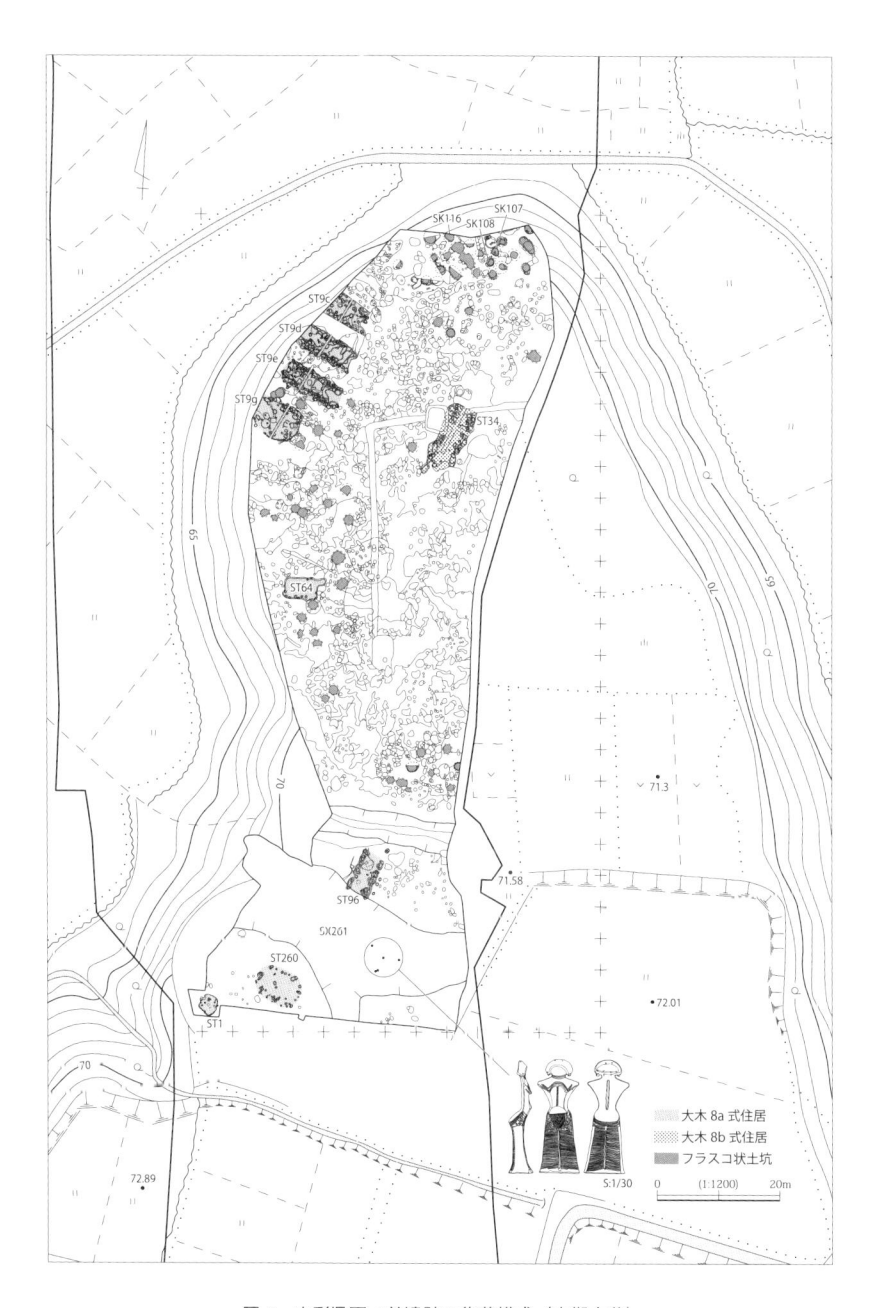

図4 山形県西ノ前遺跡の集落構成（中期中葉）

該期には環状の規制が崩れていた様相を窺わせる。

　調査区の南端では、自然地形と考えられる沢状の落ち込み（SX261）が検出された。東西方向に長さ36mにわたって集落を分断しており、東側は幅7.5m、西側は14mを測る。堆積土は18枚に区分され、検出面からの最大層厚は2mを測り、整理箱で750箱の膨大な量の縄文土器と石器・石製品が出土した。大木7a式土器が若干出土した以外は、同7b～8b式土器で占められており、特に大木8a式土器が主体となる。集落の存続期間を通して投棄行為が繰り返されており、埋土中からは大型土偶が破損した状態（5点）で出土した。その他にも土偶破片27点が出土しており、この窪地が単に廃物を捨てただけではなく、祭祀・儀礼と結び付いた意図的な遺棄の結果を示したもので、神聖な場所になっていたと考えられる。

　山形県小林遺跡　東根市小林遺跡は山形盆地の乱川扇状地の扇央部に位置する大木2a～3式期と大木9～10式期の集落で、中期後葉の調査区（B地点）では住居8軒、土坑43基の他に、方形の配石遺構と弧状の列石遺構が各1基検出された（図5）。住居は6～10mの間隔で散在しており、土坑は中央部に偏在して列石遺構に沿うように認められるが、平面形が楕円形や隅丸長方形で、底面が平底となる土坑も含まれることから、一部は墓坑であったと考えられる。

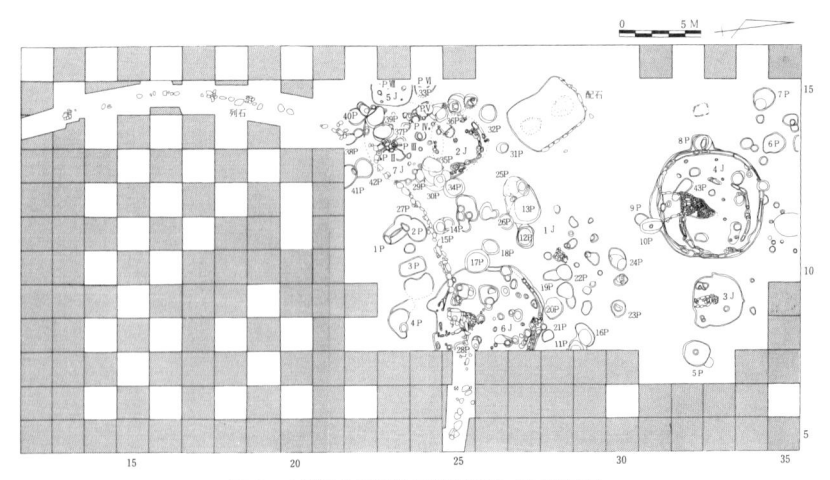

図5　山形県小林遺跡の配石遺構（中期末葉）

配石遺構は長軸4.4m、短軸3mの浅い掘方（10〜16cm）を持ち、北辺と東辺に30〜60cm大の石が配列されていた。遺構内には溝・柱穴等の付属施設は認められず、底面から有孔小型土器（大木9（新）〜10（古）式）が出土し、焼土が2ヵ所で集中していた。列石遺構は長軸30m、幅0.2〜1mの規模で、30〜60cm大の石が弧状に配列され、径45mの円周と見立てた場合、その1/3の円弧に相当する。列石下部の施設は判然としないが、大木9式期の住居覆土上面に構築され、また北西側の方形配石遺構が列石に直交するように配置されることから、両遺構は関連を有していたと想定される。列石遺構の配列は両端で不規則となるが、中央付近は1.5〜2.5mの間隔で扁平礫を横位、方形礫を縦位の状態で規則的に組み合わせている。部分的な調査のため列石の性格は判然としないが、外側の方形配石遺構とセットになった祭祀的な施設と想定され、列石に沿って埋設土器1基が検出され、墓坑らしき土坑が認められたことから、列石周辺が墓域エリアになっていた可能性も考えられる。

　山形県釜淵C遺跡　最上川支流の真室川沿いに位置する真室川町釜淵C遺跡は晩期の遺跡として著名であるが、A区では大木9（新）〜10（新）式期の住居群と、南境1式期（宮戸Ⅰb式期）にかけて形成された墓域と配石遺構からなる祭祀遺構群が確認された（図6）。墓域・祭祀エリアは全面が調査された訳ではないが、南北に60m以上、東西に35m以上の広がりを持ち、埋設土器がまとまるエリアと配石遺構のみが存在するエリアが認められる。配石遺構は少なくとも33基確認され、「ハ」字状や「V」字状の列石で構成されたもの、円弧状のもの、「コ」字状のもの、敷石状のものなど多様な在り方を示しているが、下部施設は判然としない（菅原2012）。

第3節　後期〜晩期の信仰・祭祀施設

(1)　後期の信仰・祭祀施設

　東北中・南部では、中期から後期にかけて断絶した集落が多く認められる。当該域の中期末葉には複式炉が盛行するが、その廃絶と相まって集落も終焉を迎えている。後期には配石遺構や配石墓が構築され、土偶や石棒等の儀器類も多く出土することから、中期よりも祭祀的様相を強めているが、隣接地域のような大規模な配石遺構は明確になっていない。

126 Ⅳ 東北地方南部の縄文集落の信仰・祭祀

中期後葉～後期前葉の墓域

大木9式古段階
大木10式
後期初頭・前葉
埋設土器

EU116 (1/22.5)

中期後葉の居住域

EU95 (1/15)

図6 山形県釜淵C遺跡の集落構成（中期後葉～後期前葉）

福島県柴原 A 遺跡　三春町柴原 A 遺跡は、阿武隈川支流の大滝根川沿いの河成段丘に立地する。遺跡の南側を大滝根川が西流し、西側と北側に丘陵が迫り、東側は小さな沢に限られた狭小な平坦面（東西130m、南北60m）に、綱取Ⅱ式期の遺構として敷石住居8軒、集石遺構55基、列石3基、住居2軒、焼土面97基、土器埋設遺構34基が検出された（図7-1）。当該期の遺構面は堀之内2式期の洪水層（第Ⅲ層）に覆われており、遺構の分布の在り方から東西に二分される。即ち東部では径約30mの広場を中心に4軒の敷石住居が張出部を広場の方に向けて配置されており、南側は遺構が途切れ、広場が大滝川に向かって開口する。西部は4軒の敷石住居で構成されるが、その内3軒は弧状に配列され、張出部は大滝根川方向（南側）を向く。敷石住居はいずれも平地式で、柱穴は明確でなく、張出部が大きく発達した柄鏡形となる。住居も2軒検出されているが、敷石住居よりも新しいと見られており、綱取Ⅱ式期は敷石住居のみで構成され、同住居は通常の居住施設であったと考えられる。しかし、広場や一部の敷石住居の周囲には焼土面が集中しており、屋外で祭祀的行為が行われていた可能性も考えられる。なお、同遺跡は当該域における環状構造を持った集落の最も後出の事例として特記される。

福島県西方前遺跡　西方前遺跡は柴原 A 遺跡から約3km下流の大滝根川沿いの河成段丘に立地しており、柴原 A 遺跡と同時期の洪水層（Ⅳ・Ⅴ層）が確認され、中期末葉〜後期前葉の遺構面を覆っていた。集落の中央には自然流路が存し、集落を東西に二分しており、綱取Ⅱ式期においては西区が敷石住居2軒、東区が敷石住居1軒と方形配石住居1軒で構成されている（図7-2）。敷石住居に近接して配石墓も構築されており、居住域と墓域が緊密な関係にあったと想定されるが、東区の3号柄鏡形敷石住居では方形の石囲炉の一角に石棒が立てられ、張出部ではハート形土偶の脚部が出土しており、屋内祭祀の痕跡が看取される。方形配石住居は石を一辺約4mに一列並べたもので、床面中央に地床炉が認められたが、居住と祭祀のいずれに関連した施設であったのかは判然としない。同遺跡の後期前葉には石を用いた遺構が盛行し、土偶も多出しており、中期末葉よりも祭祀的様相が強まったことが窺える。なお、同遺跡の大木10式期の住居内（第9号住居）に複数の埋設土器が認められたが、法量の大きい土器が成人二次葬用の土器棺で、地域的な墓制であったことが指摘されて

128　Ⅳ　東北地方南部の縄文集落の信仰・祭祀

1. 柴原A　後期全体図

2. 西方前　後期全体図

3. 堂平　巨石遺構

図7　福島県大滝根川流域の後期遺跡

いる（三春町1992）。

福島県堂平遺跡　田村市堂平遺跡は柴原A遺跡から大滝根川を約6km遡った山麓緩斜面に立地しており、大木10式〜綱取Ⅱ式期の集落である。住居は南北に列状に並んで10軒検出されたが、調査区の南側に大木10式期4軒、北側に後期前葉6軒が分布しており、調査区中央の東側には後期前葉の配石墓15基が集中し、また調査区の北端では巨石遺構が検出された（図7-3）。巨石遺構は長軸2〜3mを測る4個の花崗岩と、30〜80cm大の石が組み合わされ、その北東には石棒の立石遺構と埋設土器、東側には石皿や凹石を含む列石が全長4m、幅0.6〜1mで配されていた。大型花崗岩は北東－南西方向に立てて配置されており、集落内に運び込まれたと想定され、配石遺構の構築時期は綱取Ⅱ式期と見られている。報告書（船引町1990）では大型花崗岩の組合せを女性器に見立て、石棒の立石遺構とセットの祭祀場であった可能性が指摘されている。また配石墓からは土偶破片と獣骨片が出土した例も存しており、巨石遺構と関連した葬送儀礼が想定されている。居住域と墓域が密接に関連した祭祀遺跡として特記される。

宮城県二屋敷遺跡　蔵王町二屋敷遺跡は白石盆地の北半部の阿武隈川支流の白石川水系（松川）の河成段丘に立地し、大木10式〜南境2式期にかけての集落で、調査区中央のやや北寄りから後期前葉の配石遺構が検出された（図8-2）。配石遺構は東西約11m、南北約9mで、平面形はほぼ楕円形を呈する。その中でも西半部は半円形に石が密集しており、東半部は弧状に列石が見られる他は疎らで、攪乱を受けて石が抜き取られたものと推測されている。遺構には40cm前後の大型の川原石が配され、その間に10cm前後の小礫が詰められていた。西半部では長方形あるいは楕円形の小単位と見られる部分もあるが、単位の輪郭を明確に捉えることはできない。

　配石のための掘方は確認できず、配石中から遺物も出土していないが、配石遺構下から埋設土器6基が検出されている。その内4基は配石遺構を検出した時点で確認され、残り2基は配石を取り除いて検出された。いずれも配石遺構の範囲に束収しており、同遺構に伴った施設と理解される。また、配石遺構の南西側では160×70cmの範囲で、東西に細長い掘方を持った立石遺構が検出された。立石遺構は柱状の角礫を立てほぼそれに接して小礫を置いて、周囲に

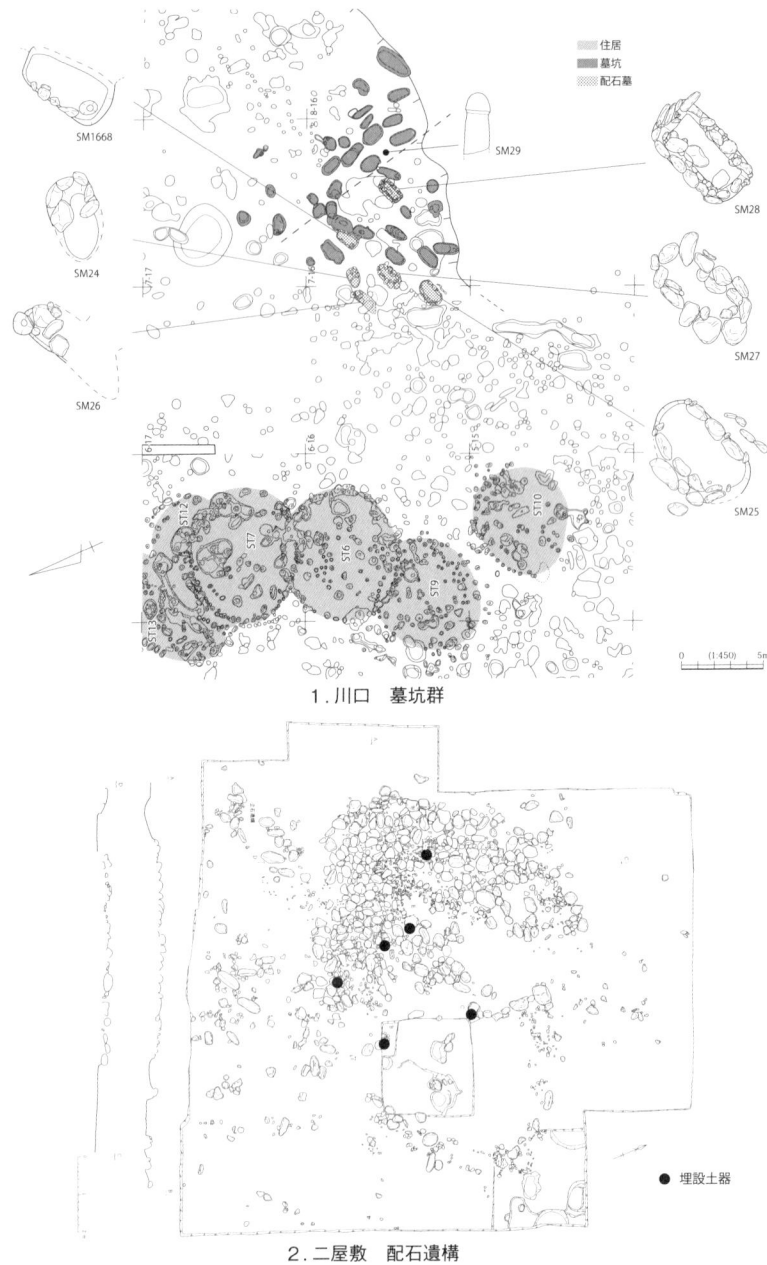

130　Ⅳ　東北地方南部の縄文集落の信仰・祭祀

1．川口　墓坑群

2．二屋敷　配石遺構
図8　後期前葉の配石遺構

扁平で大きな川原石を配しているが、配石遺構と近接し、同一面に構築されていることから、両遺構は密接に関係していたと想定されている。

配石遺構は遺構下から検出された埋設土器から、綱取Ⅱ式・南境2式期に構築されたと判断され、上面が凹凸に富んでおり、敷石住居には該当しない。埋設土器が伴っており、埋葬施設であったと考えられている。

山形県川口遺跡 村山市川口遺跡は尾花沢盆地の南西端を流下する富並川が最上川に合流する河成段丘に立地しており、前述の西海渕遺跡から1.3km下流に位置する。住居13軒、墓坑45基（配石墓6基含む）、土坑・ピット1,500基以上が検出されたが、集落の中央に墓域が営まれ、それを土坑群が取り囲み、さらに墓坑群の西方10〜50mの範囲に住居群が弧状に配列されていた（図8-1）。遺跡からは南境2式〜宝ヶ峯2式土器が出土したが、住居は覆土が削平されたため、壁面の検出された例は僅かしかなく、遺物は周溝や柱穴から土器の小片が出土したに過ぎず、時期の特定は困難である。しかし、土坑から出土した土器は南境2式が主体となっており、住居の多くも該期に帰属されると考えられる。住居は重複しており、平面が径6〜8mの円形または楕円形で、中央に地床炉か石囲炉を有し、4基の主柱穴と周溝に沿って壁柱穴を巡らせた例が多い。

墓坑は径16mの範囲に形成され、配石墓6基を含む計39基を特定することができたが、西海渕遺跡のような中央広場は存在しない。墓坑の平面形は、小判形または楕円形を基調としており、概ね長径150cm、短径70cm、深さ20cm程度を測る。墓坑群の中心には掘方を伴う石棒の立石遺構が検出された。石棒は男根形で下半部を欠損するが、長さ29.5cm、径12cmの優品で、ほぼ垂直に立った状態で検出されたが、この立石を挟んで東西で墓坑の主軸方向が異なっており、墓域の象徴であったと考えられる。また、配石墓や墓坑の上部に配石遺構が存在していた。墓坑構築に付随した墓標や葺石で、墓坑群の構築から然程間を置かず墓域を意識して敷設され、先祖祭祀等が行われていたと想定されるが、図面の公表がなく詳細は不明である。

川口遺跡の集落は、住居群、墓坑群、土坑群から構成され、集落の中央に墓域が営まれることから、環状集落の可能性が指摘されている。しかし、明確な重帯構造は認められず、弧状の集落構成を指摘するにとどめる。住居の出入口

施設は墓坑群に向かって開口しており、住居と墓坑群との間に対応関係が想定され、西海渕遺跡と同様に集落の構成員と死者になった過去の構成員との結びつきの強固さを示唆している。しかし、遺跡の周囲には同期の遺跡は少なく、分村を多く従えた西海渕遺跡に比べると、集団規模はかなり縮小していたと考えられる。集落は宝ヶ峯2式期で廃絶されるが、後続する宝ヶ峯3式土器は2.3km上流の宮の前遺跡で出土しており、集落が同遺跡に移転した可能性も考えられる。なお、墓坑群の中に配石墓が混在した同様の事例として、宮城県仙台市下ノ内浦遺跡が上げられる（仙台市1996）。しかし、同遺跡の配石墓は、墓坑の上面に石を組んだ墓上施設となるもので、掘方に沿って扁平な川原石を配し遺体の安置施設となる川口遺跡とは、構造が異なっている。

宮城県田柄貝塚　気仙沼市田柄貝塚は気仙沼湾の内陸4kmの丘陵緩斜面に立地した後期中葉〜晩期前葉の主鹹貝塚であるが、後期後葉の瘤付土器の変遷が層位的に明示され、土器型式編年研究の指標となった遺跡である（小林2013）。貝層は南斜面に東西14m、南北7mの64㎡の範囲で検出されたが、南西方向に10〜20°の傾斜で堆積しており、層厚は最大で約1.5mを測り、8枚の大別層位に区分されている。この貝層の分布範囲からは土壙墓や埋設人骨18体と、埋葬された動物遺体（犬22体、猪2体）が検出された（図9）。

埋葬人骨は18体検出されたが、その内訳は成人5体（いずれも壮年男子）、幼児と乳児各1体（性別不明）、新生児あるいは胎児11体（性別不明）である。これ等の人骨の埋葬形態には、①土壙墓、②土器棺、③土壙や土器棺を確認できなかったものの3タイプが存している。

①の土壙墓は8基検出されているが、第1〜3号土壙墓が壮年男性の単葬墓、第4号土壙墓が壮年男性2体と幼児（4〜5歳）、乳児（6ヶ月位）の4体の合葬墓、第5〜8号土壙墓は胎齢32〜37週とされる胎児単葬墓である。合葬墓である第4号土壙墓は同時埋葬ではなく、幼児の埋葬時に成人骨と乳児骨を二次埋葬したとみられている。土壙墓の時期は後期前葉（第2〜4号土壙墓）と末葉（第1号土壙墓）に成人埋葬が認められるのに対し、後期後葉（瘤付土器第Ⅰ〜Ⅲ段階）はいずれも胎児埋葬である。

②の土器に遺体を埋葬した土器棺墓は5基検出されている。いずれも円形の掘方を有し、規模は35〜75cm、短軸27cm以上、深さ14〜30cmで、斜面

田柄貝塚南斜面全体図

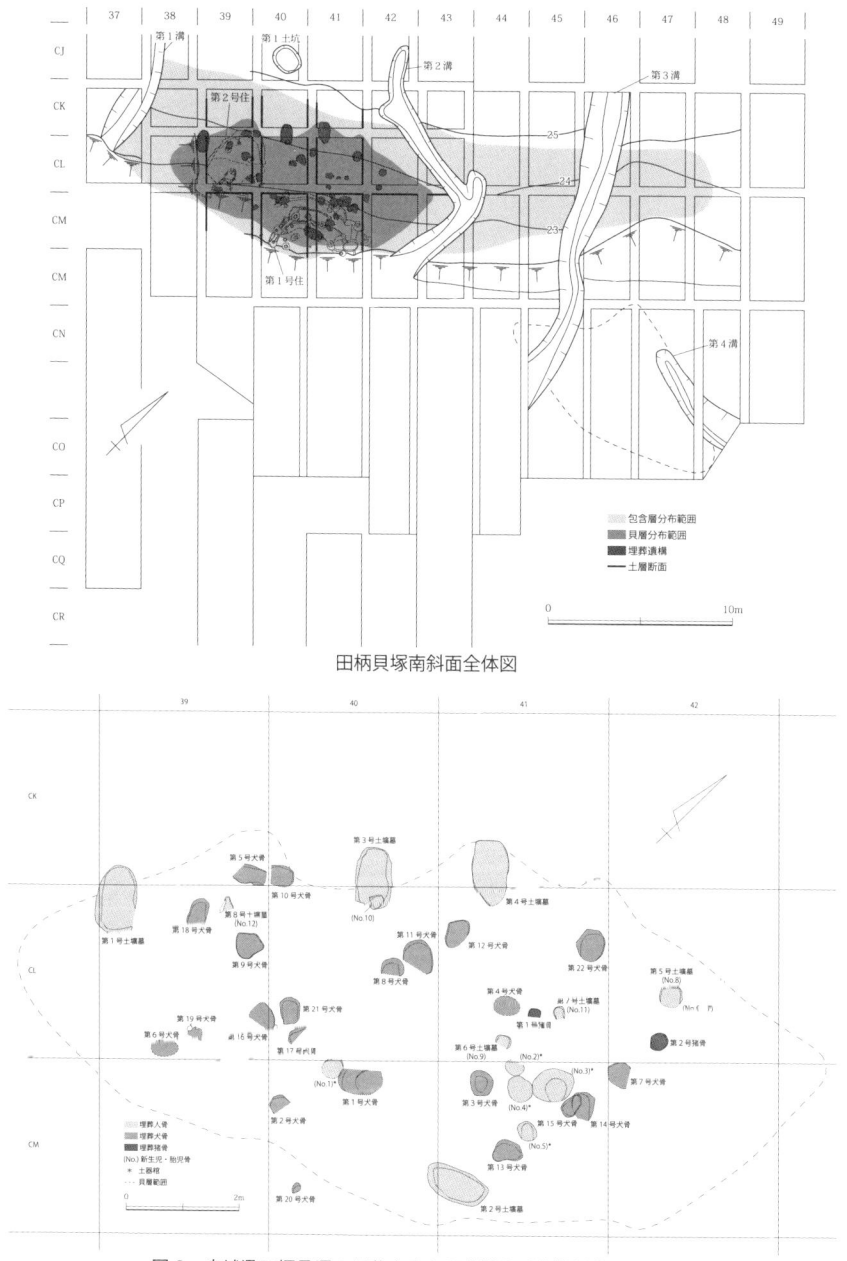

図9 宮城県田柄貝塚の埋葬人骨と埋葬獣骨（後期前葉～晩期前葉）

の中位に位置している。5基のうち4基で人骨が検出され、第1号は40週強、第3号は39週前後の新生児あるいは胎児で、残り2体もその胎齢に近いと推定されている。時期はいずれも後期末葉～晩期前葉に位置づけられ、貝塚の中では比較的新しい時期に相当する。また、③の土壙墓あるいは土器棺を伴うことなく検出された人骨は3体（No.6・7・10）で、いずれも32～37週の胎齢と胎児骨であり、瘤付土器第Ⅱ段階に帰属される。

　貝塚形成前の後期前葉の段階では、この区域が成人男性の墓域として利用されており、貝塚の形成と並行して新生児あるいは胎児が埋葬され、後期末葉以降土器棺墓が形成されたといった変遷が看取される。当初墓域として成人男性を埋葬した場所に貝塚が形成され、新生児あるいは胎児の埋葬区域として選択された可能性を窺わせるが、調査区域内には成人女性の埋葬は認められない。

　埋葬された動物遺体は犬と猪で、いずれも人骨と同様に浅く掘り込んだ土壙墓に埋葬されていた。犬22体は後期中葉～晩期前葉にかけて検出され、特に瘤付土器第Ⅰ～Ⅲ段階での検出例が多く、幼犬段階は月齢6ヶ月以内が2体、1才以下2体、1才前後の若犬が7体、成犬は11体（うち老犬1体）であった。また猪2体は瘤付土器第Ⅰ段階と同第Ⅱ段階の検出例で、生後2～3ヶ月と6ヶ月の幼獣であった。貝層の範囲に新生児あるいは胎児が埋葬され、同じ場所に犬と猪の幼獣が埋葬されており、単なる廃棄物の捨て場ではなく、もの送り的な儀礼に通じた神聖な場所であったと考えられる。

(2) 晩期の信仰・祭祀施設

山形県宮の前遺跡　村山市宮の前遺跡は最上川との合流点から富並川を3km遡った河成段丘に立地しており、前述の西海渕遺跡とは直線で1.2km、川口遺跡とは2.3kmの位置関係にある。宮の前遺跡では住居、埋設土器、墓坑、柱穴が遺構群のまとまりとして検出され、土器捨て場が4ヵ所認められた（図10）。土器捨て場から膨大な量の遺物が出土した割には、検出された住居が僅か4軒に過ぎない。いずれも径3m前後の小型の住居で、最下層から検出され、出土土器から後期末葉～晩期初頭に帰属される。集落形成の早い時期に相当し、遺物量がピークとなる大洞BC～A式の住居は検出されていない。住居の掘方が浅く、黒色土層中で検出できなかった等の理由が想定されるが、中期に比べると構成員の員数が少なかったことを暗示している。

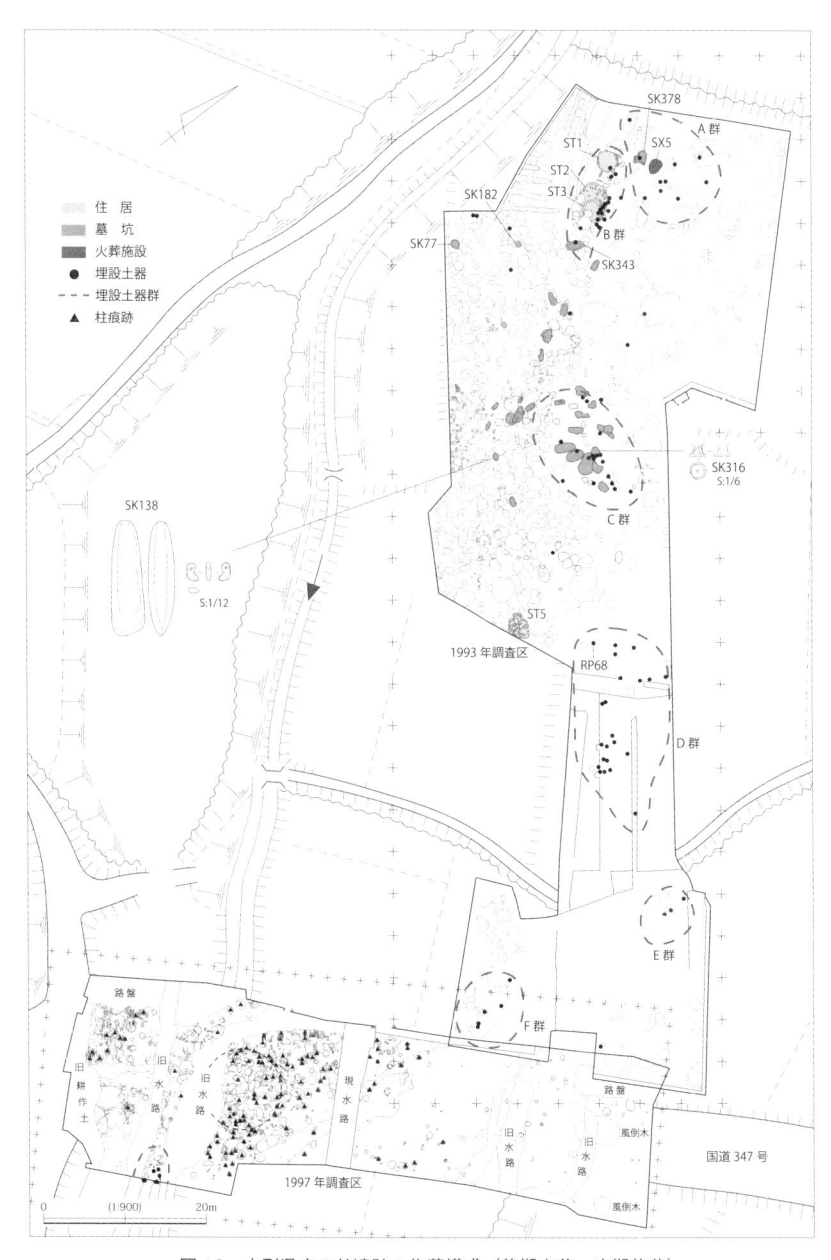

図10 山形県宮の前遺跡の集落構成（後期末葉〜晩期後葉）

墓坑群は住居群に近接して検出された。後期末葉～晩期中葉に属し、墓坑同士の重複も一部認められるが、主軸方向や分布状況から一定のまとまりを抽出することはできない。また同じ埋葬に関連した土器埋設遺構が調査区の全域で検出されているが、一部墓坑群と共存する。

　なお、南側の1997年調査区から、大小の柱穴94基以上が検出された。柱痕跡が明瞭であるが、建物としての柱列は判然とせず、9m前後の円環状の柱列（環状木柱列）を指摘するにとどまっている。住居とは場所を違えて掘立柱建物群が併存していた様相が窺えるが、同地点には墓坑と思われる土坑も存しており、墓域ないしは祭祀的なエリアになっていた可能性も考えられる。

　福島県南諏訪原遺跡　福島市南諏訪原遺跡は阿武隈川支流の水原川北岸の金沢丘陵から東西に伸びた微高地に立地しており、丘陵平坦面から大洞C_2～A式期の集落が検出された。集落は住居9軒、掘立柱建物8棟、柵列6列から構成され、同心円状の配置となることが指摘されている（図11）。住居は近接する弧状の柵列に沿うように配置され、掘立柱建物は西側に集中するが、主軸方向が8号掘立柱建物と58号住居を結んだ線の中間点付近に集まることから、この地点を中心とした同心円状の配列になると報告されている。柵列は径20～30cmのピットが密接あるいは近接して列をなす構造で、一定の間隔で連弧状を呈している。南～西側は地山が削平されたためピットが失われた可能性もあるが、北側は調査区外へ続いていると予想される。集落が円環をなすのかは判然としないが、住居、掘立柱建物、柵列が組み合わさって集落が構成され、数時期にわたる変遷を辿っており、柵列が集落の外縁をなしていたと考えられる。墓域の存在が明確でなく、柵列を日常の領域と非日常の領域とに分けた「結界」の一種と見なすことはできないが、晩期の数少ない集落の事例として指摘しておきたい。

　山形県高瀬山遺跡　寒河江市高瀬山遺跡は山形盆地のほぼ中央西端の最上川左岸に立地しており、段丘低位面から後・晩期の水場遺構が5基検出された。構築時期で見ると、宝ヶ峯1式期（後期2号木組遺構）、宝ヶ峯2式期（後期1号木組遺構）、大洞B_1～C_2式期（晩期石組遺構）、大洞BC～C_1式期（晩期木組遺構）、大洞A（新）式期（西調査区湧水点木組遺構）に相当するが、このうち前三者の木組施設が同一地点に重層しており、下層より後期2号木組遺構→

図11　福島県南諏訪原遺跡全体図（晩期中葉～後葉）

後期1号木組遺構→晩期石組遺構の順序で構築されていた。これらの施設では溢水させるための板材と導水施設から流水構造が指摘され、周囲からトチノキの種子が多量に出土したことから、水さらしに関わる作業施設であったと推定されている。

これらの遺構から西方に60m離れた地点では、大洞A（新）式期の木組施設（西調査区湧水点木組遺構）が検出された。約1.4m四方の木枠施設と、その南側の木材の部分的な施設から構成されており、東西幅3m、南北幅5m程度の大型施設であったと推定される（図12-1）。湧水点を取り囲むように板材が配され、深さは50cm以上を測るが、激しい湧水のため木枠は崩れ雑然としており、西側の板材は確認できなかった。また木枠施設の南側から、20～30cmの割材の同一方向の配列が一部に認められ、両脇には杭が打ち込まれていた。部分的な材の配列は用材が腐朽した結果で、本来は長い木材が敷設されていたと想定される。木枠施設と木材の配列は流水構造を持った施設であり、周囲からトチノキの種子や果皮が多量に出土しており、トチノキのアク抜き工程に関わった施設であったと考えられる。

この木枠内からは凹石や磨石類と共に、凝灰岩質泥岩製の岩版と黒漆塗りの壺形土器が出土した。非日常的な器物が出土したことから、単に湧水を利用した作業場としての機能だけではなく、水に対する信仰的な性格を持ち合わせた施設であったと推定される。また、トチノキについては、他の水場遺構では種子が出土したのに対し、同遺構周辺からはトチノキの果皮も多量に出土しており、施設の用途や作業内容において、他の時期の水場遺構とは差異が存していたと考えられる。

福島県西方前遺跡 先に紹介した西方前遺跡では、後期前葉の洪水層を掘り込んだ第94号土坑から、下半身を欠いた大型土偶と大洞A'式の略完形土器7点が共伴した（図12-2）。土坑は調査区西端に構築され、南北2.2m、東西1.7mの楕円形を呈し、深さ15cm程度で、鉢形土器2点、高坏形土器1点、壺形土器2点、小型甕形土器1点、甕形土器1点が底面付近から出土した[4]。この内、小型甕形土器は底部が穿孔されていたが、これらの土器は墓坑の副葬品で、大洞A'式の一括性の高い資料と評価されており（仲田1991）、下半身を欠いた土偶も副葬ないしは供献されたものと推定される。

1. 山形県高瀬山　西調査区湧水点木組遺構

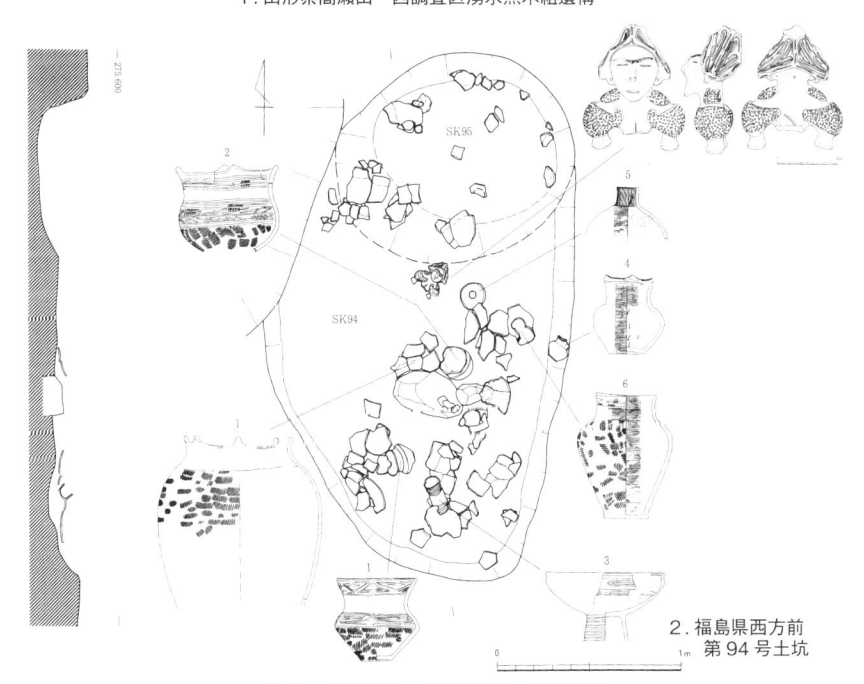

2. 福島県西方前第94号土坑

図12　晩期後葉〜末葉の信仰・祭祀遺構

当該域の大洞A'式～弥生中期中葉にかけては、壺棺再葬墓が盛行する。土坑に単独あるいは複数の土器棺を納めたもので、大洞A（新）式期に福島県域で成立し、山形・宮城県が北限となる。西方前遺跡第94号土坑では土器棺としての大型・中型壺形土器は認められず一次葬であったと推定され、大型土偶は葬送儀礼に用いられた可能性が考えられる。

山形県生石2遺跡
　酒田市生石2遺跡は庄内平野東縁に位置する弥生時代前期の墓域を主体とした遺跡で、日本海側における再葬墓の北限に当たり、遠賀川系の壺形土器が出土したことで著名である。遠賀川系土器が出土した県教委調査区（C区）から約100m北方に位置した酒田市教委調査区では、再葬墓群と土壙墓群に挟まれた区域で、人骨を破砕あるいは粉砕した行為が窺える骨粉の集中地点が検出された（図13）。同調査区では20～30cm大の4点の台石を中心に、約10m四方にわたって破砕された骨粉が多量に散らばっており、7～10cmの叩石様の円礫も出土した。骨粉が人骨であるとすれば、土坑に葬ったヒトの骨を取り出し、台石の上で砕き、壺に納めて土坑に葬ったという再葬の一連の過程が復元され、葬送儀礼の過程を彷彿させる事例となる（設楽1993）。なお、調査区の主体となる時期は、再葬墓から出土した土器から砂沢式併行のC区出土土器に後続すると考えられるが、台石周辺からはC区相当の土器も出土している（佐藤2006）。

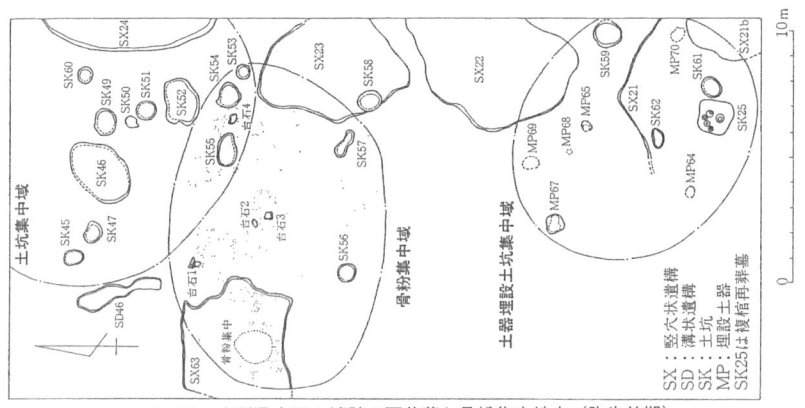

図13　山形県生石2遺跡の再葬墓と骨粉集中地点（弥生前期）

第3章　東北地方南部の信仰・祭祀施設の特徴とまとめ

第1節　屋内信仰・祭祀施設

　山形・宮城・福島県の諸遺跡を見た場合、屋内信仰・祭祀の施設として抽出された事例は極めて少ないのが実情である。縄文前期では押出遺跡を例に廃屋儀礼の可能性を指摘した。また、中期では岡山遺跡で石棒の屋内祭祀が指摘されたが、調査年次が古く詳細は不明と言わざるを得ない。とは言っても当該域の屋内信仰・祭祀が低調であった訳ではなく、遺構として痕跡をとどめなかった可能性が考えられる。

　後期では柄鏡形敷石住居が福島県域に限って認められる。中期末葉の宮城県南部～福島県には、複式炉の周囲に平坦な石を敷き並べた住居が散見されるが、後期では柄鏡形を呈することから、この系譜とは別に関東から影響を受けたと推定され、張出部が大きく作出される点に特徴がある。柴原A遺跡や西方前遺跡は敷石住居で集落が構成されており、共同祭祀家屋や司祭者・呪術者家屋といった特殊な施設ではなく、一般の居住施設であったと考えられる。しかし、西方前遺跡では炉の一角に石棒を立てた例が検出されており、屋内祭祀が行われていた可能性も指摘される。

第2節　屋外信仰・祭祀施設

　屋外信仰・祭祀施設は配石遺構に代表される。岩手県南部の北上川中流域には中期末～後期初頭に立石を伴った小規模な配石遺構（樺山タイプ）が認められるが、上記の地域に挟まれた山形・宮城・福島県では配石遺構が低調となっている。特に中期末～後期前葉に盛行する環状列石が明確でなく、小林遺跡（大木10式期）の弧状列石を指摘するにとどまる。また、配石遺構のほとんどが墓域に形成され、葬送儀礼に関連した事例で占められている。その中で、堂平遺跡の巨石遺構と川口遺跡の立石遺構が、信仰・祭祀施設として特記される。配石遺構は中期末葉の例も存するが、後期前葉（綱取Ⅱ・南境2式期）に顕著に認められる。後期に石に対する思想が高まったのと、集団の帰属意識の表示を強めた結果、配石遺構が多く構築されたのであろう。しかし、東北北部のような大型配石遺構は存在せず、墓域と集落は一体の関係にあった。

配石墓も後期前葉に構築されていた。当該域では墓坑の上面に石を組んだ墓上施設と、周壁に沿って扁平な川原石を配した下部施設の双方が認められる。川口遺跡や下ノ内浦遺跡では土壙墓と混在し、埋葬様式の格差が顕在化しており、配石墓には集落内の有力者や一定の出自の者が埋葬された可能性が推定される。また、墓坑群の上部にやや時間をおいて配石遺構が形成された事例（川口遺跡）も散見される。墓域が先祖祭祀等の場所になっていたことを窺わせるのであろう。

　獣骨が埋葬施設に伴った事例として、堂平遺跡と田柄貝塚を例示した。前者は墓上配石下の土坑から獣骨が出土したが、動物に対する厚葬なのか、人の埋葬に際して供献されたのかは判然としない。後者は新生児と乳児が葬られた貝塚に犬と猪が埋葬されたもので、動物厚葬の事例となる。集落と貝塚の関係は不明だが、貝塚形成期の後期後葉（瘤付土器期）に限って見ると、成人男性の墓坑1基（第1号土壙墓）が検出された以外は、新生児〜幼児と低い年齢階梯の墓で占められており、集落構成員の年齢に達しない子供と犬・猪が同一場所に葬られたと推測される。

　晩期も埋葬に関わる遺構が主体となるが、宮の前遺跡の環状木柱列は上屋構造を持たないのであれば、屋外祭祀施設に該当しよう。また施設ではないが、拠点的遺跡には大規模な捨て場が形成されており、呪術・祭祀の盛行が窺える。なお、岩版が出土した高瀬山遺跡の水場遺構（晩期後葉）は、水に関わる祭祀の可能性を示した特異な事例となろう。

注
(1)　ムジナ岩岩陰では草創期後半の無文土器が出土しているが、同前半の土器は認められない。無文土器は撚糸文土器併行として草創期後半としたが、早期初頭に相当する可能性もある。
(2)　「重帯構造」と「分節構造」は谷口康浩の定義（谷口2005）に拠る。即ち「重帯構造」は広場を中心として各種の建物や施設を同心円状の所定の圏内に配置する構造を指し、「分節構造」は環状集落の内部を直径的に区分する構造を指す。
(3)　「上原型複式炉」は複式炉の中で最も整備されたもので、土器埋設部、石組部、前庭部の3つの部位が合体して構成され、大木9（新）〜10（中）式期に認められる。
(4)　西方前遺跡第94号土坑では、図12-2掲載以外にも略完形土器として、壺形土

器1点、甕形土器1点、小型浅鉢形土器1点が出土している（三春町歴史民俗資料館1997）。

引用・参考文献
相原淳一 2010「Ⅳ　東北地方南部の縄文集落の葬墓制」『シリーズ縄文集落の多様性Ⅱ　葬墓制』
今村啓爾 2006a「縄文前期末における北陸集団と土器系統の動き（上）」『考古学雑誌』90—3
今村啓爾 2006b「縄文前期末における北陸集団と土器系統の動き（下）」『考古学雑誌』90—4
小杉　康 2003『先史日本を復元　3　縄文のマツリと暮らし』
小林圭一 2007「東北地方南部の諸遺跡」『季刊考古学』101（特集日本のストーン・サークル）
小林圭一 2012「富並川流域の縄文時代の遺跡動態―西海渕・川口・宮の前遺跡の検討を通して―」『東北地方における環境・生業・技術に関する歴史動態的総合研究　研究成果報告書Ⅰ』東北芸術工科大学東北文化研究センター
小林圭一 2013「東北中部における縄文時代後期後葉の型式変化―田柄貝塚と里浜貝塚の出土層準の再確認―」『東北芸術工科大学東北文化研究センター研究紀要』12
佐々木藤雄 2009「環状列石と縄文社会」『東北地方における環境・生業・技術に関する歴史動態的総合研究　平成20年度研究成果報告書』東北芸術工科大学東北文化研究センター
佐藤祐輔 2006「酒田市調査による生石2遺跡出土土器の紹介―「生石2B式」設定の序説―」『庄内考古学』22
設楽博己 1993「壺棺再葬墓の基礎的研究」『国立歴史民俗博物館研究報告』50
菅原哲文 2012「最上川流域の縄文時代中期末から後期にかけての様相」『公開シンポジウム予稿集　東北地方における中期／後期変動期―4.3kaイベントに関する考古学現象①―』東北芸術工科大学
鈴木保彦編 2001『第1回研究集会基礎資料集　列島における縄文時代集落の諸様相』縄文時代文化研究会
谷口康浩 2001「環状集落の空間構成」『第1回研究集会発表要旨　列島における縄文時代集落の諸様相』縄文時代文化研究会
谷口康浩 2005『環状集落と縄文社会構造』
仲田茂司 1991「東北地方南部における縄文文化の終焉と弥生文化の成立―土器と土

偶を中心に―」『北奥古代文化』21（特集土偶）
中村耕作 2102「住居廃絶儀礼に供献されたパン状炭化物」『平成 24 年度秋季特別展　縄文の世界像―八ヶ岳山麓の恵み―』大阪府立弥生文化博物館
三春町教育委員会 1989『シンポジウム・縄文の配石と集落　資料集・討議集』
三春町歴史民俗資料館 1989『三春に集う神々が語る　縄文の石と祈り―東北の配石と土偶―』
三春町歴史民俗資料館 1997『大滝根川流域の遺跡―三春ダム関連遺跡発掘調査の成果から―』

V　関東地方の縄文集落の信仰・祭祀

石坂　茂・林　克彦

第1章　関東地方の信仰・祭祀施設研究の現状と課題

　近年、関東地方に分布する石棒の産出地と流通の関係や各遺跡における出土状況を集成して詳細に分析し、「遺物・遺跡に残る痕跡や状況のパターンから反復性・再現性を持った過去の行為の型や型式を見つけ出す」ことによって、縄文時代の宗教的観念に迫ろうとする取り組みが谷口康浩を中心になされている（谷口編2011）。それは、製作遺跡および各地域に分布する石棒の型式分類と、各々の「行為」「コンテクスト」を観察し、各系統の石棒の扱われ方を分析・型式化することにより、文化的同一性を明らかにしようとする試みでもあり、さらなる進展が望まれる。

　また、中期後半に顕在化する住居内の石柱・石壇が柄鏡形敷石住居の出現・形成に連繋しているという山本暉久による論説に対して、疑義を唱える佐野隆の研究がある。佐野は、八ヶ岳山麓や伊那地域から神奈川県の相模川流域および、北東信地域や群馬県の赤城山麓にかけた地域における中期の住居内配石を通覧する中で、「住居内配石は、その隆盛時期と分布傾向において、敷石住居発生の時期や分布と必ずしも重複しないと考えられ、系統発生的に敷石住居に結びつけることは、なお検討する必要がある」とし、再検討を促している。

　一方、東北地方で大規模な環状列石の発見が相次ぎ、それに触発される形で関東地方においても環状列石に対する研究が本格化してきている。中期末葉から後期前半における列石遺構に見る祭儀礼の変容と階層的構造を論究した石坂茂の研究（石坂2004・2007）や、環状列石の初現および関東地方から東北地方北部域の環状列石への伝播を論じた佐々木藤雄の研究がある（佐々木2002・2003）。関東地方での環状列石の出現・消滅は中期末段階であり、その盛行が後期前葉段階にある東北地方への伝播を論ずるには、正確な資料操作と検証が

必要とされている。

　関東地方の後・晩期における当該研究は、祭祀遺構の発見とその遺構の個別的な記述の段階から、祭祀遺構の資料増加に伴い、その集成、解釈の段階に至っている。次章で触れる遺構について言えば、環礫方形配石遺構（鈴木1976、山本2002）、環状積石遺構（阿部2003）、石棒祭祀遺構（阿部2005、長田2011）、「環状盛土遺構」（江原1999）、「大型竪穴建物址」（阿部2001）などの集成研究があり、現在も盛んに議論が続いている。

　こうした縄文時代の信仰・祭祀を論じる上で基本的に踏まえなければならないことは、どのような方法論を基にして祭祀遺構と認定し分析するかであろう。春成秀爾が述べているように、縄文時代の祭祀の研究は「非日常的な場や物を探し出すことから始まる」（春成1999）のであるが、「非日常的」とするには、「日常的」な場や物を先ず明らかにしなければならないのが道理である。結局のところ、藤本強が課題として示した遺構・遺物の詳細な観察による基礎資料の集積（藤本1983）は、未だに古びない課題として残されている。その基礎資料を詳細に検討して日常・非日常の弁別を行うと共に、谷口が主張するような祭祀行為のタイポロジー化等を通じてその解釈へ至る、という地道な作業を行うことが—これは関東地方の祭祀遺構研究に限ったことではないが—現在的な課題と言える。

（石坂　茂・林　克彦）

第2章　関東地方の信仰・祭祀施設の変遷

第1節　草創期～早期の信仰・祭祀施設

　日本列島における信仰や祭祀と関連する遺物の出土は、愛媛県上黒岩岩陰のこけし形石製品に見られるように、旧石器時代にまで遡る。関東地方というエリア内で見た場合、縄文時代早期の撚糸文土器群に伴う「バイオリン形土偶」が初現であり、他に類するものは存在しない。ただし、この土偶との明確な関係性を持つ「信仰・祭祀施設」に認定されるような遺構は、竪穴住居の屋内・外を問わず検出事例が無く、現段階での実態は不明と言わざるを得ない。

　早期後半でも同様であるが、押型文土器文化に特有の小礫を用いた調理施設を祭祀遺構として把握する向きもある。しかし、これらは「焼石炉」の範疇で

捉えるべきものと考えられる。

第2節　前期〜後期初頭の信仰・祭祀施設

1　住居内の信仰・祭祀施設

　前期の後半段階では、それ以前とは比較できないほど遺跡数の著しい増加や大規模集落の形成が顕著に認められるようになるに従い、土偶や小形石棒などの呪術的遺物の存在も目立ってくる。しかし、信仰・祭祀施設としての形成は極めて乏しく、屋内での具体的な事例を挙げることができない。そうした状況は中期前半段階でもほぼ同様であり、同後半段階にようやく顕在化してくる。

　その代表的事例には、「奥壁部を中心に樹立された石柱（立石）あるいは祭壇状の石壇（敷石）」（山本1994）と共に、奥壁部・炉周辺部・出入口部を中心とした石棒の配置・樹立などに代表される「住居内配石」（佐野2003・2004）遺構と、出入口部を中心に埋設された「埋甕」などがある。また、石棒や石皿・土器などが複合的に対置され、「性交を隠喩的に表現」（谷口2006）したと解釈されるような状況も認められる。さらに、それら諸要素が複合・発展した「柄鏡形敷石住居」などを挙げることもできよう。これらの施設は前期段階に見出すことはできず、中期後半以降に顕著となる事象である。なお、柄鏡形敷石住居の出現過程や消長については、既に山本暉久らを中心に多くの研究があり、関東地方だけでも730遺跡以上で確認されている（山本2002）。紙数の都合上ここでは触れないが、内部の信仰・祭祀施設については他の住居と一括して記述する。

(1)　住居内の配石遺構

　「置石」状配石　住居の主柱穴に近接するかあるいは周壁との間隙に、人為的な加工を施さない長さ50cm前後の棒状礫を複数個所に配置する事例が認められる。代表的なものとしては、東京都国立市南養寺遺跡49号住居や神奈川県相模原市川尻遺跡J3号住居、三ヶ木遺跡J5号住居などがあり、群馬県長野原町長野原一本松遺跡95区4号住居もその類例に上げることができる（図1-1〜4）。三ヶ木遺跡例では、7本主柱の内、4本に長さ26〜55cm、径20〜38cmの棒状礫や平石が、また3本には2〜3個の礫が近接配置される。多くの礫は柱穴から周壁の間に存在し、柱穴P7では周壁側へ転倒してハ字状の配置とな

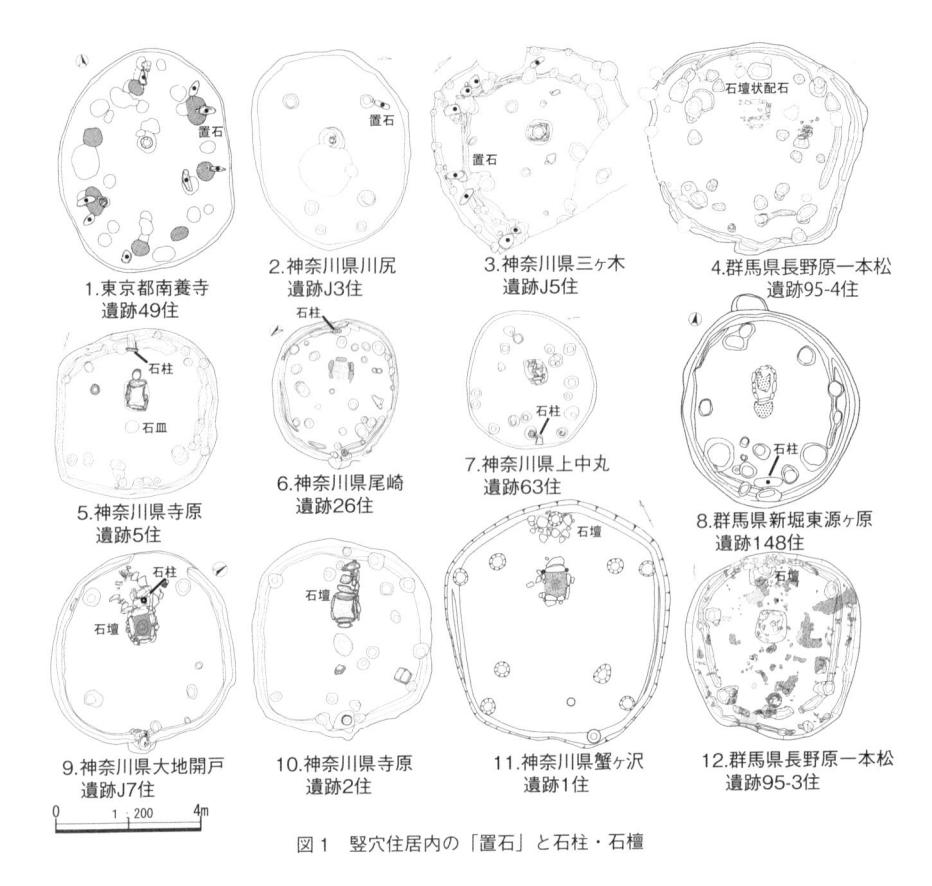

図1 竪穴住居内の「置石」と石柱・石檀

1. 東京都南養寺遺跡49住
2. 神奈川県川尻遺跡J3住
3. 神奈川県三ヶ木遺跡J5住
4. 群馬県長野原一本松遺跡95-4住
5. 神奈川県寺原遺跡5住
6. 神奈川県尾崎遺跡26住
7. 神奈川県上中丸遺跡63住
8. 群馬県新堀東源ヶ原遺跡148住
9. 神奈川県大地開戸遺跡J7住
10. 神奈川県寺原遺跡2住
11. 神奈川県蟹ヶ沢遺跡1住
12. 群馬県長野原一本松遺跡95-3住

るケースもある。これらの棒状礫は柱に立てかけられていたと想定されており、床面に直立する石柱（立石）と類似した様相が窺える。また、南養寺遺跡49号住居では埋甕に近接して置石があり、対置関係が想定される。全体的に神奈川県を中心とした分布が認められ、勝坂2式期を中心にして中期前半段階に盛行する。

石柱と石檀　加工を施さない長さ50cm前後の棒状礫を用いて住居床面に直立させた石柱（立石）は、「置石」と同様に神奈川県域を中心にして多くの事例が認められ、直立場所は奥壁部や炉周辺部、出入口部近縁などに分散する。奥壁部の直立事例として神奈川県の相模原市寺原遺跡5号住居と山北町尾崎遺跡26号住居、炉周辺部が同じく相模原市川尻中村遺跡68号住居、出入口部近

縁では同上中丸遺跡63号・83号住居と同大地開戸遺跡J29号住居、群馬県安中市新堀東源ヶ原遺跡148号住居などがある（図1-5〜8）。上中丸遺跡の両事例は、出入口部埋甕の右側に隣接して設置され、後述する「対置関係」の事例としても注目される。加曽利E2式〜E3式期を中心に認められる。

　こうした石柱と、主に扁平礫を小範囲に敷設した石壇とが一体化して奥壁部に設置される事例は、神奈川県相模原市の相模川流域にほぼ集中分布し、大地開戸遺跡J7号住居、寺原遺跡2号住居、川尻3-4号住居や座間市蟹ヶ沢遺跡1号住居などが代表的事例として上げられる（図1-9〜11）。ちなみに、大地開戸遺跡の事例は方形石囲炉に近接して直径1.3mの範囲を河床礫で囲繞した石壇中央部に、長さ60cm、径20cmの棒状礫が立石として設置されている。これらとは若干異なるが、長野県東部域に近接する群馬県西部にも石柱・石壇に類似した事例が存在する。長野原一本松遺跡95区3号住居や高崎市白川傘松遺跡18号住居では、不整然ながら奥壁部周辺に河床礫を多数集積した石壇状の配石が認められる（図1-12）。

　前述の石壇に付随する石柱やこれら遺構の帰属時期はいずれも加曽利E3式前半期であり、柄鏡形敷石住居の出現前段階にあたる。

(2) 住居内の石棒

　男性器状の形態を持つ石棒は、出現・変遷過程やその分類について諸説ある。例えば、前期後半諸磯式期の群馬県域において、白色凝灰岩を素材とした小型石棒が知られているが（能登1995）、こうした石棒は、中期後半に多見される大型石棒とは系譜を異にするとして、呼称を含めて分離すべきとの見解（戸田1997）がある一方で、前期の石棒類が中期的な大型石棒の起源となった可能性も指摘されている（谷口2005）。いずれにしても、大型石棒が住居屋内の限定された場所へ配置されるようになるのは中期後半段階まで下り、柄鏡形敷石住居形態が完成する中期末段階に最も事例が多くなる。その様態は、屋外で破砕・分割された後に屋内に持ち込まれ、主に床面上に横位で出土する事例が多く、床面や方形石組炉のコーナーに直立される事例もある。また、位置的には「奥壁部から炉辺部、出入口部、張出部という主軸空間に出土する傾向」（山本1996a）にあり、石皿・埋甕等との対置関係と共に住居内の祭祀空間区分が窺える。

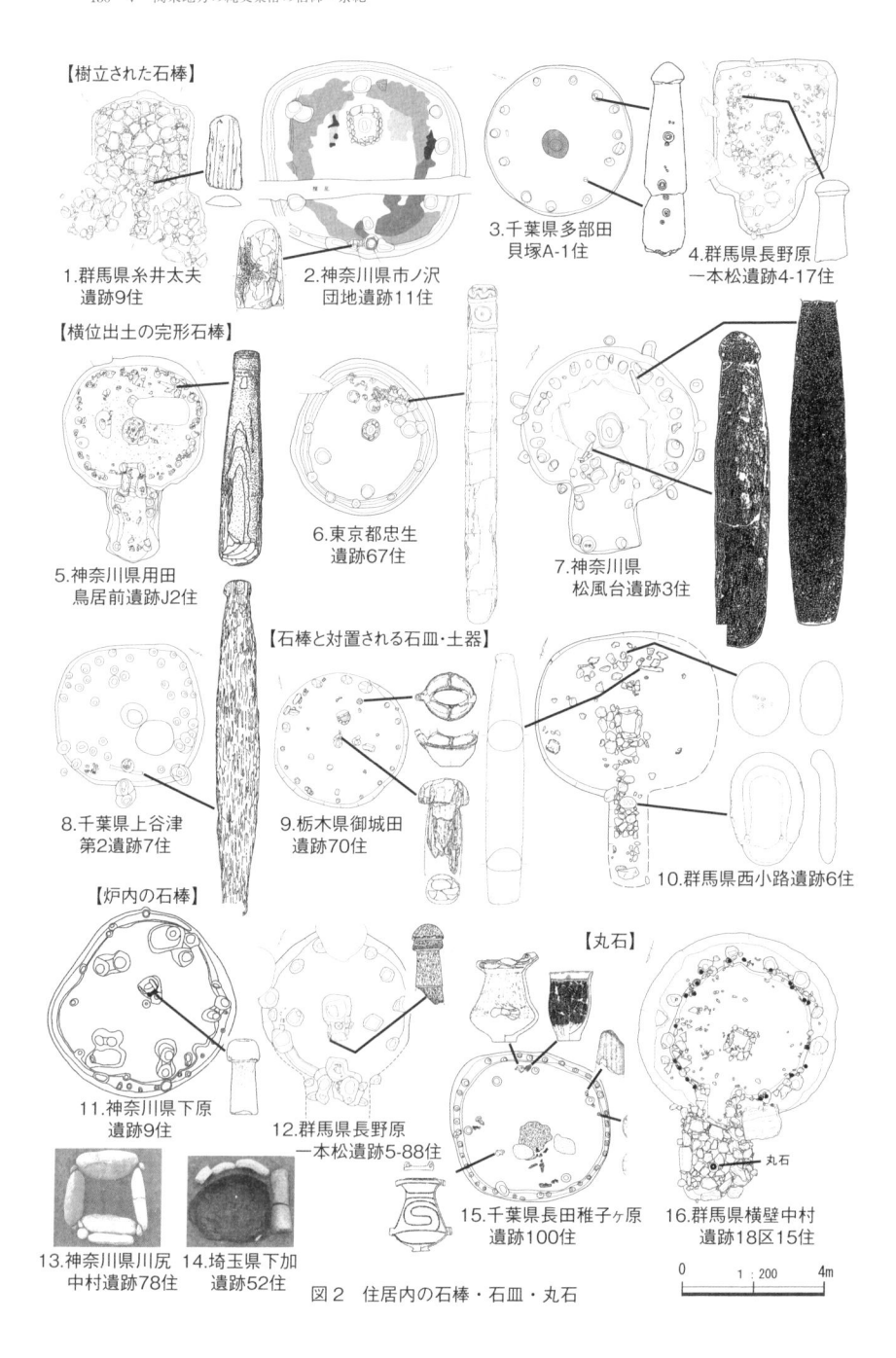

150　V　関東地方の縄文集落の信仰・祭祀

【樹立された石棒】

1.群馬県糸井太夫遺跡9住

2.神奈川県市ノ沢団地遺跡11住

3.千葉県多部田貝塚A-1住

4.群馬県長野原一本松遺跡4-17住

【横位出土の完形石棒】

5.神奈川県用田鳥居前遺跡J2住

6.東京都忠生遺跡67住

7.神奈川県松風台遺跡3住

【石棒と対置される石皿・土器】

8.千葉県上谷津第2遺跡7住

9.栃木県御城田遺跡70住

10.群馬県西小路遺跡6住

【炉内の石棒】

11.神奈川県下原遺跡9住

12.群馬県長野原一本松遺跡5-88住

【丸石】

13.神奈川県川尻中村遺跡78住

14.埼玉県下加遺跡52住

15.千葉県長田稚子ヶ原遺跡100住

16.群馬県横壁中村遺跡18区15住

0　1:200　4m

図2　住居内の石棒・石皿・丸石

前述した石柱（立石）との関係については、その形態の近似性や屋内に設置される時期の共時性などからみて、両者が密接な関係にあることが想定される。しかし、人為的加工の有無と共に石棒自体の製作が各集落内で行われたのではなく、特定の製作遺跡との交易や流通によりもたらされたものであることが近年の研究で明らかとなっており（谷口編2011）、その差異は大きい。また、石棒の希少価値を背景とした威信材的側面も想定され、両者間には祭儀礼に関わる質的差異が存在した可能性がある。

直立された石棒　住居床面に直立された代表的な事例としては、神奈川県横浜市市ノ沢団地遺跡11号住居、東京都の町田市忠生遺跡A地区119号住居、世田谷区桜木遺跡5号住居、千葉県千葉市多部田貝塚A-1号住居、埼玉県入間市板東山遺跡B地点3号住居、群馬県の沼田市糸井太夫遺跡9号住居、長野原一本松遺跡4-17号住居などがある（図2-1〜4）。事例的には僅少だが、中期末〜後期前半の柄鏡形敷石住居を中心とすることが指摘されている（山本1996a）。忠生遺跡例は出入口部埋甕の右側に近接、桜木遺跡例は奥壁部、多部田貝塚例は炉の南側に近接、市ノ沢団地遺跡例は出入口部埋甕左側、糸井太夫遺跡例は炉と出入口部埋甕との中間、板東山遺跡例は張出部に直立されている。時期は、忠生遺跡・板東山遺跡例が加曽利E3・E4式期、多部田貝塚・糸井太夫遺跡例が称名寺I式期であり、板東山遺跡・糸井太夫遺跡例は柄鏡形敷石住居内での直立である。上半部が欠損して形態不明なものを除き、多部田貝塚・板東山遺跡例の有頭石棒以外は全て無頭の大型石棒が使用されているが、市ノ沢団地遺跡例は被熱により剥離破損し、多部田貝塚例はその頭部が打割されて2.3m東側に離れたピット内に埋填されていることから、共に何らかの儀礼行為を反映した可能性が高い。

横位出土の石棒　住居内出土で最も事例が多いのは、床面での横位出土である。完形品の出土事例は僅少であるが、神奈川県の横浜市松風台遺跡3号住居、同三の丸遺跡E区J-2号住居、藤沢市用田鳥居前遺跡J2号住居、千葉県佐倉市上谷津第2遺跡7号住居、東京都の忠生遺跡67号住居と府中市武蔵台遺跡J-22号住居、埼玉県深谷市上本田遺跡67号住居、茨城県龍ケ崎市南三島遺跡47号住居、群馬県前橋市西小路遺跡6号住居などがある（図2-5〜8・10）。出土位置は、奥壁部が三の丸遺跡、用田鳥居前遺跡、南三島遺跡、西小路遺跡例、

炉辺部が松風台遺跡と上本田遺跡例、出入口部や埋甕近縁が忠生遺跡と上谷津第2遺跡、周礫内が武蔵台遺跡例に認められる。有頭石棒と無頭石棒の両者が存在するが、後期では有頭石棒が主体を占めると共に被熱による風化・剥離破損が多見される。

石棒と対置された石皿・土器　石皿との対置関係では、東京都の東久留米市新山(しんやま)遺跡20号住居（炉辺部）や小金井市はけうえ遺跡9号住居（周礫内）、群馬県西小路遺跡9号住居などの事例があり、新山遺跡では底部穿孔の石皿と、西小路遺跡では石皿や丸石とも並置される（図2-10）。

一方、土器との対置関係では、石棒頭部に近接して注口土器を置く栃木県宇都宮市御城田(おしろだ)遺跡70号住居例がある（図2-9）。時期的には、勝坂式期～堀之内式期まで認められる事象である。

石組炉内の石棒　石組炉内に存在する石棒の様態は、コーナーへの直立と石材としての利用が主であり、そのほとんどが完形品ではなく欠損品を用いる点に特徴がある。代表的事例として、神奈川県相模原市下原遺跡B区9号住居、千葉県松戸市一の谷西貝塚1号住居、埼玉県さいたま市下加(しもか)遺跡52号住居、コーナー直立例が群馬県長野原一本松遺跡5-88号住居がある（図2-11・12・14）。時期的には、藤内Ⅱ式併行期の下原遺跡例が初現期と考えられるが、コーナー直立例は中期末葉に多見される点が特徴的である。この他に、コーナー2ヵ所に棒状礫を直立する群馬県下仁田町下鎌田遺跡201号住居や、4ヵ所に直径10cmの円礫を配置する神奈川県相模原市川尻中村遺跡78号住居（図2-13）、群馬県新堀東源ヶ原遺跡132号住居例もあり、石棒直立とも通底した様相と考えられる。

(3)　その他の屋内祭祀遺構

丸　石　事例的には僅少だが、中期では神奈川県川尻中村遺跡70号住居の炉辺奥部から左側に石壇状の石組みや石柱状楕円礫があり、これに直径15cmの丸石が付随している。後期前半では、栃木県宇都宮市上欠(かみかけ)遺跡53号住居の奥壁右側に器台・小形深鉢に近接して径20cm弱の丸石が配置される例や、千葉県成田市長田雉子ヶ原(ながたきじがはら)遺跡100号住居の柱穴に近接して被熱した直径10cmの丸石・石皿・特殊壺と無頭石棒とが対置されている。また、群馬県長野原町横壁中村(よこかべなかむら)遺跡18区15号住居では各柱穴を繋ぐライン内側に沿って、周礫状に

【埋甕と石皿の対置関係】　　　　　　　　　　　　　　　　【埋甕と相同の施設】

1. 埼玉県下加遺跡40住
2. 東京都南養寺遺跡97住
3. 神奈川県尾崎遺跡23住
4. 群馬県中山遺跡1住

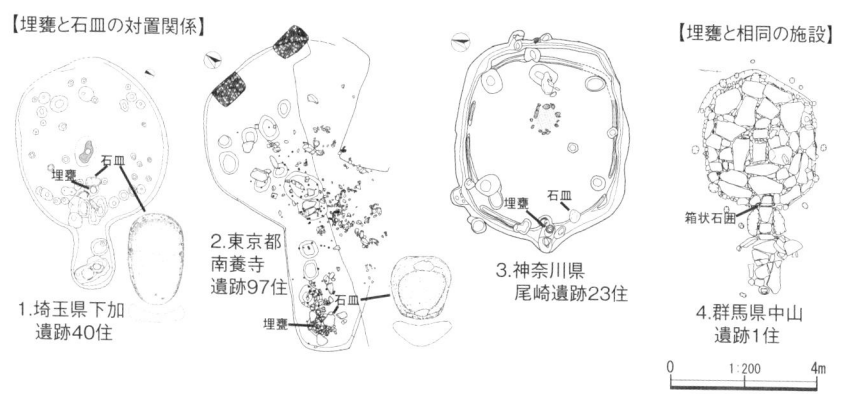

図3　出入口部埋甕と石皿及び箱状石囲施設

径 10〜20cm の丸石 20 数個が配置される（図 2-15・16）。時期的には、中期よりも後期前半の柄鏡形敷石住居例に多く見られる。

出入口部埋甕　住居内埋甕は石柱・石壇とも軌を一にして中期中葉に出現し、中期末葉〜後期初頭にかけて盛行することが明らかにされている（山本 1996b）。事例的には、関東山地寄りの関東地方西北部域を中心に多数が確認され、特に柄鏡形敷石住居に通有の施設と言えるが、同住居内では張出部を主体に埋設される。奥壁部の埋甕例だが、幼児骨と貝製装身具・赤色塗彩アワビ等を出土した千葉県市原市西広貝塚 57 号住居例は注意される。また、石棒との近接関係では前述の神奈川県市ノ沢団地遺跡 11 号住居、千葉県上谷津第 2 遺跡 7 号住居などの事例がある。石皿がその上面を覆ったり近接配置された事例が、埼玉県下加遺跡 40 号住居、東京都の南養寺遺跡 97 号住居（被熱）、神奈川県尾崎遺跡 23 号住居などで確認されている（図 3-1〜3）。また、石皿に近似した扁平礫を載せる神奈川県上中丸遺跡 A-95 号住居や群馬県長野原一本松遺跡 95 区 4 号住居例も、先の事例と類似する宗教的観念を反映した施設と考えられる。

出入口部箱状石囲施設　柄鏡形敷石住居の主体部と張出部の連接部に、板状石により縦・横 20〜40cm の方形の石組施設を設置する事例が、群馬県の高山村中山遺跡、高崎市長井遺跡や若田原遺跡、埼玉県寄居町樋ノ下遺跡に存在する（図 3-4）。主な分布域は、浅間山山系を挟んで群馬県西部と長野県東部に跨がるが、埋甕設置場所とも同一位置にあることから両者の相同性が窺える。時

期的には、中期末〜後期初頭にほぼ限定されている。

2 住居外の信仰・祭祀施設

前期〜中期前半段階では、集石土坑群の周辺にその用材と類似した礫が散在してあたかも配石遺構と見間違う事例はあるものの、住居屋内での状況と同様に顕著な事例を見いだすことができない。ただし、管見に触れたものとしては、群馬県高崎市多比良天神原遺跡で諸磯C式期の長径43cmの大型多孔石を中心部にその周りに小形多孔石2点や亜角礫3点を配置した事例がある（図4-6）。多孔石が女性器を象徴するカップマークの集合体としての呪術具と見れば、これも何らかの信仰・祭祀に関わる配石遺構の一種とすることもできる。しかし、こうした事例も極めて稀で、信仰・祭祀施設が屋外において顕在化する時期は、既に指摘されているように中期末以降であり（山本1981）、環状列石に代表される大規模な「モニュメント」的遺構の登場については、屋内配石が昇華・集約化された柄鏡形敷石住居の出現と軌を一にしている。

(1) 集落内の列石遺構

環状列石　長径50cm内外の多数の楕円形礫を相互に連接配置した列状構造を持ち、その両端が連結する環状列石は、屋外における信仰・祭祀施設として代表的なものと言える。これまでに、群馬県の中之条町久森遺跡・安中市野村遺跡・藤岡市東平井寺西遺跡の3例、栃木県塩谷町佐貫環状列石と神奈川県川尻中村遺跡の各1例、合計5例が確認されている（図4-1〜4）。この中で全形が確認あるいは推定できるのは、久森遺跡・野村遺跡・佐貫環状列石・川尻中村遺跡の4例であり、その規模は久森遺跡の長径30×短径27mを最小として、佐貫の長径47×短径37mが最大となる。野村遺跡や川尻中村遺跡の場合は、長径が33〜36m、短径が26〜30mとなり、若干の差異はあるものの、相互に類似した規模を有している。基本形態はいずれも隅丸方形であり、円形ではないことに留意する必要がある。また、野村遺跡では環状列石の基段部上位にさらに2〜3段石積みしている箇所が認められ、斜面を大規模に掘削・盛り土して平易するような土木工事を行い、その盛り土法面の端部に弧状列石を石垣状に積み重ねている状況も確認できる。こうした石積みは、斜面下位から上位を見上げる正面位置に敷設されており、列石の正面観を意識した構築と考え

155

【環状列石】

1.群馬県野村遺跡
2.群馬県久森遺跡
3.栃木県佐貫遺跡

【弧状列石】

4.神奈川県川尻中村遺跡
5.群馬県横壁中村遺跡

【小配石遺構】

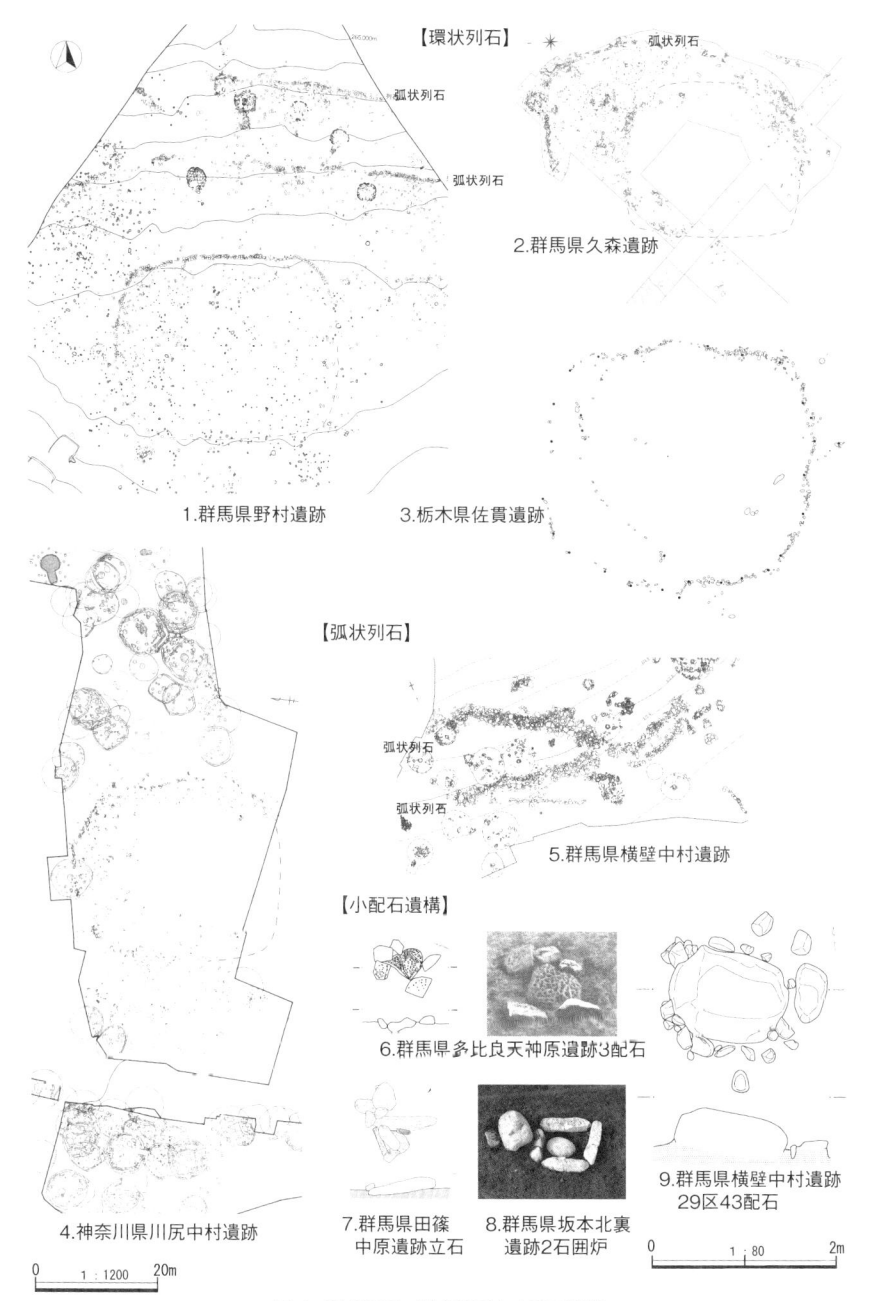

6.群馬県多比良天神原遺跡3配石
7.群馬県田篠中原遺跡立石
8.群馬県坂本北裏遺跡2石囲炉
9.群馬県横壁中村遺跡29区43配石

図4　環状列石・弧状列石と小配石遺構

られる。

　久森遺跡・野村遺跡では、環状列石の上位外縁部に約10mの間隔を置いて1～2基の弧状列石を同心円状に配置し、柄鏡形敷石住居群がそれらの間隙に構築されるような重層的構造が認められる。こうしたことは、中期末葉の環状列石はそれのみで単独立地するのではなく、同時期の柄鏡形敷石住居群が存在する集落の中に構築されたことを示している。また、5例という事例的僅少さを考慮すれば、環状列石は極めて特定の集落内に形成されたと言えよう。

　上記以外に各遺跡の共通点を挙げれば、以下のようになる。

①列石内部には、立石や直径2～4mの円形状配石などの小配石が組み込まれ、単純な列石構造ではない。また、数千個の石材や数百kgを越えるような大型礫が使用され、一集落の枠を超えた同系集団の協働行為が窺える。

②環状列石は「大規模環状集落跡地」には基本的に形成されず、山間部あるいはそれに近接した比較的狭小な丘陵斜面部に立地する傾向が認められる。

③列石下部および列石で囲繞された内側には、墓と想定される土坑や埋甕などをはじめ、何ら遺構が形成されることはない。

④出現・消滅時期はともに中期末葉であり（加曽利E3～4式期）、極めて短期間の中で展開した遺構である。

弧状列石　環状列石と同様に、楕円形状の礫を相互に連接して弧状に配置した列石遺構＝弧状列石が存在する。この列石遺構は両端が開放しており、環状列石のように閉じることはないが、列石内に立石や小配石が組み込まれる点は類似している。規模的には群馬県の高崎市田篠中原遺跡、渋川市空沢遺跡、横壁中村遺跡（図4-5）、埼玉県秩父市塚越向山遺跡のように延長が30mを越える大規模のものや、10mに満たない小規模のものが存在するだけでなく、横壁中村遺跡や塚越向山遺跡では複数列が数mの間隔を置いて重層的に配置される事例もあり多様だが、用材の礫総数や総重量などは環状列石のそれに遙かに及ばない。現在、関東地方で確認されている中期末葉の弧状列石は約30例ほどだが、先の大規模環状集落で何らかの列石遺構が検出されているのは、群馬県の渋川市三原田遺跡、高崎市白川傘松遺跡、下仁田町下鎌田遺跡、神奈川県相模原市当麻遺跡など4遺跡に過ぎず、しかもそれらは延長10m以内の小規模な弧状列石という点で共通する。また、先の横壁中村遺跡や空沢遺跡では、

集落地の外縁端部に延長30m以上の規模で配置され、集落外部とを区画する「結界」のような様相を見せる事例もある。

弧状列石の出現期は、環状列石と同様に中期末葉だが、その消滅は晩期にまで下る。またその様態も、中期末段階では下位に何ら遺構を伴わないが、後期では特定の柄鏡形敷石住居や配石墓群などと連接・一体化して、その機能・性格が時間と共に変化している。

(2) 列石遺構外縁部の祭祀遺構

定型的組石遺構　中期末葉の環状列石や弧状列石の周辺部には、様々な配石遺構が単独的に存在する。例えば、中期末葉の群馬県の田篠中原遺跡や安中市坂本北裏遺跡では、直径30～50cmの丸石を棒状礫で方形に囲繞した組石遺構があり、さらに田篠中原遺跡では長さ78cmの棒状礫を立石状に屹立させて小礫で根固めした配石遺構がある（図4-7・8）。丸石については、前述した中期末葉～後期前半の柄鏡形敷石住居の屋内にも存在するが、「核家屋」の張出部弧状列石内に組石遺構として配置され、時間的経過に伴い様態の変化と屋外の祭祀遺構しての性格が強くなる。また、直径1m以上の巨礫を10～20cmの多数の小礫で囲繞する配石遺構が、横壁中村遺跡や渋川市高源地東I遺跡に認められるが、後期前半の坂本北裏遺跡にも存在し、「磐座」的な様相を見せる（図4-9）。野村遺跡では、環状列石の東南外縁部に2基の屋外炉や伏せ甕状の大型深鉢土器5基が存在するが、これらは環状列石の外縁に沿って配置されており、祭儀礼に伴う共同的な炊爨行為に利用された施設とも想定される。これらとは若干異なるが、屋外調理施設と推定される集石土坑を伴う事例が東平井寺西遺跡や長久保大畑遺跡で10数基検出されており、やはり類似した共同炊爨行為が存在したと考えられる。列石遺構ではないが、神奈川県尾崎遺跡でも不定形配石遺構に伴って集石土坑が存在している。

(3) 屋外の石棒祭祀

集落外縁部の石棒　住居群の立地場所から離れた旧河道内を中心に、長さ1m前後の完形かつ大型の石棒が出土する事例が、群馬県富岡市南蛇井増光寺遺跡や東京都のあきる野市中高瀬遺跡と東村山市下宅部遺跡等で認められる（図5-1・2）。また千葉県富津市岩井遺跡では、集落外の丘陵斜面部の小土坑内から焚火行為による被熱した完形の有頭石棒が出土している。前者については、

河川や湧水地での「完形石棒儀礼」の存在が想定されており（戸田1997）、後者については集落外縁部にて大型石棒に対する「火祭り」的な祭祀行為の存在を窺わせるが、これらは少なくとも集落構成員や同系集団を単位とするような共同祭祀・儀礼であろう。時期的には、中期末葉〜後期前葉段階と考えられる。

土坑内の石棒　土坑内から大型石棒の出土事例は多々あるが、それが堅果類等の貯蔵に関わる石棒祭祀なのか、あるいは墓への副葬や墓標的に直立されたものなのかを識別できる事例は少ない。栃木県御城田遺跡642号土坑は埋土上位から、埼玉県小鹿野町下平遺跡59号土坑では底面に密着して、それぞれ完形の無頭石棒が横位に出土しているが、前者は土坑上面での直立、また後者は埋納された可能性がある。千葉県岩井遺跡3号土坑では、外部での被熱後に底面埋置を思わせる下部欠損の有頭石棒例があり、群馬県高崎市下佐野遺跡7区77号土坑では埋土中位から下部欠損の有頭石棒が完形の瓢形土器や多数の土器片を伴って出土している（図5-3・4）。時期的には、岩井遺跡や下佐野遺跡の事例が中期末葉〜後期初頭、下平遺跡例が後期中葉であり、柄鏡形敷石住居や列石遺構の隆盛期と重なる。

(4)　不定形配石遺構

ここでは、列石構造を持たない不定形な配石遺構を一括する。柄鏡形敷石住居や列石遺構に付随して中期末葉〜後期前半に盛行し、晩期まで散見することができる。五領ヶ台式期の東京都八王子市西野遺跡では、被熱した集石群、埋甕を随伴する焼土遺構や土偶破片などが出土しており、「葬制及び屋外祭祀をうかがわせる」遺構とされている（山本1981）。また、勝坂式期では古くから神奈川県南足柄市狩野遺跡の配石遺構も知られ、約4×5mの範囲にやや散漫な配石と石皿6点、磨り石4点、石棒破片1点が伴出している。中期後半以降では多数の事例があり、栃木県上河内町古宿遺跡、群馬県前橋市芳賀北部団地遺跡、千葉県四街道市千代田遺跡、東京都八王子市船田遺跡、稲城市平尾遺跡、八王子市宇津木向原遺跡例などが代表的である。その立地は、関東山地に近接した関東地方の南西部から北西部にかけた地域であり、基本的に柄鏡形敷石住居や列石遺構に付随するか、あるいはその分布域に限定されている。

(5)　円形柱穴列遺構

当遺構は、直径20〜110cm、深さ30〜50cmの土坑状ピット20数基が、環

【旧河川内出土の完形石棒】

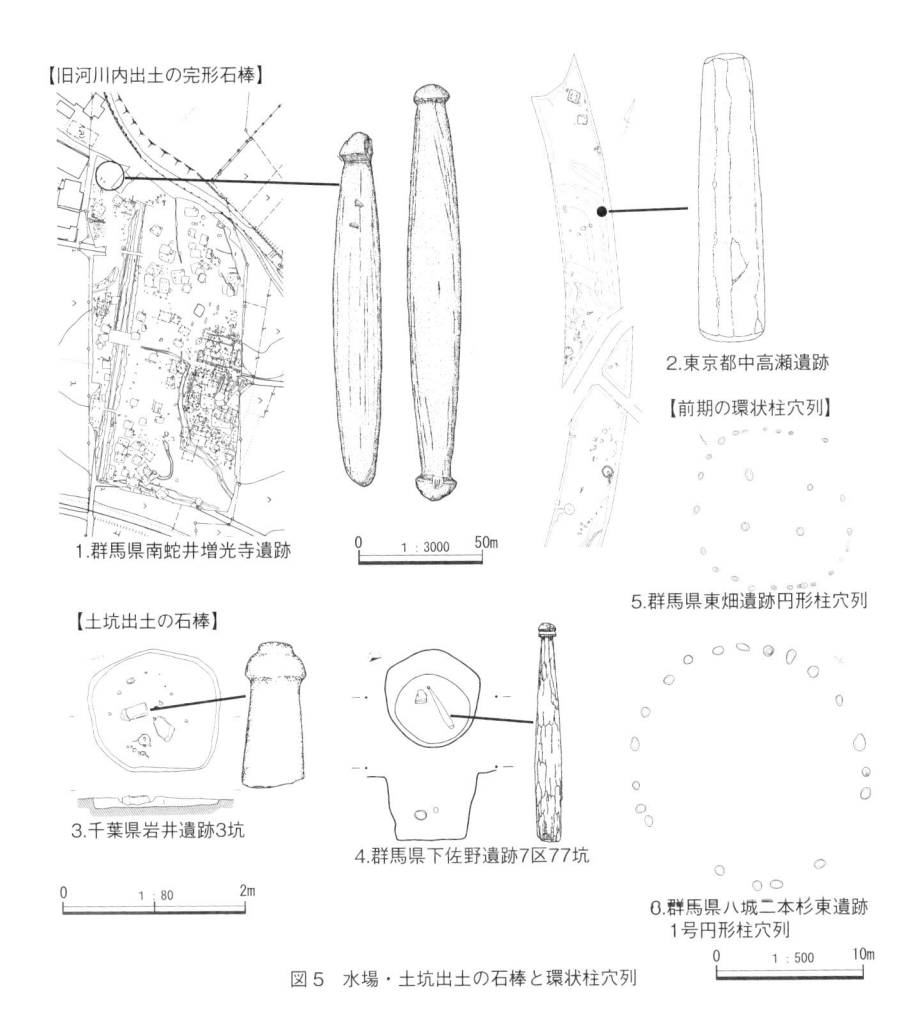

1.群馬県南蛇井増光寺遺跡

2.東京都中高瀬遺跡

【前期の環状柱穴列】

5.群馬県東畑遺跡円形柱穴列

【土坑出土の石棒】

3.千葉県岩井遺跡3坑

4.群馬県下佐野遺跡7区77坑

6.群馬県八城二本杉東遺跡
1号円形柱穴列

図5　水場・土坑出土の石棒と環状柱穴列

状に配置されたものである。群馬県安中市の東畑(ひがしはた)遺跡で1例、同八城二本杉東(やしろにほんすぎひがし)遺跡で2例の合計3例が確認されており、共に前期の関山式期に比定されている。その規模は、東畑遺跡ではピット27基が直径約10mの円形状に配置され、八城二本杉東遺跡1号円形柱穴列ではピット20基が直径約16mに、同2号ではピット20基が直径8mの円形状に配置されている（図5-5・6）。一方、後期堀之内1式～2式期には、横壁中村遺跡19区2号環状柱穴列や30区1号環状柱穴列の事例があり、前者は6基のピットが直径6mの環状に、後者は7基の

ピットが直径8mの環状に配置されている。東畑遺跡例を除き、共に柱穴で囲繞された内部空間には塚柱のような柱穴は存在しないことから、屋根を載せるような構造物ではなかったことが窺える。信仰・祭祀遺構の確証はないが、主に北陸地方の晩期に顕在化する「環状木柱列」の先行事例の可能性もある。

(石坂　茂)

第3節　後期前葉～晩期の信仰・祭祀施設

　関東地方の縄文時代後晩期の信仰・祭祀施設と考えられる遺構を概観すると、その多くは石を用いた遺構である。中期末には大規模な環状列石の構築や柄鏡形敷石住居の発達を見たが、後期に入ると大型の環状列石は造られなくなる。また、柄鏡形敷石住居の形態も後期前半には徐々に変化し、環礫方形配石遺構や周堤礫と呼ばれる施設を付随する住居となり、以後、徐々に住居と石との関係は弱くなってゆく。その一方で、弧状列石の構築や墓坑内、墓坑上部に対する配石行為が盛んとなり、石と墓および墓域との関係が強くなってゆく。

　後期中葉以降には、大規模な掘削及び盛り土が行われ、この過程で祭祀用具を集中する施設が造られるようになり、晩期中葉まで続くが、晩期末葉の信仰・祭祀施設は明瞭ではない。本節では、これらの遺構の中から主要なものを中心に概観する。

(1)　「核家屋」および付帯列状配石

　縄文時代中期末頃、関東西部域で造られ始めた柄鏡形敷石住居は、徐々にその形態を変え、後期中葉には環礫方形配石遺構へと姿を変える。この過程で、柄鏡形敷石住居の張出部から左右に柱穴や配石を延ばす住居が造られるようになるが、堀之内2式期にはその形態が明瞭となり、またその住居が集落の要の位置を占めることから「核家屋」と呼ばれている（石井1994）。「核家屋」は、その変遷過程から住居であることが明らかとされているが、その前面に墓域が設けられたり、住居張出部から延びる列石（付帯列状配石）が配石墓（石棺墓）と連結する場合が多く、「核家屋」に葬祭儀礼の機能が付帯されたと考えられ、また集落内での位置関係から、屋内祭祀の執行など、様々な会合がもたれた可能性が示されている（石井1994・2009）。これら「核家屋」の中で、付帯列状配石を持つ住居は特に労力が掛けられていたことが想像されることから、一般

の住居とは異なる特殊な住居であると考えられる。ここでは当該住居を祭祀関連施設として、その事例をいくつか紹介する。

　神奈川県秦野市曽屋吹上遺跡では、1974～75年に調査された7403地点と2001年に調査された200102地点の2地点の調査が行われている。7403地点（図6）では柄鏡形敷石住居12棟が、緩斜面のほぼ同一等高線上に列をなして検出されており、それと並行するように幅1.5～2.5mの直線状の列石が検出されている。この直線状の配石は、住居間の空白部を境に西側の列石（長さ約30m）と東側の列石（長さ約22m）の2本があり、西側の列石は1・2号敷石（堀之内2式～加曽利B1式期）の張出部を基点とし、東側の列石は環礫方形配石遺構である10号住居（加曽利B1式期）の張出部基部を基点として東へ延びるものと、6号敷石（堀之内2式期）張出部基部を基点として西側に延びるものが合わさって1本の列石と認識されている。

　一方の200102地点では3号敷石（加曽利B1式期）張出部基部を基点として列石が左右に延びており、西側に延びる列石では立石と横石を梯子状に組み合わせる、いわゆる「小牧野式」の組石が見られる。

　群馬県安中市行田梅木平遺跡では、100～150mの間隔を置いて3列の列状配石遺構が検出されており、その何れもが墓坑上に構築されいてる。ここでは、3列の列状配石遺構の内、柄鏡形敷石住居と関連のある2号配石墓群上部の列石に触れる（図7）。2号配石墓群上の列石は、堀之内2式期の14号住居の張出部基部から両側に延びており、その延長は35m、使用された石は397個とされるが、墓坑ごとに上部の石の纏まりがあるように見えるため、墓坑上の配石が当初から列石を意識して構築されたのかは不明である。14号住居張出部基部から1号竪穴状遺構（墓坑と推定される）の間は石が間断無く設置されているが、この部分は地面を削って段を造作し、その段の壁に沿うように石を並べており、一部の石は立石となっている。墓坑、列石とも堀之内2式期に構築されたと考えられることから、住居、墓坑、列石が一体となった施設と考えることができる。しかも14号住居の内側前面部には80mに渡って住居・土坑などの遺構が全く存在しないことから、14号住居が特別な住居であったと推測される。

　以上の遺跡の他に、群馬県安中市坂本堰下遺跡、同渋川市浅田遺跡、同前中

図6　神奈川県曽谷吹上遺跡7403地点（部分）

図7　群馬県行田梅木平遺跡2号配石墓群

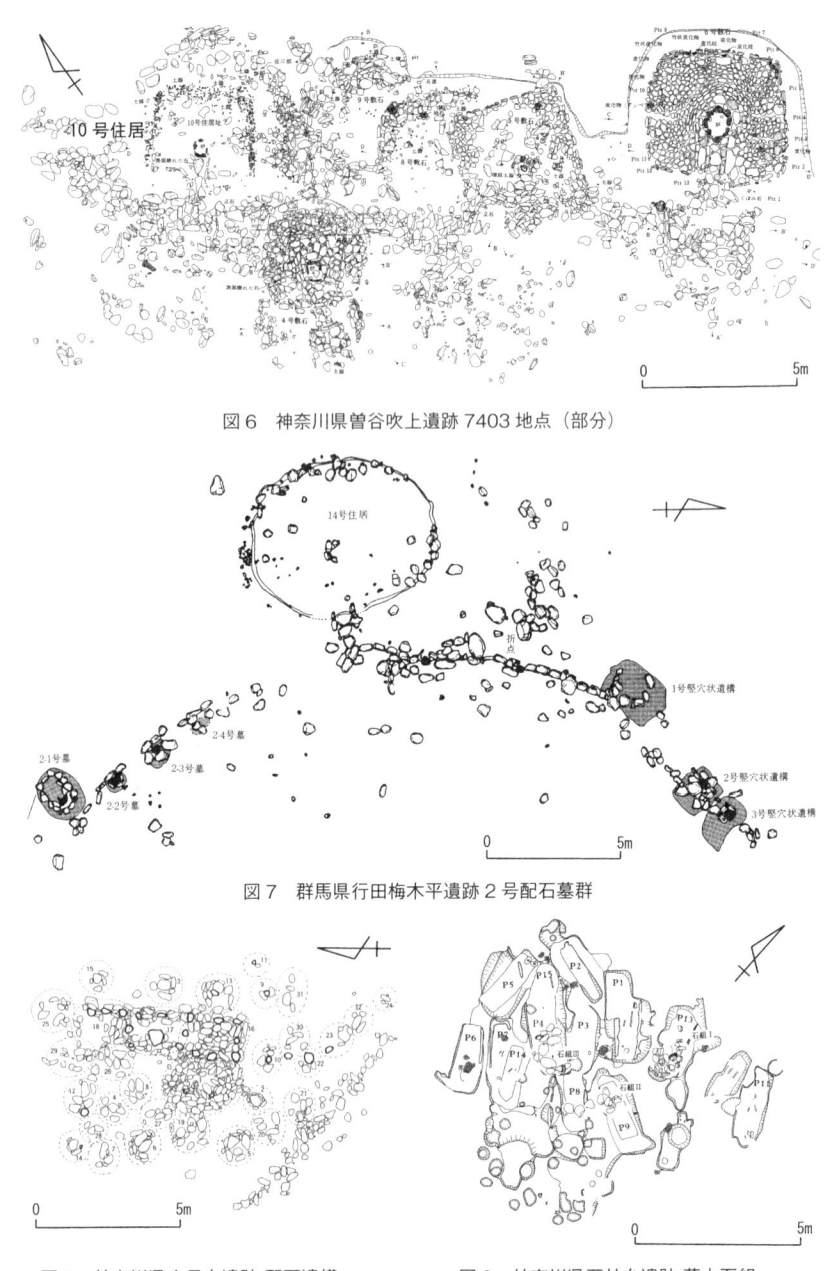

図8　神奈川県金子台遺跡　配石遺構　　図9　神奈川県石神台遺跡　墓上石組

後遺跡、神奈川県伊勢原市下北原遺跡、同三ノ宮下谷戸遺跡、同清川村馬場No.6遺跡などで柄鏡形敷石住居張出部に付随する列石が検出されている。

(2) 環礫方形配石遺構と周堤礫を有する住居

環礫方形配石遺構は、堀之内1式期から加曽利B2式期にかけて造られた遺構で、方形の住居様のプランに直径5cm内外の小礫を25～40cmの幅で帯状に並べて、一辺5～6mの方形にめぐらせた遺構である（鈴木1976）。

一方、周堤礫は、住居の外側に円形ないし半円形に礫を巡らせたもので、環礫方形配石遺構と同一住居において併存することもある。

環礫方形配石遺構に関して言えば、方形に巡らされた小礫がほとんど焼けており、遺構内外から焼けた鳥獣骨が検出されること、石棒、石製小玉などが出土することから、鈴木保彦は環礫方形配石遺構を祭祀遺構と考えているが（鈴木1976など）、山本暉久や石井寛など、柄鏡形敷石住居の一種と考える研究者も多い（山本1985、石井1994）。関東地方西部域に広く見られた付帯列状配石を持つ住居の分布とは異なり、東京都から神奈川県にかけてのより狭い地域に分布している。

環礫方形配石遺構と周堤礫を有する住居が検出されている遺跡は、下北原遺跡、曽屋吹上遺跡、三ノ宮下谷戸遺跡のほか、神奈川県鎌倉市東正院遺跡、東京都町田市なすな原遺跡などがある。

(3) 墓坑上配石

後期前半の堀之内2式期から加曽利B1式期にかけて、墓坑の構築材として石が用いられるようになると共に、墓坑の上部にも配石が行われるようになり、石が墓および墓域と強く結びつくようになる。やがて田端遺跡の環状積石遺構や天神原遺跡の環状列石のように、定形的な配石施設が造られるようになるが、その前段階の配石施設をみておきたい。

神奈川県大井町金子台遺跡では、径10mの範囲内に石組31基以上からなる配石遺構が検出された（図8）。この配石遺構を構成する石組はドーナツ形に集積されたもの、立石列を伴うもの、若干の石を集合させて一つの群を形成するものの3種に分類され、それらの石組が、ドーナツ形のもっとも大きな1号組石を中心に配置されている。また、この配石遺構に接して、南西側に長さ8m程度の石列も検出されている。この配石遺構下の一部を調査した結果、加曽利

E式土器やロームブロックを含む土層があり、さらにその下から数基の土坑が見つかり、副葬された堀之内2式、加曽利B1式土器とともに歯の残片が確認されたことから、配石遺構下から検出された土坑は墓坑であり、堀之内2式～加曽利B1式期に構築されたと考えられている。

調査者の赤星直忠は、配石遺構の組石下から墓坑が検出されたため、配石遺構を地下に埋葬されていることを標示するためのものとし、配石遺構に接して検出された石列を、墓域と生活域を区画するものと推定している（赤星1974）。

神奈川県大磯町石神台遺跡からは、堀之内2式～加曽利B1式期の土壙墓がおよそ10×9mの範囲に少なくとも15基検出され、出土した人骨は25体以上に及んでいる（図9）。前述の金子台遺跡と共に、長楕円形の群集する土坑群が墓坑であることを明確にした遺跡として学史的な意義を有する遺跡である。この墓坑群の上に、3組の石組からなる配石が設けられている。石の総数は56個、広がりはほぼ27㎡と配石の規模は小さい。石組Ⅰ、石組Ⅱ、石組Ⅲはそれぞれ土壙墓P13、P9、P4の直上に設けられており、石組Ⅰおよび Ⅲの構築材には石皿が含まれていた。

報告者の高山純は配石と墓坑群を同時期のものと考え、またその機能については、野犬などによる遺骸の掘り荒らされ防止、墓標、死人が出てこないための押さえ、死者あるいは霊の依り代、土の落ち込み防止などの可能性を挙げた上で考察を行っている。高山は、土葬の後1m四方に拳大から頭大の石をぎっしり並べ、それで死者の所有域を示すと共に死に至らしめた病魔が地中から逸出するのを防ぐという南会津の民俗例が、縄文時代の配石が有していたであろう意義に近いのではないか、と述べている（高山1974）。

以上に述べた遺跡の他に、行田梅木平遺跡（堀之内2式～加曽利B1式期）、埼玉県秩父市入波沢西遺跡（堀之内1式～加曽利B1式期）で墓坑上の弧状列石が、神奈川県伊勢原市下北原遺跡（堀之内1式～加曽利B1式期）などで墓坑上の不定形配石が検出されている。

(4) 環状積石遺構とその類例

環状積石は配石墓を含む墓坑群上に礫石を径約10mほどの環状に巡らせた遺構で、関東地方では、東京都町田市田端遺跡や群馬県安中市天神原遺跡などで検出されている。

田端遺跡では、中期中葉勝坂1式期から集落が形成され始め、後期前葉の堀之内式期まで断続的に集落が続いているが、後期中葉以降の住居は隣接する田端東遺跡から加曽利B3式期の住居が1棟検出されているだけである（安孫子2005）。後期中葉加曽利B1式〜B2式期に配石墓や土壙墓からなる墓域が形成されるが、この墓坑群の上に、調査者である浅川利一によって「環状積石遺構」と名付けられた積石遺構が発見された（図10）。この積石遺構は、長径（東西）9m、短径（南北）7mの大きさで、大小の礫石約900点が幅1〜1.5mの帯状に積み上げられ、2ヵ所で途切れているが、概ね楕円形の環状に造られている。積石の中には少なくとも9ヵ所の立石（調査時には倒れていた）があり、その内数例は立石の周囲を礫で囲っていることから、いくつかの組石状の遺構が組み合わさって環状積石遺構となっているようである。積石遺構の東側には、石棒が集中的に検出された場所があり、大小12点の石棒と3点の石皿が検出されている。また積石遺構の一部には、下部の配石墓の石が転用されている。
　積石遺構と墓坑群の間には間層があるとされ（戸田1971）、環状積石遺構は墓坑群とは直接的には関係なく短期間に造られたとされる。構築された時期は加曽利B2式期で安行3c式の土器や土偶などが伴うことから、安行3c式期まで死霊、祖霊といった人間の霊魂に対する意識を伴う宗教的遺構として存続したと考えられている（戸田1971）。また、環状積石遺構の長軸線上に富士山が望まれ（浅川1974）、冬至の日には丹沢山系の最高峰、蛭ヶ岳に太陽が沈むとされる（安孫子2005）。
　天神原遺跡の環状積石遺構（報告書では環状列石）は、後期中葉加曽利B2式期から後期末葉高井東式期にかけて形成された墓坑群の上に構築されている（図11）。積石遺構の規模は、直径約10mで、その積石遺構を囲むように幅10〜20mの周溝が掘られ、さらに外側に周堤帯（環状盛土）が構築されて、同心円状の大規模なモニュメントと化している（大工原・林1995）。積石遺構の構築に際しては、田端遺跡の積石遺構と同様に、下部の配石墓の構成礫が転用されている。下部墓坑群との切り合い関係などから、積石遺構は配石墓の構築終了直後に、間断無く構築されたと考えられている。この積石遺構に付随して祭壇状配石遺構、通路状配石遺構、門状配石遺構が構築され、積石遺構と共に晩期前半に使用されていたと考えられる。これらの遺構の中で特に注目されるの

166 V 関東地方の縄文集落の信仰・祭祀

図10 東京都田端遺跡 環状積石遺構

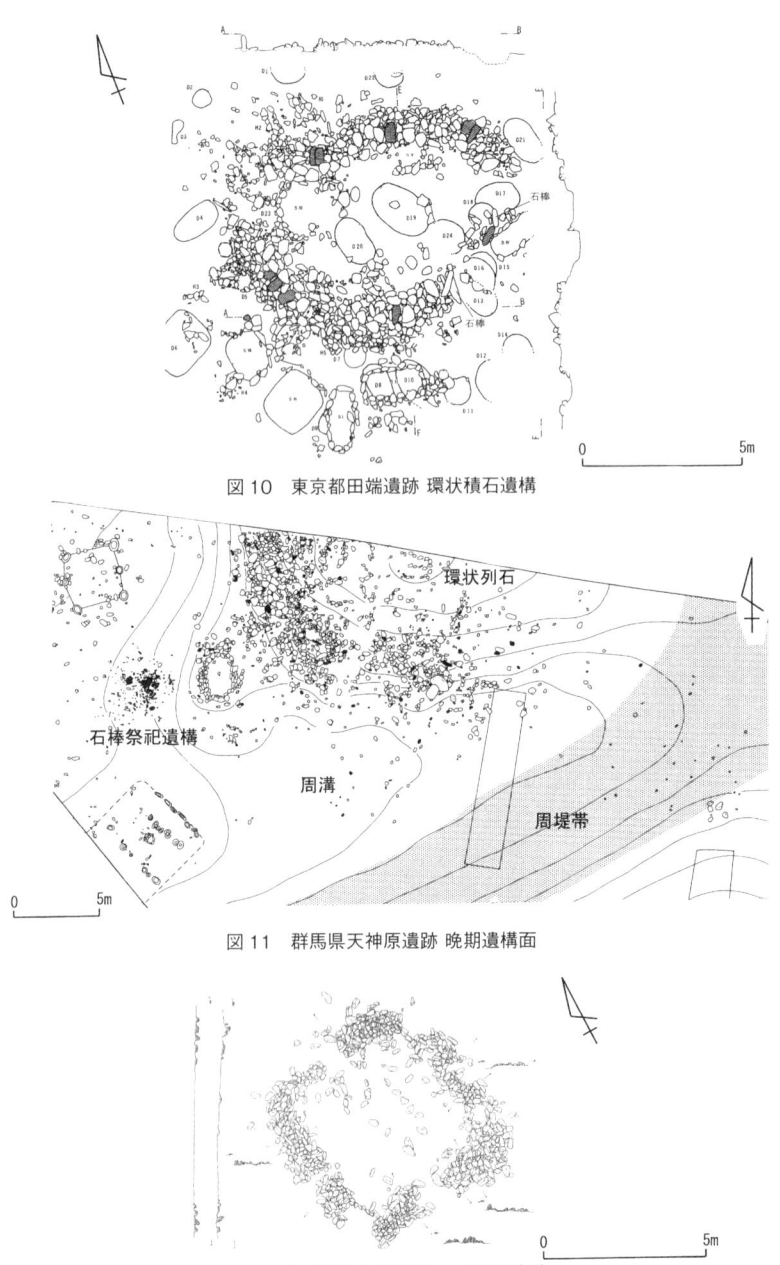

図11 群馬県天神原遺跡 晩期遺構面

環状列石
石棒祭祀遺構
周溝
周堤帯

図12 東京都下布田遺跡 方形配石遺構

は祭壇状配石遺構で、この遺構の西縁部に3本の立石が設置されていた。この立石を積石遺構の中心部から見ると、ちょうど妙義山の三峰に対応する位置に設置されており、しかも春分、秋分の日に中央の金洞山上に日が沈むとされる（大工原 2005）。

東京都調布市下布田遺跡では、方形配石遺構と呼ばれる遺構が検出されている（図12）。この遺構は、650〜800点の礫を方形環状に積み並べたもので、長径6.5m、短径6.1mの大きさである。北側と南側の辺の中央部はそれぞれおよそ1m程度の幅で礫が存在しない。配石を構成する石材の大きさは、10〜15cm大から40〜50cm大のもので、多くは長楕円形である。配石の構造をみると、礫が立石状をなすもの、斜めに差し込まれたもの、横位に置かれたものがあり、無造作に河原石を積み上げたものではなく、計画的に河原石を組み上げたものと考えられる。

この方形配石の中央からは長径2.3m、短径0.6mの土坑が検出され、その土坑からは長さ38cmの石刀が出土していることから墓坑と考えられている。また、土坑内の南側からは深さ45cmのピットが検出されていることから、何らかの地上標識があったと推定されている。

出土土器から、方形配石遺構の年代は、晩期安行3d式期と考えられている。

以上の遺跡の他に、群馬県みなかみ町深沢遺跡（加曽利B3式〜高井東式期）、渋川市押出遺跡（安行3b・3c式並行期）でも配石墓上部に更なる配石を設け、祭祀の場としている遺構が検出されている。

(5) 石棒祭祀遺構とその類例

東京都調布市下布田遺跡からは、「特殊遺構」と呼ばれる、石棒が多数出土した遺構が検出されている（図13）。「特殊遺構」は、長径約175cm、短径約135cmの五角形の平面形をした土坑で、確認面からの深さは9〜12cmを測る。この土坑内からは大小40数個の河原石と10数個の石棒を中心に、磨製石斧、石皿、凹石、手づくね土器、勝坂式や堀之内式の土器片の加工品などが出土している。伴出した石棒は大型のもので、縄文中期後半から後期初頭に造られたものと考えられ、その多くは南西側から北東側に向かって倒れているような状態で検出されたことから、本来は石棒が立てられていたものと考えられている。この遺構に隣接して大洞C_2式の小型壺形土器が出土していることから、「特殊

遺構」は大洞 C_2 式併行期の安行 3d 式期に造られたと考えられる。

埼玉県鴻巣市赤城(あかぎ)遺跡から検出された石棒祭祀遺構は、祭祀遺物集中地点と呼ばれている（図14）。遺跡の平坦部から低地部へと続く斜面に、長径 3.5 m、短径 2.5 m の範囲で祭祀的な遺物の集中箇所が見られたが、掘り込み等の遺構は存在しない。出土した遺物は、礫 171 点、破砕礫 161 点、土器 791 点（内注口土器 113 点）、土製品・石製品 15 点、土偶 103 点、石器 157 点の合計 1,398 点で、特に土偶、石棒・石剣類の出土量が多く注目された。また、土器については安行 3c 式およびその併行期のものが最も新しく出土量も多いが、中期後葉の加曽利 E 式〜晩期中葉の安行 3c 式までの土器が出土し、特に把手が多いことから、選択されて祭祀遺物集中地点に持ち込まれた可能性が高い。なお、赤城遺跡の祭祀遺物集中地点について分析した阿部友寿は、注口土器のほとんどが安行 3a 式であることから、安行 3a 式期と安行 3c 式期の少なくとも二度の廃棄があったと推定している（阿部 2005）。

天神原遺跡の石棒祭祀遺構は、径約 4 m の範囲に石棒、石皿、球石などが 656 点集中した状態で検出されたものである（図15）。赤城遺跡とは異なり、石棒祭祀遺構を囲むように柱穴が検出されており、この遺構を覆っていた構造物の存在が推定された。また、検出された石棒・石剣類はすべて中折れ状態であった。この遺構からは、石鏃・石鏃未製品 48 点が検出されると共に、剥片 177 点、石核 16 点が検出され、この場所で石鏃製作が行われた可能性が高い。

もう一つ、この遺構で注目されるのは、多用な色彩・性質の自然石が検出されたことで、鉄鉱石の他に、赤（赤色チャート）、白（石英）、黒（黒曜石）、緑（凝灰岩）の各色の石材が一定の方向にまとまって出土しており、この石棒祭祀遺構を遺した人たちが彩りにも気を配っていたことが推測される。出土した土器は、加曽利 B1 式、高井東式などもあるが、天神原式（安行 3b、3c 式併行期）のものが最も新しく出土量も多かったことから、天神原遺跡の石棒祭祀遺構は同時期の遺構と考えられる。

以上の他に神奈川県伊勢原市池端・金山遺跡でも、石棒を集めた遺構が検出されている。時期は加曽利 B2 式期とされる（戸田 2009b）。

(6)　「環状盛土遺構」

栃木県小山市の寺野東遺跡で発見された「環状盛土遺構」は、その規模の大

図13　東京都下布田遺跡　特殊遺構

図14　埼玉県赤城遺跡　祭祀遺物集中地点

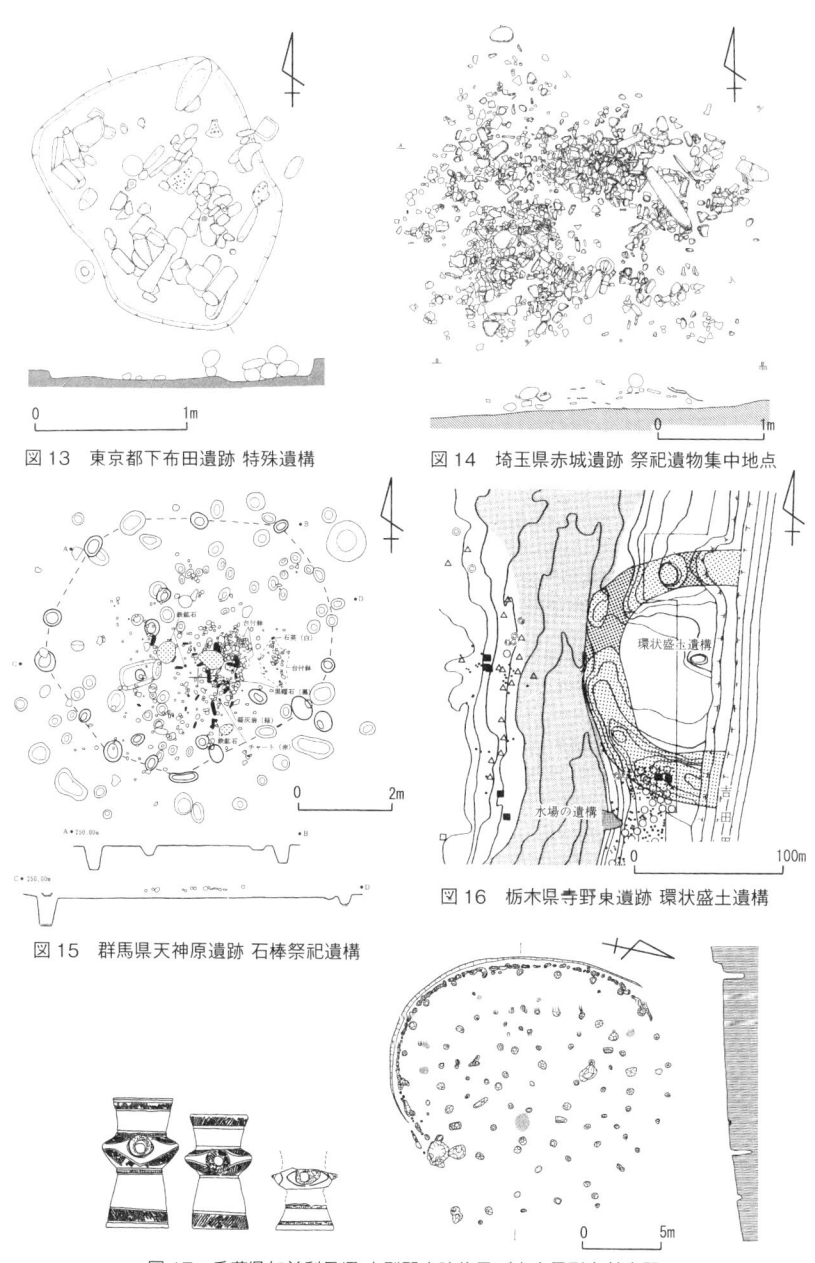

図16　栃木県寺野東遺跡　環状盛土遺構

図15　群馬県天神原遺跡　石棒祭祀遺構

図17　千葉県加曽利貝塚　大型竪穴建物及び出土異形台付土器

きさから注目を集め、発見当初は祭祀場との発言が目立ったが、現在では集落形態の一つとの考えが有力である。しかし、祭祀場との考えが完全に払拭されてはいないので、ここで紹介する。

　寺野東遺跡の「環状盛土遺構」は、南北約 165m、幅 15～30m の盛土が環状に巡る遺構である（図16）。盛土の中央は、盛り土行為を行う際の掘削地で、皿状に窪んでおり、その掘削の深さは最大で 2.5m にも及ぶ（初山 2005）。盛土と盛土内側の比高差は最大で約 4.4m である。盛土は後期前葉の堀之内 1 式期から晩期前葉の安行 3b 式期にかけて造られたと考えられ、特に加曽利 B2 式期から安行 1 式期にかけては、盛り土行為が連綿と行われていたと考えられている。この盛土中からは住居の他、埋甕や柱穴などの遺構が検出され、大量の土器・石器の他、土偶や耳飾等の「特殊遺物」も多量に出土している（江原 2005）。この「環状盛土遺構」について、報告者の江原英は、盛土部から粗製土器や石器をはじめとする居住の場に普遍的に出土する遺物が大量に出土していることから、居住域すなわち集落の一形態であると推定している（江原 1999）。

　しかしながら、盛り土行為の時間的な長さ、投入された労働力の多大さ、何よりその大きさによる視覚的な効果を考えれば、先祖から連綿と続いてきた時間の意識が呼び起こされるモニュメント（記念碑）であるとの考え（松木 2007）も捨てきれない。「環状盛土遺構」は、寺野東遺跡の発見以来、埼玉県の大宮台地、千葉県北西部でも多数の遺跡が認められている。例えば、埼玉県蓮田市雅楽谷(うたや)遺跡（加曽利 B1 式～安行 3b 式期）、同さいたま市馬場小室山(ばんばおむろやま)遺跡（後期安行式～安行 3d 式期）、千葉県佐倉市井野長割遺跡（安行 2 式～安行 3d 式期）、流山市三輪野山貝塚（堀之内 1 式～安行 3d 式期）などの類例がある。

(7)　**大型竪穴建物**

　関東地方東部域には良好な石材供給地が無いため、石による信仰・祭祀施設は非常に少ない。しかしながら、土偶や土版、石剣といった祭祀的色彩の濃い遺物を多量に保有する遺跡もあり、決して祭祀活動が不活発だった訳ではない。恐らく発掘調査では検出できないような信仰・祭祀施設もあったと思われる。

　このように信仰・祭祀施設の認知数の少ない地域ではあるが、信仰・祭祀施設と考えられる遺構として、千葉県北西部を中心に検出されている「大型竪穴

建物址」が注目される。「大型竪穴建物」は平面の直径が10～20m程にもなる円形、楕円形あるいは隅丸方形の住居で、他の一般的規模の住居とは遺跡内での位置を異にして集落内の要の地に位置し、しかも同じ場所に繰り返し建て替えられるなど、関東地方西部の「核家屋」とされた柄鏡形敷石住居と類似点が多い。また、同建物内からは多数の炉が検出されたり、異形台付土器をはじめ、土偶や石棒・石剣など祭祀色の濃い遺物が出土することが多く、合同祭祀的行為が行われた場所と考えられている（阿部2001）。例えば、千葉市加曽利貝塚では長径19m、短径16mの「大型竪穴建物址」が検出され、この建物址からは石棒や3個体の異形台付土器が出土している（図17）。同じように佐倉市井野長割遺跡でも第2次1号住居から一対の異形台付土器が出土している。

このような「大型竪穴建物」は、佐倉市宮内井戸作遺跡の調査所見から加曽利B1式期には造られ始め、晩期中葉まで造り続けられたようである。また、同様の建物は茨城県高萩市小場遺跡（安行1～2式期）、千葉県鎌ヶ谷市中沢貝塚（安行2式期）、市原市西広貝塚（晩期中葉）、佐倉市吉見台遺跡（後・晩期）などでも検出されている。

(8) その他の祭祀施設

以上のような祭祀施設の他に、群馬県みなかみ町矢瀬遺跡で検出された祭壇状遺構（安行3c式併行期）や木柱列（後期末葉～晩期後半）、東京都下宅部遺跡で発見され狩猟儀礼を示すと考えられる獣骨と弓の共伴事例（千葉2012）、各種の弧状列石や直線状列石など様々な祭祀施設と考えられる遺構があるが、紙幅の都合上割愛した。

（林　克彦）

第3章　関東地方の信仰・祭祀施設の特徴とまとめ

第1節　屋内信仰・祭祀施設

住居内配石と柄鏡形敷石住居　住居内に設けられる立石（石柱）・石壇・石棒については、かつて水野正好や桐原健、宮坂光昭らによって論じられてきたところであるが、こうした遺構を有する住居の性格については、「司祭者・呪術者の家」（水野1969）、「共同祭祀の場」（長崎1973）、「一般住居における時代性」（山本1994）などに見解が分かれる。また当遺構については、柄鏡形敷石

住居の出現に関わる住居内遺構とされ、中部地方の「唐草文系土器」分布域を中心にその周辺域に広がったとされている（山本 1976）。こうした中期における住居内配石については、五領ヶ台式期に八ヶ岳西麓で出現し、徐々に分布域を拡大していく中で勝坂 2 式期に「複数の石柱を柱穴と側壁との間に設置する事例が、相模川中流域で出現する」という佐野隆の見解もある（佐野 2003・2008）。状況的には、中期前半での「置石」のような住居内配石が後半段階で石柱・石壇や石棒の配置へと変移し、出入口部埋甕の出現とも併せて中期末葉の柄鏡形敷石住居へと連繋してゆく。

住居空間と石棒祭祀　住居屋内における石棒の出土位置については、主に奥壁部・炉辺部・出入口部・張出部等の主軸空間に認められ、特に石組炉や後述する張出部埋甕との関係も多見される。石組炉内に石棒が配置される事例について、石棒本来の機能・性格が途絶した後に石材の一つとして転用されたのか、あるいはその機能・性格を保持したまま炉に関わる祭祀・儀礼として組み込まれたと見るのかは、現在も意見の分かれているところである。しかし、その多くが完形品ではなく欠損品を用いることや炉のコーナーに直立させて組み込むなどの点は、各研究者が主張するように破壊を伴う屋外石棒祭儀の延長線上に配置された儀礼と言える。「たえず、火を受けながら、浄化される石棒という住居内石棒祭祀」（山本 2007）説や「炉の神（火の神）への奉斎」（神村 1995）説も、先の検出状況を加味すれば解釈の方向性としては首肯できるものだろう。ただし、その出土が特定箇所に限定されない状況もあり、石棒を用いての屋内祭儀内容が住居空間単位に異なっていた可能性も考慮する必要があろう。

呪術的遺物の対置関係　石棒と石皿とのセット出土については、石棒を男性的象徴、石皿を女性的象徴と見なし、この一対の関係を「性交を隠喩的に表現」（谷口 2006）したとの解釈がなされている。また、石棒・石柱と石皿を伴う住居には「短時間内での埋め立て」が共通して認められることから、「何らかの禁忌的事態の発生の際、呪術行為が、石皿、石棒と立石を交えて行われた後に、禁忌事象の沈静のために、つまりその住居を葬るための人為的な火入れや、埋め戻しの行われた結果」（三上 2007）という理解もある。こうした遺物の対置関係を「男・女性原理」に置換して「新たな生命を喚起する象徴」とする考え方は、谷口や三上だけでなく他の研究者にも共通しているが、主に廃屋

儀礼と関係付けられてきた屋内石棒の被熱破砕事例の多さについても、同じ脈絡の中での理解が可能である。

出入口部埋甕　中期中葉に顕在化して中期末葉から後期初頭に盛行する当施設の機能・性格については、民俗事例に基づいた胎盤収納説や幼児埋葬説があるが、奥壁部埋設の千葉県西広貝塚 57 号住居例を除外すれば、各説を実証する具体的な内容物の検出や埋没土等に対する理化学的分析成果の乏しさもあり、現段階でも想定の域を出ていない。また、両説を包括した「妊娠・出産に伴う女性的儀礼行為の産物」という認識も、上記と同様の次元にとどまる。ただし、その設置場所が柄鏡形敷石住居に典型的なように、出入口部や張出部の軸線上を基本としており、従来より指摘されてきた「踏む」「跨ぐ」という行為との関係性や、住居の「空間分割を象徴するシンボル」(川名 1985) あるいは屋内外を区画する結界としての理解も踏まえる必要があろう。また、石皿や石棒がその上面を覆うように意図的に配置された事例は、前述の対置関係を含め何らかの信仰・祭祀施設としての性格が窺える。

　出入口部埋甕を含め、前述の中期後半に顕在化する住居内の祭儀礼に関わる石棒や諸施設は、後期後半以降に急速に衰退・消滅するが、石棒や丸石等は屋外の列石遺構との結びつきを強めてゆく。

第 2 節　屋外信仰・祭祀施設

(1) 中期～後期初頭

環状列石の出現と消長　関東地方に見られる環状列石の消長については、既に幾度か述べてきたところであるが (石坂 2004・2007)、群馬県の久森遺跡や野村遺跡における柄鏡形敷石住居との重複状況や周辺での出土土器から判断すれば、加曽利 E3 式末段階に出現して同 F.4 式期には消滅するというかなり存続期間の短い祭祀遺構といえる。この祖型については、中期中葉段階の長野県大野遺跡の配石遺構例をあてる見解 (佐々木 2003) もあるが、当事例については小規模環状集落の重層構造により住居帯の内側に配置された土坑 (墓) 群上部の小配石群を環状列石に認定したものであり、列状構造を持つ定型的な配石遺構ではない点で首肯できない。現時点では、加曽利 E3 式期末段階に突如出現するという状況下にあるが、柄鏡形敷石住居の出現とも軌を一にしているこ

とから、基本的に同一の背景を持つと考えられる。

　この環状列石内で執行された祭儀礼内容の逐一を明らかにすることは困難だが、列石内に組み込まれた石棒・多孔石・石皿などの存在を考慮すれば、それが生産・豊穣あるいは再生や祖霊崇拝に関連した祭儀礼を執行する施設であった可能性は高い。だだし、環状列石内部や下部に墓が構築されなかった点から、死者と直結するような葬送儀礼を行う施設ではなかったと考えられる。

　関東地方の環状列石は、東北地方北部域や北海道に先行して出現するが、その消滅は中期末葉段階であり、後期前半まで下る事例はない。後期中葉段階に出現する東北地方の環状列石とは大きな時間的ヒアタスがあり、現時点でその系譜関係を認めることは困難だが、隅丸方形状の形態や規模および柄鏡形敷石住居の北進現象を考慮すれば、今後両地域を繋ぐ「ミッシングリンク」が発見される可能性はある。

　列石遺構の階層的構造　中期末葉の列石遺構は、大規模環状列石と大・小規模弧状列石の3つに分類できるが、その規模・内容や投下された労働量を基準に見れば、環状列石の構築が当該集落の居住者のみでなく、周辺集落の同系集団の動員により達成され、かつ環状列石を伴う集落が弧状列石のみの集落に比べてより高度な祭儀礼を執行していたと考えることもできる。この仮定が妥当とすれば、大規模環状列石を頂点に大規模弧状列石→小規模弧状列石という序列化された階層的祭祀構造が想定される。

　屋外の石棒祭祀　前項で既述したが、中期後半段階から顕在化する住居内石棒は、完形品は僅少で破損品が主体を占める。これは、屋外での意図的な破壊を伴う石棒祭儀行為を経たのちに屋内に持ち込まれたことを示している。これを裏付ける屋外石棒祭儀の事例は乏しいが、千葉県岩井遺跡例は破壊・分割行為にまで到達していないものの、「浄火」を伴ったまさにその典型的事例である。こうした屋外での共同祭儀により破壊・分割された石棒が、各住居へと分配・配置される状況は「石棒を祖霊の象徴物として仮定すると、石棒の分割は祖霊の力の分割」であり、「家族・一族の系譜の象徴となる祖先の神霊」（谷口2005）を奉祭するという宗教的観念に基づく集団統合を窺わせる。また、竪穴住居屋内に設置される「底部穿孔倒置埋設土器」や「住居床面倒置土器」については、「再葬墓」（山本2007a・b）、「甕棺」（吉田1956）や「土器棺再葬墓」（小野1982）

（長沢 1994）などとされており、ここでは取り扱わない。　　　　　　　（石坂　茂）

(2) 後期前葉〜晩期

　後期初頭の時期、関東地方西部域では柄鏡形敷石住居が中期末葉から引き続いて造られているが、堀之内1式〜2式期に張出部が凸字状になるとともに、敷石の敷設が炉から張出部にかけての狭い範囲に縮小される傾向にあるなど、住居の形態に変化が認められる（山本2002）。また、張出部基部から列石あるいは柱穴を左右に延ばす住居が集落の要の位置に造られるようになり、その住居は「核家屋」と呼ばれているが、住居によっては、住居張出部から延びた列石が墓坑上部に構築されるものがあるなど、祭祀を司る特別な住居と考えられている（石井1994）。

　また同時期には、柄鏡形敷石住居の一形態として、神奈川県、東京都を中心に周堤礫を持つ住居や環礫方形配石遺構が出現する。周堤礫については、住居の外側に積み上げられた、外部からの視線に訴える装飾的な施設であるとも考えられている（石坂2004・2006）。環礫方形配石遺構や周堤礫は、祭祀施設であるとする考え（鈴木1976）と、住居廃絶後に行われた廃屋儀礼の跡であるという考え（山本2002など）があり、結論は出ていない。

　これらの特徴的な住居が造られた堀之内2式期に、墓および墓域に対する配石行為が目立つようになる。墓坑について言えば、土坑の両端に礫石を置いたり、土坑の壁を礫石で囲繞する配石墓が出現する。これらの墓坑の上には、金子台遺跡や石神台遺跡で見られるように、墓標とも考えられる石組や集石がなされるが、上部配石がなされた理由ははっきりとはわかっていない。しかし、墓と石とが強く結びつくようになったことは確かであろう。

　田端遺跡や天神原遺跡では、この上部配石が環を意識した規格的な形態となり、径10m前後の「環状積石遺構」となる。伴出する土器の年代から晩期中葉まで祭祀の場として活用されたと考えられている。「環状積石遺構」には大型の石棒や大型の棒状礫が含まれているが、同じ晩期中葉には石棒類や土偶などの特殊な遺物を集積した「石棒祭祀遺構」も遺されており、特殊な遺物に対する信仰があったことが窺われる。

　関東地方西部域で、敷石住居から変化した環礫方形配石遺構や周堤礫を持つ住居が発生した頃から、大規模な掘削行為が認められる遺跡が増加してくる。

巨大な「環状盛土遺構」が検出された寺野東遺跡が代表的なものであるが、後期後半に至って栃木県から千葉県北西部にかけて、多くの遺跡で地面を掘削し土を環状に盛り上げる行為がなされ、晩期中葉まで続いている。また、加曽利B1式期に、関東地方西部域の「核家屋」にも対比され、合同祭祀の場とも考えられる「大型竪穴建物」が千葉県北西部で出現し、やはり晩期中葉まで続く。

このように、関東地方においては晩期中葉まで信仰・祭祀施設と考えられる様々な施設が造り続けられるが、晩期末葉の千網式・荒海式期については、明確に信仰・祭祀施設と言える遺構は見つかっていない。

以上、後晩期の祭祀・信仰施設を概観したが、関東地方西部域においては敷石住居や環礫方形配石遺構、配石墓、環状積石遺構など石を用いた多様な信仰・祭祀施設が多く造られる一方、石材の供給源を持たない関東東部域では、「大型竪穴建物」など石を用いない異なった形態の施設を造っており、一見すると東西の地域差は大きい。その一方で、地面を大きく掘削する行為については両地域で行われているし、一般的な住居とは異なる特徴的な住居が、集落の特定の位置に造り続けられるという状況には共通性が認められる。

最後に、関東地方の信仰・祭祀施設のいくつかのものについて、それらの施設が造られたことの意味について考えてみたい。堀之内2式期以降に、石と墓および墓域との関係が強くなったことを述べたが、墓域とその上に構築された配石には有機的な関係が認められることから、上部配石は墓に葬られた人々、つまり祖先を祀った施設だと結論付けられることが多い。しかし、祖先祭祀と言っても、その言葉が意味するものは多様であり、その何れを考えるかによって遺構の解釈が変わってしまう。例えば、祖先を慰撫するためのものなのか、祖先を神に近い存在として何かを祈念したものなのか、祖先を悪霊と考え鎮めるためのものなのか、祖先を顕彰し記憶するための装置なのか、いろいろなことを考えることができる。残念ながら、私たちが手にすることができる情報だけでは、これらのことを考察することは大変難しい。

上部配石が祖先祭祀の施設と言われることが多い一方で、祖先祭祀とする考えに慎重な立場をとる研究者もいる。例えば、阿部友寿は、上部配石構築後の埋葬の追加の消極性から、継続的信仰形態を特徴とする「祖先崇拝」とは考えられないとしている。ただし、上部配石が墓と関係することは明らかなことか

ら、石や配石行為が、埋葬施設であることを想起させる記憶装置の役割を果たし、「祖先崇拝」とは異なる「祖先観」があったことを想定している（阿部 2003）。

　墓域と上部配石について言えば、墓坑と配石行為が強く結びついているように見えることから、そこに祖先祭祀を想定することは自然の成り行きだと思われる。しかし、田端遺跡や天神原遺跡では、配石墓の石が抜かれて「環状積石遺構」に転用されていることが確認されている。この行為を考えれば、墓と石が強く結びついているとは言っても、両遺跡においては配石墓の構築が行われなくなった後、地下にある墓の形状を保持するよりも、それを壊してでも石を積む行為の方が優先されたことが窺われる。見方を変えれば、配石墓は積み石を行う際の石の供給源になっている。この時期に多くの遺跡で地面の掘削行為が行われているが、石が多出するところは墓との認識ではなく、石を産出する特別な場として認識された可能性があるだろう。石を産出するが故に、その場を祭祀の場にした、ということも考えられる。つまり、多数の石の集積に墓を思い起こし、それで祖先祭祀が行われたと結論付けるのではなく、石そのものに対する信仰・祭祀があった可能性も考えたいのである。

　地中から取り出したものは、配石墓の石だけではない。天神原遺跡、赤城遺跡、下布田遺跡などで検出されている晩期中葉の「石棒祭祀遺構」には、中期後葉～後期初頭に造られたと考えられる石棒が含まれている。これらの遺構には石棒だけでなく、晩期中葉以前の様々な時期の土器が含まれていることが特徴で、石棒も土器もほかの所から持ち込まれた可能性が考えられているが（長田 2011 ほか）、この時期の盛んな地面の掘削行為は過去の遺物包含層にも及んで、そこから過去の遺物を掘り出し、その遺物の中から選択して「石棒祭祀遺構」に集積した可能性もあるだろう。後晩期には長い時間、同一の場所で集落を継続する「長期継続型拠点集落」（鈴木 2007）が認められるが、「環状積石遺構」のような墓坑上部の配石遺構だけでなく、土の中から発見される過去の遺物も「時間」を意識させるものだったと考えられる。そうだとすると、墓域に限らず、過去の遺物が発見される土地は、その土地を利用する人たちにとって特別な場所であった可能性が考えられる。

　寺野東遺跡や天神原遺跡、田端遺跡などでは太陽の運行や周辺の山との位置

関係を意識して遺跡が形成された可能性も指摘されている。丹沢山系の大山では山頂から後期後半の縄文土器が発見されており（伊勢原市 2008）、山に対する何らかの特別な意識があったことは確かだと思われる。

　このように見てくると、関東地方の縄文時代後晩期（特に後期後半以降）の遺跡の立地選択には、食料調達や生活資材の調達に関わる経済的理由や他の遺跡との位置関係に関わる社会的理由のほかに、信仰・祭祀に関わる理由もあったと考えられてくる。上田正昭は、信仰について、「本来の信仰とは時間・空間を越えた永遠なるもの・無限なるものにかかわる心情」と言っているが（上田 2012）、縄文後晩期に関東地方において遺跡を遺した人たちは、遠景や天体など自分たちから遠く離れた不変的情景と、目前に造った石という不変的材料による制作物あるいは「環状盛土」という大規模な構築物、過去から続く「時間」を意識させる遺物を通して、永遠なるもの・無限なるものを意識していたのではないだろうか。　　　　　　　　　　　　　　　　　　　（林　克彦）

引用・参考文献

赤城高志 2009「調布市内の国指定史跡―下布田遺跡・深大寺城跡の調査成果―」『東京都遺跡調査・発表会 34　発表要旨』

赤星直忠 1974「総括」『神奈川県金子台遺跡』

浅川利一 1974「田端の環状積石遺構にみる縄文時代後・晩期の葬法推移について」『長野県考古学会誌』19・20

安孫子昭二 2005「東京都田端環状積石遺構」『縄文ランドスケープ』

阿部友寿 2003「縄文後晩期における遺構更新と「記憶」―後晩期墓壙と配石の重複関係について―」『神奈川考古』39

阿部友寿 2005「縄文時代後晩期の再利用品と配石遺構の関係性」『神奈川考古』41

阿部芳郎 2001「縄文時代後晩期における大型竪穴建物址の機能と遺跡群」『貝塚博物館紀要』28

石井　寛 1994「縄文時代後期集落の構成に関する一試論―関東地方西部域を中心に―」『縄文時代』5

石井　寛 2006「縄文後期集落の構成と変遷―関東南西部と中部高地を中心に―」『ストーンサークル出現―縄文人の心、環の思想―』

石井　寛 2009「縄文後期集落の変遷と特質」『考古学ジャーナル』584

石坂　茂 2004「関東・中部地方の環状列石―中期から後期への変容と地域的様相を

探る―」『研究紀要』22
石坂　茂 2007「環状列石（関東・中部地方）」『縄文時代の考古学 11 心と信仰』
伊勢原市教育員会 2008『縄文時代の祈り―池端・金山遺跡を考える―』
上田正昭 2012『私の日本古代史（上）』新潮選書
江原　英 1999「寺野東遺跡環状盛土遺構の類例―縄紋後・晩期集落の一形態を考える基礎作業―」『研究紀要』7
江原　英 2005「寺野東遺跡の調査と環状盛土遺構」『「環状盛土遺構」研究の到達点予稿集』
長田友也 2011「配石遺構出土の石棒類」『考古学ジャーナル』612
川名広文 1985「柄鏡形住居址の埋甕に見る象徴性」『土曜考古』10
神村　透 1995「炉縁石棒樹立住居について」『王朝の考古学』
小出義晴 1971「神奈川県三の宮配石遺構」『北奥古代文化』3
佐々木藤雄 2002「環状列石と縄文階層化社会―中・後期の中部・関東・東北―」『縄文社会論（下）』
佐々木藤雄 2003「柄鏡形敷石住居址と環状列石」『異貌』21
佐野　隆 2003「縄文時代中期の住居内配石について―敷石住居発生以前の住居内祭祀施設の様相―」『山梨県考古学協会誌』14
佐野　隆 2004「縄文時代中期の住居内配石について（再論）」『時空を越えた対話―三田の考古学―』慶應義塾大学民族考古学専攻設立25周年記念論集
佐野　隆 2008「縄文時代の住居廃絶に関わる呪術・祭祀行為」『考古学ジャーナル』578
鈴木克彦 2009「縄文信仰祭祀の体系」『季刊考古学』107
鈴木正博 2007「「環堤土塚」と馬場小室山遺蹟、そして「見沼文化」への眼差し」『「環状盛土遺構」研究の現段階―馬場小室山遺跡から展望する縄文時代後晩期の集落と地域―』
鈴木保彦 1976「環礫方形配石遺構の研究」『考古学雑誌』62―1
大工原豊・林　克彦 1995「配石墓と環状列石―群馬県天神原遺跡の事例を中心として―」『信濃』47―4
大工原豊 2005「群馬県野村遺跡・天神原遺跡」『縄文ランドスケープ』
高山　純 1974「配石遺構についての若干の考察」『大磯石神台配石遺構発掘報告書』
田代　隆 1989「縄文時代の丸石について」『山梨考古学論集Ⅱ』
谷口康浩 2005「石棒の象徴的意味―縄文時代の親族社会と祖先祭祀―」『國學院考古学資料館紀要』21
谷口康浩 2006「石棒と石皿―象徴的生殖行為のコンテクスト―」『考古学』Ⅳ
谷口康浩編 2011「縄文時代の大形石棒―東日本地域の資料集成と基礎研究―」

谷口康浩編 2012『縄文人の石神―大形石棒にみる祭儀行為―』
千葉敏朗 2012「東村山市下宅部遺跡と北川流域遺跡群」『多摩のあゆみ』146
戸田哲也 1971「縄文時代における宗教意識について―田端環状積石遺構を中心として―」『下総考古学』4
戸田哲也 1997「石棒研究の基礎的課題」『堅田直先生古希記念論文集』
戸田哲也 2009a「最古の石棒」『考古学ジャーナル』590
戸田哲也 2009b「東日本の祭りの施設と用具組成」『季刊考古学』107
長崎元廣 1973「八ヶ岳西南麓の縄文中期集落における共同祭式のありかたとその意義」『信濃』25―4・5
能登　健 1978「縄文時代の凹穴に関する覚書」『信濃』30―4
能登　健 1995「縄文時代前期の石棒について」『荒砥上ノ坊遺跡Ⅰ』群馬県埋蔵文化財調査事業団
初山孝行 2005「寺野東遺跡の発掘調査」『縄文ランドスケープ』
春成秀爾 1999「狩猟・採集の祭り」『古代史の論点5　神と祭り』
藤本　強 1983「総論」『縄文文化の研究9　縄文人の精神文化』
松木武彦 2007『全集日本の歴史　第1巻　列島創世記』
三上徹也 2007「縄文時代屋内祭祀研究に関する覚書―石皿と石棒・立石祭祀の考古学的所見―」『山麓考古』20
水野正好 1969「縄文時代集落研究への基礎的操作」『古代文化』21―3・4
水野正好 1978「埋甕祭式の復元」『信濃』30―4
山本暉久 1976「敷石住居出現のもつ意味」『古代文化』28―2・3
山本暉久 1979「石棒祭祀の変遷（下）」『古代文化』31―12
山本暉久 1981「縄文中期後半期における屋外祭祀の展開」『信濃』33―4
山本暉久 1985「いわゆる『環礫方形配石遺構』の性格をめぐって」『神奈川考古』20
山本暉久 1994「石柱・石壇をもつ住居址の性格」『日本考古学』1
山本暉久 1996a「柄鏡形（敷石）住居と石棒祭祀」『縄文時代』7
山本暉久 1996b・1997「柄鏡形（敷石）住居と埋甕祭祀」『神奈川考古』32・33
山本暉久 1999「遺構研究　配石遺構」『縄文時代』10
山本暉久 2002『敷石住居址の研究』
山本暉久 2007a「住居内底部穿孔倒置埋設土器の一様相―神奈川県の事例を中心として―」『列島の考古学Ⅱ』渡辺誠先生古稀記念論集刊行会
山本暉久 2007b「屋内祭祀の性格」『縄文時代の考古学11　心と信仰』

Ⅵ 北陸地方の縄文集落の信仰・祭祀

渡邊裕之

第1章 北陸地方の信仰・祭祀施設研究の現状と課題

　本稿では、編集方針にしたがい、石棒や立石を伴う屋内外の配石遺構、埋甕、信仰遺物（土偶等）出土遺構などを「信仰・祭祀施設」と定義し、以下、北陸地方における様相をみていくこととする。なお、本稿では新潟・富山・石川・福井の4県を対象とするが、文献収集が行き届かず、各県の情報に多寡があることをお詫びしたい。

　本書でいう「信仰遺物」のうち、縄文中期の大型彫刻石棒（鍔を持つ大型石棒）・三角壔形土製品、晩期の御物石器・石冠は、北陸地方から飛騨地方にかけて特徴的に分布する遺物であり、製作遺跡も確認されている。そのため、編年や地域性、流通等をテーマにした研究の蓄積がある（小島 1976・1986、橋本 1976、中島 1983、滝沢 2001、石川考古学研究会 1998 等）。しかし一方で、これらの「信仰遺物」がどのような祭祀・儀礼と関わり、どのような使われ方をしたのかを示すような発掘調査データに乏しく、「用途不明」の遺物群と扱わざるを得ないのが現状である。

　また、中部・関東地方とは異なり、住居内の石柱（立石）や埋甕などといった「屋内信仰・祭祀施設」は、一部の地域で盛行する複式炉に伴って認められるが例数は少ない。北陸地方における複式炉には2つの形態が認められ、A字形に石を組んだ先端に土器埋設炉を設けるタイプと、方形の石囲炉を2つ並べたようなタイプがある。前者は宮城県・福島県・山形県の東北地方で主体的に分布することから「東北系複式炉」、後者は富山県・石川県で一般的なことから「北陸系複式炉」と呼称される（増子1988）。立石・埋甕は東北系複式炉で多く認められるが、北陸系複式炉では立石を欠き、埋甕のみを伴う例が認められる。なお、東北地方では、石棒や立石が竪穴住居の前庭部や壁際から出土

し、特に奥壁に位置する場合が多いとされる（阿部 2008）が、北陸地方では石組炉の周辺に立石ある事例が特徴的である。

「屋外祭祀施設」では、縄文後・晩期における配石遺構の盛行が認められると共に、富山・石川県域を中心に分布する「環状・方形木柱列」が注目される。明治末年の北陸本線建設工事で発見され、1968～73 年に発掘調査が行われた新潟県糸魚川市寺地遺跡では、特殊な配石遺構に伴い直径 60cm の丸太 4 本を建てた方形柱列が検出された。これは、その後、北陸地方の代表的な祭祀遺構と評価される「環状・方形木柱列」発見の先駆けとなる。1980 年の石川県金沢市チカモリ遺跡の調査で改めて注目された木柱列は、直径 1m 以上のクリの半截材を円形にめぐらすもので、一般的な住居とは異なる巨木が利用される一方、円形プランの直径は 5～6m と決して広くはない点が特徴的である。そのため、屋根や壁を備えた特殊建物とする考えがある一方、覆屋のない環状木柱列：ウッド・サークルとする見方もあり、その性格はいまだ決着を見ていない（橋本 1994、西野 2007）。その後、石川県真脇遺跡など、石川・富山県を中心に検出事例が増え、北陸地方の縄文晩期を特徴づける遺構と評価されている。近年では、ウイグルマッチングによる高精度年代測定や年輪年代学的分析（木村・荒川 2012）、土器付着炭化物の ^{14}C 年代測定（西本 2012）などの自然科学的手法の導入・進展により、環状木柱列の帰属年代や存続期間などに見直しが迫られており、今後はその機能・性格について考古学的考察が深められていくものと期待される（布尾 2012）。

第 2 章　北陸地方の信仰・祭祀施設の変遷

第 1 節　草創期～早期の信仰・祭祀施設

当該期では、屋内・屋外共に信仰・祭祀に関わる施設の事例は認められない。

第 2 節　前期～中期の信仰・祭祀施設

屋内信仰・祭祀施設　前期～中期前葉にかけて、屋内祭祀をうかがわせる事例を検索することはできないが、中期中葉になると、新潟県の信濃川中流域で取り上げるべき遺構を見出すことができる。新潟県長岡市中道遺跡は中期中葉

〜晩期中葉まで断続的に営まれた集落であるが、19軒検出された中期中葉の竪穴住居のうち、石囲炉の縁石に土器の破片を組み込む事例が3軒で認められた（駒形2003）（図1-1）。長軸1〜1.4m×短軸0.6〜0.7mほどの長方形石囲炉の縁石に波状口縁深鉢の波頂部を組み込んだり、装飾性の高い土器を破片にして縁石の外側部に並べて埋めている。炉内の土器が文様のない粗製深鉢であるのに対して、縁石に組み込まれる土器は装飾性の高い土器が選択されており、意図的な行為であることが明らかである。土器片はいずれも口縁を上にする点で共通する。また、中道遺跡と信濃川を挟んだ対岸に位置する新潟県長岡市馬高遺跡では、石囲炉の縁石に石棒を組み込む例が認められる（図1-2）。石棒は鍔状の段が形成された頭部破片で、重複する石囲炉のうち、長軸150cm×短軸65cmの楕円形石囲炉の長辺縁石のほぼ中央に据えられていた。凝灰岩製で長さ6.7cm×幅7.2cm×厚さ6.4cmを測る。中道遺跡例と同様に、石棒が組み込まれるのは石囲炉の長辺中央付近であり、住居入口と奥壁を結ぶ軸線を境にした左右どちらかが意識されていた可能性をうかがわせる。

　富山県立山町二ツ塚遺跡は、40基以上の竪穴住居が検出された中期中葉〜後葉の集落で、第21号住居の奥壁から彫刻石棒が出土した（図1-3）。石棒は長さ60cm×直径20cmの大型品で、頭部には鍔が巡り、その上下には対向する三叉状モチーフが彫刻される。住居の壁際から斜めに倒れたように石棒が出土したことから、北陸地方では珍しい「石柱・石壇」ともされている。また、石棒の出土が第21号住居に限られていることから、石棒祭祀の主催者に関わる特別な住居であったとする積極的な評価もある。しかし、改めて出土状況を報告書の写真で確認してみると、住居の床と斜めに倒れた石棒との間には埋土が厚く堆積しており、住居が半埋没した状態で石棒が倒れた（置かれた）可能性が高い。石棒を直立させるためのピットの有無が報告書では確認できないため詳細な検討は難しいが、「奥壁に立てられた彫刻石棒」と判断するにはデータが不足しているように思う。

　中期後葉〜末になると、東北系複式炉に伴う立石・埋甕が明瞭となる。福島県境に近い新潟県阿賀町北野遺跡（図2-1）では、複式炉の長軸上に扁平な自然礫で蓋をした埋甕（1）や立石（2・3）を設ける例が認められ、住居奥壁側に位置する点で共通する。一方、長野県境に近い新潟県津南町原遺跡では、同じ

1. 新潟県中道遺跡

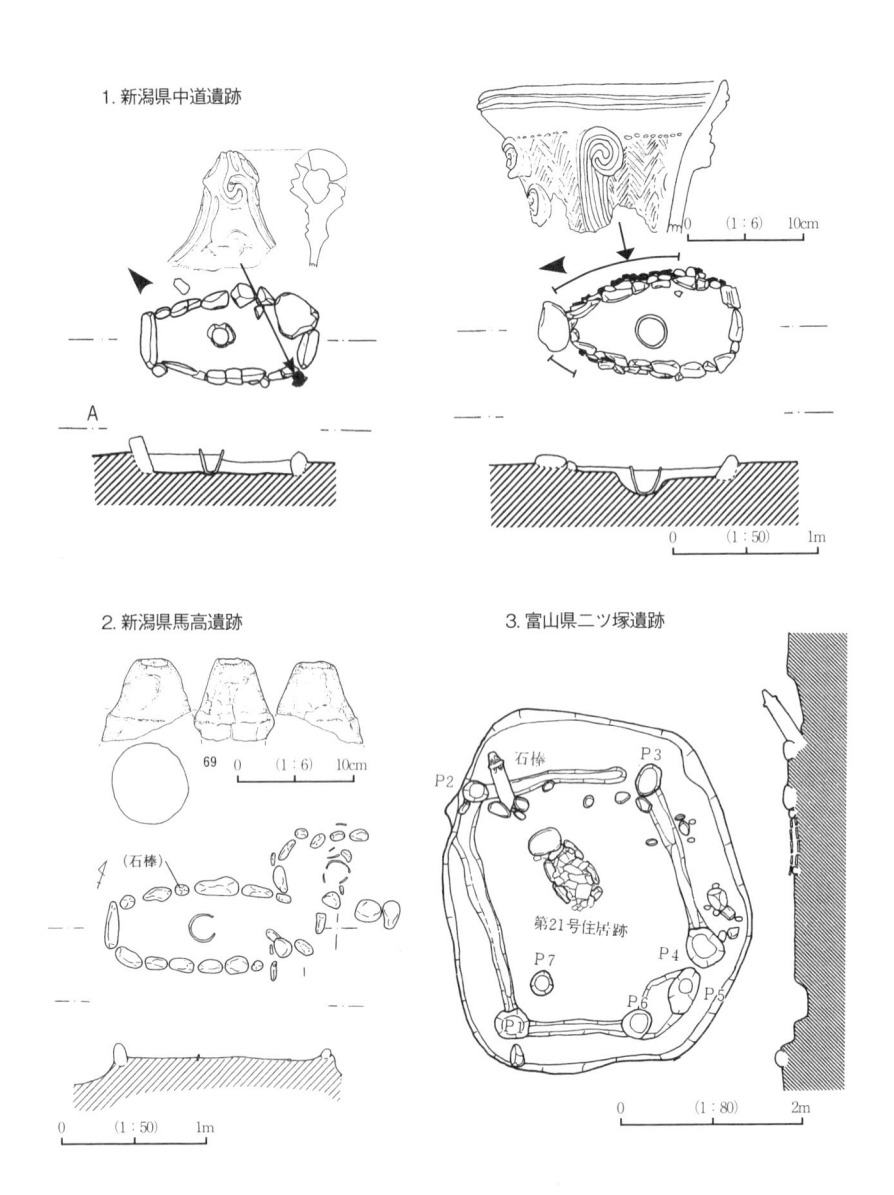

2. 新潟県馬高遺跡

3. 富山県二ツ塚遺跡

図1　縄文時代前期～中期の屋内祭祀遺構（1）

図2　縄文時代前期・中期の屋内祭祀遺構（2）

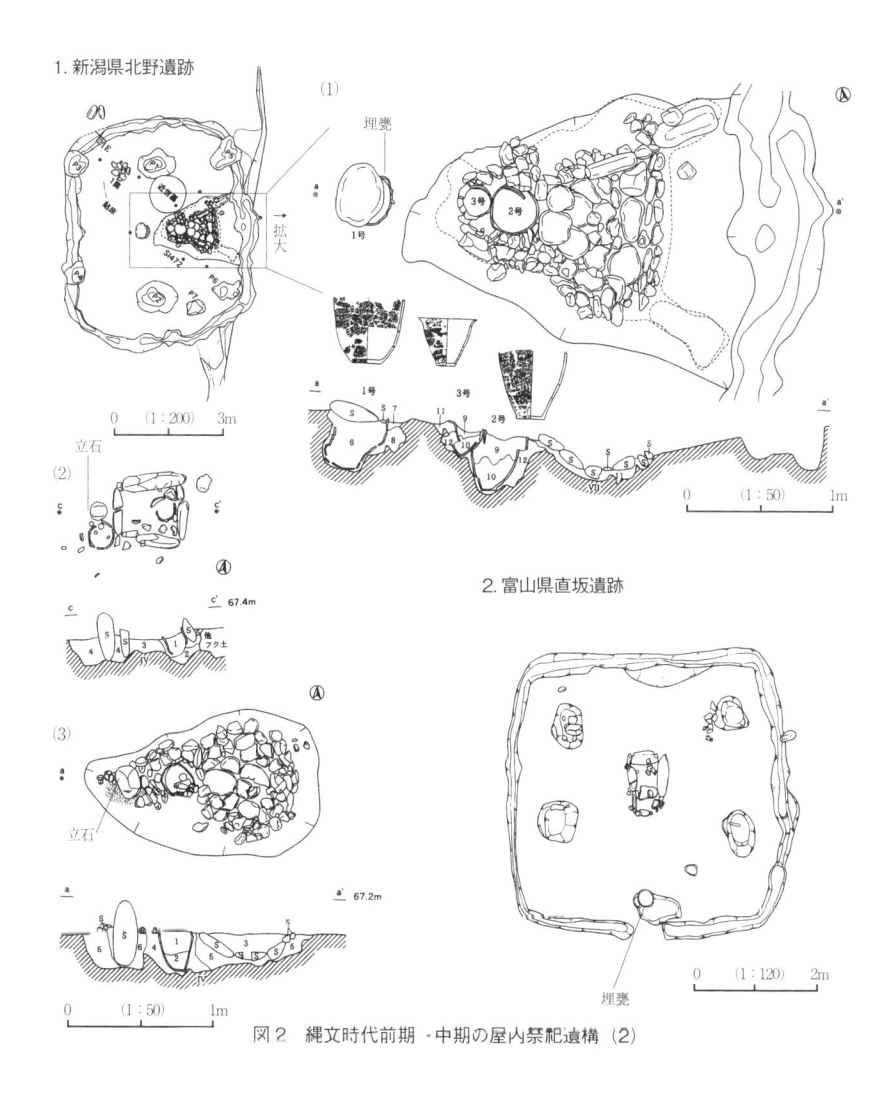

く複式炉の長軸上に埋甕を設けるものの、住居出入口側に位置する点で北野遺跡例とは異なる。出入口部に埋甕を配置する事例は、北陸系複式炉を検出した富山県大沢野町直坂遺跡（図2-2）でも確認されることから、炉形態の系譜は異なるものの、信濃川上流域と北陸地方西部において埋甕を取り扱う習俗を共有していた可能性がある。

次に立石・埋甕以外の「屋内祭祀」について見てみよう。富山県を代表する縄文中期の環状集落である富山市北代遺跡例は、住居の廃絶にかかわる儀礼の存在をうかがわせる（図 3-1）。第 13 号住居は直径約 4.2 m の不整円形プランで中期中葉に帰属する。住居南側の床面には直径 20 cm × 深さ 2.5 cm の浅い穴が掘られ、正位に置かれた有孔鍔付土器の完形品が出土した。土器は焼土で覆われ、表面が強く被熱していることから、高温の状態で焼土を土器の上に投棄したと考えられている。土器は完形で、器面全体にベンガラと推定される赤色顔料が塗布され、胴部に貼付された渦巻状隆帯は大きな口を開けた蛇を模したかのようである。当該住居の炉では石の抜き取り痕が確認されたことから、偶発的な失火ではなく、意図的な火を使った行為と考えるべきであろう。また、隣接して検出された第 1 号掘立柱建物は一辺 3.2 m の建物で地床炉を持つ。6 本ある主柱穴のうち、北東隅の柱穴からはナガスクジラの尾椎骨片が出土しており、クジラ骨の希少性から、建物建築の際における地鎮祭祀的な意図で埋納されたと報告者は想定している。新潟県糸魚川市長者ヶ原遺跡や、富山県大山町東黒牧上野遺跡（第 2 次調査）第 2 号住居でも焼失住居が検出され、被熱した釣手形土器と有孔鍔付土器のほぼ完形品が床面から出土しており注目される。

　新潟県長岡市栃倉遺跡は、江坂輝弥氏による一般概説書で早くに紹介（江坂 1960）されたことから、土偶の住居内出土例として全国的に著名である。土偶が出土したのは長軸 10.4 m × 短軸最大部 8.6 m の卵形プランの第 1 号住居で、中央にはコの字形の石組炉を配し、中期中葉に位置づけられる（図 3-2）。床面からピットが 9 基検出されたが、そのうちの P3 から頭部と両腕を欠いた土偶が倒立した状態で出土した。ピットは直径 26 cm × 深さ 51 cm で、内面漆塗りの無文土器片 8 個が土偶を取り巻くように配置され、さらに、装飾ある口縁部片 1 点が土偶直下から「土偶を支えるかのように」検出されたという。ピットは炭化物の混在した黒褐色土が充填され、高さ 5 cm ほどのマウンドが床面に形成されていた。さらに、同住居の東壁付近では、赤彩された扁平な砂岩の上から頭部と腹部以下を欠いた土偶も出土している。また屋外例ではあるが、新潟県阿賀野市ツベタ遺跡では、ほぼ完形の大型土偶が土坑から出土している。土坑は長軸 1.45 m × 短軸 95 cm × 深さ 62 cm で、胸の一部を欠くだけの土偶が土坑底面から仰向けに出土した。埋土からは骨片が出土しており、報告者は

1. 富山県北代遺跡

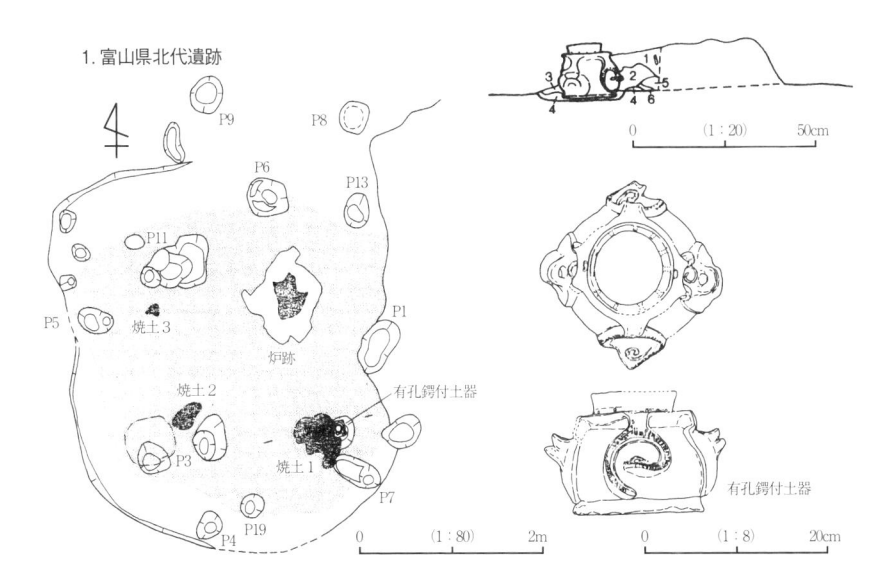

2. 新潟県栃倉遺跡

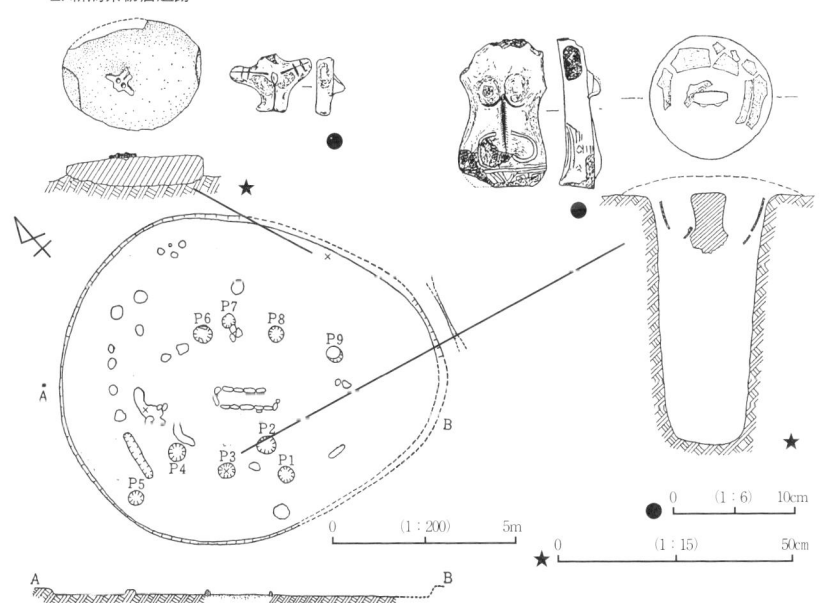

図3 縄文時代前期～中期の屋内祭祀遺構 (3)

墓坑と推測している。

屋外信仰・祭祀施設　新潟県魚沼市清水上遺跡は中期前半の環状集落で、中央広場を取り囲む土壙墓群とその外側を巡る建物群との境から立石 12 基と長さ約 9 m の L 字形の列石遺構が検出された（図 4）。立石には下部に土坑を伴うものと伴わないものが認められ、後者が大半を占める。前者は墓坑と考えられている。立石は細長い自然礫や砥石の再利用品を使用する一方、配石遺構は扁平な自然礫を使用しており異なる石材が選択されている。同時期の環状集落で、約 35 km 離れて位置する新潟県南魚沼市五丁歩遺跡においても、中央の土坑群とそれを取り囲む建物群との境界から配石遺構が検出されている。定型的な形態をとらないことでも両遺跡は共通しており、配石遺構形成期のあり方を示していると考えられる。

　石川県能登町真脇遺跡では「物送り」をうかがわせる事例が検出された（図 5）。同遺跡の低地部に形成された前期後葉の遺物廃棄層からは、土器・石器・木製品等と共に多量のイルカ骨が出土し、比較的丈夫な第一頸椎骨をもとに算出した出土個体数は 282 頭にのぼる。その大半が解体したイルカ遺体を規則性なく廃棄したものだが、なかにはイルカ頭蓋骨を意図的に配列した例が認められ、①くちばしを中央に向けて扇状に配置したものや、② 2 頭のくちばしを揃えて並列したもの、③くちばしを向かい合わせて対向したものが各 1 例報告されている（平口 2006）。さらに注目されるのは、大量のイルカ骨に埋もれた状態で、長さ 252 cm ×最大径 45 cm の彫刻された大型木製品が出土したことである。彫刻は上半部に限られ、幅 20 cm 程度の幅広い溝を穿って 3 段の隆帯部を作り出し、最も幅広い隆帯部には、円文を中心に二重の弧線が対向するモチーフが表出されている。上半部の裏面は腐朽のため失われているものの遺存状態は全体的に良好で、根元には石斧の加工痕跡が明瞭に残る。素材にはクリが利用されている。また下部 80 cm ほどでは表面の風化が著しいことから、その高さまで地中に埋められていたと想定されている。それにもとづけば、木柱が地上に露出していた高さは約 1.7 m になる。

第 3 節　後期〜晩期の信仰・祭祀施設

信仰遺物出土状況　信仰・祭祀をうかがわせる屋内施設例を検索することが

新潟県清水上遺跡

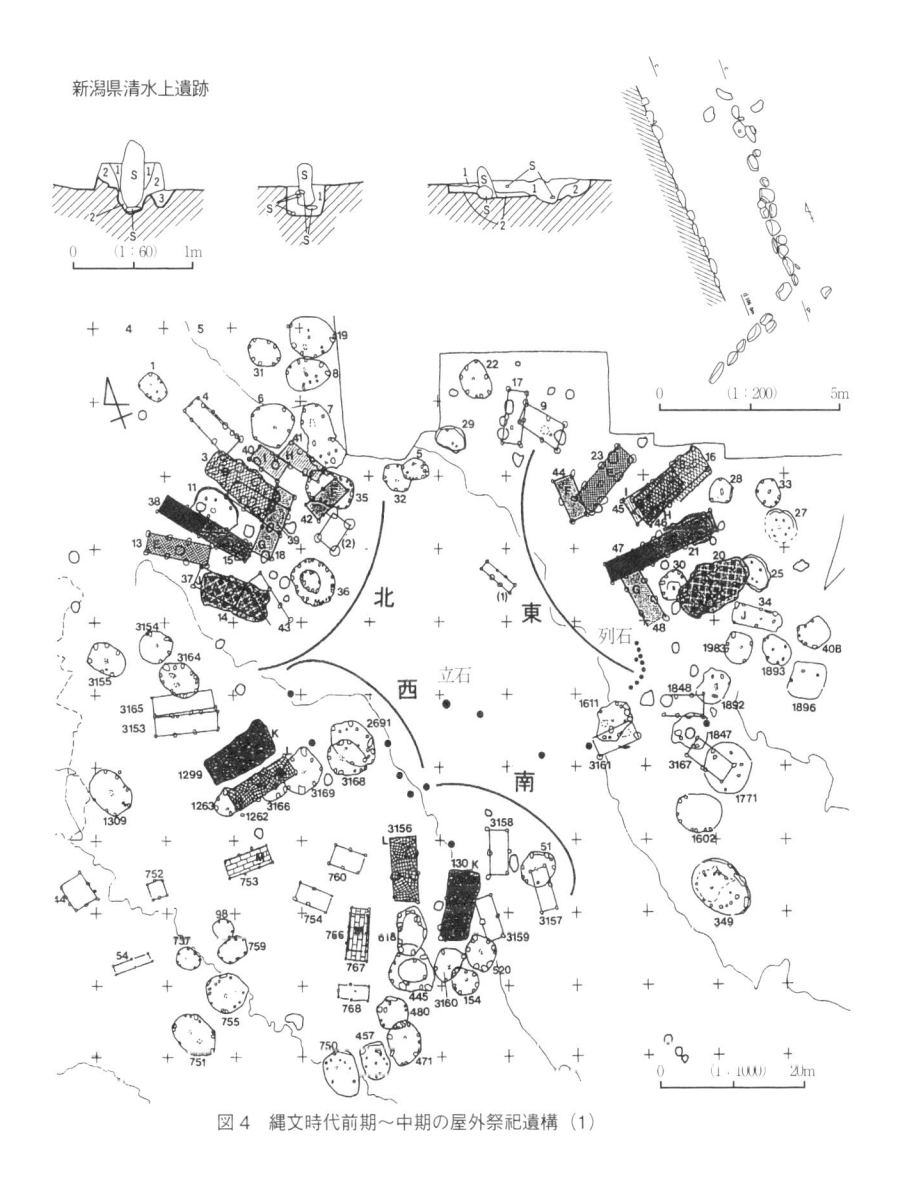

図4 縄文時代前期～中期の屋外祭祀遺構（1）

できなかったことから、ここでは信仰遺物の出土遺構について取り上げる。

　1877（明治10）年の明治天皇北陸巡幸の際、石川県穴水町比良から出土した特異な石器を皇室に献上したことに由来して命名された御物石器は、中央部に

抉りを持つことで共通するものの細部には多様な形態があり、具体的な用途は不明である。石川県真脇遺跡では、晩期前半と推測されたピットの中から、3点の自然礫と共に2つに割れた御物石器が発見された（図5）。報告書では意図的なものかどうか留保しているが、同一個体の御物石器破片と自然礫とが交互に出土した状況から、意図的に埋納されたと考えるべきであろう。同遺跡では他にも、自然礫2点に挟まれるように、御物石器の頭部破片が直立した状態で出土した例が認められる。同様の例は、新潟県糸魚川市細池遺跡で2例（住居床面から完形品、土坑埋土から破損品が出土）、石川県野々市市御経塚遺跡で2例（円形石囲の中から完形品、埋設土器の口縁に接して被熱した破損品が出土）（高堀1964）が知られており、他の信仰遺物に比べて御物石器は遺構出土例が多い遺物である。なお、遺構出土例ではないが、新潟県上越市小丸山遺跡では、完形の石冠2点と石刀1点が埋没した自然流路の底から並べたように出土したと報告されている。本遺跡では石冠36点、石刀57点、石棒28点が出土しており、当該期の遺跡のなかでも祭祀的遺物を特に多く出土しており、遺跡の特性も考慮するべきかも知れない。

屋外信仰・祭祀施設　後期前葉〜晩期にかけて大規模な配石遺構が形成される。新潟県村上市アチヤ平遺跡では、中期後葉〜後期前葉の環状集落から配石遺構101基が検出された（図6-1）。配石には①立石を伴う方形・楕円形配石、②弧状・列状配石、③規則性の見出せない集石、の大きく3形態がある。これらの多くが住居域と重なって分布するものの、①は中央広場に限定され、③は集落外縁部にまで分布が広がる点を指摘することができる。段丘礫の流れ込みや敷石住居との重複から、配石単位を認識することが難しいが、配石群が北側と南側に大きく二分される可能性が高い。立石を伴う配石が、中央広場を挟んで南北に対峙することもその傍証となろう。配石下からピットや埋設土器が検出されたが、報告書では配石に伴わないものと判断されている。配石材には石皿・砥石・磨石の転用が顕著で、他に鉄石英や鉄鉱石の搬入も認められる。敲打痕・研磨痕のある長辺140cmの大型平石が環状配石遺構の傍らから出土しており、何かを加工する作業台として使われたものと推測されている。

新潟県村上市元屋敷遺跡は後期後葉〜晩期後葉を主体とする拠点集落である。遺構の分布状況から明瞭な空間利用の違いがうかがわれ、西側には中央広場を

191

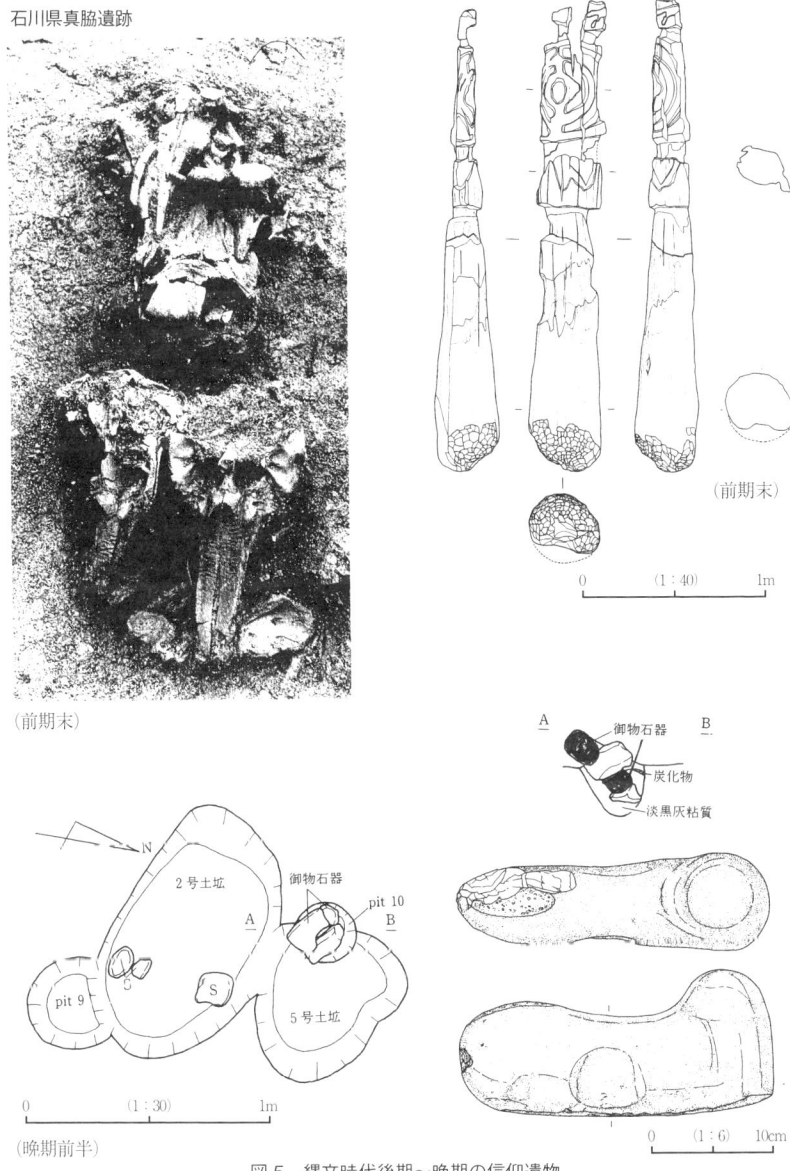

石川県真脇遺跡

(前期末)

(前期末)

御物石器
炭化物
淡黒灰粘質

(晩期前半)

図5 縄文時代後期〜晩期の信仰遺物

中心とした建物域、東側には配石墓・組石墓からなる墓域、北側段丘崖には大規模な捨て場が展開する（図6-2）。約50基確認された配石遺構は、一部が後期前葉である以外、ほとんどが後期後葉に帰属する。特徴的なのは、配石遺構群が集落と墓域を隔てるような位置に分布することである。楕円形・環状・列状・弧状などの配石が認められるが、そのほとんどは重複などにより明瞭な単位を把握することが難しい。なかには配石を縁取るように立石が並ぶものや、幅1m×長13mのL字状の配石などもあり、その一部は後述の新潟県寺地遺跡の配石遺構と酷似する。扁平な円礫の短軸側を立てて並べる「小口立て」手法が特徴的である。少量の土器片が出土する以外に特別な遺物は出土していないが、鉄鉱石や風化して筋張った石の伴出が注目され、意図的に配置されたと考えられている。

　新潟県糸魚川市寺地遺跡では、16m×10mのほぼ全面に川原石を敷き詰め、立石や横位にした石によって方形・弧状・楕円形に区画した大型配石遺構が検出された（図7）。晩期前葉～中葉に帰属する。地点により配石形態が異なることから、それぞれの場所が機能分化していた可能性が指摘されている（関1987）。一辺約4mの「有柱方形配石」は、扁平な円礫を横に立てて方形区画を作り、四隅に立石や大型石棒を配したものである。区画内には直径60cmの柱根が4本遺存しており、ほぼ正方形に配置されている。「炉状配石」は直径約2mの円形配石で、内部のピットから灰・木炭とともに多量の焼人骨・焼獣骨が出土した。そのほとんどが人骨であり、抜歯の痕跡も確認されている。11個体以上にのぼる焼人骨は、弥生時代に盛行する再葬制の系譜を示すものとされている（石川1988・2008、設楽2007）。さらに、配石遺構の北西には環状木柱列も検出されており、配石遺構と木柱列とが共に祭祀的性格を持つ施設であることをうかがわせる。配石遺構の周辺からは御物石器や石冠・朱塗櫛・有孔自然石などの信仰又は希少遺物が出土している。

　北陸地方の晩期を代表する祭祀遺構といえば、石川県真脇遺跡やチカモリ遺跡に代表される環状木柱列がある。同種の遺構は北陸地方を中心とする日本海沿岸に分布が認められるが、富山県・石川県での検出数が全体の7割以上を占める（植田2005）。石川県真脇遺跡で検出された環状木柱列は、蒲鉾状に半割されたクリ材を円形に配置したものである（図8）。柱そのものが良好に残存し

1. 新潟県アチヤ平遺跡

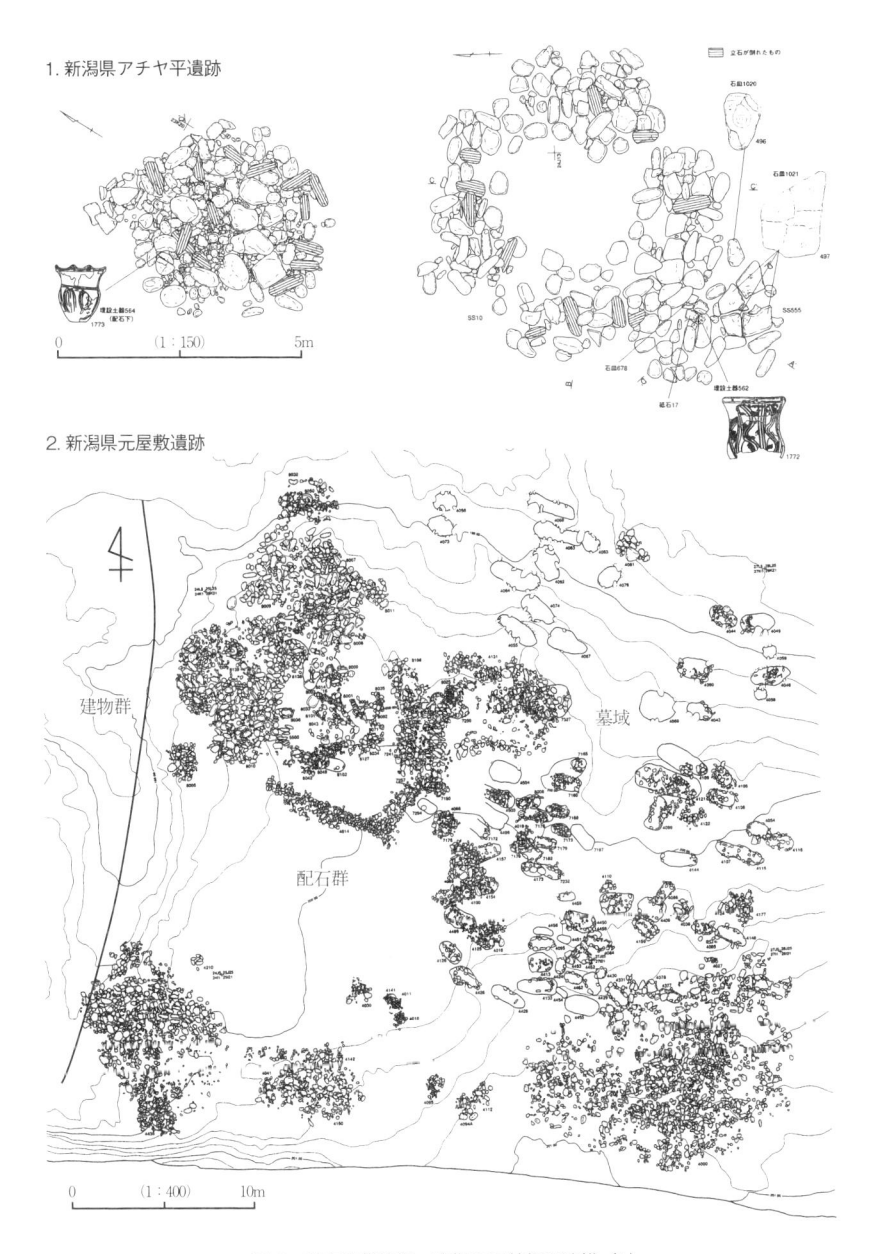

2. 新潟県元屋敷遺跡

図6 縄文時代後期～晩期の屋外祭祀遺構（1）

新潟県寺地遺跡

環状木柱列

環状配石

有柱方形配石

炉状配石

木柱

弧状配石

図7　縄文時代後期〜晩期の屋外祭祀遺構（2）

ており、柱配置からA〜Fの6回の建て替えが推測されている。最もプランが明瞭な「A環」は直径約7mのほぼ正円形で、南東部にハ字状の「門扉状

石川県真脇遺跡

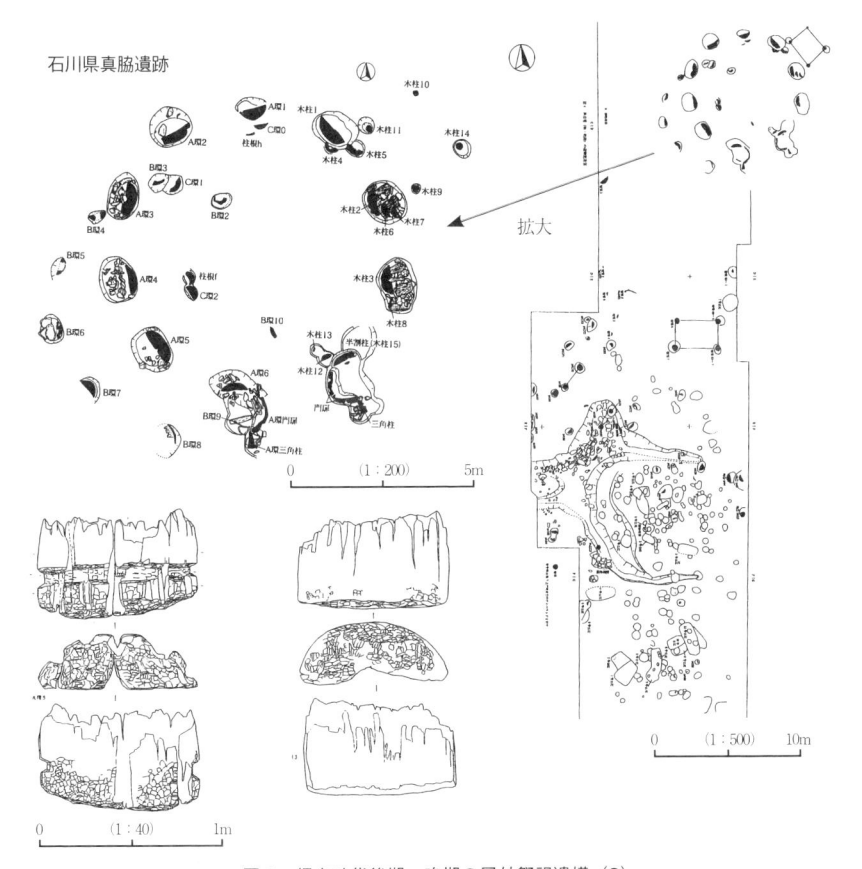

図8 縄文時代後期～晩期の屋外祭祀遺構（3）

遺構」が付属する。10本の柱は、丸太の木芯をはずすように蒲鉾状に割り取られており、直径70～100cmを超えるクリの巨木を利用している。柱の配置は規格性が高く、プランはほぼ真円で線対称をなすと共に、全て弧面を中心に向けて立てている。柱の底辺に幅10cm・深さ4cmほどの溝を穿ったものもあり、運搬時の牽引用に作り出されたと見るべきだろう。なお、柱の内外からは竪穴住居のような掘り込みや炉等の施設は検出されていない。これまで晩期中葉の構築物とされてきたが、柱の^{14}C年代測定と出土土器の再検討から晩期末（800calBC年）に下る可能性が高くなった（高田2012、西本2012）。さらに、

遺構の切り合い関係と年代測定との照合の結果、中心がやや西側にずれる「B環」の位置づけに不確定材料を残すものの、「A環」が一番古く、「D環」～「F環」がその後に構築されたとする見通しが高まった。また、合わせて実施された年輪年代学的解析では、「A環」を構成する柱のうち少なくとも4本2セットで年輪パターンの一致が認められ、同じクリの木から切り出した柱を利用した可能性が高いと判断されている（木村・荒川 2012）。環状木柱列の性格については、屋根と壁を持つ特殊な建物とする考えと、長大な柱のみを立てたモニュメントとする考えの大きく2つが提出されているが、いずれも集落単位や血縁的共同体の統合や祭祀に関わる公共的な施設とする点で共通する。

第3章　北陸地方の信仰・祭祀施設の特徴とまとめ

第1節　屋内信仰・祭祀施設

　北陸地方において住居内で祭祀的施設が認められるようになるのは中期中葉である。中部・関東地方では、「石柱・石壇」の初源的な形態が中期初頭に認められることから（山本 2007）、今後さらに古い資料が見出される可能性はあるものの、管見によれば、石囲炉の縁石に土器片や石棒を組み込む新潟県中道遺跡などが最古例に該当する。なお、中期中葉には、住居内のピットに土偶を埋納した新潟県栃倉遺跡例も認められるようになる。しかし、すでに前章で触れたとおり、多数の集落が発掘調査されている新潟県においても、石囲炉を飾る事例は中道遺跡・馬高遺跡のほかに栃倉遺跡、見附市羽黒遺跡など数か所が知られるだけで、信濃川中流域の極めて限定された地域の習俗であった可能性がある。中部・関東地方の「石柱・祭壇」と比べると、住居奥壁に対する意識は希薄で、石囲炉の長側面片側に土器片・石棒の組み込みが偏在することから、住居内部を左右に分割する意図がうかがわれ、日常空間と非日常空間の分割が住居内で意識化されていた可能性が指摘できる。なお、富山県北代遺跡や東黒牧上野遺跡で認められた焼失家屋は、希少な器種である有孔鍔付土器や釣手形土器のみが床に残されており、失火ではなく意図的に建物を焼いたものと考えるべきであろう。アイヌ民族には、葬送やジェンダーに関わる習俗として家を焼くという行為が知られているが（瀬川 1998）、縄文時代における信仰や祭祀

との関わりのなかで焼失家屋の問題を分析、検討する必要がある。

　中期後葉〜末になると複式炉を持つ住居で立石や埋甕が明瞭となる。東北地方に近い新潟県北部では、複式炉の先端部、住居の奥壁側に埋甕や立石を持つ例が認められるのに対して、長野県に近い信濃川上流域では複式炉の前庭部側、出入口部に埋甕を有する点が特徴的で、同じ東北系複式炉を持つ住居ながら埋甕の位置に差異が生じている。一方、北陸系複式炉を持つ新潟県南西部〜富山県域でも出入口部から埋甕が検出されており、炉型式を違えながらも信濃川上流域と共通する要素を持つ点が注目される。なお、大型彫刻石棒が住居奥壁側から出土した二ツ塚遺跡例については、前記したとおり、「石柱・石壇」と捉えるべきか、あるいは廃屋儀礼の事例と認識するべきか判断に迷う。

　後期〜晩期になると、住居内から御物石器が出土した事例を挙げうるのみで、明らかな屋内信仰・祭祀施設を見出すことができない。

第2節　屋外信仰・祭祀施設

　配石遺構　北陸地方における配石遺構は、定型的な環状集落が盛行する中期前葉に初源的な姿を見つけることができる。新潟県清水上遺跡・五丁歩遺跡などがその典型で、拠点的環状集落の中央広場において、環状や弧状にめぐる配石・立石として出現する。後期以降に比べて規模が小さく、石を使った構築物というより、区画や標識としての意図が強いように思える。

　中期末から後期前葉になると、配石遺構の規模や構築方法に大きな変化が認められる。いわゆるストーン・サークルと呼ばれるような定型的な形態が目立つようになり、可視的な配石単位が明瞭になる。また配石と墓地との差異が不明瞭となり、墓域と配石遺構が重複するような現象も見られる。

　後期後半〜晩期には、集落のなかでも独立した位置に配石遺構群が築かれる事例が増える。新潟県元屋敷遺跡や同上越市籠峰遺跡が典型で、環状集落の内外にほぼ限定されていた後期中葉までのあり方とは明らかに異なる。また同寺地遺跡の配石遺構は、その特異な形態に加えて、大量の焼人骨、大型木柱列、多くの信仰遺物の出土など、祭祀や葬送儀礼に特化された施設と推測される。

　環状・方形木柱列　環状・方形木柱列は北陸地方西部（富山県・石川県）を中心とする日本海沿岸に分布の集中が認められ、当該地方で最も特徴的な遺

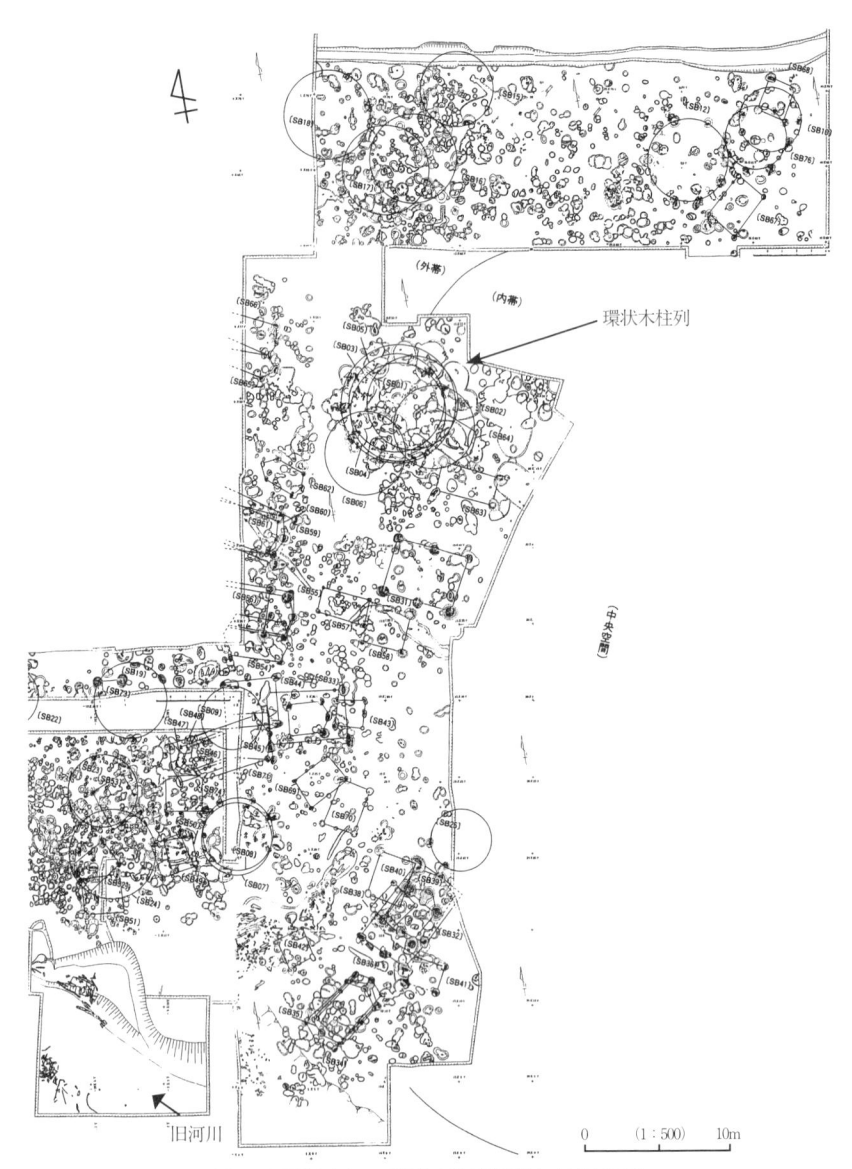

図9 石川県チカモリ遺跡の集落復元図（布尾 2003）

構のひとつである。しかし、これまでの研究では、覆屋を持つ建物か、あるいは持たない立柱かという二極的な議論に偏る傾向があり、集落を構成するひとつの施設として、遺跡全体のなかで評価するという視点に欠ける嫌いがあったと言わざるを得ない。しかし近年は、年代測定や年輪解析といった自然科学的分析の積極的な活用により、環状木柱列の再検討が精力的に進められつつある（石川考古学研究会 2012）。環状木柱列を建物跡と仮定し、他の遺構と共に縄文晩期集落を構造的に分析した研究（布尾 2012）によれば、チカモリ遺跡や真脇遺跡では、同一地点で6〜7回の重複が認められることや重厚な柱を用いることから、環状木柱列が特別視されていたと評価する。また、石川県金沢市米泉遺跡の環状木柱列では重複が認められないが、他の建物に対して大型であることから同様の性格を想定している。このように、北陸地方西部の晩期集落、特に拠点集落と推測される規模の大きな遺跡では、多数検出される円形・方形プランの建物とは明らかに異なる大型柱を用いた環状木柱列が、特定の場所で何度も建て替えられる特徴を指摘することができる。なお、環状集落と推測されるチカモリ遺跡では（図9）、円形・方形建物で重複がほとんどない一方、亀甲形建物だけは同一地点における重複が認められることから、環状木柱列と亀甲形建物が対をなすような構造が存在したのかも知れない。いずれにしろ、従来の多くの指摘のような「環状木柱列＝祭祀」という図式だけではない、多様な見方が必要であることを近年の調査成果は物語っていると言えよう。

引用・参考文献

阿部昭典 2008「第4章　竪穴住居の上屋構造と内部構造」『縄文時代の社会変動論』

石川考古学研究会 1998『石川県考古資料調査・集成事業報告書―祭祀具』Ⅰ

石川考古学研究会 2012『石川考古学研究会々誌』55

石川日出志 1988「縄文・弥生時代の焼人骨」『駿台史学』74

石川日出志 2008「再葬の儀礼」『弥生時代の考古学』7

植田文雄 2005「立柱祭祀の史的研究―立柱遺構と神樹信仰の淵源をさぐる―」『日本考古学』19

江坂輝弥 1960『土偶』校倉書房

木村勝彦・荒川隆史 2012「縄文時代晩期における環状木柱列の木柱の考古学・年輪年代学的分析」『石川考古学研究会々誌』55

小島俊彰 1976「加越能飛における縄文中期の石棒」『金沢美術工芸大学学報』20
小島俊彰 1986「鍔を持つ縄文中期の大型石棒」『大境』10
駒形敏朗 2003「新潟県長岡市中道遺跡の飾られた石組炉」『考古学論究』7
設楽博己 2007「長野県域の再葬」『縄文時代の考古学』9
関　雅之 1987「配石遺構と木柱群の考察」『史跡　寺地遺跡』
瀬川清子 1998『アイヌの婚姻』（新装版）未来社（初版 1972）
高田秀樹 2012「真脇遺跡の縄文時代晩期の建物跡について」『石川考古学研究会々誌』55
高堀勝喜 1964「金沢市近郊八日市新保並びに御経塚晩期遺跡の調査」『押野村史』
滝沢規朗 2001「新潟県の石冠」『新潟考古学談話会会報』23
中島栄一 1983「石冠・土冠」『縄文文化の研究』9
西野秀和 2007「環状木柱列」『縄文時代の考古学』11
西本　寛 2012「環状木柱列の高精度年代測定と縄文時代晩期の編年」『石川考古学研究会々誌』55
布尾和史 2012「北陸縄文時代晩期の建物跡について―建物類型と集落跡における建物類型の構成―」『石川考古学研究会々誌』55
橋本澄夫 1994「環状木柱列と半截柱の発見」『考古学ジャーナル』7
橋本　正 1976「御物石器論」『大境』6
平口哲夫 2006「第 9 章　イルカ漁に生きた真脇の人々」『石川県能登町　真脇遺跡 2006』
増子正三 1988「新潟県における東北系複式炉」『北越考古学』創刊号
山本暉久 2007「屋内祭祀の性格」『縄文時代の考古学』11
渡邊裕之 2007「北陸地方の諸遺跡」『季刊考古学』101

Ⅶ　中部地方の縄文集落の信仰・祭祀

新津　健

第1章　中部地方の信仰・祭祀施設研究の現状と課題

　縄文集落にあっての信仰・祭祀にかかわると思われる遺構は多く、特に中部地方では配石遺構を中心として、石製遺物や土器類等にも祭祀性が備わるものが多い。信仰・祭祀の定義や区分については不明瞭な部分があるものの、本論では遺構及び祭祀遺物の組み合わせやそれらが置かれた場等について、各時代を追いながらその特徴や変遷を概観してみたい。
　まずこの地域においては、屋内外を問わず、配石の出現や変遷が大きな対象となる。住居内の配石としては平石・立石（りっせき）・石棒・石皿等が単独に置かれることに始まり、それらがいくつか組み合ったりさらには祭壇状のまとまりに至るまで、実にバラエティに富んでいる。どのようなケースを祭祀施設としてとらえてよいのかといった問題はあり、その行為の背景にある精神行動を考える必要はある。配石につながる実情としては、これまでにも中期初頭以降前葉期での棒状石、角柱状石の設置事例に始まり、主柱穴に沿っての配石が加わる中葉期を経て、配石の種類や類例が増加する末葉期までの状況がとらえられている（佐野 2003）。このような屋内配石の展開の中で、中期終末に明確となる敷石住居をどのように位置付けるかといったことも大きな問題である。敷石住居については「石柱・石壇」にその起源を求めるとともに、関東・中部における中期終末から後期前半に盛行する通常の住居とみなす山本暉久の一連の研究がある（山本 2002・2010）。検討すべき点や異論はあるものの、概ねその主旨に沿った論の展開が多い。しかし中には、立地・規模・構造・出土遺物などにおいて他の住居と一線が引かれるような性格を示す事例もあり、そこにはなんらかの祭祀性を認めることもできる。このような視点からの考察も少なからず認められることから、本文ではそのあたりの資料も示すことにした。

ところで住居内祭祀を語る上で、石棒、立石、丸石、石皿、釣手土器なども大きな要素となる。これらの道具類は、屋内の特定の場とかかわって大きな意味をもつ。特に炉端には石棒や立石が伴い、釣手土器が周辺に置かれるケースも多々見受けられる。奥壁側もまた祭壇状の配石や祭祀遺物が設置される場であり、例えば本文で紹介する長野県諏訪市穴場遺跡18号住居での石棒や釣手土器については、住居奥壁部で行なわれた祭祀の復元までが考察されている（高見2007）。出入口もまた精神的な場として重要であり、特に埋甕について中部地方は関東・東北も含めその分布の中心地域の一つであり本文で避けるわけにはいかない。長い研究史の中で先学の多岐にわたる成果があるが、出現時期、出土状況と分類、儀礼内容などはまだまだ大きな課題である。伏甕もまた住居内祭祀を語る上で欠かすことはできない。

　一方、屋外配石の出現と変遷を考える上でも中部山岳地方のデータは一つのポイントとなる。それらの展開については、中期後半から終末そして後期中葉及び晩期前半に大きな画期があり、機能についても集落間を取り込んだ広い祭祀性から、墓との繋がりが濃くなる時期へという変遷もとらえられている。同時に住居内で行なわれた祭祀が、やがて屋外配石へと取り込まれていく過程もまた見逃すことはできない。調査により増加しつつある配石遺構の変容や地域性、さらには集落との関連も加え、祭祀の内容や社会構造にまで踏み込む研究の視点も示されている（石坂2004）。

　以上を中心に本文では中部地方の信仰・祭祀施設や遺物を紹介し、研究課題を整理していくこととしたい。

第2章　中部地方の信仰・祭祀施設の変遷

第1節　草創期～早期の信仰・祭祀施設

(1) 屋内施設

　草創期から早期という時期における住居内での信仰・祭祀施設は明確ではない。ただ草創期については近年各地で竪穴住居の発見例が増加しているが、その中でも三重県松阪市粥見井尻遺跡や滋賀県東近江市相谷熊原遺跡では住居内から女神としての特徴が顕著な土偶が出土している。住居内にて祭祀が行なわ

れたことを意味するものであり、今後祭祀にかかわる施設について注意する必要がある。

さらに洞窟遺跡や岩陰遺跡について、通常の平地遺跡と同等にとらえてよいのかといった問題もある。居住の他にも仮泊・埋葬・貯蔵、さらには祭祀・霊場といった面からも検討する必要がある。長野県北相木村栃原岩陰遺跡は草創期の終わり頃から早期後半までの遺物を出土する遺跡であり、最下層から上層まで含め60基にもおよぶ石組炉や焼土跡、屈葬人骨や落盤事故も含め12体の人骨等が発見されている（図1）。煮炊きをした生活の場であるとともに、埋葬の場としても用いられたことがわかる。骨角器を始めとして火を受けた動物の

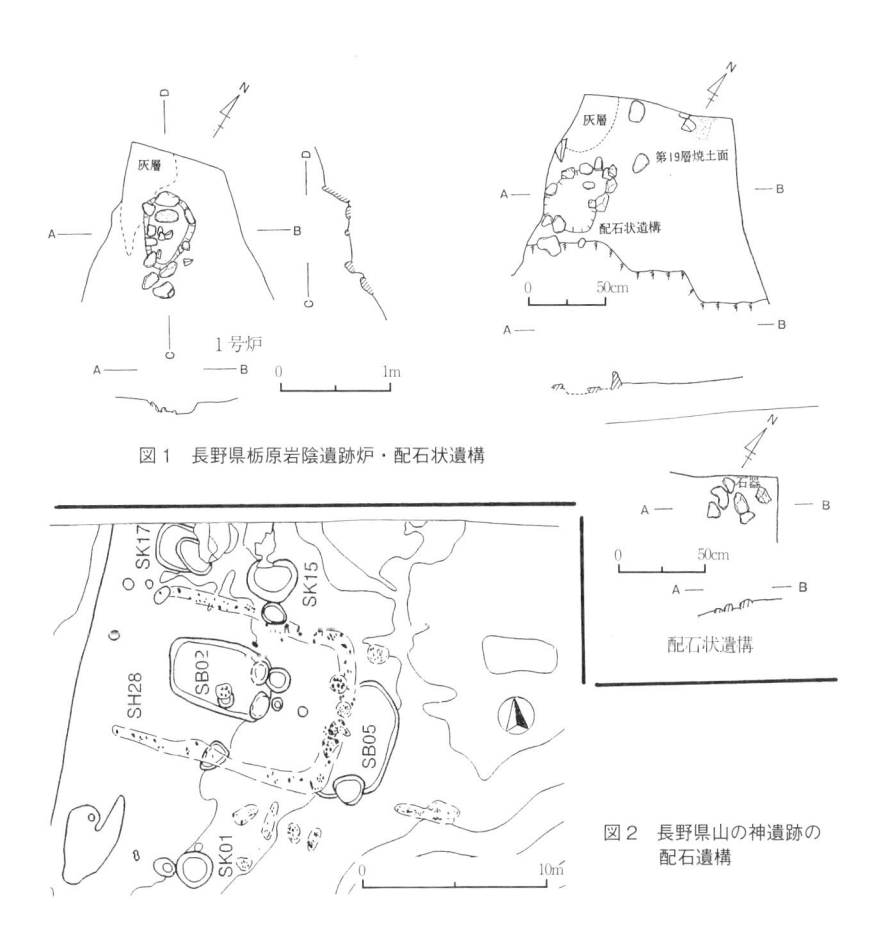

図1　長野県栃原岩陰遺跡炉・配石状遺構

図2　長野県山の神遺跡の配石遺構

骨も多く出土している。これら火を受けた骨は食料の残滓ととらえられているが、祭祀行為をも考える必要はあろう。山中での仮泊の場である以外にも、祭祀や埋葬の場としてこれらの遺跡の性格を吟味することも必要と考える。例えば長野県上田市唐沢岩陰遺跡の晩期から弥生の層では、火は受けていないものの獣骨や骨角器が多量に出土していることなどは、動物祭祀にかかわった痕跡ではないだろうか。草創期や早期にあっても、日常生活の場とは異なった機能を考える必要があり、そこに信仰や祭祀施設としての検討も望まれよう。岐阜県山県市九合洞穴も草創期の隆起線文土器にはじまり押型文土器まで出土しているが、特に草創期の層から出土した線刻礫には注意したい（澄田・安達1967）。愛媛県久万高原町上黒岩岩陰遺跡からは合計7点の線刻像が出土している。これらは女性像とされており、土偶と同様に女神にかかわる信仰遺物でもある。岩陰遺跡においても祭祀が行なわれていたことになる。信仰・祭祀施設としての明確な痕跡は確認できないものの、やはり洞窟や岩陰でもそのような行為は行なわれていたのであろう。

(2) 屋外施設

　草創期・早期では、信仰・祭祀と明確に判断できる事例は少ないが、押型文土器の時期には、直径1m内外の集石土坑が全国的にも多く確認されている。集石を構成する礫には焼けたものも含まれ、屋外の調理施設とみられるものが多いが、山梨県南アルプス市六科丘遺跡ではこれら集石土坑が台地突端の最高所に位置していることから、単なる調理機能を超えた祭祀的な性格も考えられている。旧石器時代の礫群を、単なる「石蒸し焼き料理」の場以外に集団としてのつながりを強固にする場ととらえる意見もあり、そのような意識で縄文時代の集石や礫群を検討する余地はあろう。

　長野県大町市山の神遺跡の石列は特記すべき特徴を備えている（図2）。この遺跡は10軒にもおよぶ押型文土器の時期の住居や複数の屋外集石炉、それに土坑等から構成される集落跡であり、しかもこれらの遺構が広がるそのほぼ中央に、「コ」の字状の石列が発見されているのだ。人頭大の石が用いられており、全体の形状からみて意図的に石を並べた「配石遺構」とみてよい。石列の下には特に遺構はみられないが、特に注意したいのは配石付近からは異形部分磨製石鏃が集中して発見されていることである。この石器は、実用品というよ

りも祭祀性の強い道具とも考えられている。報告者の川崎保は、このような石器の性格とあわせて古典や民俗学にいう「山の神」信仰の事例をあげ、配石遺構の性格を「信仰の場」ととらえる可能性に言及している。北アルプス餓鬼岳の威容を望むことができる立地にあることにもかかわっていよう。山の神遺跡の配石遺構と異形部分磨製石鏃が、山や狩猟に対する信仰・祭祀につながるとすれば、縄文時代の早い段階の事例としてきわめて重要と思われる。なお動物にかかわる儀礼という点では、千葉県船橋市取掛西貝塚にて猪の頭骨を並べた遺構が発掘されており、すでに草創期直後の早期前葉大浦山・東山式土器の段階での狩猟や動物祭祀の可能性ある事例として注目されている（西本2009）。

　同じ押型文土器の時期、長野県松本市こぶし畑遺跡からは単なる集石とは異なった配石遺構が発見されている。ただし遺跡の地面に自然石が多く含まれていることから、人工的な配石遺構とするには異論もある（平林1990）。

第2節　前期〜中期の信仰・祭祀施設

(1) 屋内施設

住居内配石　住居内配石とは、一般には平石・河原石等の自然石・石柱・立石・石棒・丸石等の石製遺物がいくつか組み合って、あるいは単独に配置され一定の施設を形成するものを指す。これら配石がなされる住居内の場所は、奥壁側、側壁側、出入口付近などであり特に石壇・祭壇と呼ばれるものは奥壁側に顕著である。長野県茅野市与助尾根遺跡7号や15号住居の奥壁側に設けられた「石壇」とよばれる立石・石柱を伴う施設が良く知られるが、長野県木曽町お玉の森遺跡10号住居（唐草文系土器Ⅱ期）の事例も特徴的である（図3）。ここでは四本主柱の住居奥壁に偏平な石を敷き並べた、2m×80cm程の施設が設けられている。その内側には小穴4個が並んでおり、中には炭化材が残っていたことから、調査者の神村透はここに木柱が立っていたことを推測し、同様な奥壁配石について同町マツバリ遺跡や駒ヶ根市反目遺跡の事例を紹介している。奥壁の配石、石棒、丸石、埋甕といった祈りにかかわる施設や遺物がまとまった事例として興味深い。火災を受けた住居で炭化物も多く、住居廃絶時に火をかけられた可能性も高い。長野県岡谷市花上寺遺跡16号住居（後葉Ⅱ期）奥壁では鉄平石が敷かれ、一部は縦に埋め込まれた石組施設がある（図5）。出入口に

は蓋石がある正位埋甕2個体（底部欠損）も設置されている。山梨県北杜市柳坪遺跡B地区16号住居でも奥壁直下に凹石2個を含む配石がある（図4）。配石下には土坑があり石鏃と土器片が出土したと報告されている。このように住居奥壁側は神聖な空間であった可能性があり、後でふれる石棒や立石、釣手土器といった祭祀にかかわる遺物が置かれている事例も多い。山梨県西桂町宮の前遺跡3号住居（曽利Ⅲ式期）では、この箇所に大きな立石1個が横倒しの状態で出土した。山梨県上野原市狐塚遺跡6号住居（曽利Ⅱ式期）では、石囲い炉と奥壁の間に河原石に囲まれた直径1mの配石があり、その中に長さ60cmの立石が倒れていたことから本来は石柱のように立てられていたものと推測されている。

　住居内配石はこのような奥壁側だけでなく、炉辺や柱穴沿い、さらには出入口部にもみられる。特に出入口部では埋甕とともに構成される例も多く、岡谷市花上寺遺跡19号住居のような埋甕の隣の平石上に伏甕がなされその四方に磨石等が置かれた施設がみられる（図22）。以上のような例とは異なるが、岐阜県高山市堂之上遺跡16号では複式炉の主炉中にこぶし大の礫が大量に入っており、火災を伴った住居廃棄にかかわる儀礼行為が考えられている。

立石・石棒・丸石・釣手土器の住居内位置　長野県茅野市棚畑遺跡100号住居（井戸尻式期）の立石は炉の東側壁際付近にあり、その反対側の西壁側柱穴際には石皿が置かれている（図6）。三上徹也は立石・石棒には男性原理、石皿には女性原理をあてる中で両者に密接な相関性を確認し、その共伴には新たな生命の誕生にもかかわる呪的意義を主張した（三上2007）。長野県駒ヶ根市辻沢南遺跡73号住居（唐草文第Ⅱ・Ⅲ段階）は西壁際の例であり（図7）、長野県川上村大深山遺跡25号住居（曽利Ⅱ～Ⅲ式期）や岐阜県高山市堂之上遺跡12号住居等は出入口部の立石例である。山梨県上野原市原・郷原遺跡1号住居（加曽利E4式期）では、柄鏡の張出部コーナーに高さ約70cmの立石が設置されていた。

　炉辺型石棒では、まず炉の奥壁隅の例として長野県富士見町曽利遺跡28号住居（曽利Ⅲ式期）（図8）があるが、この類は岐阜県堂之上遺跡6号住居（曽利Ⅱ～Ⅲ式期）、山梨県北杜市越中久保遺跡2号住居（曽利Ⅱ式期）など事例は少なくはない。棚畑遺跡123号住居（後葉Ⅱ期）や茅野市聖石遺跡4号住居（曽利Ⅳ式期）等は、炉の奥石中央の外側に埋設された事例である（図9）。中期後葉に盛行するが、藤内式期の山梨県北杜市古林第4遺跡11号住居では炉石

図3 長野県お玉の森遺跡 10 号住居と配石

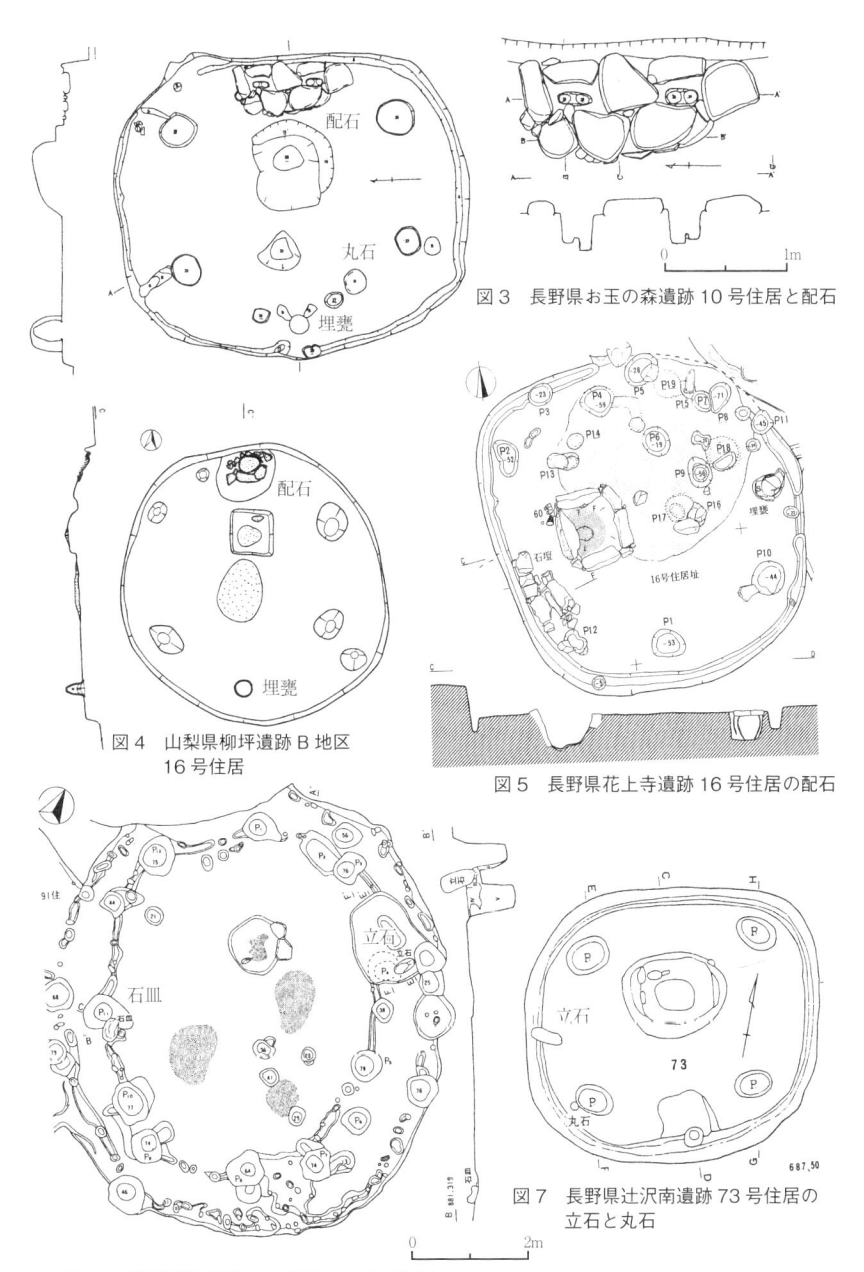

図4 山梨県柳坪遺跡 B 地区 16 号住居

図5 長野県花上寺遺跡 16 号住居の配石

図6 長野県棚畑遺跡 100 号住居の立石と石皿

図7 長野県辻沢南遺跡 73 号住居の立石と丸石

として石棒が用いられている。柱穴沿いや周溝出土例には古林第4遺跡2号住居（藤内式期）、韮崎市北後田遺跡8号住居（曽利Ⅴ式期）、長野県茅野市長峯遺跡42号住居、岐阜県高山県上岩野遺跡19号住居、岐阜県飛騨市中野山越遺跡24号住居等がある。長野県諏訪市穴場遺跡1号住居では他の祭祀遺物とセットで出土したが、これについては釣手土器の項でふれることとしたい。

　なお、祭祀遺跡ではないが、岐阜県飛騨市塩屋金清神社遺跡・島遺跡のように縄文中期から晩期の石棒製作遺跡として知られる遺跡もある。

　丸石については田代孝が出土状況等をまとめている（田代1989）。山梨県北杜市上北田遺跡24号住居（中越式期）例（図10）を最古とするが、中期後半に盛行し以後晩期にまでみることができる。長野県お玉の森遺跡10号（埋甕近く）、辻沢南遺跡81号（逆位埋甕上）、大深山遺跡11号、25号等は出入口付近の例である。柱穴際では辻沢南遺跡12号、20号、34号、73号等がある。特に12号では柱穴に落ち込むかのような状態で出土している（図12）。棚畑遺跡98号住居では柱穴中に丸石が詰められていた（図13）。炉の周辺の丸石例もある。山梨県北杜市根古屋遺跡1号、長野県辻沢南遺跡92号等である。山梨県北杜市社口遺跡31号住居では炉を塞ぐかのように、石囲い炉の中に丸石が置かれていた（図11）。奥壁側からの出土例には、石棒、伏甕、三角壔土製品が伴った山梨県北杜市郷蔵地遺跡1号住居（図14）、大型浅鉢とそれを囲んでいる底部切断伏甕6個の両側に丸石が1個ずつ置かれた（図15）長野県小諸市郷土遺跡24号（加曽利EⅡ式新段階）等がある。住居廃絶時での祭祀行為という意見がある。

　釣手土器の出土位置は、奥壁空間や炉の周辺が目立つ。穴場遺跡18号住居（井戸尻式期終末）では、奥壁空間の柱穴際に釣手土器・石棒・石皿・平石、石碗、凹石といったセット関係でとらえられた（図16）。高見俊樹は出土状態の詳細な検討から一連の祭祀行為を想定し、最後に火がかけられ建物全体が焼失したものと説く（高見2007）。辻沢南遺跡40号住居（唐草文Ⅱ～Ⅲ段階）やお玉の森遺跡12号住居（唐草文系Ⅱ期）も奥壁柱穴際である。長野県山形村殿村遺跡22号住居、24号住居（曽利Ⅲ～Ⅳ式期）、山梨県西桂町宮の前遺跡5号住居（曽利Ⅱ式期）は炉と奥壁の間の例であり、富士見町曽利遺跡29号住居（曽利Ⅰ式期）では炉近くに2個が置かれていた（図17）。長野県原村前尾根遺跡

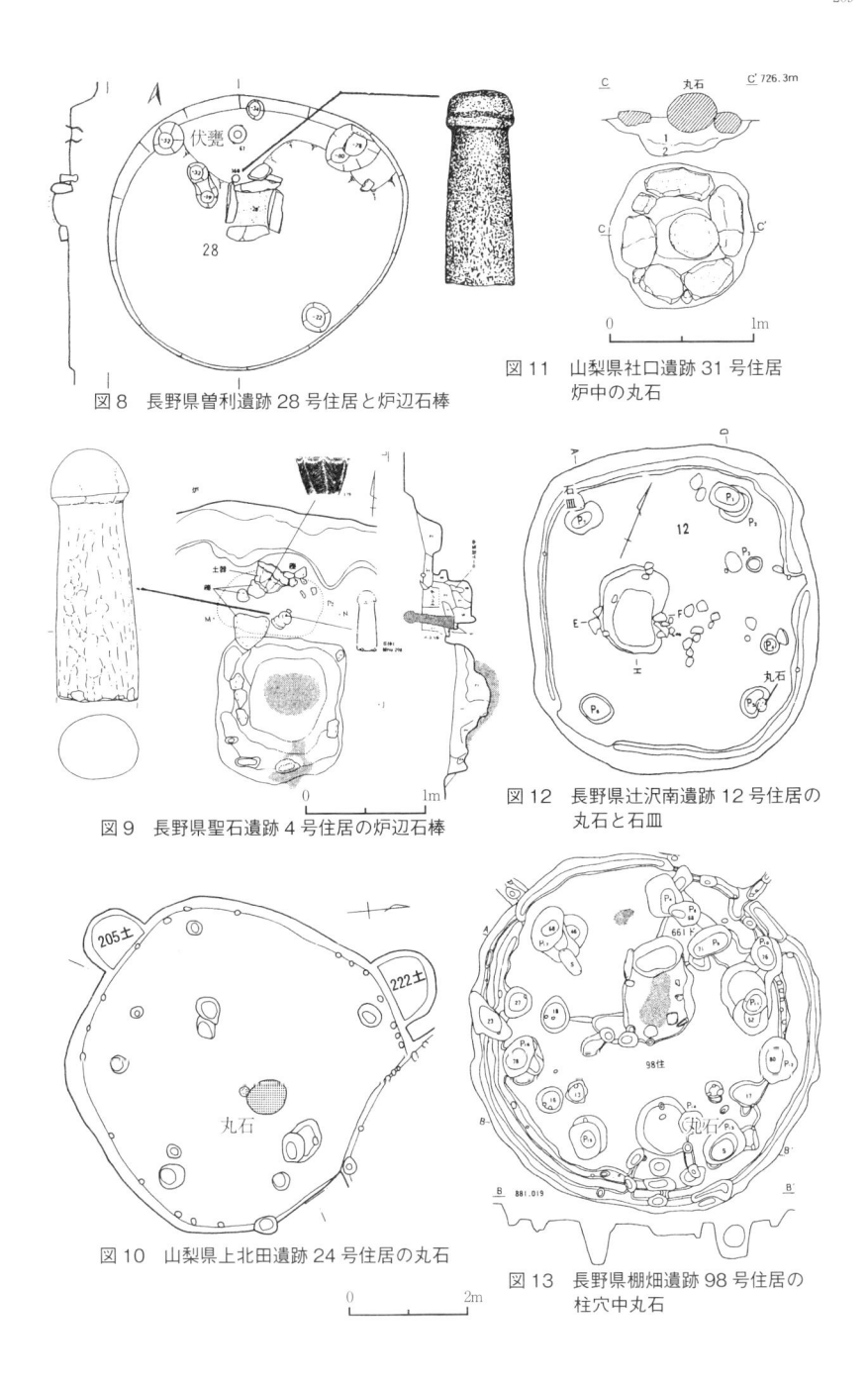

図8　長野県曽利遺跡 28 号住居と炉辺石棒

図 11　山梨県社口遺跡 31 号住居炉中の丸石

図9　長野県聖石遺跡 4 号住居の炉辺石棒

図 12　長野県辻沢南遺跡 12 号住居の丸石と石皿

図 10　山梨県上北田遺跡 24 号住居の丸石

図 13　長野県棚畑遺跡 98 号住居の柱穴中丸石

27号住居（曽利Ⅲ式期）は炉の中、長野県塩尻市 俎 原遺跡 70 号住居は東壁下からの出土である。また山梨県北杜市酒呑場遺跡 41 号住居（藤内式期）や岐阜県堂之上遺跡 6 号住居（曽利Ⅱ～Ⅲ式期）などのように住居覆土中から出土する事例があり、筆者は「酒呑場タイプ」と呼び、物送り祭祀にかかわっての状況を考えた（新津 2002）。

　埋甕と伏甕　通常屋内埋甕とは住居の出入口付近に埋設されるものを指し、正位と逆位、有底、底抜、底欠、穿孔等の種類がみられる。平石や丸石が置かれる事例もある。盛行する時期は中期後半であり後期初頭まで継続する。山梨県北杜市天神遺跡の五領ヶ台式期の 2 号住居では、出入口部ではなく東壁近くに下半部を欠く埋設土器があったが、用途については検討を要する。出入口部埋甕としては山梨県北杜市諏訪原遺跡 31 号、笛吹市釈迦堂遺跡三口神平地区 49・84・87 号住居等の例から、藤内式期までは遡る。曽利Ⅰ式期では山梨県富士川町宮の前遺跡 11 号住居、釈迦堂遺跡 69 号がある。東壁側からの曽利遺跡 29 号のような例もある（図 17）。曽利Ⅱ式段階以降は類例が増し中期終末まで多用される。なかでも正位埋甕の事例は非常に多く、山梨県北杜市柳坪遺跡 B 地区 16 号住居（曽利Ⅴ式期）では四本主柱の主軸上に、奥壁部配石―炉―埋甕（正位底有～一部欠）が並んでおり、一つの典型例ともいえる（図 4）。茅野市棚畑遺跡 2 号住居（曽利Ⅳ式）では平石とセットになり（図 20）、同じく出入口施設との関連が明確な岐阜県堂之上遺跡 26 号住居では新旧二つの埋甕（曽利Ⅲ式と加曽利 E Ⅲ式）がみられた（図 21）。花上寺遺跡 16 号（後葉Ⅱ期）では、石蓋の下に 2 個体分の正位埋甕（旧は底有、新は底欠）が確認されている（図 5）。同遺跡 19 号住居では、入口部にある正位底無埋甕の隣に平石上の伏甕がある（図 22）。お玉の森遺跡 10 号住居では出入口部の正位埋甕を挟んで、あたかも踏石のように「ハ」の字形に平石が置かれていた（図 3）。石蓋例は長野県下に目立つが、山梨県韮崎市石之坪遺跡西地区 38 号や 154 号、釈迦堂遺跡 77 号、都留市久保地遺跡 33 号にも類例がある。山梨県北杜市甲ツ原遺跡 50 号では埋甕の掘込み上に石棒が置かれていた。2 個の埋甕のうち内側が逆位、外側が正位という棚畑遺跡 23 号住居例もある。殿村遺跡 22 号住居（曽利Ⅲ式併行期）には 3 個の埋甕があった（図 18）。住居の建て替えに伴い、その都度入口部に埋設されたのであろう。同じ場所に正位と逆位とがみられることは、機能的に

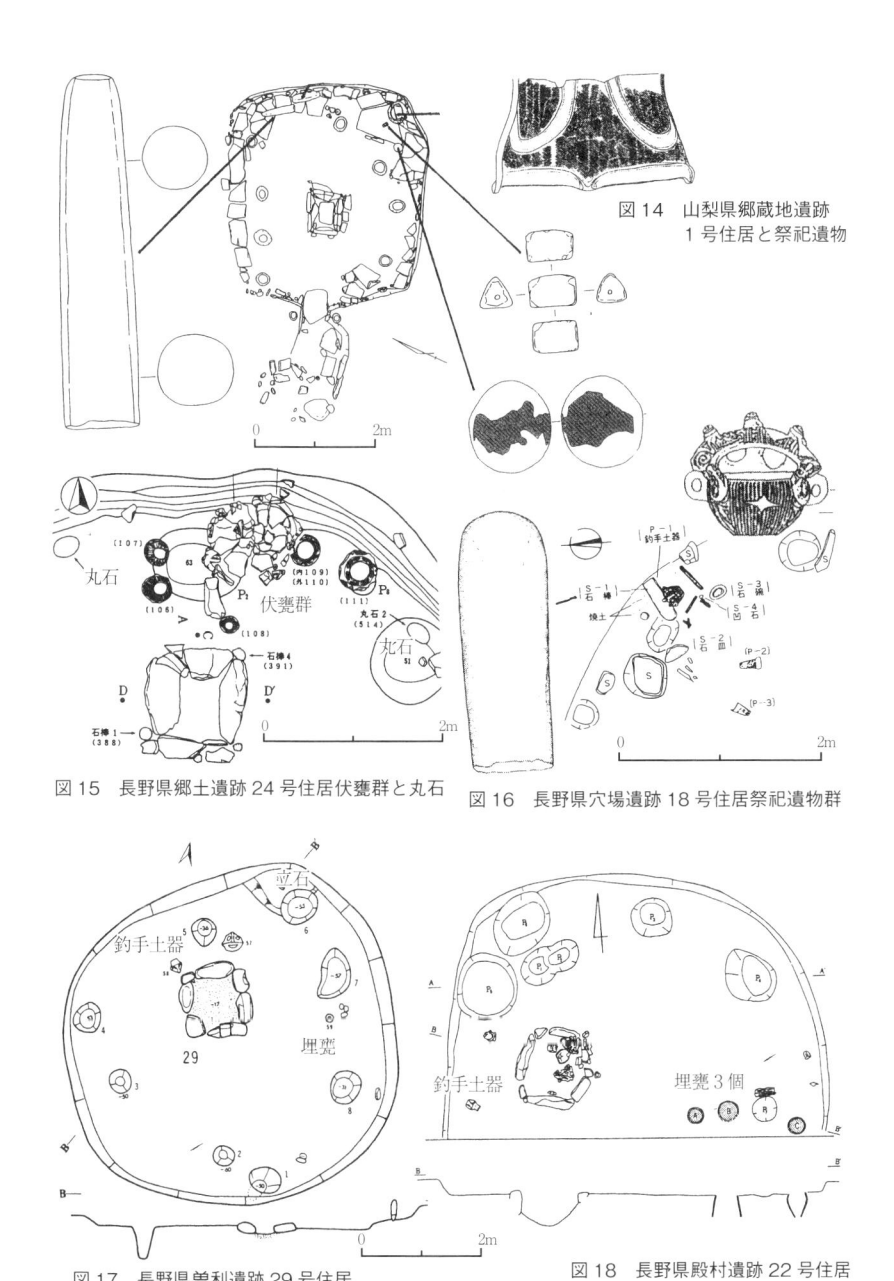

図14 山梨県郷蔵地遺跡
1号住居と祭祀遺物

図15 長野県郷土遺跡24号住居伏甕群と丸石

図16 長野県穴場遺跡18号住居祭祀遺物群

図17 長野県曽利遺跡29号住居

図18 長野県殿村遺跡22号住居

同じであったと考えてよい。なお、外側の正位埋甕中には焼土や炭化物が入っており、住居焼失の際には内部が空洞であった可能性が報告されている。報告書にて百瀬忠幸は出入口部での儀礼行為を考え、埋甕の埋設形態を婚入者の出自にかかわるものと推測している。逆位の典型では、山梨県宮の前遺跡5号住居例がある。高さ80cmの底抜けの大型土器である。棚畑遺跡74号（後葉Ⅱ期）も高さ63cmの大型土器で、底は無いがさらに胴部に孔2箇所があけられていた珍しい例である。ところで小野正文が「甲斐型の埋甕」と呼んだ、逆位底部穿孔埋甕がある（小野1982）。釈迦堂遺跡三口神平地区37号住居ではこのタイプ大小2つが埋設されていた（図19）。韮崎市石之坪遺跡西地区191号住居のこの種の埋甕には孔を塞ぐかのように小さな平石が置かれていた。長野県下でも棚畑80号住居からこのタイプの埋甕が出土している。この孔には小さな土製円板が蓋のように入れられていたという。逆位穿孔の埋甕について小野正文は、この孔を床面の上に住む者との交流用の通路と見なし、子供や死産児の埋葬施設の可能性を考えた（小野1999）。

　以上のように、住居内埋甕についてはいくつかのタイプがあり、地域的にもそれぞれの特徴が認められる。時期的にはやはり中期後半が中心となり、山梨県の釈迦堂遺跡の例をあげると曽利式期住居123軒のうち約三分の一にあたる37軒に埋甕があることからも理解できる（小野1987）。

　伏甕についてもいくつかのパターンがある。郷蔵地遺跡1号住居では石棒や丸石とともに奥壁際に（図14）、土壇と炉辺型石棒があった曽利遺跡28号住居では奥の土壇状の施設上に（図8）、棚畑2号住居では奥壁西隅に（図20）、それぞれ胴下半部を欠く深鉢が伏せられていた。大深山遺跡11号では出入口部に丸石、奥壁下に浅鉢と深鉢が置かれていた。特に浅鉢はもともと底がなく、伏鉢用に作られた土器ではないか。花上寺遺跡19号住居では、蓋石を伴う正位埋甕の隣の平石上に伏甕があった（図22）。このように、奥壁側だけではなく出入口部にもみられる傾向も窺われた。他にも注目すべき置かれ方として、奥壁際中央に置かれた大型の浅鉢を囲むかのように伏甕5個が配置されていた郷土遺跡24号住居の例もある（図15）。山本暉久はこのような伏甕を倒置深鉢と呼び、地域的には関東・中部を中心に中期後葉期に集中することを整理し、その機能については住居廃絶に伴う儀礼行為ととらえた（山本2008）。その内

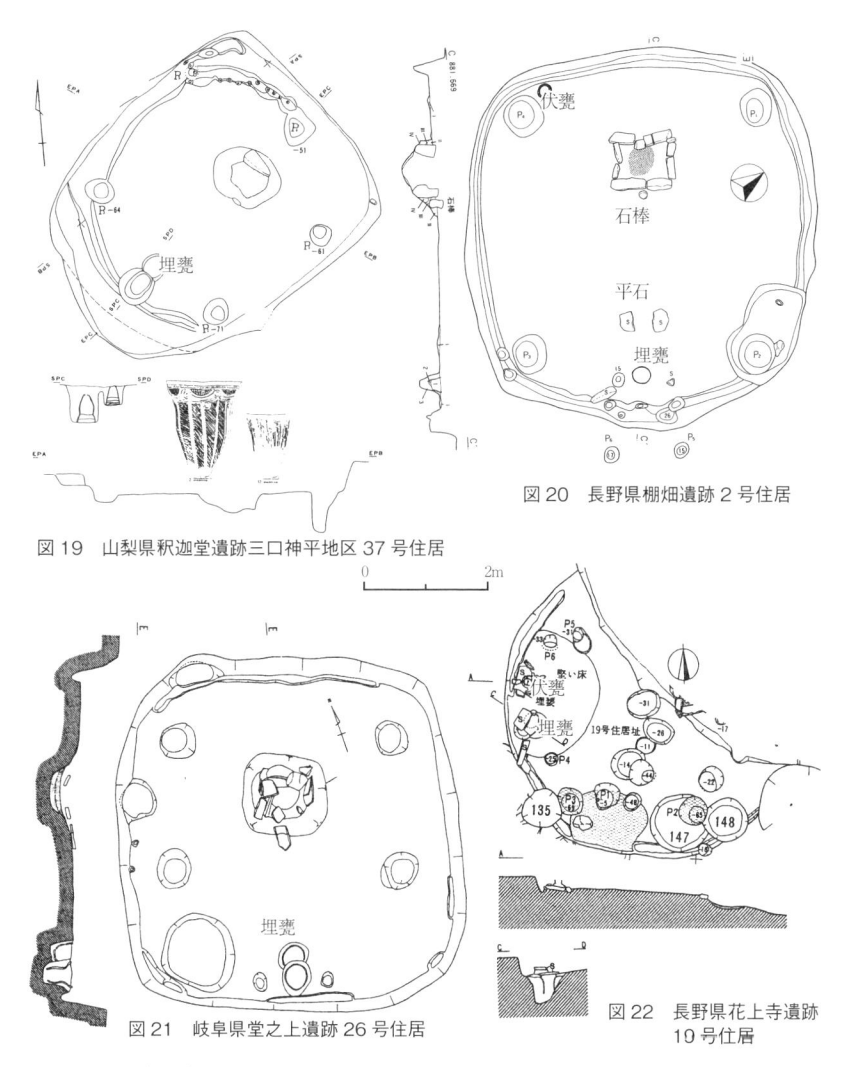

図19　山梨県釈迦堂遺跡三口神平地区37号住居

図20　長野県棚畑遺跡2号住居

図21　岐阜県堂之上遺跡26号住居

図22　長野県花上寺遺跡10号住居

容についてはまだ解明されていない。

(2) 屋外施設

配石遺構　前期後半になると、石を用いた信仰・祭祀につながる大規模な遺構が確認されはじめる。長野県大町市上原遺跡には、大場磐雄により「環状石籬」と名付けられた配石遺構がある。北アルプスを望む台地上に位置し、10m×8mの範囲に31個ほどの柱状自然石や集石が発見された。石の接合関係や

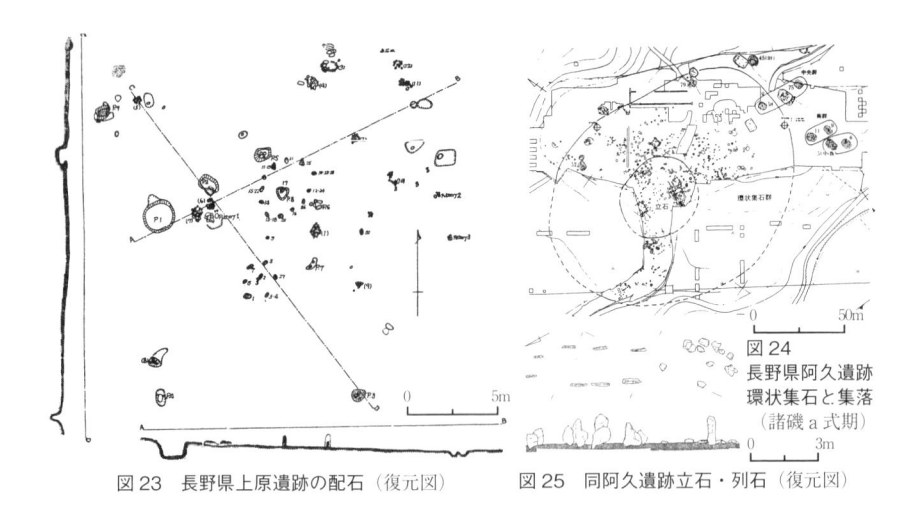

図23　長野県上原遺跡の配石（復元図）　　図25　同阿久遺跡立石・列石（復元図）

図24　長野県阿久遺跡環状集石と集落（諸磯 a 式期）

配列により、3.6m×2.2m と 1.8m×1.5m の環状立石や、二つの立石、集石などから構成される一群が復元され（図23）、長野県史跡として現地に残されている。同じ頃、八ヶ岳西麓の長野県原村阿久遺跡にても立石を伴う配石遺構と、さらに広い範囲に展開する集石遺構群がつくられた。中越式期から諸磯 b 式期までの集落跡であるが、特に諸磯 a 式期～b 式期では立石・列石を中心に土坑群と方形柱列がとりまき、さらに外側に集石群が環状に巡るといった構造がとらえられた。立石・列石を核とした集石群の規模は、幅30m、直径90m×120mほどである（図24）。中央の立石は長さ120cm、幅・厚さが35cmほどの角柱状をした花崗閃緑岩で、全面が焼けていたという（図25）。集石の多くは深さ30cm程の穴の中に拳大の石が詰められたもので、直径 0.5～1.5m である。271 基あり、これらがグループをなして群在し全体として環状をなす。集落全体の構成は中央から外側に向かい、立石・列石→土坑群・建物列→集石群→住居群という配列になる。配石遺構群は尾根上の最も広い中央平坦部に位置しており、中央部に配されている列石の延長上には蓼科山頂上が遠望できることから、笹沢浩は広場内構造物を蓼科山を対象とする祖霊崇拝祭式にかかわる遺構とする考えのもと、環状集石群とその内側の土坑や建物等の諸施設を墓地も含む祭場と解釈した（笹沢1982）。阿久遺跡のような集石群は、長野県長野市上浅野遺跡からも発見されており、この時期に共通した遺構とい

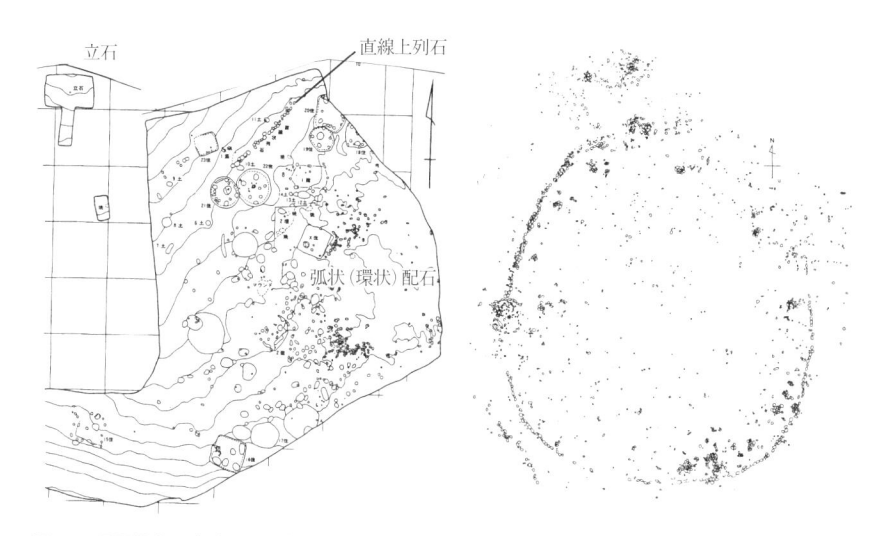

図26 長野県大野遺跡の弧状(環状)配石(1/1000)　図27 山梨県牛石遺跡の環状配石 (1/1200)

うことができるが、山梨県北杜市天神遺跡のように集石を伴わない環状集落も認められる。

　中期になると屋外配石遺構が増加するが、初頭から中葉では類例は多くない。上原遺跡や阿久遺跡でみられたような立石・列石は継続しなかったことになる。そのような傾向の中で、天竜川左岸に位置する長野県駒ヶ根市小林遺跡からは併行する2本の列石状配石遺構が発見されている。幅2mほどでブロック状の石群がとぎれながらも列状につながっていて、第1配石帯は長さ10m、第2配石帯は長さ17mにもなる(図28)。中期初頭とされているが、全国的にみてもこの時期の配石は少なく、時期的には検討が必要であろう。

　長野県大桑村大野遺跡では、中期中葉終末から後葉前半とされる環状配石と直線状配石が発見されている(図26)。環状配石は外径約22m、内径約17mをなすが、小ブロック状配石がつらなったものであろう。下部からは複数の土坑が確認され、多くは墓壙と考えられている。直線状配石は全長13.5mで、環状配石の北西17mに位置する。環状配石を中心に、方形柱穴の建物と住居とが同心円状に配列することをとらえた佐々木藤雄は、内側に集団墓地を有する「集落内環状列石」と呼ぶとともに、環状配石の機能については祖先祭祀につながる葬送・祭祀空間と考えた(佐々木2005)。時期的に中期中葉末までさ

かのぼるとすれば早い段階の環状配石の事例となるが、墓壙との関連も含めて環状配石とみなすことには異論もある（石坂 2004）。

　以上のような事例があるものの、大型の配石遺構が増加するのは中期後半から終末である。まず典型的な大型環状配石の事例としては、山梨県都留市牛石遺跡がある（図27）。これは直径50mにもおよぶ環状配石であるが、やや隅丸方形状でもある。調査者の奈良泰史は、東西南北に配された直径4～5mの小サークルとそれらを繋ぐ列石、そして内側の1m前後の組石状配石とから構成される遺構ととらえている。中央空間部には特殊な施設は認められていない。西側小配石は直径4m近い円形をなすもので、中央に組石状のまとまりがある。列石の内側に沿う組石は30数基あり、埋甕と立石を伴うもの1基、立石がみられるもの3基が含まれる。中期終末のもので周辺から同時期の住居も数軒発掘されているが、集落内における住居と配石遺構との関係はよくわかっていない。この環状配石がつくられた場所からは富士山頂をわずかに見ることができ、奈良泰史は富士山の噴火活動にかかわっての気候の寒冷化・環境変化への対応を、大環状配石という共同祭祀場の構築に結び付けている（奈良 1985）。中期後半期に噴火が活発であったことは、この一帯での竪穴住居内にスコリア等の火山灰が堆積していることからも理解できるが、組石下部の状況がよくわからないこと等から、埋葬施設ではないとは言い切れず問題は残る。

　長野県駒ヶ根市的場・門前遺跡では、3基の半環状配石が同心円状に発見された（図29）。未調査部分に延びる可能性がありそれぞれの径は、内側の配石Ⅰが約15m、中間の配石Ⅱが約30m、外側の配石Ⅲが70m以上にもおよぶとされる。ただし石の密度は薄い。長野県千曲市幅田遺跡群円光房遺跡では中期終末を中心とした直径8mの環状配石、長さ25mを超える弧状配石が調査されている。環状配石は北側と南側とが切れており、二つの弧状配石が向かい合ったような形状でもある。山梨県北杜市大柴遺跡では、直径25m程の環状配石が調査されている。中期終末から後期前葉に継続した遺跡である。

　特異な形状および性格をもつものとして、山梨県韮崎市後田遺跡C区2号配石がある（図30）。これは一辺7m程の方形をなすもので、南西隅と南東隅から「ヒゲ」状の張り出しが延びるものである。この張り出し部から曽利Ⅳ式～Ⅴ式の深鉢形土器12個が出土している。方形配石中央部は4m四方ほどの

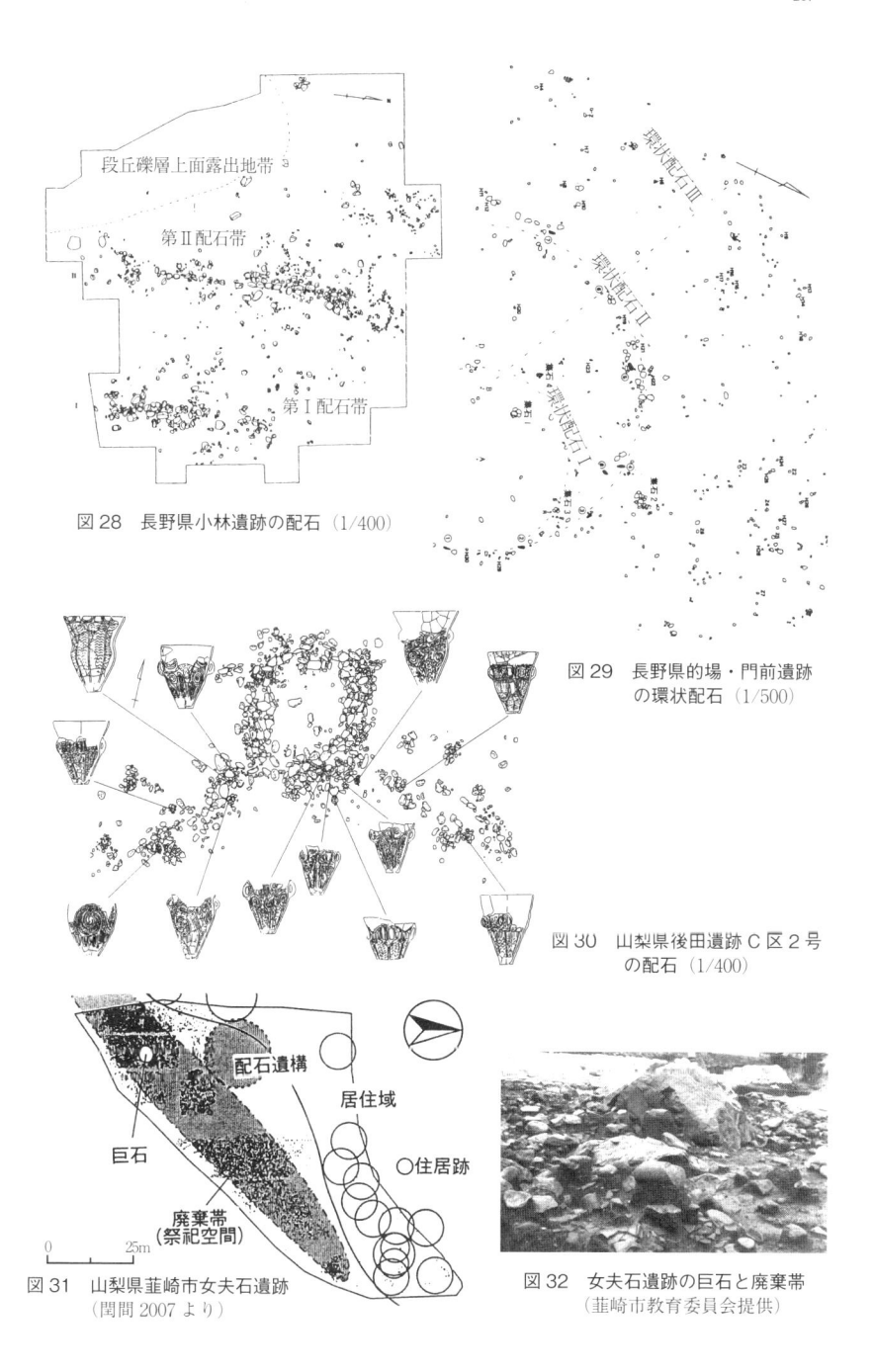

図28 長野県小林遺跡の配石 (1/400)

図29 長野県的場・門前遺跡の環状配石 (1/500)

図30 山梨県後田遺跡C区2号の配石 (1/400)

図31 山梨県韮崎市女夫石遺跡（間間 2007 より）

図32 女夫石遺跡の巨石と廃棄帯（韮崎市教育委員会提供）

空間となっており、ここに建物あるいは標柱のような信仰にかかわる施設が立てられていた可能性がある。小児埋葬にかかわる祭祀の場ではなかろうか。

　土器捨場　屋外での祭祀・信仰にかかわる場として土器捨場を見逃すことはできない。釈迦堂遺跡や花上寺遺跡をはじめ大規模な集落にて発見されているが、ここでは山梨県韮崎市女夫石遺跡の廃棄帯に注目したい。中期井戸尻式から曽利Ⅴ式までの住居18軒、配石遺構1基など、遺構群は尾根の北緩斜面に広がっているが、この斜面の南側の高い部分に廃棄帯が確認されている（図31）。この廃棄帯には大きな自然石がありこれを中心に大量の土器をはじめとして、石棒・土偶・ミニチュア土器など祭祀遺物が出土している（図32）。この場は中期中頃の井戸尻式期に始まり曽利終末期まで続いたとされる。廃棄に伴い大岩は徐々に埋っていったことが確認できており、調査者の閏間俊明氏は「巨石の埋没とともに集落が終焉を迎えた」ととらえている（閏間2007）。女夫石集落にとって、この自然石が祭祀上大きな役割を果していたものと考えられる。なお全体から土偶が出土したり、焼けた獣の骨片が出土する集落もあり、これらも屋外祭祀にかかわる遺物とみてよいだろう。

第3節　後期～晩期の信仰・祭祀施設

(1) 屋内施設

　後期、晩期における屋内祭祀施設については、後期前半期にこそ中期末の流れを継続するかたちで確認することができるものの、次第に屋外配石へと展開していく傾向が強い。中期末から繋がる屋内施設としては、敷石住居とともに立石、石棒等がある。まずこれらの遺構・遺物からみていこう。

　敷石住居　敷石住居には、大別して張り出し部のないものと柄鏡形の入り口部をもつものとがある。特に張り出しのないものは、通常の竪穴住居に敷石されたものも含まれる。それらの系譜には地域差が認められるものの、いずれも中期後半にその萌芽があり終末に発達する。この展開や機能についてはすでに多くの先学の論考があるが、特に山本暉久の研究がよく知られる（山本2002・2010）。山本の見解は、敷石住居は一般的な住居であり、敷石住居を生み出した時代背景こそが特異であるという考え方がベースになっている。発生については住居内に設けられた石柱・石壇を源とし、南西関東から北関東・中部山

地域に分布の中心をもつとした。このあたりを軸にした考え方は多いが、細部については、中部高地系の敷石住居と関東系の柄鏡形住居がドッキングして西関東付近にて柄鏡形敷石住居が発生したとする櫛原功一の見解もある（櫛原2004）。異論もあり佐々木藤雄は群馬県の例をとりあげ、特異な祭儀空間である環状列石とかかわっての敷石住居の出現を主張する（佐々木2003）。いずれにしても中期末から後期前半に一般的な住居として東日本に広がったという見解が主流であるが、しかしそのような敷石住居同士の中にも集落内における位置・規模・構造・出土遺物等からみて、その集落における中心的な住居であったとみなされる事例や特異性を持つものも有りえよう。例えば長野県小諸市久保田遺跡13号住居は長径13m、短径9mの柄鏡形敷石住居であり、堀之内式期の住居群のなかでも際立った大きさである。山梨県大月市塩瀬下原遺跡第4次調査1号住居は、周堤礫・環礫方形配石・炉を中心とした十字形敷石・外周配石等がみられる複雑な様相をもつ敷石住居である（図33）。一辺9mを越す大型で、この住居の機能そのものが集落内での祭祀をも伴う住居であった可能性はあろう。また屋外配石の項でふれるが、茅野市勝山遺跡44号住居のように張り出し部が発達して左右に延び、弧状の配石と一体となった事例があるが、これらの住居は特に集落の中心をなす施設であった可能性があり、敷石住居の前面が祭祀施設や墓域として発達している様子が窺われる。山梨県北杜市上ノ原遺跡C77号住居は、規模は普通ながらも周堤礫をもつと共に列状に配置する住居群のうち斜面上位列中央に位置する住居であり、硬玉製垂飾品2点が出土している。調査者の櫛原功一は、C1号住居とともに堀之内2式期のリーダー的な居住が予想される敷石住居と考えている（櫛原1999）。このように堀之内1式から2式にかけては敷石住居が大型化する傾向にある。

　敷石住居は後期中葉の加曽利B2式期までは続く。ただし山梨県下では後期後葉になると住居の輪郭に沿って方形に石が取り巻く、石囲み住居とでも表現できるものが現われてくる。筆者はこれを方形周石住居と呼んだ（新津1989）。このタイプは八ヶ岳山麓を中心とした地域性の強いもので、晩期前半に最も発達しながらも晩期後半にまで継続する。特に北杜市金生遺跡では敷石された入り口施設が伴う18号住居（図38）や礫堤状に石が巡る11号住居がある。これらは晩期前半のものであるが、同じ時期の都留市尾咲原遺跡2号住居は、竪

穴住居の壁際に石が巡るタイプであり、静岡県清水天王山遺跡では円形ながら「礫堤住居」がみられることから、石が巡るタイプの住居は伊豆地方や関東西部を含めた中部高地に広がっている可能性はある。

石棒・丸石が伴う住居 中期の住居内祭祀施設の項にて石棒にふれたが、その流れは後期前半期にまで継続する。まず山梨県大月市大月遺跡10号住居(称名寺式期)では張り出し部と居住部とのちょうど接合部から、下部を欠くものの長さ32cmの有頭石棒が横位で出土した(図34)。調査者の長沢宏昌は、出入口にあたることから本来は立っていた石棒を跨ぐといった行為を想定した。同じ称名寺式期の釈迦堂遺跡三口神平Ⅳ区10号住居でも同様の位置から石棒がみられる。また、富士吉田市池之元遺跡1号住居(堀之内2式期)も出入口部石棒の可能性がある。しかもこの住居からは奥壁際の浅い溝中から注口土器3個体が出土しており、本来板材などで区画された施設内に並べられていたことが、報告書では考えられている。北杜市社口遺跡19号住居は柄鏡形で廊下状敷石をもつ住居であるが、この奥壁側床面から注口土器が正位で置かれており、近くから凹石2個と小形石棒が出土している。注口土器にかかわる祭祀・儀式の内容も今後の課題である。

丸石も中期から継続する祭祀遺物と言える。上ノ原遺跡C88号住居(堀之内2式期)では炉の正面の石に接するかのように丸石があり、山梨県北杜市豆生田第3遺跡8号住居(加曽利B1式期)では、炉を囲む石の正面のものが丸石であった。北杜市清水端遺跡2号住居(加曽利B2式期)では入口部敷石の両側から出土している。このように後期に入っても炉にかかわったり、入口付近から出土する。しかしその例は少なくなり、やはり屋外配石とのかかわりが強くなる傾向も窺われる。北杜市姥神遺跡では2号集石や配石遺構から出土しており、特に配石からは直径40cmを越す大型丸石がみられた。丸石祭祀が行なわれる場所については、加曽利B式期頃が住居内から配石への転換期であろう。この時期を境として中期後半に出現した敷石住居が消滅することも無関係ではなかろう。

(2) 屋外施設

配石遺構 後期に入ると中期終末段階とは異なった形態の配石や、より墓とかかわる複雑な配石が展開する。まず特徴的なのは長野県茅野市勝山遺跡、聖石遺跡、小諸市三田原遺跡、岩下遺跡などにみる柄鏡形敷石住居とかかわった

221

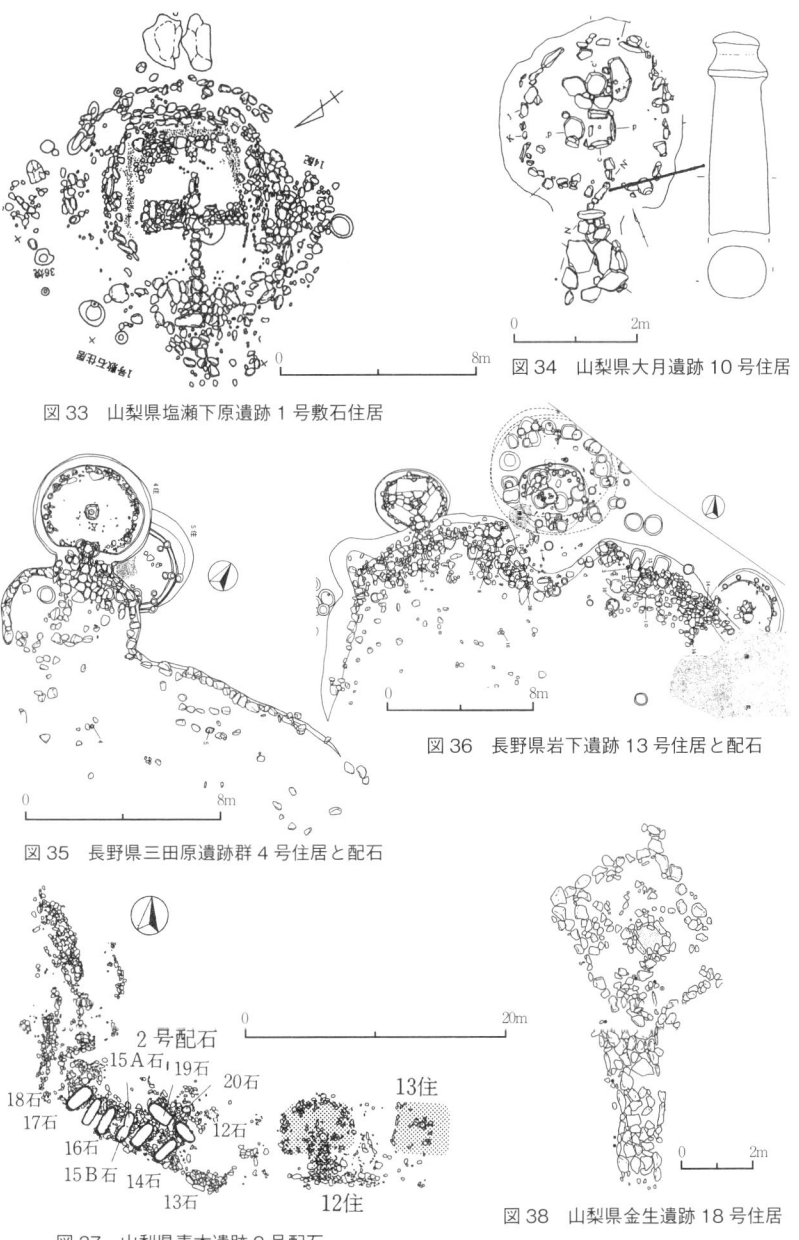

図33 山梨県塩瀬下原遺跡1号敷石住居

図34 山梨県大月遺跡10号住居

図35 長野県三田原遺跡群4号住居と配石

図36 長野県岩下遺跡13号住居と配石

図37 山梨県青木遺跡2号配石

2号配石
15A石 19石
20石
18石
17石 12石
16石
15B石 14石
13石
13住
12住

図38 山梨県金生遺跡18号住居

弧状の配石である。いずれも後期堀之内式期を中心としており、勝山遺跡では長さ40m以上の直線状に延びる配石が調査されたが、発掘区外にも延びて環状ないし弧状をなすことが推測されている。柄鏡形住居である44号住居の柄部敷石と一体となることも考えられている。同様な状況は他の遺跡にも共通しており、岩下遺跡では長さ20mの配石が大型敷石住居を中心にしてその左右に弧を描きながら延びている（図36）。配石下部からは石棺墓や土壙墓とみられる施設も確認されている。岩下遺跡の例からは墓とかかわった祭祀の場という見方もできるが、墓壙は確認できていない三田原遺跡のような事例もある（図35）。したがって敷石住居と一体化した配石の機能については、葬送にかかわる祭祀以外にもより多目的な祈りの場としての検討が必要であろう。後期前葉期では、柄鏡形敷石住居などの特定の住居と深く結び付いた弧状配石が形成されることは確かである。このような事例は、関東から中部山岳地方を中心に増えつつある。

　後期前葉での墓とかかわる配石遺構に、岐阜県揖斐川町塚奥山遺跡がある。これらには土坑上の配石も含まれており基本的には墓上配石とみられるものであるが、この広がりは直径6mと4.4mとの環状範囲内に配される傾向から、配石遺構群北群と南群という単位でとらえられている。

　後期中葉から晩期には、墓と密接な関係の中で発達した配石がさらに多くなる。典型例として山梨県北杜市青木遺跡2号配石がある（図37）。28mほどの長さで「く」字状に延びる列状配石で、下部から9基の石棺墓が並んで確認されたことから墓を繋いだり覆ったりする配石であることは確かであるが、墓を伴わない配石の箇所もあり単なる墓の集合体ではすまされない。加曽利B式期の遺構とみられているが、石坂茂は配石東側に隣接する堀之内2式期の柄鏡形敷石住居12号との強い関連性を想定している（石坂2004）。一方、300体もの人骨が発見された遺跡として著名な長野県安曇野市北村遺跡のように、中期から後期の住居や墓域上に重層的に形成された配石（堀之内2式〜加曽利B1式期）もある。これはブロック状配石が全体として弧状に連なる形状であり、廃絶住居やかつての墓域を意識した機能が考えられる。長野県安曇野市離山遺跡でも、下部に墓とされる多くの土坑が確認された配石群が調査されている（図39）。その内の3号配石は直径6mの整った環状で、立石6個を伴う。後期中葉の土器が多いとされるが、この段階までこのような環状配石が残ることがわかる。

青木遺跡でみたような石棺墓にかかわる配石がさらに発達し、しかも祭祀的様相も強めながら展開し晩期に至ることが、山梨県北杜市石堂B遺跡から推測できる。ここからは青木遺跡同様の石棺墓を伴う列状配石とともに、大型方形配石やブロック状配石などが調査された。特に大型方形配石は、完掘されてはいないものの東西30m・南北20mほどの方形にめぐるものと推測できる。石棺状遺構や立石を伴い、中央空間部に直径5mの配石ブロックがある。敷石住居や周石住居なども確認されており、土偶や石棒といった祭祀にかかわる出土品も多い。後期中頃から晩期初めまでの、墓域や祭祀施設を伴った集落と考えられている。

　集落や配石の展開については、このような青木遺跡、石堂B遺跡を経て金生遺跡に至っていくことが考えられる。この三遺跡は直径4kmの範囲内に位置する遺跡であり、同時に存在しながら晩期中頃以降は金生遺跡に収束していく。金生遺跡1号配石は長さ約60m幅約10mの規模で尾根を横断するかのように構築されている（図41）。最終段階の晩期前半期には方形配石、円形石組、石棺状石組などから構成され、膨大な量の石群中には石棒や丸石、立石などが含まれる。焼けた人骨片が出土した石棺状石組もあり、特定の墓を中心とした葬送儀礼や祭祀の場と考えられる施設である。後期中葉の土器にはじまり後葉の遺物も多いこと、配石下部からは青木遺跡でみるような石棺墓も発見されていることなどから、後期中頃の石棺墓列がベースとなって次第に儀礼・祭礼的な要素が増加しながら晩期配石へと展開したことが窺える。晩期段階において配石は5つ位のブロックに区分できること、非常に多くの石が運ばれてきていることなどから、金生集落だけではなく八ヶ岳南麓の広域のムラにかかわった葬送・祭祀の場であったと考えられる。1号配石の北側に隣接し住居群が位置するとともに、同時期の配石墓群も確認されている。晩期前半に最も発達した金生集落であるが、後半期にはだいぶ縮小する。それでも、2号配石のような特異な施設も作られている。これは丸石2個を前面に配した2m四方くらいの配石であるが（図40）、石で囲まれた内側からは独特の形状をした中空土偶や複数の大型石棒、独鈷石などの祭祀遺物が出土している。

　ここで、金生遺跡1号配石および2号配石を構成する石製品として丸石と石棒にふれておく。まず1号配石では円形石組中央に大形石棒が倒れており、そ

図39　長野県離山遺跡の配石群

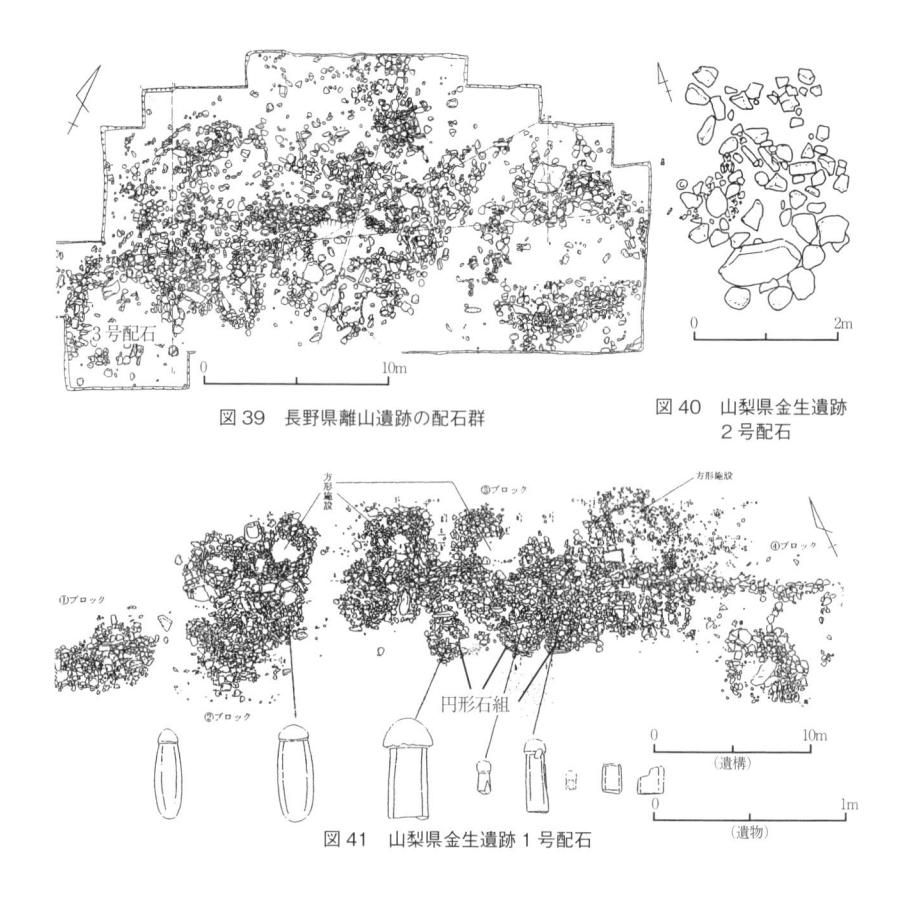

図40　山梨県金生遺跡2号配石

図41　山梨県金生遺跡1号配石

れを囲む石列内に丸石1個がある（図45）。背後の石群中には3個の丸石が含まれている。石棺状石組の縁にも石棒と丸石とが隣接している。1号配石は特定の墓をベースとした祭祀や儀礼が行なわれる場と考えられることから、石棒も丸石も葬送や蘇りにかかわる意味合いを持っていた可能性がある。2号配石では、前面に対称的に2個が置かれ、配石内部の奥側に石棒4本がみられた（図40）。中空土偶や多くの土器が出土していることから祭祀具を納めた場所とも考えたが、墓の可能性もある。

　再び話を配石遺構にもどそう。長野県では飯田市中村中平遺跡や大町市一津遺跡にて、後期後半から晩期の配石遺構が調査されている。中村中平遺跡からは配石や人骨とみられる焼けた骨が出土した配石墓などが発見されている。

特に1号配石とされる遺構は、9×8mの範囲に礫がめぐるものである。一見環状配石にもみえるが、山梨県のこの時期に特徴的な方形周石住居の可能性もある。下部から炭化した堅果類を多く含む土坑群が確認されたことは注目に値する。土壙墓や配石墓から構成される墓域に隣接しており、なんらかの儀礼にかかわる施設かもしれない。

　焼獣骨の出土　後期以降の集落にあっては、包含層中から火を受けた獣の細かい骨が目につくことがある。特に晩期の黒色土中では顕著であり、東京都なすな原遺跡における焼獣骨の分布を調べたことがある。住居内は勿論ではあるが、さらに住居群に囲まれた部分に多い傾向が窺われた（新津1985）。金生遺跡でも配石遺構のみならず遺跡全体から焼獣骨が出土するとともに、猪の焼けた下顎135個体（うち幼獣が115個体）が入っていた土坑もみられた。これらのことから、獣の骨に関して「焼く」「埋納する」「撒く」といった行為を想定した。すなわち動物を用いた、あるいは動物にかかわる祭りの最終段階にて骨を焼き砕きそして集落内に撒く、といった一連の流れを考えたのである。このような獣骨片は、長野県松本市井刈(いかり)遺跡、離山遺跡、山梨県青木遺跡、中谷遺跡など配石遺構を伴う遺跡から出土する例は多い。やはり祭祀行為に基づく結果として間違いないだろう。なお、焼獣骨が出土する事例は長野県円光房遺跡にもあり、中期でも行なわれていたことがわかる。

第3章　中部地方の信仰・祭祀施設の特徴とまとめ

第1節　屋内信仰・祭祀施設

　住居内で行なわれた信仰・祭祀施設や立石などの遺物について、草創期や早期の住居では明確ではない。ただし洞窟遺跡や岩陰遺跡についてはその場自体が祭祀や信仰の場となっていた可能性はあろう。長野県栃原洞窟の例にもあるように、石組炉や焼土跡もみられ、単なる日常生活の痕跡とみる以上の機能も考えることが必要と思われる。また、三重県粥見井尻遺跡や滋賀県相谷熊原遺跡の土偶出土例からは、草創期にあっても住居内で土偶祭祀が行なわれていたことが想定できる。岐阜県九合洞穴から出土した線刻礫も女神信仰にかかわる可能性があり、屋内祭祀にかかわった祭祀遺物と見ることもできよう。

前期でも明確な屋内配石はみられないが、山梨県上北田遺跡 24 号住居では炉の南側に接して花崗岩の丸石が出土している。丸石は中期後半以降住居内からの出土例が増加し、後期中頃以降は屋外配石中に取り込まれる祭祀遺物である。上北田遺跡の丸石が中期以降のものと同じ意味で用いられたかどうかは不明である。前期の石棒についても戸田哲也が「類石棒」と呼ぶものが東京都町田市田中谷戸遺跡や秋田県大仙市上ノ山 2 遺跡から出土しているが（戸田 1997）、山梨県北杜市酒呑場遺跡 2 号住居では石棒形土製品が炉の近くから出土している。諸磯 b 式期であり、中期型石棒とは異なる形態ではあるが、この時期の住居にて石棒に類似した祭祀が行なわれていたことになろう。

　中期に入ると、初頭や中葉でも立石・石柱・石棒等の祭祀遺物が住居内から出土するようになるが、屋内配石としてまとまりをもった施設は、やはり中期後半になってから明確になる。住居内配石の場としては、奥壁側、炉の周辺、出入口等が顕著であり、その他柱穴周辺も加わる。配石の構成については、平石・立石・石棒・丸石・石皿などがいくつか組み合ったり単独、あるいは対峙したりする。特に、奥壁側配石では長野県お玉の森遺跡 10 号住居のように木柱が伴う可能性もある。

　出入口埋甕もまた、住居内祭祀・信仰にかかわる重要な施設である。これは中期中葉に出現するものの、盛行期を迎えるのは後葉に入ってからである。正位、逆位、さらには底の有無や孔の存在などからいくつかのパターンがあり、石蓋の有無なども含め地域差がある。幼児埋葬説や胎盤収納説が有力であり、埋甕の形態により複数の機能があった可能性がある。特に、逆位有孔埋甕は埋葬施設と考えるむきが高い。本稿で対象とした中部山岳地域は、関東地方とともに埋甕の盛んな地域である。

　釣手土器も祭祀にかかわる遺物である。この出土位置も奥壁側や炉の周辺が顕著である。特に諏訪市穴場遺跡 2 号住居では奥壁側の柱穴付近に石棒・石皿等とともに釣手土器が出土しており、住居廃棄に伴う祭祀行為が推測されている。住居廃棄とは別に、通常でも釣手土器を用いた儀式や祈りが屋内で行なわれていたことは確かであろう。

　中期後半でも終末に近い頃、敷石住居が出現し、終末から後期前葉には発達、後期中葉までは継続する。時代性を物語る一般住居という見方がなされている

が、集落内における位置、規模、祭祀遺物等からみて敷石住居の中にあっても特異性を持つ遺構がみられることも事実であり、これに階層性や祭祀性を読み取ることも可能である。敷石住居の出入口付近に石棒が据えられていたり、炉付近に丸石が置かれたりする事例も、中期以降の伝統として後期前半までは認められる。しかし加曽利B式期頃を境として、大型石棒や丸石は屋外配石へとその場を移していく。さまざまな屋内祭祀施設が発達した中期後半期ではあったが、後期中頃には祭祀の主体は屋外配石へと移行していくようである。

第2節 屋外信仰・祭祀施設

屋外祭祀施設としては、まず配石遺構がある。前章では、早期押型文期の配石について長野県山の神遺跡にて発見された「コ」字形に並ぶ石列を取り上げた。全体の形状や集落内の位置からみて意図的に石を並べた「配石遺構」とみてよい。近くから異形部分磨製石鏃が集中して出土しており、この付近にて祭祀行為が行なわれたことが推測できる。

前期後半では、長野県上原遺跡や阿久遺跡にみるような立石を取り込んだ列石がつくられるようになる。特に阿久遺跡の諸磯a式期〜b式期での集落全体の構成は中央から外側に向かい、立石・列石→土坑群・建物列→集石群→住居群という配列になる。周辺の同じ時期の集落を含めた核となる場という考え方もある。この時期の集落には、山梨県天神遺跡のような中央墓壙型の環状集落という形態も明確になり、阿久遺跡の立石・列石や集石の環状配列を加えると、「環状」という意識がすでに完成していたことがわかる。

中期になると、環状列石をはじめとした屋外配石が出現し、後半期には特に発達する。長野県大野遺跡の環状配石は外径約22mと規模も大きく、中期中頃まで遡るとされる。下部からは複数の土坑が確認され、多くは墓壙と考えられており、環状配石を中心に方形柱穴の建物と住居とが同心円状に配列することが報告されている。時期や機能については課題も指摘されている。

やはり大型の配石遺構が増加するのは中期後半から終末である。山梨県牛石遺跡の例は直径50mにも及ぶ大型環状配石である。直径4〜5mの小サークルとそれらを繋ぐ列石、そして内側の1m前後の組石状配石とから構成される遺構で、中央空間部には特殊な施設は認められていない。この配石の機能、集落

内での位置付け、配石を支える複数の集落間関係等について解決すべき課題は多い。関東地方も含め、中期終末期には大規模な環状配石が出現するが、環状集落が変質を遂げていく頃、このような配石が出現する意味を考える必要があろう。後期に発達する北日本地域の環状配石との関連も重要な課題である。

　特異な性格をもつものとして、山梨県後田遺跡Ｃ区２号配石のような埋設土器12個が出土した配石もみられた。幼児埋葬にかかわる施設の可能性もある。中期終末期の屋外配石には、墓にかかわって展開したものと、墓以外の祭祀の場としての機能をもって発達したものなどがあったとみなされる。

　後期では、柄鏡形敷石住居と密接に関連した弧状の配石が発達する。長野県勝山遺跡、聖石遺跡、三田原遺跡、岩下遺跡などが特徴的である。堀之内式期を中心としており、勝山遺跡では柄鏡形住居の柄部敷石と一体となって長さ40m以上の配石が形成されている。同様な状況は他の遺跡にも共通しており、岩下遺跡のように配石下部に石棺墓や土壙墓が確認されている例がある反面、三田原遺跡では配石下に墓壙は伴っていない。これらの事例から、敷石住居と一体化した配石についても葬送儀礼にかかわる場合と、その他の祈りを目的とした場合があったのであろう。少なくとも後期前葉期では、特定の柄鏡形敷石住居と深く結び付いた弧状配石が形成されることは確かであり、そこが祈りの場として発達した可能性は高い。このような事例は、関東から中部山岳地方を中心に類例が増えつつある。

　後期中葉では、墓と密接な関係の中で発達した配石がさらに多くなる。下部に９基の石棺墓が並んでいた山梨県青木遺跡２号配石などはその典型である。一方、長野県北村遺跡のように中期から後期の住居や墓域上に重層的に形成された配石もある。廃絶住居やかつての墓域を意識した機能が考えられる。

　青木遺跡でみたような石棺墓にかかわる配石がさらに発達し、後期中葉から晩期初頭の石堂Ｂ遺跡を経て晩期前半の金生遺跡１号配石へと展開することが推測できた。金生遺跡１号配石は長さ約60m、幅約10mの規模で、最終段階の晩期前半期には方形配石、円形石組、石棺状石組などから構成され、石棒や丸石、立石なども含まれる。特定の墓を中心とした葬送儀礼や祭祀の場と考えられる施設である。この配石の北側に隣接し住居群が位置するとともに、同時期の配石墓群も確認されていることから、集落内の配石であることがわかる

が、同時に八ヶ岳南麓の祭祀も含めた拠点集落であろう。

　最後に、屋外祭祀とかかわって土器捨て場（廃棄帯）と焼獣骨、土偶にふれておく。韮崎市女夫石遺跡の例を取り上げたが、ここでは自然の大岩を中心に大量の土器に加え、石棒・土偶・ミニチュア土器など祭祀遺物が出土している。釈迦堂遺跡では土偶の出土も多い。このような土器捨て場とは、物送りをはじめとした集落での祭祀行為が行なわれた可能性が高い場である。土偶については、住居内、土坑内等の遺構に加え集落全体から出土する傾向が強い。壊され撒かれるといった性格とともに、中期の棚畑遺跡のように土坑内に納められたり、晩期では金生2号配石のように配石内から出土する例もある。後期や晩期では、配石や集落全体から焼獣骨の出土が顕著な事例も多い。下顎骨が配石や土坑中に納められた事例もあるが、細かく砕かれ集落全体に撒かれたような状況で出土する例もある。動物祭祀とともに物送りのような祭祀行為が行なわれた可能性が考えられている。

　以上、中部地方の屋外祭祀についてみてきたが、特に配石の変遷を中心にまとめてみると、前期後葉、中期後葉、後期中葉、晩期前半に大きな画期が認められよう。これはとりもなおさず集落の在り方や屋内祭祀と大きくかかわるものであり、集落を構成する個々の住居との関連とともに、複数の集落間関係での展開に基づくものであろう。

第3節　丸石への祈り

　前章では住居内や配石遺構などから出土する丸石の事例について、いくつか紹介した。前期にもみられるものの中期後半になって住居内で盛んに用いられ、後期以降晩期では配石に伴うという傾向がとらえられている。住居内では柱穴際や炉の付近、さらには奥壁側に置かれたりもした。近くに石棒や石皿があったり、時には伏甕が設置された住居からも出土した。配石遺構では墓にかかわったりもしたようだ。このような丸石にはどのような役割があったのだろうか。最後に、縄文人が託した丸石への思いについて、考えをめぐらしてみよう。

　丸石とは、言ってみれば球形にもつうずる形状である。縄文人の丸石に対する祈り、それは球形への意識ということにならないだろうか。彼等が目にすることができた球形とはなにか。太陽、月、卵、種子や木の実等、自然界にはい

図42　山梨県原町農業高校前遺跡出土土器

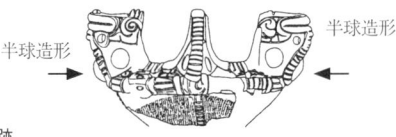

図43　山梨県九鬼Ⅱ遺跡出土土器

図44　山梨県釈迦堂遺跡出土土器
半球造形

図45　金生遺跡1号配石の石棒と丸石
（石棒は横倒しで出土）（北杜市教育委員会提供）

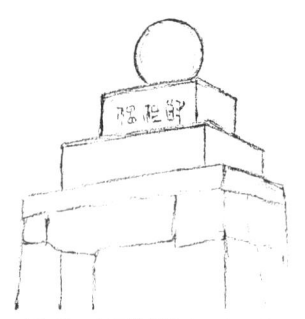

図46　丸石道祖神のスケッチ
（弘化四年銘　山梨県甲斐市）

くつか探すことができる。ここでは土器に表わされた造形から、「球」を探ってみよう。中期中葉井戸尻・勝坂式土器を中心に顔面把手が発達する。この中に目鼻口が表現されていない顔面がある（図42）。いわば半球形の造形である。この意味について武藤雄六や島亨の言葉を借りれば赤子の頭部表現となる。生まれ出る子供は、まず頭部から現われるが、この間の説明は島の考えに詳しい（島2007）。山梨県九鬼Ⅱ遺跡出土の土器につけられた半球形の2個の顔面、一つは全く文様をもたず、一つには口を表わしたかのような穴がつく（図43）。回転して生まれ出る子供の頭部という表現がふさわしい。半球が付く釈迦堂遺跡の土器（図44）についても島は、「得体の知れぬ動物頭部の口が丸いふくらみをくわえているように見える」と表現し、さらには「たま」から「卵」「卵胎性の子」の産出へとイメージを膨らませた。新しい命の出現である。加えて、「この造形が土でなく石ならば」「『丸石道祖神』の丸石のようでもあり」と主張した。この発想は別の意味で重要である。丸石道祖神とは、現在も山梨の集落にはごく普通にみられる江戸時代以降の道祖神類型の一つである（図46）。筆者も縄文時代の丸石を考える時、この丸石道祖神（丸石神）が脳裏から離れ

ない。もともと丸石神を縄文時代に結び付けて考えたのは、長年この方面の調査・研究を行なってきた中沢厚であった（中沢1973）。しかし縄文の丸石と丸石道祖神とを結び付けるには、現状ではあまりにも歴史の空白が大きい。この溝を埋めるデータの収集と研究も含め、今後の調査に期待したい。

　話をもどそう。土器にみられる半球形の造形が、胎児の頭部であれ卵であれ、これを新しく生まれ出る命の象徴とした時、球の持つ意味が一つ前に進む。顔面把手の球と丸石の盛行時期とには中期中葉と後葉という時期差はあるものの、社口遺跡31号住居炉の中に置かれた丸石や棚畑遺跡98号住居柱穴に詰められた丸石についても、このような考え方がつうじはしないだろうか。丸石で塞がれることは炉としての機能、柱穴の役割、それらが一旦中断されることを意味する。しかしやがてそれらは新しく生まれ変わる。そんな祈りが丸石に込められていたのではないか。炉の周辺や柱穴際に置かれた丸石についても、同様である。大型浅鉢とそれを囲んでいる底部切断伏甕6個の両側に、丸石が1個ずつ置かれているという注目すべき状態にあった郷土遺跡24号住居例や、石棒、三角壔土製品、伏甕などとともに丸石が置かれていた郷蔵地遺跡1号住居。これらにみる伏甕もまた底を失いしかも逆さにされるという状況はまさに容器としての役割を閉じたことを意味する。それらに伴った丸石が、ここで大きな役割を果たす。炉や柱穴を塞ぎ、伏甕が置かれる行為、それは住居そのものの廃絶祭祀でもあり、丸石が伴うことにより新たな生命としての蘇りの祈りが込められていたと考えられないであろうか。辻沢南遺跡81号のように逆位埋甕上に丸石が置かれていた事例もあった。

　配石遺構の丸石もまた金生遺跡1号配石の例から、墓と結び付き再生の祈りへと続くとみてよい。石棒祭祀との関連についてはまだまだ考える必要があるものの、丸石は特に生命力にかかわって縄文人の祈りを託された祭器ではなかったか。

　丸石に接した時に湧きあがる不思議な感性、それは縄文時代に限らないと思う。後の時代、サエノカミとしての道祖神に丸石が用いられたその理由も、実はここにあるのではないだろうか。やはり丸石神という呼び名は言いえて妙である。

引用・参考文献
石坂　茂　2004「関東・中部地方の環状列石」『研究紀要』22、㈶群馬県埋蔵文化財調

査事業団
閏間俊明 2007「女夫石遺跡」『発掘された日本列島 2007』新発見考古速報、文化庁編、朝日新聞社
小野正文 1982「底部穿孔埋甕小考」『甲斐の地域史的展開』
小野正文 1987『釈迦堂 2』山梨県教育委員会ほか
小野正文 1999「(2) 葬制」『山梨県史』資料編 2
櫛原功一 1999「集落の変遷」『上ノ原遺跡』上ノ原遺跡発掘調査団
櫛原功一 2004「敷石住居の発生―柄のない敷石住居の存在―」『山梨県考古学論集』5
佐々木藤雄 2003「柄鏡形敷石住居と環状列石」『異貌』21
佐々木藤雄 2005「環状列石初源考（上）」『長野県考古学会誌』109
笹沢　浩 1982『昭和 50 年度長野県中央道埋蔵文化財包蔵地発掘調査報告書』長野県教育委員会ほか
笹沢　浩 1983『長野県史』考古資料編　主要遺跡（南信）
佐野　隆 2003「縄文時代中期の住居内配石について―敷石住居発生以前の住居内祭祀施設の様相―」『山梨県考古学協会誌』14
島　亨 2007「「生まれること」の図像素描―図像表出の文法抽出に向けて」『山麓考古』20
高見俊樹 2007「再検証・穴場遺跡第 18 号住居跡に遺された「モノ」と「コト」」『山麓考古』20、武藤雄六さん喜寿記念号
田代　孝 1989「縄文時代の丸石について」『山梨県考古学論集』Ⅱ、山梨県考古学協会
戸田哲也 1997「石棒研究の基礎的課題」『堅田直先生古稀記念論文集』
中沢　厚 1973『山梨県の道祖神』
奈良泰史 1985「山梨県牛石遺跡」『探訪縄文の遺跡』東日本編
新津　健 1985「縄文時代後晩期における焼けた獣骨について」『日本史の黎明』
新津　健 1989「縄文晩期集落の構成と動態」『縄文時代』3
新津　健 2002「縄文中期釣手土器考 2」『研究紀要』18、山梨県立考古博物館・山梨県埋蔵文化財センター
西本豊広 2009「取掛西貝塚の動物」『縄文はいつからか？』国立歴史民俗博物館
平林　彰 1990「長野県の配石遺構」『シンポジウム「縄文時代屋外配石の変遷」』山梨県考古学協会
三上徹也 2007「縄文時代屋内祭祀研究に関する覚書」『山麓考古』20　武藤雄六さん喜寿記念号
山本暉久 2002『敷石住居の研究』
山本暉久 2008「倒置深鉢」『総覧縄文土器』
山本暉久 2010『柄鏡形（敷石）住居と縄文社会』

Ⅷ 東海地方の縄文集落の信仰・祭祀

川添 和暁

第1章 東海地方の信仰・祭祀施設研究の現状と課題

　ここでは、主に配石遺構について、静岡・愛知・三重県域での研究動向について、簡単にまとめておく。

　当該地域で、最初に配石遺構が確認されたのは、谷川（大場）磐雄による静岡県河津町段間（だんま）遺跡の調査報告であろう（谷川1927）。それは、小学校建て替えに伴う発掘調査の報告に基づくものであるが、石墨や列石、石棒と群石との関係性の詳細な報告を通じて、これら遺構の性格の推定と石棒の用途などについて考察を述べた。

　静岡県富士宮市千居（せんご）遺跡の調査・報告は、配石遺構研究において大きな画期となった。小野真一が中心となった、総面積8,000㎡以上におよぶ学術調査によって、縄文時代中期における大規模な配石遺構群を伴う集落の様相が明らかとなった。昭和45・46（1970・71）年にわたって調査が行われ、昭和46年には、江坂輝彌らを中心として縄文時代の配石遺構シンポジウムが、富士宮市で開催された。その後、刊行された千居遺跡の調査報告書では、千居遺跡の報告のみならず、「富士周辺の配石遺構」として、伊豆・駿河・甲斐地域でこれまで調査された配石遺構の集成および論考が記された（小野編1975）。

　千居遺跡の調査後、上白岩（かみしろいわ）遺跡・天間沢（てんまざわ）遺跡・大塚遺跡などの調査が行われ、いずれも良好な状態で配石遺構が検出されている。特に、上白岩遺跡の調査では、径10mを超える環状列石遺構が確認され、国史跡に指定されている。

　その後、静岡県域の資料については、『静岡県史』によって配石遺構などの集成が行われた（瀬川ほか1990）。

　一方、愛知県域の資料ついては、昭和53・54（1978・79）年に行われた豊田市今朝平（けさだいら）遺跡の調査・報告が初出であろう（天野ほか1979）。その後、1980年

代以降、馬場遺跡・水汲遺跡・三斗目遺跡・木用遺跡などの調査が行われ、西三河山間部における配石遺構の様相が徐々に明らかになっていった。伊藤正人の愛知県域・岐阜県域における配石遺構の集成・論考もある（伊藤1997）。一方、三重県域では松阪市天白遺跡の調査・報告がやはり特筆すべき事例であろう。広大な面積に渡る配石遺構の様相が明らかとなり、その規模をはじめ、出土遺物量や岩偶岩版など、多様な遺物の出土で、現在でもその存在は多いに注目されている。この天白遺跡も、現在国史跡に指定されている。

平成11（1999）年に始まった関西縄文文化研究会では、第2回（2000年）に「関西の縄文墓地」として、愛知県域・三重県域の配石遺構などもあわせて集成された。また、第11回（2010年）では「縄文時代の精神文化」として、大型石棒などが取り上げられている。

配石遺構に関連した最近の研究動向では、岡田憲一に代表される大規模葬祭空間形成に関わる議論がある（岡田2005など）。議論の中心には、天白遺跡の事例があるが、後期後半以降、埋葬遺構・配石遺構に対して、住居などの検出例の減少があると考えられているようである。この議論については、石黒立人の批判などもあるが（石黒2011）、あとで詳細に触れたい。

なお、配石遺構に関連して、愛知県域の大型石棒の出土状況などについては、長田友也による網羅的な論考がある（長田2005）。

第2章　東海地方の信仰・祭祀施設の変遷

上述したように、遺跡の様相として、駿河・伊豆地域と、遠江以西地域では大きく異なる。本稿では、前者を東海東部地域、後者を東海西部地域として述べていくこととする。

第1節　草創期〜早期の信仰・祭祀施設

草創期において、該当する可能性のある遺構として、愛知県田原市宮西遺跡で確認された配石遺構がある（図1）。4個の川原石を石囲状に配列したものと考えられ、一部礫には被熱の痕跡があるというが、石囲状の内側では焼土などは確認されていない。この付近では遺物の出土は少ないものの、炭化物・土器

片の広がりが確認できることから、報告で
は早計としながらも、住居の存在の可能性
が指摘されている(白石 2009)。岐阜県美
濃市渡来川北遺跡で見つかった配石遺構と
は性格が異なるかもしれない(高木編 2008)。

早期になると、礫を集積させた、集石遺
構が多く報告されるようになる。その中で、
礫を用いて意図的な配置を行ったと考えら
れる配石遺構は、以下の2例がある。いず
れも東海東部地域の事例である。

静岡県富士宮市滝戸遺跡で、縄文時代早
期前半期の配石遺構が報告されている(馬
飼野・渡井 1997)。30cm 程度の礫を径1m
ほどの半円形状に配した礫群が、確認され
た。この遺構には、早期前半の無文土器が
伴って出土しているという(図2)。

富士宮市沼久保坂上遺跡は、標高85m
前後、富士川に向かって伸びる細長い舌状
台地上に立地する。10×7mの範囲で、配
石遺構の展開が確認されている。配石遺構
群は、9基ほどの小単位に分けられる(伊
藤編 1985)。第1号配石・第2号配石・第3
号配石は、やや曲線を描きつつも、全体と
しては斜面に沿った列状を呈するように並
ぶ。第1号配石の上に第3号配石が作られ

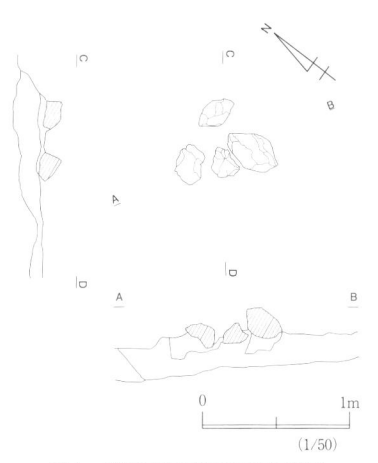

図1 愛知県宮西遺跡の配石遺構
(白石 2009 より作成)

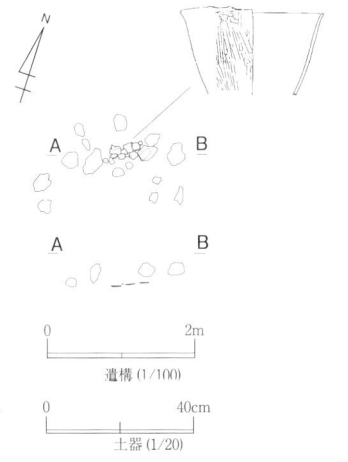

図2 静岡県滝戸遺跡の配石遺構
(馬飼野・渡井 1997 より作成)

た、という所見のように、これらは段階を経て、最終的な景観となったといえ
る。配石は、墨重するものは存在するが、立石、あるいはそれに類似する形状
のものは存在しないようである。形成時期は早期前半である(図3)。

東海西部地域では、現在までのところ、早期の事例は確認できていない。

図3　静岡県沼久保坂上遺跡の配石遺構（伊藤編 1985 より作成）

第2節　前期～中期の信仰・祭祀施設

　東海東部地域では、配石遺構が形成された遺跡が多く確認される時期である。特に中期後半以降で、富士山麓から伊豆半島内で多数の事例が認められる。こ

こでは紙面の都合上、特徴的な様相を呈する事例のみを提示する。

静岡県熱海市初島宮前遺跡は、伊豆半島東海岸から12km沖の初島上の、北西側に突き出た半島の付け根付近に位置する。標高は31m前後で、配石遺構のほか、焼土群・ピットなどが調査された。配石遺構は、第2トレンチとした調査区で、径30cmほどの礫を中心に小礫を配した配石が、5×4.5mの範囲に環状に展開していたという（図4）。この環状配石内外には、土器片・礫・黒曜石片が広がっており、環状配石中央では、骨粉が多量に検出されている。配石の形成時期は、加曽利EⅡ式期ないしは加曽利B1式期としている（長田1972）。

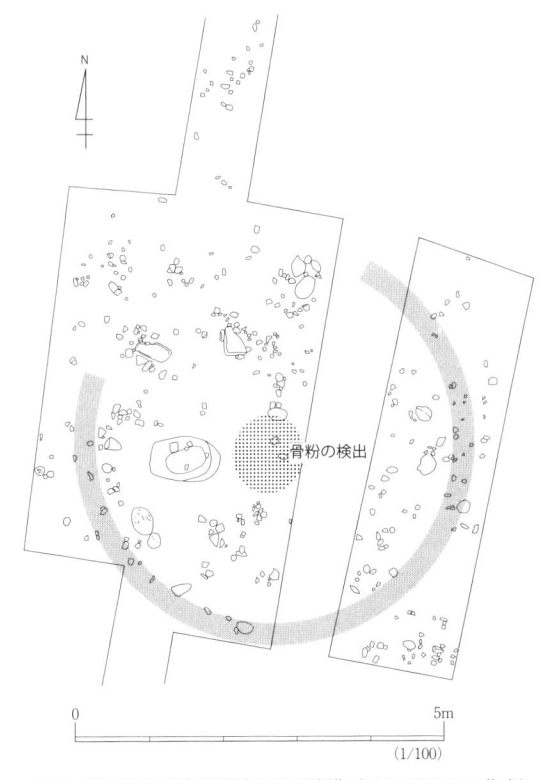

図4　静岡県初島宮前遺跡の配石遺構（長田1972より作成）

伊東市宇佐美遺跡は、伊豆半島東海岸、相模湾に面した丘陵先端の低地部に立地する。標高7m付近から縄文時代中期の配石遺構が4基検出された（瀬川ほか1990）。そのうちの1基は60cm大の礫を85×95cmの方形に組んだ炉状配石で、石棒が組み込まれている。もう1基は180×65cmの楕円形に礫を配したもので、わずかな量の骨粉を検出したという。

伊豆市年川前田遺跡は大見川右岸の遺跡で、年川との合流地点付近の段丘上に立地する。ここでも中期後半の配石遺構群が展開していた（図5）。北西―南東方向に展開する小配石が連続する。土坑群の脇に、配石遺構と土器埋設遺構（埋甕）が5基検出されている（小野ほか1979）。

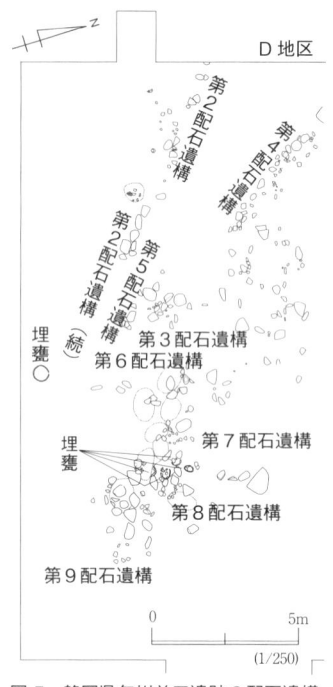

図5 静岡県年川前田遺跡の配石遺構
（小野ほか1979より作成）

　富士宮市千居遺跡は、東側を御塔川、西側を芝川に挟まれた、北から南に伸びる標高396mほどの千居丘陵上に立地する。調査では、約50×50mの範囲に、環状・列状・箱形・帯状などの形状を呈する配石遺構11基が集合した状態で見つかった（小野編1975）。これら配石遺構は、住居・土坑とともに、加曽利EⅡ式期（千居Ⅰ期）から加曽利EⅢ式期（千居Ⅱ期）にかけて形成されたものである。千居Ⅰ期では第1号配石から第5号配石を中心に、住居が径40m程度の環状を呈するように配されていた。千居Ⅱ期になると、第6号配石から第11号配石がその西側に続けて形成され、やはりそれを取り囲む形で住居が配されたようである。遺跡は、北東方向に富士山を望むことのできる格好の場所に立地していることと、配石遺構の配列が富士山に対して相対するようにつくられている点などから、富士山を意識して築かれているとされる。第10号配石は、全長約50mと単体の配石遺構としては規模が大きいことと、列状を呈することに大きな特徴がある（図6）。

　富士市天間沢遺跡は、中期中葉から後期初頭までの形成期間があるが、A・B・C・F地区と横道下地区では、様相が異なる（平林ほか1984・1985）。A・B・C・F地区の配石遺構は3×5mの扇状配石や長さ20mほどの弧状列石があり、これらは中期後半の曽利Ⅳ式期・曽利Ⅴ式期に属するようである。一方、横道下地区では7×24mの帯状を呈する北配石と20×45mの範囲にわたる南配石があり、北配石が曽利Ⅰ・Ⅱ式期、南配石が曽利Ⅳ式期に形成されたものと考えられている。ただし、北配石では後期初頭の土器片がまとまって出土したほか、北配石南側の斜面地内で堀之内1式期の3個体を入れ子状にした土器埋設遺構も見つかっているとあることから、後期初頭から前葉の時期にも配

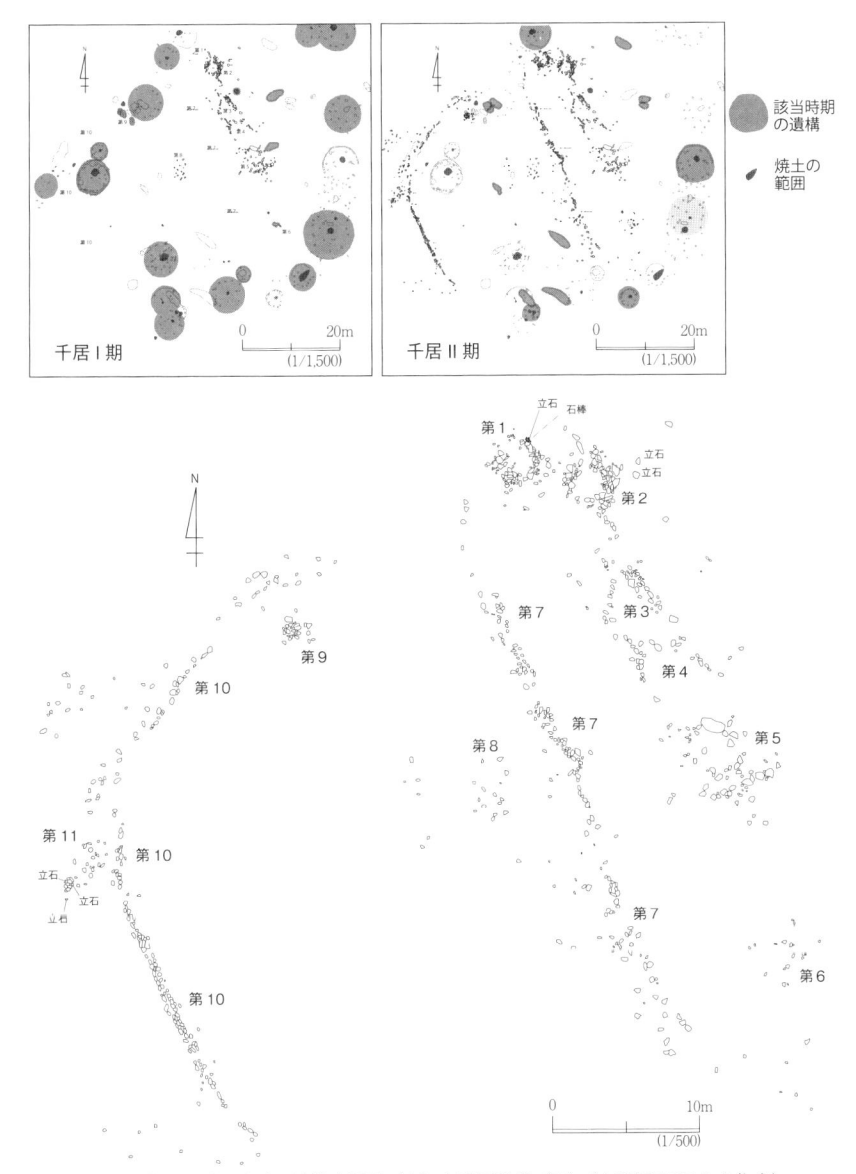

図6 静岡県千居遺跡の遺構変遷図（上）と配石遺構（下）（小野編 1975 より作成）

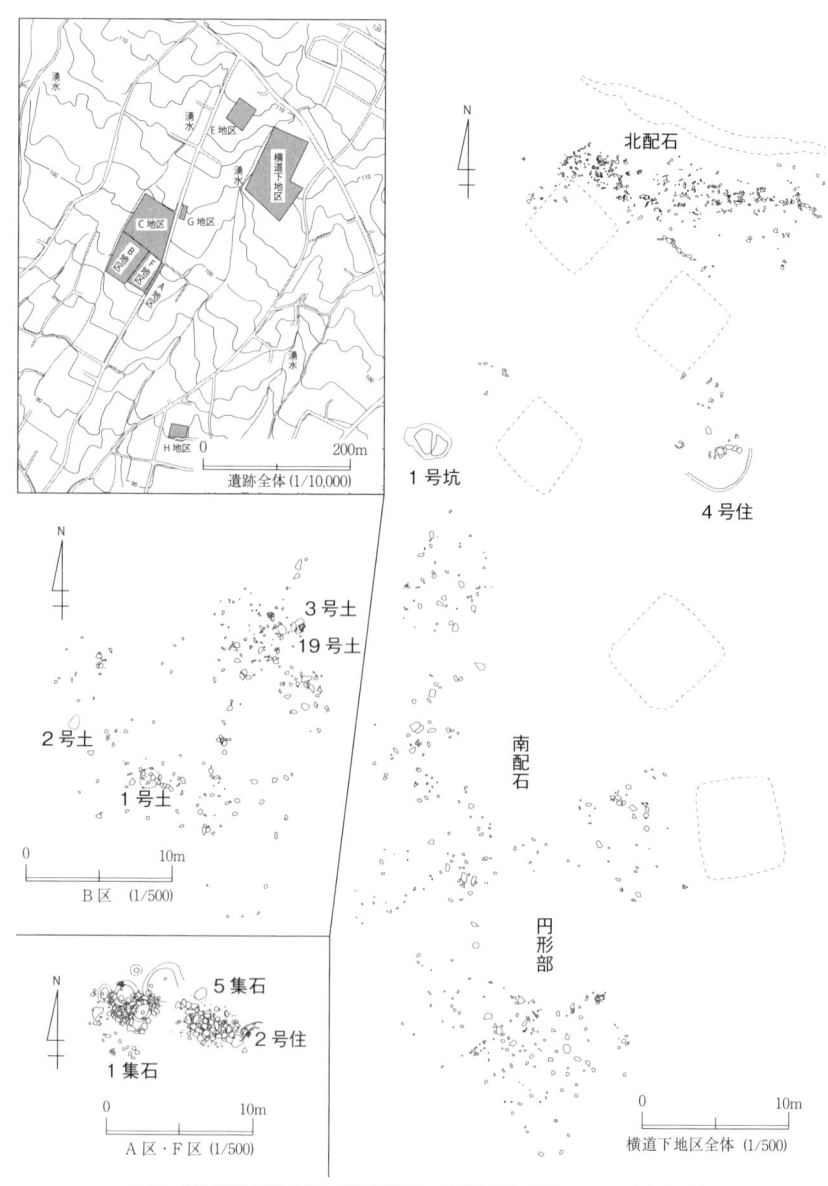

240 Ⅷ 東海地方の縄文集落の信仰・祭祀

図7 静岡県天間沢遺跡の配石遺構 （平林ほか1984・1985より作成）

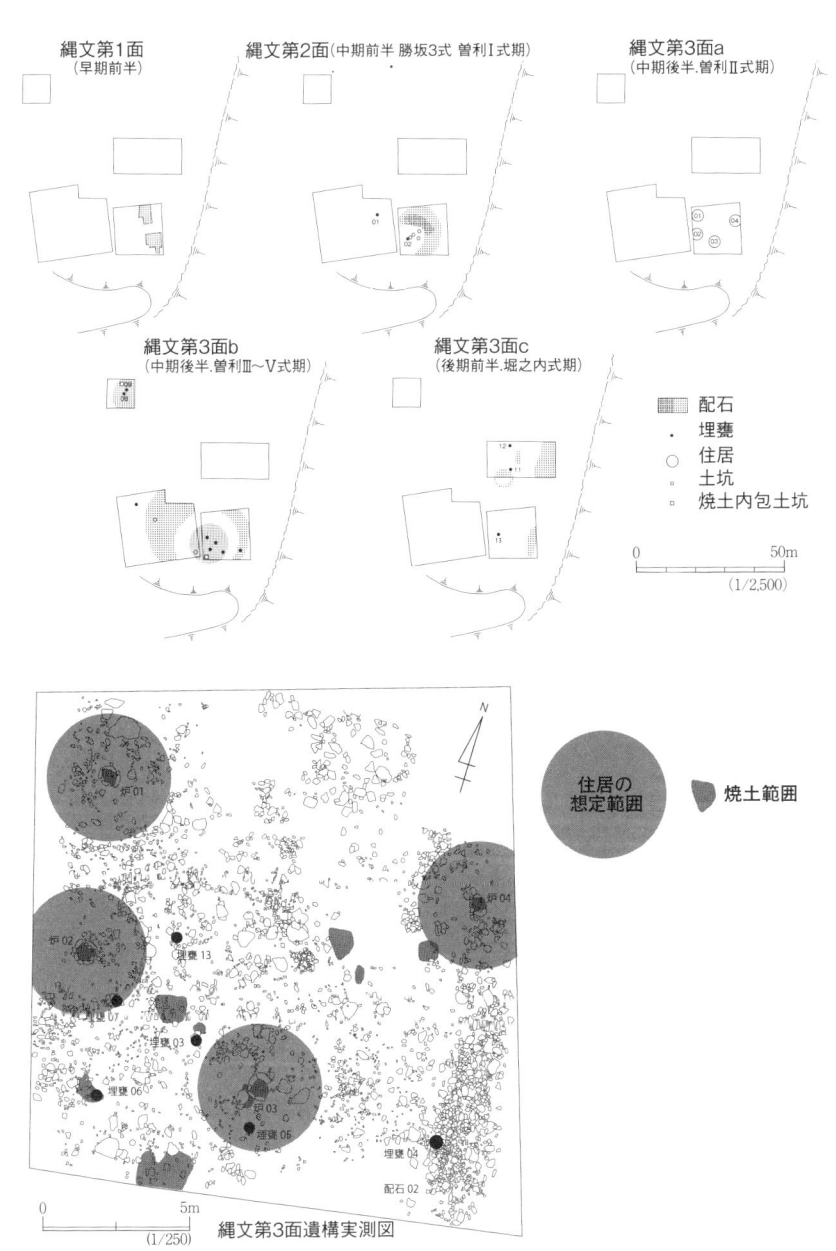

図 8　静岡県滝戸遺跡の遺構変遷（上）と配石遺構（下）（馬飼野・渡井 1997 より作成）

石遺構付近での活動があった可能性が考えられよう（図7）。

　富士宮市滝戸遺跡は、富士山麓を流れる潤井川左岸側の、舌状を呈する台地上に立地する。先に早期前半の配石遺構について述べたが、この遺跡では中期前半から後期前半の遺構群が良好である（馬飼野・渡井1997）。遺跡の南東側を対象とした第Ⅰ～Ⅲ・Ⅴ次調査では、土坑10基以上、土器埋設遺構（埋甕）13基、住居およびそれに伴う炉4基、そのほか焼土23ヵ所が報告されている。曽利Ⅲ式期から曽利Ⅴ式期にかけては、土坑および土器埋設遺構を中心付近に多く配する配石遺構を取り囲む形で、径35m前後に及ぶ環状の配石遺構が展開しており、配石遺構群が多重に構成されたようである（図7）。第Ⅳ次調査は潤井川岸側が対象となり、中期後半から後期前半にかけての配石遺構群が20基ほど検出されている。なお、平成18（2006）年の第Ⅵ次調査では、大型石棒と棒状礫の埋納土坑1基が見つかった（渡井ほか2007）。

　富士川町破魔射場遺跡は、富士川の右岸、西からの小河川の流れ込みによる開析作用により形成された標高50m台の低位段丘上に立地する。中期後半と後期前半の配石遺構、計78基が、径80mの範囲にわたり展開している。このうち中期後半の配石遺構は47基で、環状・立石と平石からなる配石・直線状・弧状・石棒を伴う集石土坑などがあり、石皿や蜂ノ巣石が多く含まれている。その他の遺構としては、住居・土坑・土器埋設遺構（屋外）が検出されている。住居は径40mほどの範囲に集中しており、それを取り巻く形で配石遺構群が展開

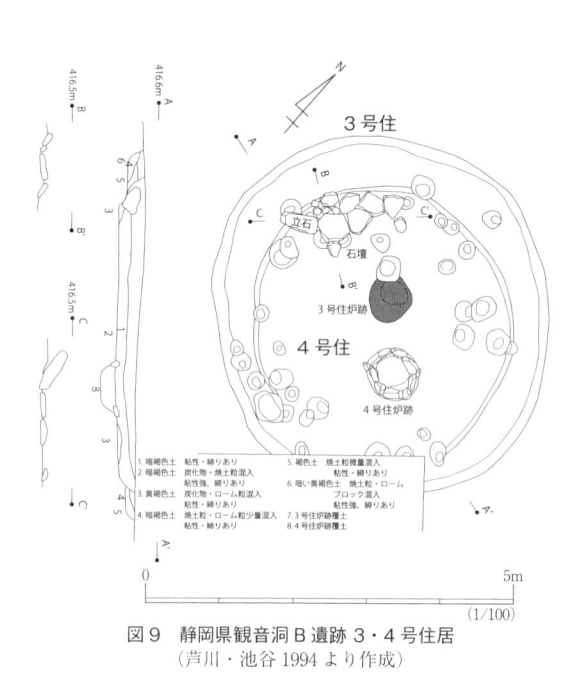

図9　静岡県観音洞B遺跡3・4号住居
（芦川・池谷1994より作成）

する。土器埋設遺構は遺跡北東側、住居と配石遺構群が展開する中間に、配石を伴う土坑墓は遺跡南西側の配石遺構展開域に群集する（井鍋ほか2001）。

その他、住居内の土器埋設遺構（埋甕）が見つかっている遺跡としては、静岡県三島市反畑（そりばたけ）遺跡、伊豆の国市向原（むかいばら）遺跡、同仲道（なかみち）A遺跡、河津町段間遺跡などがある（瀬川1990）。この中で、仲道A遺跡では、第1次調査の第2号住居で、埋甕のほか、釣手土器・石棒・石皿・磨石などが、並ぶなどして出土している（漆畑・秋本1986）。また、三島市観音洞（かんのぼら）B遺跡では、住居西壁際に石壇が設けられていた（図9）。扁平な安山岩で構成されているなかに、磨石9点・打製石斧6点が組み込まれていたという。西端には立石が据えられていた（芦川・池谷1994）。

東海西部地域では、この時期、集石遺構を含め配石遺構の存在は著しくないが、石棒・立石の設置や埋甕を含めた土器埋設遺構の事例が、若干知られている。

愛知県豊田市ヒロノ遺跡は、矢作川に注ぐ野入川右岸の段丘上、標高約480mに立地する。中期後半の住居のなかで、石囲炉に大型石棒の配置が確認されている（図10）。石囲炉の北側両端に大型石棒がそれぞれ1点ずつ立位の状態で据えられており、さらに炉北辺より50cmほど北側には立石の存在が指摘されている（増子・坂野1999）。

豊田市クダリヤマ遺跡は、

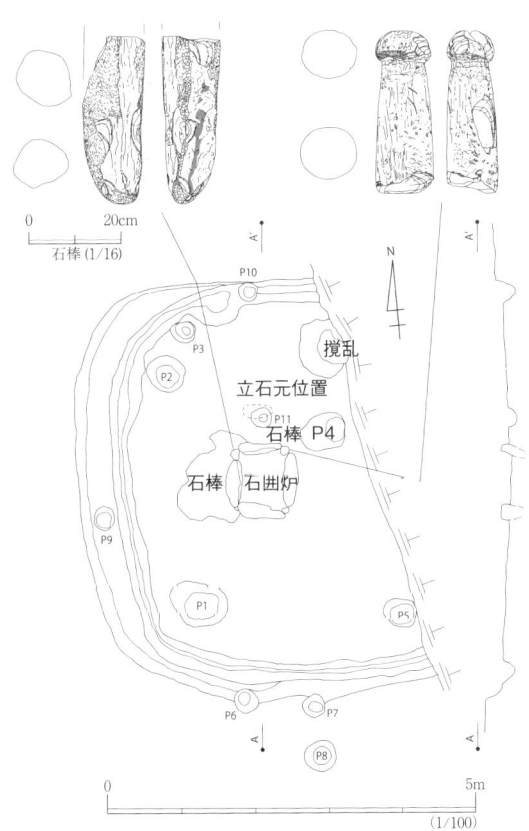

図10　愛知県ヒロノ遺跡 SB2（増子・坂野1999より作成）

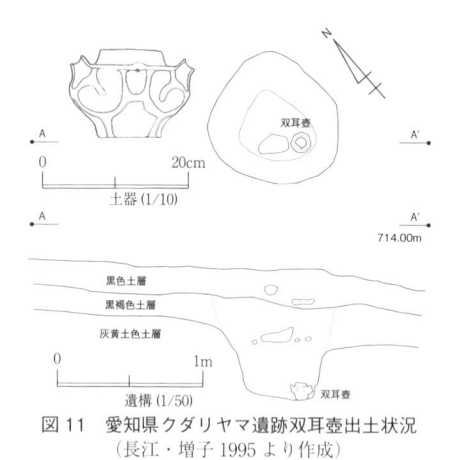

標高 700m ほどの山腹部に立地し、3地点に分かれることが知られている（長江・増子 1995）。この中の子種地点からは、中期末に属する双耳壺が、土坑内から出土している（図11）。三重県津市雲林院青木遺跡からも土坑内より双耳壺の出土が報告されている。こちらは後期初頭中津式という（油田 1991）。

図11 愛知県クダリヤマ遺跡双耳壺出土状況
（長江・増子 1995 より作成）

津市大石遺跡では、石囲炉の端部に立石が据えられたと考えられる住居と、屋外の土器埋設遺構が報告されている（伊藤・森川 1992）。時期は、中期末という。

この他、住居内の土器埋設遺構（埋甕）については、愛知県豊田市水入遺跡（永井編 2005）、知立市間瀬口遺跡（山下ほか 1997）で報告がある。屋外の土器埋設遺構については、豊田市沢尻遺跡（鈴木 1988）などで報告がある。

第3節　後期～晩期の信仰・祭祀施設

東海東部地域では、後期初頭あるいは前葉にかけての事例が多く確認できる。これらの遺跡では、中期後半あるいは末から遺跡形成が行われている場合が多いが、その場合、中期後半と後期とでは、遺跡内での様相が異なるようである。

静岡県伊豆市大塚遺跡は、標高 90m ほどの狩野川左岸の緩やかな段丘上に立地する。配石遺構・集石遺構は、中期後葉（加曽利EⅢ式期）から後期中葉（加曽利B1式期）にかけて、住居・土坑などとともに検出されている。径10mほどの弧状配石遺構のほか、径2mほどの円形配石、一辺2m未満の方形状などを呈した小配石の群集なども確認された。配石には立石も含まれており、石棒・石皿もある。住居には、竪穴住居のほかに、敷石住居や環礫方形配石遺構に近いとする、「配石囲繞方形竪穴家屋址」と報告のある住居の検出もあった。図12に示したのは、報告で第9号住居とした「配石囲繞方形竪穴家屋跡」である。覆土からは炭化物・焼土粒、および骨片も多く出土したという。住居

床面の炉および壁際には石棒が確認され、さらに炭化材が放射状に伸びる状態で検出された。後期中葉堀之内2式期と考えられるこの住居は、廃絶時に火入れ行為が行われたことが想定されるものである。その後、この住居を覆うような形で、加曽利B1式期になって全面に集石が行われたという。集石には、石棒・凹石・磨石・石皿が散在していた（小野ほか1983）。

伊豆市上白岩遺跡は、南側に大見川、東側には城川、北側には西川が迫っている、標高110mほどの河岸段丘上に立地する。本遺跡では、第1次調査で見つかった、径12.4mを測る環状列石がよく知られているが、これも20基ほど

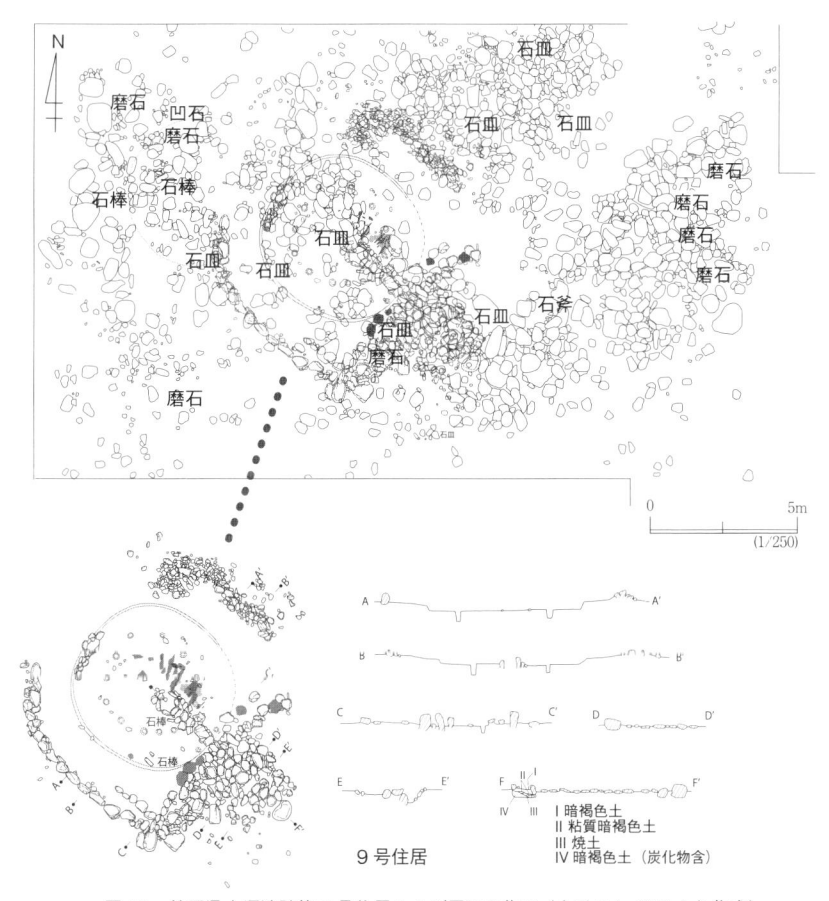

図12 静岡県大塚遺跡第9号住居および周辺の集石（小野ほか1983より作成）

の小配石群の集合体である（平野ほか1979）。この第1次調査では、環状列石周辺にも別の配石遺構群が20基ほど見つかっている。配石には立石および磨られた石が認められ、石皿・磨石・石棒も構成の1部となっている。配石遺構下に土坑が検出されたものもあるが、住居や土坑が集中する場所では、むしろ配石など礫の検出は薄かったようである。配石遺構は中期末から形成されているが、半数以上が後期初頭のものと考えられている。伊豆地域における当該時期の配石遺構の好例であろう（図13）。

　伊豆市原畑遺跡は、大見川右岸の標高160ｍほどの河岸段丘上に立地する遺跡で、上白岩遺跡から上流1kmほどの位置に立地する。調査では、中期末から後期中葉に属する、住居9軒、配石遺構（報告では石組遺構）24基、集石遺構14基、焼土17基、土器埋設遺構2基が見つかった（小金澤ほか2004）。

　滝戸遺跡では、後期前葉になると、中期後半とは配石遺構の形成場所が異なり、平面形状も列状の配石遺構が目立つようになる（図8）（馬飼野・渡井1997）。

　静岡市桑原遺跡は、標高約40ｍの駿河湾を望む海岸段丘上に立地する。配石遺構は段丘の稜線に沿ってかなり広範囲に展開するようであるが、第2次調査分で12×10ｍの範囲が確認された。配石遺構は、下層（堀之内式）・中層（加曽利B式）・上層（宮滝式期併行）の3期に分けられる。下層では、不規則な2ないしは3基の環状列石が見つかっており、中層では全体が不整円形に、上層では土坑を取り巻くように不規則に並んでいるとされている。土坑に関しては、下層では伴っていないものの、中層では配石のなかに土坑が複数基存在しており、上層では配石の中心に土坑が存在する。そのほか、配石遺構形成時の遺構としては竪穴状遺構があり、多量の注口土器の出土も報告されている（稲垣・中野ほか1966）。

　富士川町破魔射場遺跡では、後期前半に属する配石遺構が31基見つかっており、積石状・長方形・大型礫・敷石状・立石・環状・弧状などを呈している。この時期の配石は2面あるとされており、上面が堀之内1〜2式期である。他の遺構には、柄鏡形住居を含む住居・土器埋設遺構などがある。配石遺構群は遺跡全体に広がる傾向があり、住居が配石遺構群と重複している部分もある。中期後半において、住居を中心に、配石遺構群・土器埋設遺構・配石を伴う土坑墓群の展開域が明瞭であったものが、後期前半になり各遺構群の展開域が不

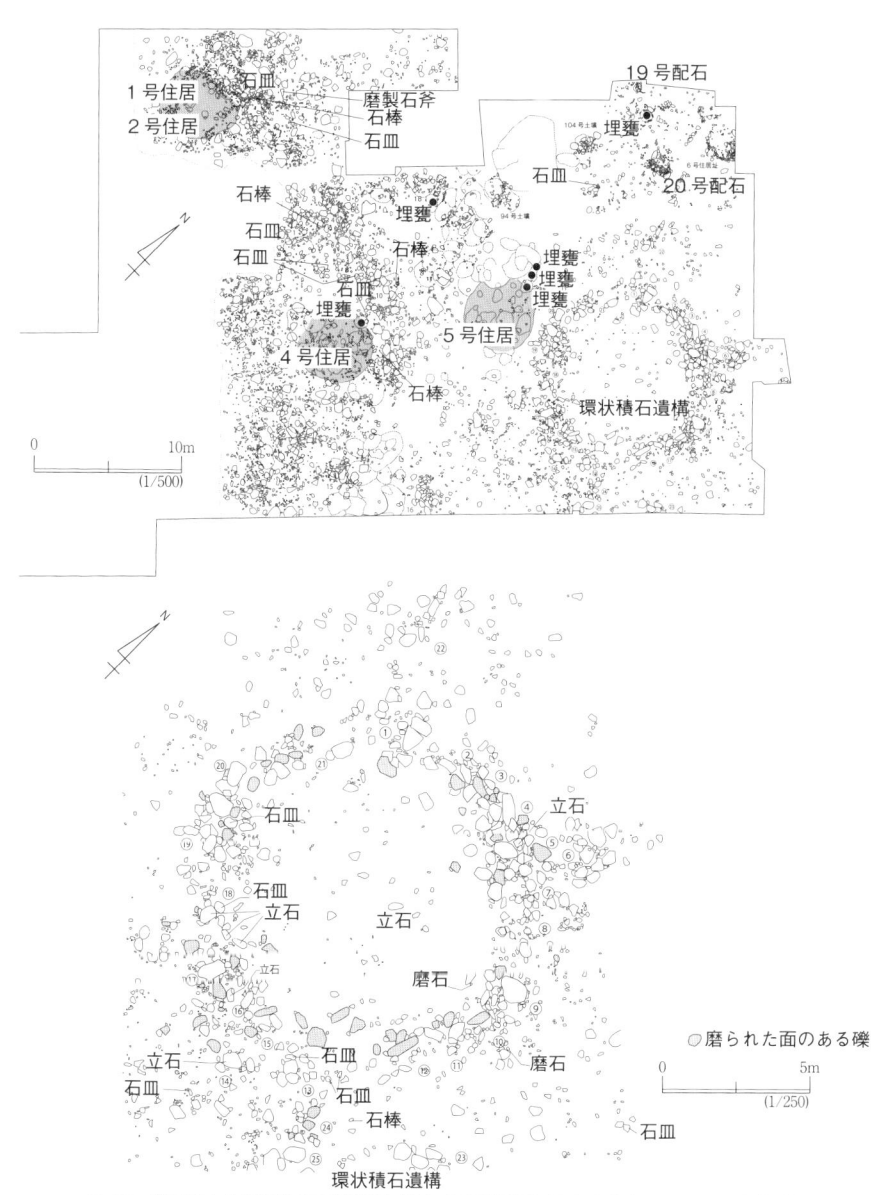

図 13　静岡県上白岩遺跡配石遺構群（上）と環状列石（下）（平野ほか 1979 より作成）

明瞭になるばかりか、配石遺構群と住居の、両者の展開域に重複が見られ、平面的な配置に変化が認められる（井鍋ほか 2001）。

住居内の施設は、中期に比べると減少傾向にあるが、三島市北山遺跡の事例は注目できよう。加曽利ＢⅠ式期とされる、5 号および 12 号住居からは敷石部分に石棒が組み込まれていたという。特に、12 号住居では敷石の奥の炉側端には左右に有頭石棒が対にして立てられていた（瀬川ほか 1990）。

一方、縄文時代後期の東海地域西部では、配石遺構の形成が顕在化する傾向にある。

愛知県南知多町林ノ峰貝塚では敷石住居（山下編 1983）が、三重県名張市下川原遺跡では柄鏡形住居（門田 1997）が見つかっている。林ノ峰例では、埋土中（廃屋後）にケルン状を呈する配石遺構の報告がある。下川原遺跡では、柄鏡形住居内から屋内の土器埋設遺構（埋甕）の出土がある。

静岡県浜松市半場遺跡は、天竜川左岸の標高 180m ほどの段丘上に立地する。幅 4m ほどの調査区から長さ 6m ほどわたって配石遺構群が検出されている（図 14）。連続して方形に配された礫には、立石も認められる。半場遺跡では、後期から晩期末までの土器がまとまって出土しているが、配石遺構周囲では後期前葉の土器が多く出土したと言われている（向坂 1972）。

愛知県豊田市大砂遺跡は、矢作川右岸、阿妻川との合流地点の段丘末端部に位置する。半径約 8m、幅 50～80cm の環状配石遺構が検出されたとの報告がある。報告の写真によると、環状の中央部にも配石があり、3 基ほどの配石遺構群の集合したものとも考えられる。鉢の破片が集められた状態での出土も確認されている。時期は後期後半に属するという

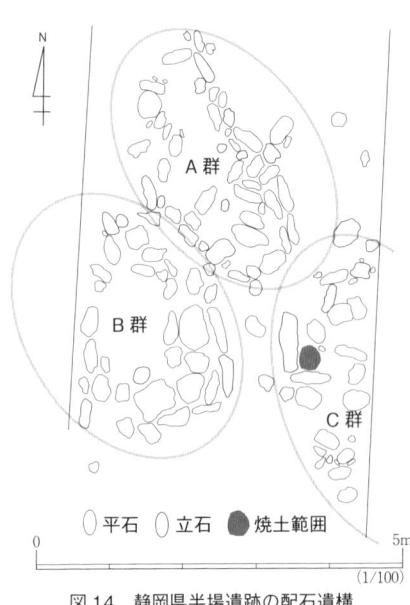

図 14　静岡県半場遺跡の配石遺構
（向坂 1972 より作成）

（天野 1985）。

　豊田市水汲遺跡は、標高 90m ほどの矢作川左岸の河岸段丘上に立地する。前期後半・中期後半の遺構・包含層が認められる遺跡であり、後期初頭以降として、配石遺構 2 基と土器埋設遺構 2 基がある（図 15）。配石遺構の 1 基は、径 6.3m の環状配石遺構になり、立石状の礫と土器埋設遺構を伴う。報告では、当該時期の遺物自体がきわめて少ないことのほかに、土偶・大型石棒の出土が認められていないことが指摘されている（長田編 2011）。

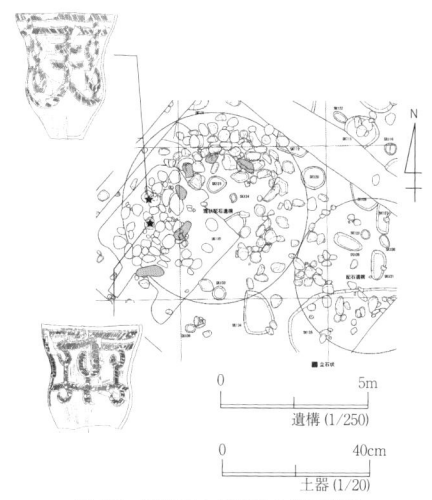

図 15　愛知県水汲遺跡の配石遺構
（長田編 2011 より改変）

　豊田市木用遺跡は、標高 145m 前後、阿摺川右岸の緩斜面上に立地する。後期後葉から晩期にかけての配石遺構 1 基と炉 2 基が調査された（鈴木 1989）。配石遺構は、やや不規則な方形・円形を呈するとあるが、複数の配石遺構群の集合かもしれない。配石下からは土坑は検出されなかった。ここからは土器・石鏃をはじめとする石器など、多量の遺物が出土した。特に注目されるものとしては、クリをはじめとする堅果類の炭化種子や、焼獣骨・人骨の出土であり、人骨の下顎骨には抜歯痕が確認されたという（渡辺ほか 2002）。

　豊田市今朝平遺跡は、標高約 140m、足助川と久井戸川が合流する地点に形成された舌状の河岸段丘上に立地している。報告では、配石遺構が 2 基検出され、いずれも後期加曽利 B2 式併行期が中心であるという（天野ほか 1979）。実際には、配石範囲は 12×20m 以上の範囲に広がるようであり、レベルを異にした配石が連続して存在していたようである。第 1 号とある配石遺構は、径約 8m の環状を呈しており、中央部に方形の組石状の遺構が認められる。この石組の辺に沿って、対照的な位置に、立位で出土した注口土器と土器埋設遺構が存在する。西側から帯状に接するようにつながる配石は、第 1 号よりもレベル

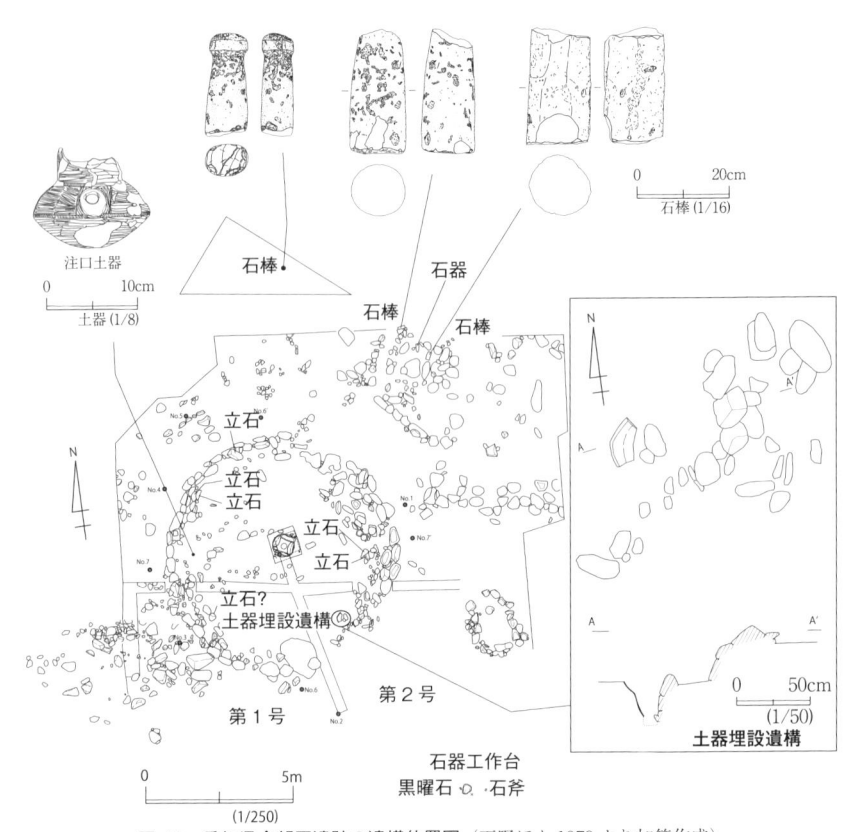

図16 愛知県今朝平遺跡の遺構位置図（天野ほか1979より加筆作成）

が上位のようであり、全体の平面プランは柄鏡形住居様になっている。第1号より東約3mの位置に第2号とした隅丸方形状の配石遺構がある。これらの配石遺構の北東部では、やや高いレベルから別の配石遺構群の展開が確認されている。この配石遺構群の中からのみ大型石棒が存在していることは、注目すべきことであろう（図16）。

豊田市南部の山間部にある六所山・炮烙山麓には、川筋に沿って、馬場遺跡・中川原遺跡・三斗目遺跡・三本松遺跡と、時期を異にしながら順次遺跡の形成が認められる。いずれの遺跡にも共通していることは、規模の大小にかかわらず、配石・集石遺構が認められる点にある。

馬場遺跡は、標高320mほどの段丘上に立地する。前期後半・中期後半の遺

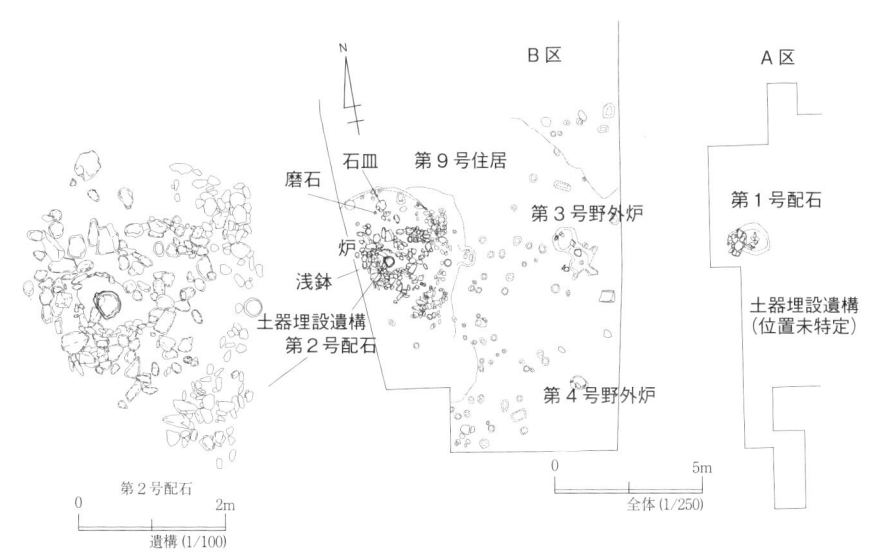

図17 愛知県馬場遺跡後期初頭遺構位置図（天野ほか1981より加筆作成）

構が展開するほか、後期初頭の遺構群が展開する地区が局所的に確認されている（天野ほか1981）。後期初頭の遺構には配石遺構2基のほか、土器埋設遺構・住居・炉・ピットがある（図17）。第1号配石は下に土坑を伴う、敷石状の配石である。第2号配石は、住居を覆うように形成された配石遺構で、4×3mほどの水滴状の平面プランを呈している。住居の炉に浅鉢が据えられていたが、そのすぐ東脇に土器埋設遺構があり、それを囲むように配石が形成されている。石皿と磨石はこの配石遺構に伴う可能性もある。

　中川原遺跡は、馬場遺跡から西へ約1.3km、仁王川に面した段丘上に立地する。後期前葉が主体と考えられ、配石遺構・土坑・ピット・焼土などが確認された（松井・高橋1999）。配石遺構は、調査区中央に展開しており、その中心は、径約10mの円の範囲に展開する配石群であろう。さらに、南東側には幅2.5mほどの環状配石がさらに巡るように展開しているようにも観察できる。この範囲は、土器・石器・骨片・焼土の出土および検出が多く認められる地点と重なる。一方、上述した配石遺構群が展開する範囲外にピット・土坑が多く見つかっている範囲がある。ここは調査範囲の南西側にあたり、この範囲にも確かに配石遺構群が展開する。前者の配石遺構群とは形成過程が異なる可能性があ

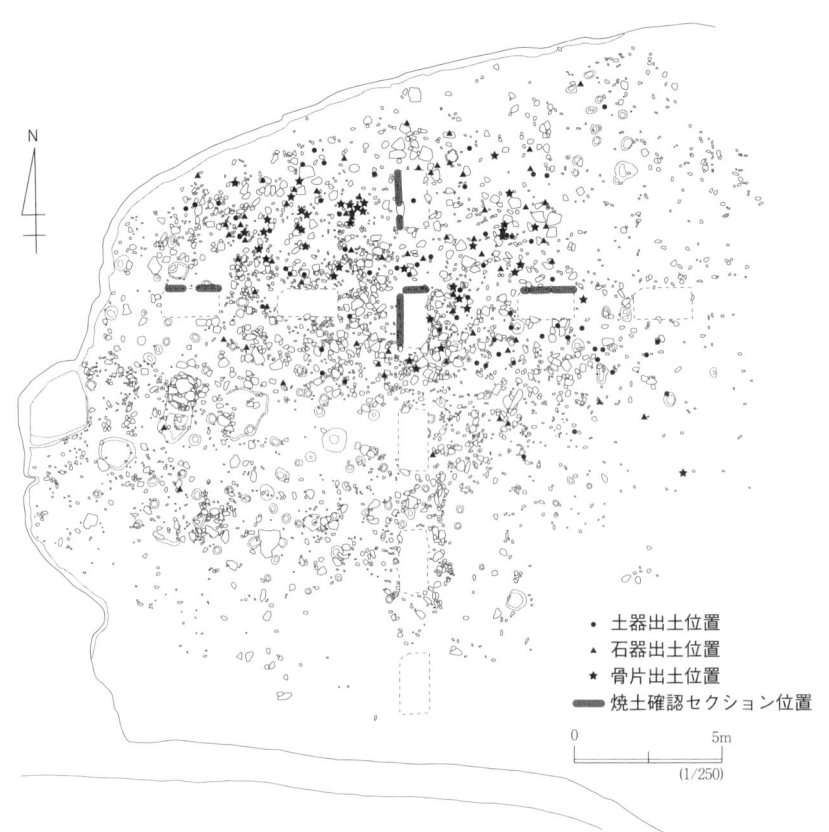

図18 愛知県中川原遺跡遺構全体図（松井・高橋 1999 より作成）

る（図18）。

　三斗目遺跡は、中川原遺跡から西へ約2km、仁王川に面した標高215mほどの段丘上に立地する。調査では、44×14mの範囲にわたり、環状・方形状を呈する配石遺構26基の群集が確認された（余合・石黒1993）。配石遺構群の配列には特に規則性は窺えないものの、方形状を呈する遺構は長軸方向が地形の傾斜に平行あるいは垂直に配されている。配石には、敷石や立石状のもののほか、大型石棒・磨石敲石類・石皿台石類があり、配石の一構成部分となっている。配石遺構群の展開範囲内では、土器埋設遺構が1基検出されている。配石遺構の分布は遺跡の中央より北側に向かって展開しており、個別の配石遺

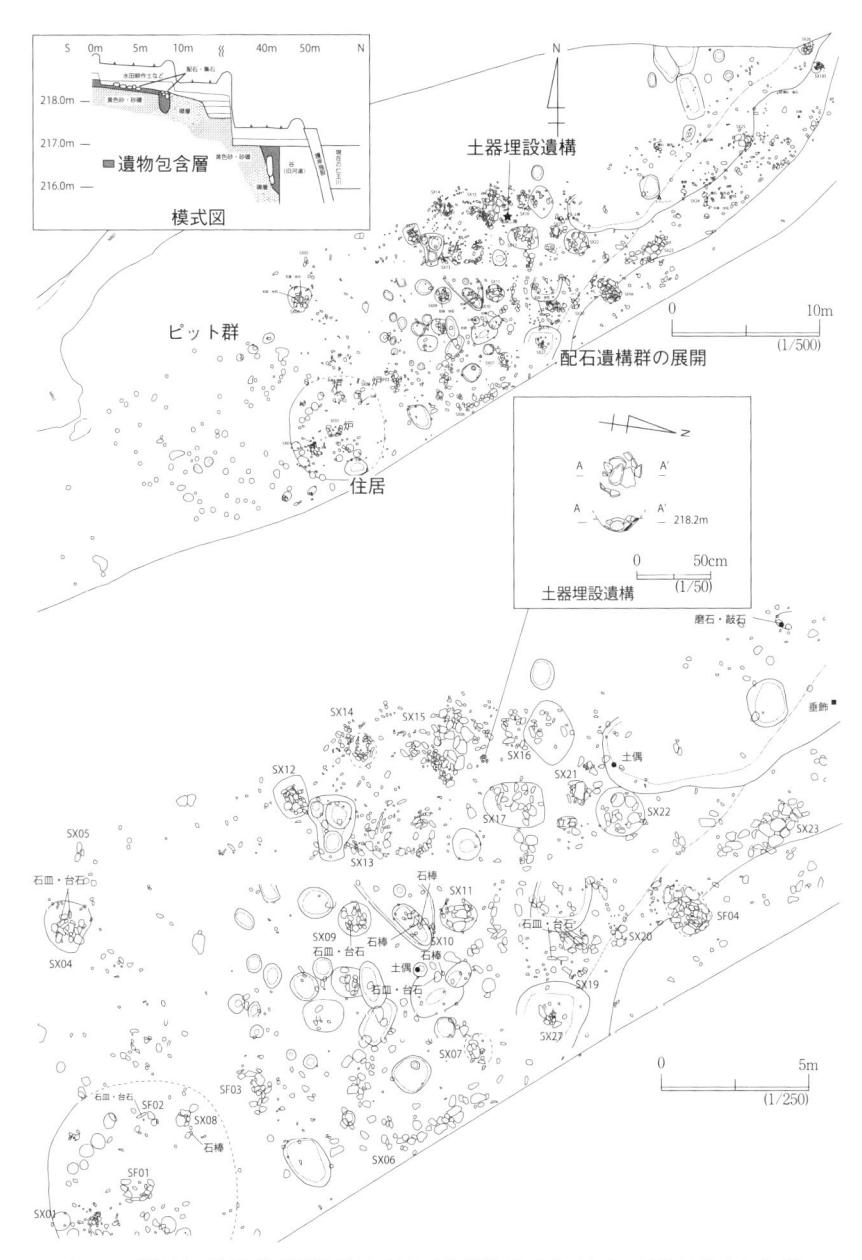

図 19　愛知県三斗目遺跡遺構全体図（上）と配石遺構（下）（余合・石黒 1993 より作成）

構に直接関連するかは別として、土坑群の分布傾向に一致する。一方、住居・炉・ピット群は、調査区中央より西側に展開に展開しており、一部配石遺構群の区域に重複して検出された。これらの遺構群は、後期中葉～後葉（西北出式期～宮滝式期併行）に属するものである（図19）。

　三本松遺跡は、三斗目遺跡から西へ300m、仁王川に面した標高215mほどの自然堤防上に立地する。遺跡全体にわたり仁王川の氾濫などによる撹乱を受けたようであるが、土器埋設遺構4基・集石遺構3基が見つかった（図20）。土器埋設遺構は、単独の深鉢で構成されるもの、2個体が入れ子状になっているもの、複数個体が折り重なるように構成されるものなど、様相はそれぞれ異なるが、地形に沿って、等間隔で一直線状に存在している。集石遺構の1基は土坑上に配されたもので、遺構の掘り方に沿って礫の存在が確認されている。これらの時期は、後期末（寺津下層式）から晩期にかけてである。なお、出土状況・位置は不詳ながら、大型石棒が1点出土している。

　天白遺跡は、標高約28m、雲出川の支流である中村川が大きく蛇行した北岸の沖積低地上に立地する。この遺跡では、約60×80mの広範囲にわたり、後期中葉～晩期初頭（一乗寺K式～滋賀里Ⅱ式期併行）の配石遺構群が検出されている（図21）。詳細にみると、環状・方形状などを呈する30基以上の各配石遺構の集合であり、その集中の様相から北群（径20mほど）と南群（60×30mほど）の2群と、それをつなぐような直線的なまとまりが認められそうである。配石遺構の中には小規模な方形の組石内に焼土が広がるものもあり、石皿台石類の一部には配石遺構の一構成部分となっているものもある。調査では配石内での石棒・立石の存在は確認されなかったようである。配石遺構のほか、遺構としては土器埋設遺構26基と焼土35基、その他、土坑・ピットが確認されている。土坑・ピットの分布範囲は、配石北群の南側（焼土が集中する周辺）から北群・南群の空白区域をまたいで南群の北端までの間と、南群の西側の配石遺構が希薄な区域に集中して確認されており、配石遺構の展開とは異なる様相を呈している。報告では、一分類のみであるが、深鉢の出土傾向が示されている。これをみると、配石遺構の北群・南群のみならず、いずれの場合も土坑・ピットの分布範囲まで深鉢が出土する傾向を読みとれる（森川編1995）。

　度会町森添遺跡は、宮川の右岸、中位段丘からつながる、標高約22mの自

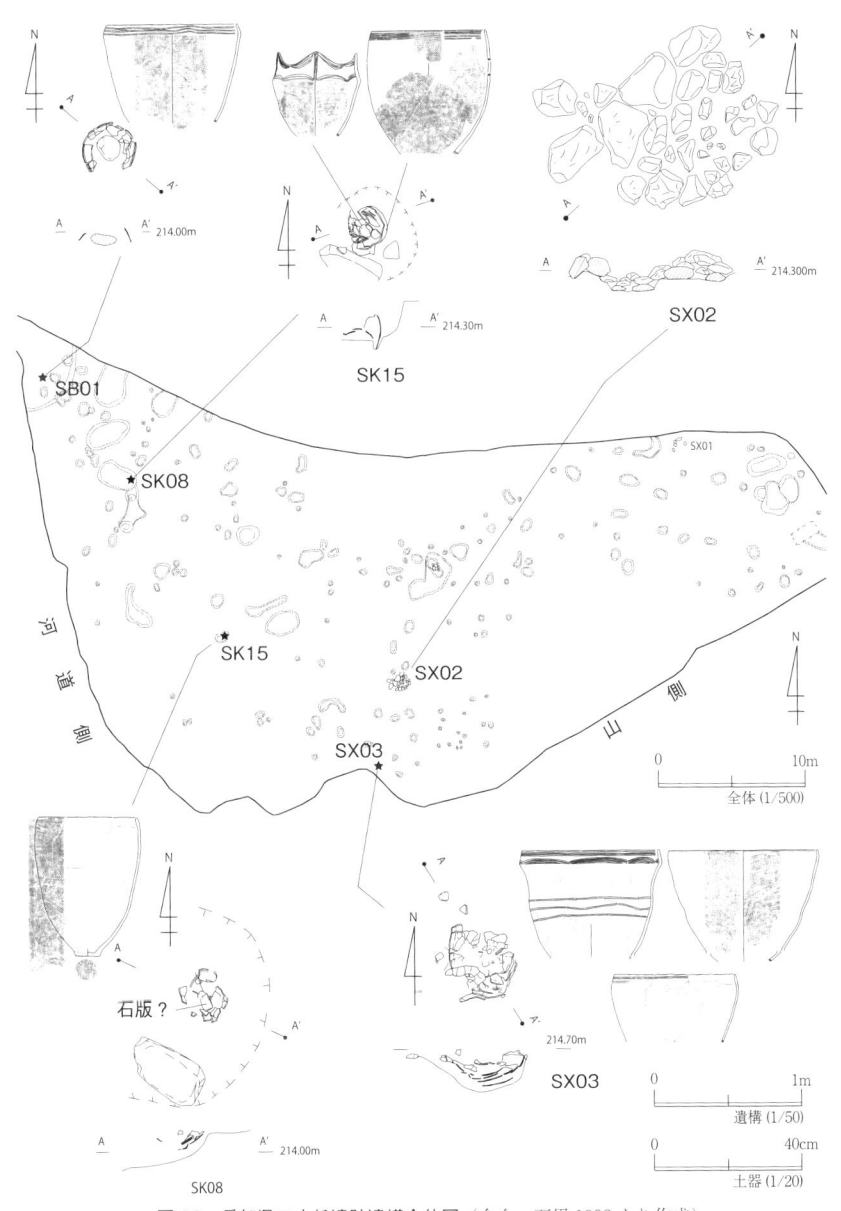

図20 愛知県三本松遺跡遺構全体図（余合・石黒1993より作成）

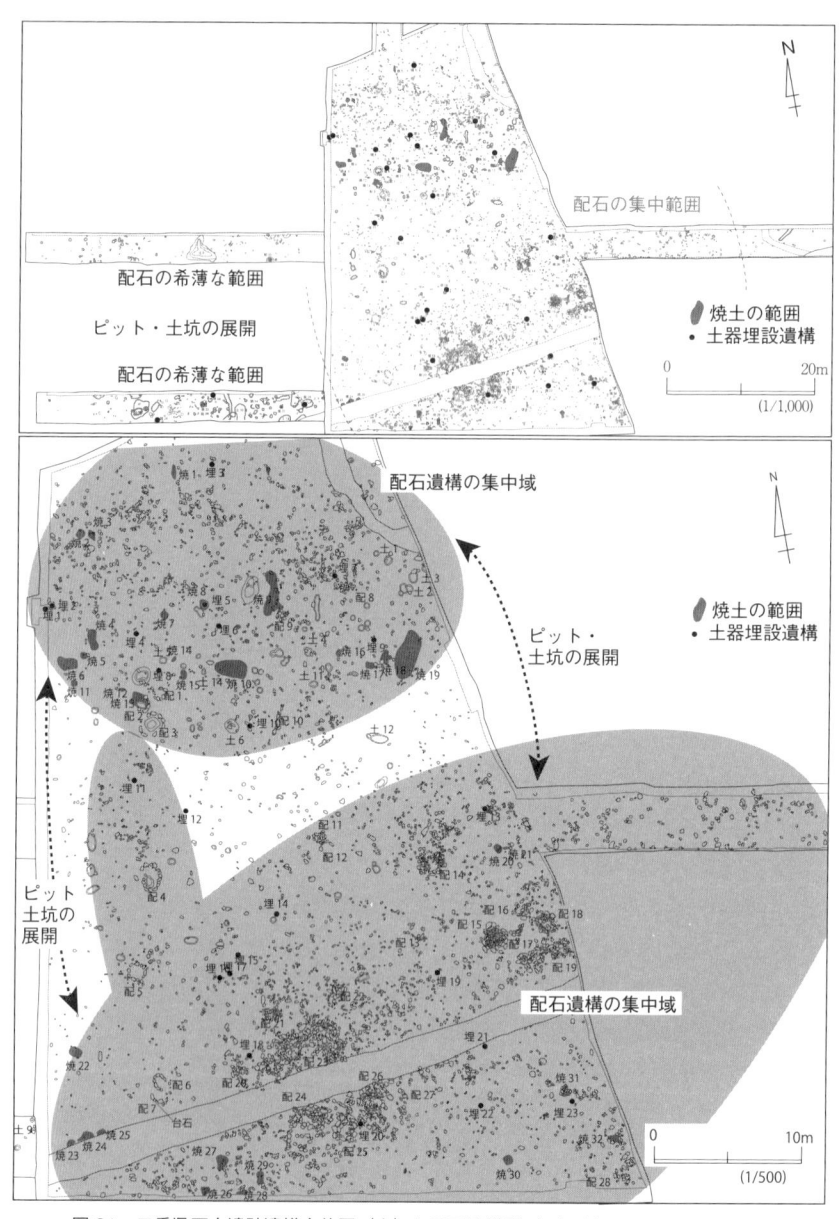

図21 三重県天白遺跡遺構全体図（上）と配石遺構群（下）（森川編 1995 より作成）

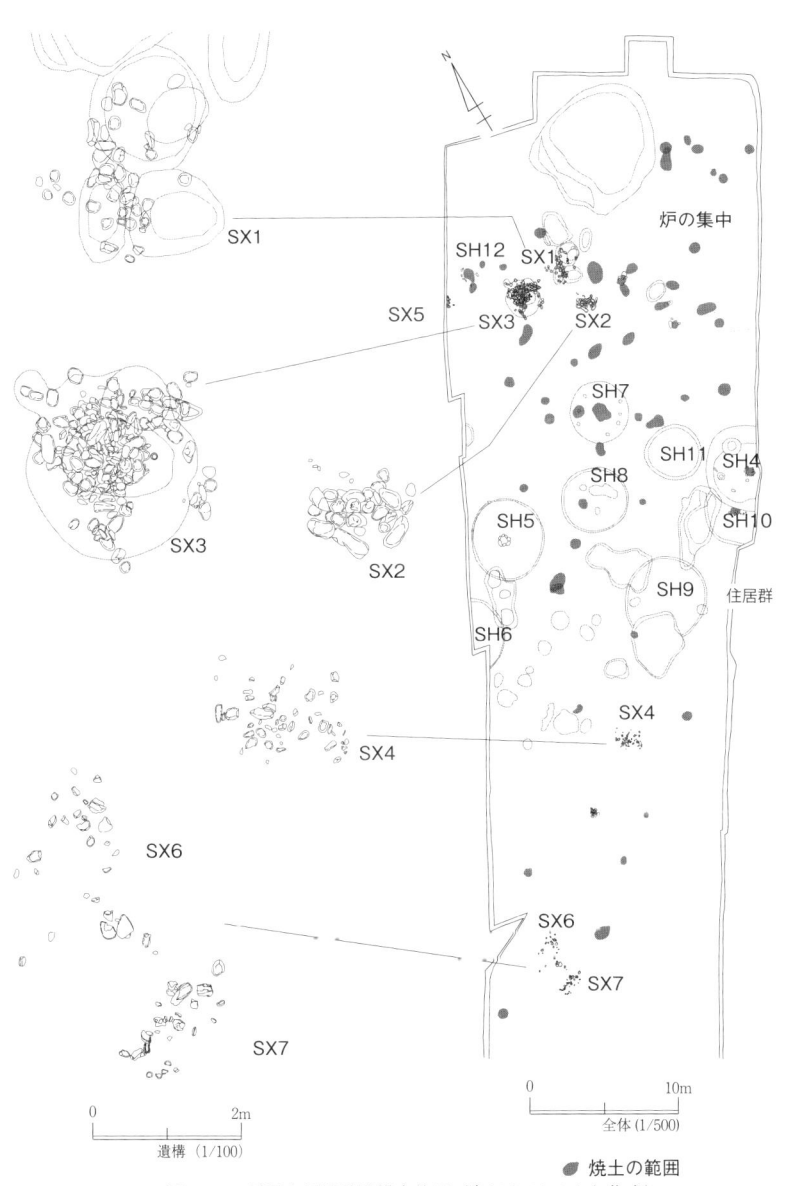

図22 三重県森添遺跡遺構全体図（奥ほか 2011 より作成）

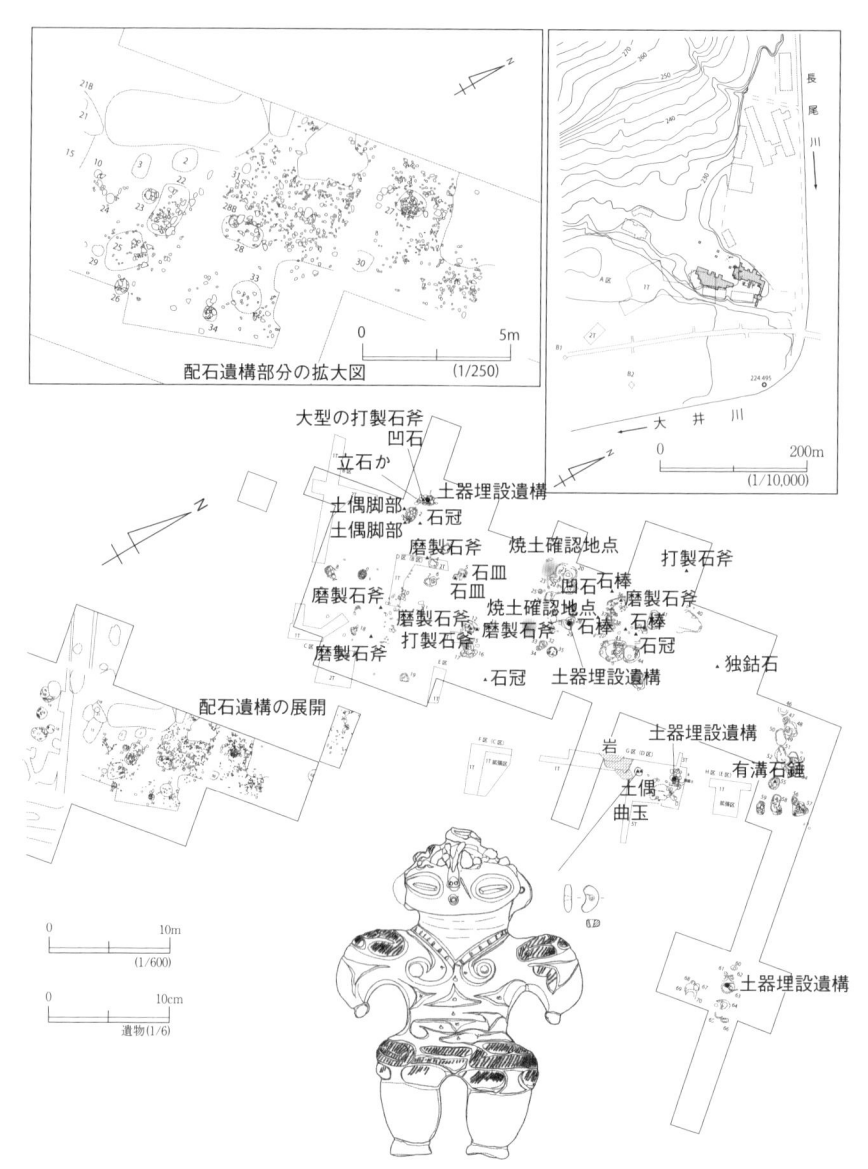

258 Ⅷ 東海地方の縄文集落の信仰・祭祀

図23 静岡県上長尾遺跡遺構全体図（鈴木ほか1953、小林ほか1956、
池田・青木ほか1977、松浦・飯塚ほか1978、瀬川・山崎ほか1992より作成）

然堤防上に立地している。朱の生産に関連して注目される遺跡であり、配石遺構が7基確認されている（図22）。配石遺構は後期後葉に属するものと考えられるが、土坑上部で検出された2例を除くと、散在的な様相である。その他、検出された遺構としては、住居・焼土（炉）・土坑などがある。報告にもあるように、焼土のみが検出されている場合でも、住居の炉であった可能性のあるものがいくつか含まれているようである（奥ほか2011）。

　ここで上に挙げた遺跡以外で、屋外の土器埋設遺構が出土した事例を列記しておく。後期に入っても認められる。愛知県域では、清須市などの朝日遺跡（石黒編1991など）、豊田市北貝戸遺跡、豊田市則定本郷遺跡、蒲郡市形原遺跡（渡辺ほか1982）、三重県域ではいなべ市川向遺跡（松本・春日井1993）、同市覚正垣内遺跡（角正・穂積2003）、多気町新徳寺遺跡（小濱1997）、同上ノ垣外遺跡（田村ほか1996）などがある。

　静岡県川根本町上長尾遺跡は、標高約230m、大井川と長尾川が合流する地点の河岸段丘上に立地する。舌状に伸びる台地の先端部、約60×40mの範囲に、縄文時代後期中葉から晩期前半にかけての遺構・遺物の展開が認められる（図23）。配石遺構は、この範囲の西側、主に12×7mの範囲に展開する。4×4mの円形を呈するものなど、いくつかの小単位のまとまりが群集しており、土坑上に展開するものもある。土器埋設遺構（土器棺墓）が4基検出されており、そのうちの1基の脇に立石が据え付けられていたようである。また、舌状台地先端部中央には、地山の岩が露出している部分があり、その脇にはほぼ完器の遮光器土偶と石製垂飾を埋納した土坑が検出されている（鈴木ほか1953、小林ほか1956、池田・青木ほか1977、松浦・飯

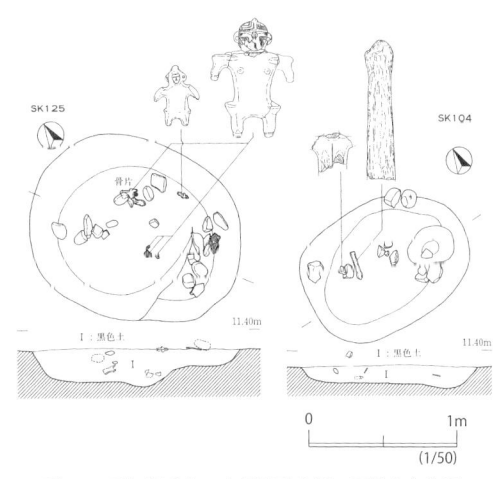

図24　愛知県麻生田大橋遺跡土偶・石棒出土状況
（前田1993より引用）

塚ほか 1978）。

　愛知県豊川市麻生田大橋遺跡は、標高 11m ほどの豊川右岸の低位段丘上に立地する。晩期後半から弥生時代中期初頭まで継続した形成が認められる遺跡で、多数の土器棺墓と、多量の磨製石斧の製作遺跡として知られている（前田編 1993）。この遺跡では、土坑内からほぼ完形の土偶 2 点が出土している。また、別の土坑からは石棒と土偶胴部の出土が確認されている（図 24）。

　その他、縄文時代晩期では、埋葬遺構やそれに伴って、立石が確認されている事例がしばしば報告されている。愛知県田原市伊川津貝塚（小野田ほか 1988）、名古屋市守山区牛牧遺跡（伊藤ほか 1961）、三重県松阪市大原堀遺跡（小山・小濱ほか 2008）がある。

第 3 章　東海地方の信仰・祭祀施設の特徴とまとめ

第 1 節　屋内祭祀・信仰施設

　竪穴住居・敷石住居、その他住居内から見つかった施設については、中期後半から後期前葉にかけての事例が多い。要素としては、(1)石壇状遺構の設置、(2)石棒・立石の設置、(3)埋甕の設置、(4)石皿・台石の配置、(5)磨石などの配置、(6)釣手土器などの配置（中期）、(7)注口土器などの配置（後期）、が挙げられ、(1)・(2)・(3)の 1 項目、あるいは複数項目に加えて、(4)〜(7)の項目が加わってくる形と整理することができよう。石壇が確認されたのは、観音洞 B 遺跡の事例であり、脇に立石も存在することから、(1)+(2)の事例といえる。また、(2)+(3)+(4)+(5)+(6)と、最も多くの要素が同時に確認できるものに、仲道 A 遺跡の事例がある。

　石棒の配置は、方形に組まれた石囲炉の端部に立てられる形が多い。これは、東海東部地域・東海西部地域ともに確認できる現象で、北山遺跡のように後期中葉加曽利 B I 式期まで確認される。

　図 12 に提示した大塚遺跡の事例は、焼失家屋の性格を有するものがあり、屋内祭祀最終段階として火入れ行為などがあったことが想定される。

第2節　屋外信仰・祭祀施設

　屋外施設としては、(a)配石遺構（群）、(b)土器埋設遺構、(c)石棒・立石などの設置、(d)土偶などの埋納があり、これらに加えて、(e)石皿・台石の配置、(f)磨石などの配置、などの要素が挙げられる。屋外の施設として代表的な事象は、やはり(a)配石遺構（群）の形成であろう。

　礫の配列に意図的な状況を呈する配石遺構群の形成は、東海東部地域では縄文時代早期前半から確認された。しかし、盛行するのは中期後半以降であり、屋内祭祀・信仰施設が盛行しはじめる時期とほぼ同時といえる。配石遺構群は、東海東部地域では、後期中葉の加曽利B1式期頃までで減少する傾向がある一方、東海西部地域では後期初頭から晩期初頭まで盛行する状況である。

　配石遺構群は詳細には小単位に分けられることから、一時期にすべてが形成されるのではなく、垂直方向・水平方向に追加して形成されていく場合が圧倒的に多いといえる。それが先行して形成されたものの原理に従って形成される場合と、前時期の形成とは別原理で形成が継続される場合があるようである。

　千居遺跡や滝戸遺跡の事例のように、中期後半では配石遺構の周囲に住居や土坑が存在するなど、他の遺構とともに集落内での環状構造の中に組み込まれているのが特徴である。滝戸遺跡や破魔射場遺跡で確認されるように、中期後半から配石遺構などが形成される遺跡において、後期にはいるとこれまでの環状構造とは異なる形で配石遺構の形成が行われるなど、遺跡形成の原理が大きく異なる状況が観察できる。

　図12の大塚遺跡の事例は、住居廃絶後、若干の時間を経て上面に集石が形成された様子が確認できる。屋内祭祀とは別の形での祭祀が当地では継続して行われていたことが考えられるが、集石内には、石棒・石皿など、屋内祭祀で残されているものと同様のものが多く残されているようである。

　また、配石遺構群が形成される遺跡の位置には、河川流域・合流点・湧水点付近と、水との関係も注目できる。富士山を意識して形成された千居遺跡の場合も、周囲にはいくつの湧水点があることが知られており、占地の1要件として重要だったことを提示したい。

　土器埋設遺構について、横位・立位・入れ子状・土器片の集積がある。深鉢

の場合、朝日遺跡では横位、三重県域の資料では底部穿孔の事例が多い。豊田市旧足助町など三河山間部では、石組み内に土器埋設遺構が存在するものがいくつか知られている。また、土偶の土坑内埋納は、いずれも縄文時代晩期の事例である。ここで対象とした東海地方では、土偶は包含層出土の事例が圧倒的に多い訳だが、これら出土状況についても、遺跡の包含層の形成過程を含めて再度詳細に検討を行う必要があろう。

第3節　後期中葉以降の配石遺構の遺跡について

　最終的な配石遺構群の形状は、上記のように、時期的に継続した結果の産物であるといえる。

　三重県天白遺跡は、西日本最大級の配石遺構群を有する遺跡として、注目を集めている。近年の「大規模葬祭センター」の議論（岡田 2005）では、この遺跡の調査成果をもとにして、論が展開されている。しかし、これらの論の中では、天白遺跡自体の遺跡形成過程に関して検討の余地が残されていると筆者は考えている。それについて、ここで少し述べたい。

　天白遺跡は、図21に示したように、後期中葉〜晩期初頭の期間、約60×80mの広範囲にわたり、配石遺構群が展開している。配石遺構は、遺物包含層とともに形成さており、包含層形成と配石遺構群形成が同時に進行していたものと考えられる。報告でもあるように、この配石遺構群は、南北の2群に大きく分けられ、それ以外にも配石遺構が点在する形と整理することができるようである。

　しかし、図で示したように配石遺構群の展開範囲と、土坑・ピット・焼土（炉を含める）範囲とは、完全に一致しない点を注目したい。特に、配石遺構の北群と南群の空間と、北群の一角に焼土が集中することは、この範囲に検出が難しかった住居などが存在した可能性がある。このことは配石遺構南群の西側、配石遺構が展開していない範囲についても同様である。焼土群の様相について言えば、図22の森添遺跡の様相に類似しており、住居が検出し得た調査区の状況を勘案して、遺跡形成の状況によって、住居が検出し得なかった結果とも考えられるのである。

　さらに規模についてみてみよう。北群は径20mほど、南群は60×30mほ

どであり、それぞれだけの規模をみると、愛知県中川原遺跡や三斗目遺跡のそれと大きな差はない。問題は、この2群の形成が同時に行われたのか、あるいは時期的な前後関係があるのかが、確認したいところである。

仮に、南北の配石遺構群が同時に形成されたのであれば、それに対応する2集団（または2集団以上）の質的相違点を検討する必要がある。そうではなくて、両者の形成に時期的差があるのであれば、比較検討として、愛知県豊田市の六所山・炮烙山麓の遺跡群（特に中川原遺跡・三斗目遺跡・三本松遺跡）の様相は、多いに参考になると考えられる。この場合、中川原遺跡・三斗目遺跡・三本松遺跡は、当地域の中心的役割を有する遺跡が時期によって少しずつ形成場所を移動した結果と捉えることができ、天白遺跡の事例は、繰り返し同じ場所が選地された状況を示していると考えることはできないであろうか。

以上、天白遺跡に関する問題点を整理すると、大きく2群に分かれる配石遺構群とそれに対応する、ピット・土坑・焼土群がある訳で、これらの時期的変遷が追認できるかが1つ大きな課題としてあろう。つまりは、集落景観として、住居の範囲に近接して配石遺構群が展開する、愛知県三斗目遺跡と同様の景観を復元することができるのである。

天白遺跡は、当地域における中心的な役割を担っていた遺跡であることは間違いない。居住域を有しない、「葬祭センター」のみに特化した状況とまでは言えないと思われる。ただし、この地が継続して繰り返し使われていた理由については、今後も検討する項目が多分にあると思われるのである。

引用・参考文献
阿部友寿 2003「縄文後晩期における遺構更新と「記憶」―後晩期墓壙と配石の重複関係について―」『神奈川考古』39

石黒立人 2011「伊勢湾岸域の「縄文／弥生」、あるいはポスト・フェストゥムからの回帰―連続と不連続の均衡へ―」『縄文／弥生移行期の社会論』

伊藤正人 1997「愛知県・岐阜県の縄文時代配石遺構」『三河考古』10

岡田憲一 2005「大規模葬祭空間の形成―近畿地方における縄文時代後晩期集落のあり方―」『関西縄文時代における石器・集落の諸様相　関西縄文論集2』

長田友也 2005「愛知県内出土の大型石棒―豊田市曽根遺跡出土の大型石棒を中心に―」『三河考古』18

谷川磐雄 1927「南豆見高石器時代住居阯の研究」『考古学研究録 第一輯 石器時代の住居阯』（大場 1931 再販）
山本輝久 2002『敷石住居址の研究』
＊伊豆・駿東地域の状況については池谷信之氏から、三斗目遺跡・三本松遺跡の状況に関しては石黒立人氏から、ヒロノ遺跡の石棒などについては長田友也氏から、多くのご教示を賜った。
＊脱稿後『新修 豊田市史 18 資料編 石器・縄文』が、2013 年に刊行された。本稿に掲載した遺跡が多数紹介されており、併せて参照願いたい。

Ⅸ　近畿地方の縄文集落の信仰・祭祀

松 田 真 一

第1章　近畿地方の信仰・祭祀施設研究の現状と課題

　近畿地方では最近十数年間の傾向として、確かな数的資料はもたないが近世以降の遺跡とともに、縄文時代遺跡を対象とした発掘調査の事例が、ほかの時代と比較して多少増加している感がある。そこには多様な遺跡埋没環境や遺構形態の認識のほか、調査方法の創意などが関係しているとみられる。しかしこのような調査の進展がみられるなかにあっても、信仰や祭祀に関わる遺構の検出事例は他地域と比較した場合、依然として僅少であることに変わりがなく、遺構全体の構造把握や、具体的な用途や執り行われた祭祀の内容などについては一部の遺跡を除いて語れるものは多くない。

　ただし、当該地域では以前には知られていなかった非日常的な性格を想起させる遺構の発見のほか、これまでの祭祀関係遺構の調査成果を集成・総合した上で、関連事例の多い東日本の遺構との比較検討を積極的に進めようとする姿勢や、遺構のもつ属性の分類や類型化による新たな視点からの分析などを通して、祭祀の実態に迫ろうとする意欲的な研究動向もみられる。なお、信仰・祭祀施設と埋葬施設とは有機的な関係にあり、個別遺構に照らして分かちがたい事例も少なくない。しかし、埋葬遺構については別巻が刊行されているので、ここでは埋葬施設においても何らかの祭祀行為が行われた場合があることを認識した上で、埋葬施設だけが検出された遺跡については触れない場合があることをお断りする。

第2章　近畿地方の信仰・祭祀施設の変遷

第1節　草創期～早期の信仰・祭祀施設

　近畿地方ではこれまで草創期の資料は遺構・遺物ともに限定的であったが、近年になって一括遺物資料や重要な遺構の検出が相次いでいる。三重県松阪市粥見井尻遺跡や滋賀県東近江市相谷熊原遺跡では草創期の住居が検出されていて、前者では隆起線文土器、爪形文土器、条痕文土器などとともに廃絶住居の堆積層から1点の土偶が出土し、後者でも爪形文土器と無文土器とともに住居内から土偶が出土している。どちらの事例も住居ないし集落内で用いられたことを示しているものの、出土状態から具体的使用を示す材料は得られていないほか、積極的に祭祀と関わる遺構も見いだされていない。しかし草創期に遡る住居は近畿地方ではほかに例がないなか、2遺跡ともに土偶が出土している事実は、列島において他地域に先行していち早く出現した意義とともに、土偶の定着とそれを必要とした精神世界の醸成といった視点からも看過できない事例といえる。

　早期では、戦前に和歌山県田辺市高山寺貝塚が発掘調査されるなど、比較的早くから遺跡の存在も確認されていたが、1970年代以降の急激な発掘調査の増加で、中国山地東部一帯や、琵琶湖周辺地域、大阪府生駒山地西山麓、奈良県東部山間地帯から三重県中部にかけての一帯などで遺跡が集中して存在することが確認され、住居やそれに付随した遺構の内容も明らかにされてきている。そのなかで礫群と称される小規模なものから直径が2m近くある大規模な土坑をともなう集石遺構は、土坑内の礫が火を受けていることの確認できる事例が多く、調理施設とみられているが、兵庫県養父市外野柳遺跡や奈良県山添村大川遺跡など早期前半の遺跡には、それとは別に平面的に礫を配置した配石状の遺構が散見される。礫群との関連を考える見解もあるが、両者の繋がりが見いだされているわけではない。積極的な根拠には欠けるが、居住区域内で行われた何らかの祭祀行為と関係する施設とみなせないこともない。

第2節　前期～中期の信仰・祭祀施設

　前節で事例を掲げた早期の配石状の遺構に類似した遺構は、京都府舞鶴市志高遺跡で検出されている羽島下層Ⅱ式期の石組集石がある。地床炉に近接してもうけられた遺構だが、下部に土坑は穿たれていない。同じく前期初頭の遺構には滋賀県近江八幡市弁天島遺跡で、竪穴住居状の遺構と貯蔵穴などがみつかった一角から、直径約1mの楕円形を呈した浅い土坑が検出されている。土坑内には、東海系土器の大型破片が内面を上にした状態で埋置されていた。出土状況はこの遺構が棺や炉ではないことを示しているが、同遺跡からは県内最多の玦状耳飾が出土しており、未発見の墓地の存在が予想されるとともに、この遺構が葬送と関係することも考えられる。なお、京都府木津川市に所在する恭仁宮隆下層の例幣遺跡では、墓坑とはみていない前期後半に属する配石土坑5基が検出されている。

　中期の祭祀に関する遺構も中期終末を除くときわめて少ないなかにあって、和歌山県みなべ町徳蔵地区遺跡では、中期前半に営まれた14軒の住居にともなって、近畿地方においてはもっとも早い出現例と考えられる船元Ⅳ式期の2基の屋外埋甕（図1-2・3）が検出されている[1]。うち1基は、船元3式期までに廃絶した住居の埋土中に設けている。2基の埋甕は同時期の住居から10m前後の距離にあり、どちらも正位に据えられ底部は穿孔されている。埋甕以外に土坑内に大型土器破片を埋置した遺構と、直径約2mのほぼ円形の土坑底中央に礫を配して小孔が穿たれた特殊な形態の土坑（図1-1）が検出されている。後者は時期の確定がなされていないが、中央に立てた物体を支える根固めの施設と考えられ、立石のような遺構が想定できる。中期初頭の兵庫県香美町月岡遺跡では、鷹島式期の立石と複数の焼土面が確認されているはか、遺跡からは但馬地域に分布する受熱破砕した大型石棒が出土し、遺構と遺物の組み合わせが明らかになっている。

　中期終末には近畿各地における遺跡の急増にともない、配石遺構や配石土坑など祭祀関連遺構が増加する。滋賀県長浜市醍醐遺跡、同県近江八幡市常衛遺跡、三重県松阪市堀之内遺跡、和歌山県橋本市市脇遺跡などから配石遺構や集石遺構が検出されているものの、遺構全体の構造や各遺構の性格が把握できる

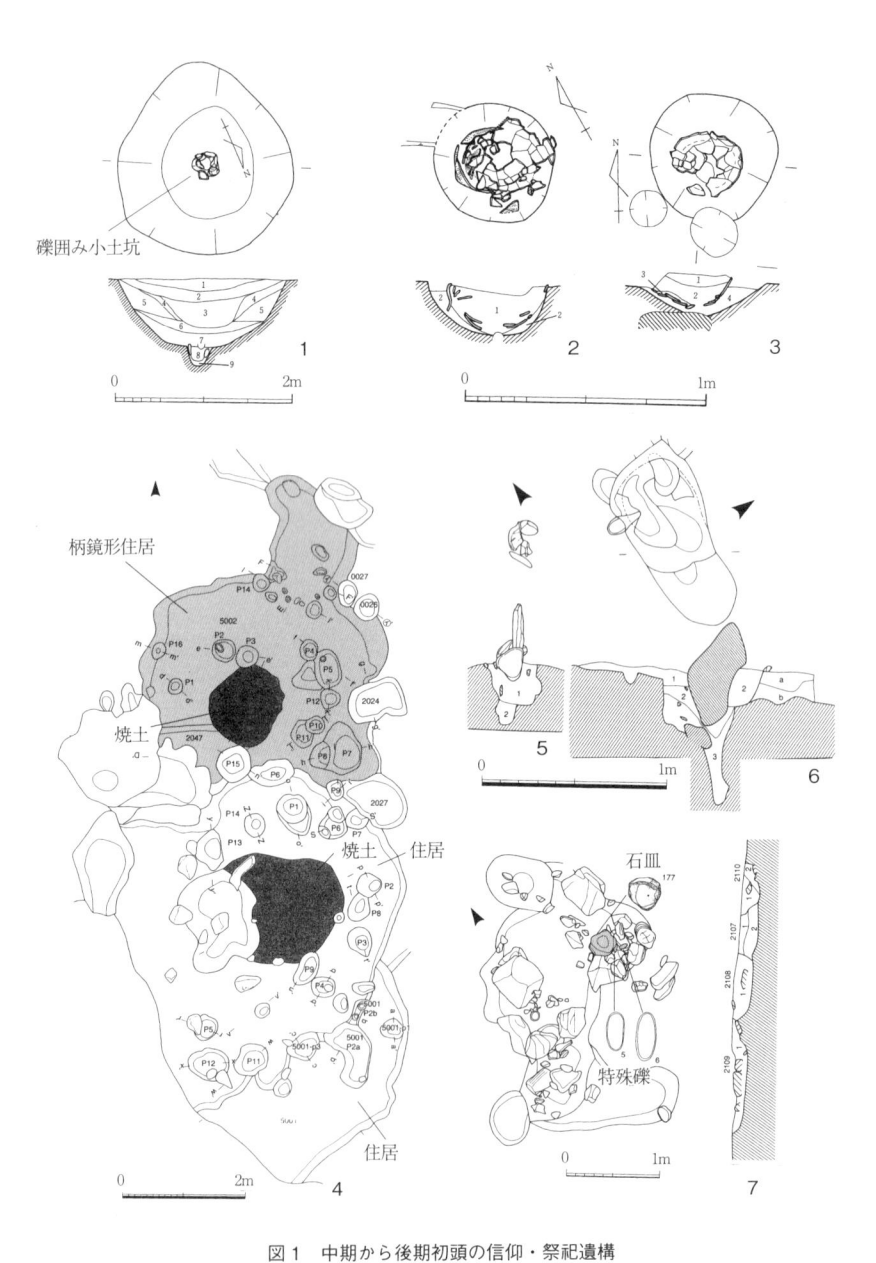

268 Ⅸ 近畿地方の縄文集落の信仰・祭祀

図1 中期から後期初頭の信仰・祭祀遺構
1：特殊な土坑　2・3：埋甕　4：柄鏡形住居　5・6：立石　7：石皿と特殊礫が出土した配石遺構
（1〜3：和歌山県徳蔵地区遺跡　4〜7：奈良県宮の平遺跡）

ものではない。ただ京都市日野谷寺町遺跡では、中期終末から後期初頭の住居にともなうとみられる3基の石囲炉に囲まれた中や周辺に、多数の土坑が穿たれ、うち1基の土坑は底に深鉢を置いて土坑上に扁平な川原石を配したもので土坑墓と考えられている。住居間の多数の土坑については、分銅形土偶の出土や後期中葉以降の土器の存在などを考慮すると、土坑墓を中心とした埋葬の場を契機としながら、その後いくつかの土坑を用いた祭祀の場として機能したことも考えられる。同時期の兵庫県佐用町中の原遺跡では、石囲炉や集石遺構などとともに3基の配石遺構が検出されていて、日野谷寺町遺跡に類似した遺構によって構成された祭祀の場とも考えられる。

第3節　後期～晩期の信仰・祭祀施設

本節では、信仰・祭祀遺構の検出数に加えて、多様な属性を備える遺構も中期以前と比較して多数みられるため府県別に記述した。

兵庫県　太子町東南遺跡は、これまでに後期前半から中葉の住居のほか掘立柱建物や配石遺構などが検出され、祭祀に関連するとみられる配石遺構や土坑も確認されている。これらには多様な形態と構造があるが、単に平面に礫を並べ置くものはなくいずれも掘り込みをともなう。小規模な穴を穿って棒状の礫を直立させた立石と考えられる小土坑や、数個の礫が根固め状に置かれた土坑のほか、土坑内に石皿や凹石を埋納した遺構などが検出されている。また土坑上面ないし埋土の中に破砕した1～数個体の土器を纏めて埋置した遺構が確認されている。神戸市印路遺跡では後期前半の大型土器を埋納した土坑を、同市五番町遺跡では後期中葉の大型礫をともなった埋設土器2基と、土坑と配石をそれぞれ1基確認している。

神戸市篠原中町遺跡はこれまでの数十次の発掘調査で、篠原式期と船橋式期の土器棺墓19基、立石墓2基、配石墓1基と、同時期とされる集石1基と埋設土器1基が検出されていて、多様な埋葬形態の存在が知られるとともに、葬送や過去の埋葬者に関わる祭祀が執り行われた可能性が窺われる。また、芦屋市若宮遺跡でも周囲に大型土器片をともなった滋賀里Ⅳ式の立石が検出されていて、晩期中葉以降にこの地域で墓や祭祀施設として立石が普遍的であったことを示している。

京都府　京都市左京区の京都大学植物園内遺跡では、集落の営みが活発となった後期前半の配石遺構9基と埋設土器7基を検出している。規模の大きいもので人頭大の礫30個前後を、直径1.5m程度のほぼ円形に並べた配石遺構は、礫を平面的に配置し、下部に土坑を穿った埋葬遺構と考えられる遺構と、別に土器を埋設しているものとがある。類似した配石遺構は元住吉山Ⅰ式とⅡ式期の集落である城陽市森山遺跡でも確認されている。大型住居を含む地床炉をもつ円形の住居6軒に近接して、下部に土坑を穿った配石遺構1基と埋石遺構1基を単独で検出している。前者は直径2.6m、深さ0.4mの土坑内に十数個の礫を不規則に置いたもの、後者は長さ45cmの自然礫を直径深さとも約0.5mの小土坑内に埋置したもので、墓とみるよりは複数ある大型住居と関連して居住地域に存在した祭祀の場として捉えることができるかも知れない。

　長岡京市の伊賀寺(いがじ)遺跡では元住吉山Ⅱ式から宮滝式期の住居、土坑墓、焼骨土坑などが確認され、土坑墓を一部破壊して穿たれた2基の焼骨土坑のうち、1基からは10体前後の焼骨が集積した状態で出土している。人骨は成人男女や小児骨が含まれ、どれも高温でかつ埋葬される前に焼かれている。隣接した場所に焼礫、焼土、炭とともに骨片が堆積した、埋葬前に遺体を焼いた不整形な浅い土坑が検出されている。土坑墓と火葬墓には住居廃絶後に穿たれたものが存在しており、居住地域を後に墓地に変えた経過が読みとれる。死後直ちに火葬する事例は寡聞であるが、ここでは死者をそのまま埋葬したと考えられる土坑墓が別に存在しており、遺体の扱いからは葬送祭祀の複雑な一面が窺われる。なお大阪府和泉市池田寺遺跡からも中期終末ないし後期初頭のヒトの焼骨が出土している土坑があり、時期に隔たりがあるが関連を探る必要があろう。

　京都市上里(かみさと)遺跡では晩期前半から中葉の住居、柱穴、炉、土器棺墓、土坑墓、土坑、配石遺構などが検出されている。9軒の住居はたがいに切り合うか近接して纏まって配置されるが、その東側一帯で部分的に重なるように24基の土器棺墓と9基土坑墓が分布する。配石遺構は中央に球状の礫を据えて周囲に礫を取り巻くように配したもので、墓域の東端に単独で設けられるが、分離された空間ではない。北東側にも住居の一部が検出され、確実なことはいえないが、墓域を居住域が挟み込む配置となる可能性がある（図5-5）。なお、晩期後半には西方約200mの場所に土器棺墓を中心とした墓域を移動するようである。

滋賀県　東近江市正楽寺遺跡では主に北白川上層式1期から2期の、流路に沿った空閑地を挟んで列状に配置された約130基の貯蔵穴と、その背後の5軒の住居や掘立柱建物の柱穴群とが検出されている（図3-1）。祭祀に関わるとみられるのは貯蔵穴群と一部重複するものの、空閑地と流路を前面に見渡せる位置で検出された、直径0.7～1m大の6基の柱穴で構成される構造物で、柱穴は直径約6.2mのほぼ等間隔で円形に配置されており、環状木柱列とされる施設に類似する。柱穴列のほぼ中央に直径約1m大の強い被熱痕跡が認められる火床があり、柱穴の1基からは石剣が出土している（図3-2）。流路南岸の一角には土器塚が存在し、縄文土器以外にベンガラを入れた容器、垂飾品、土面など稀少な遺物が出土したほか、土器塚内には壮年男性1体が屈葬されていた。複数土器型式に跨がって営まれた集落全体の遺構配置をみると、貯蔵穴群が集落空間を2分し、日常的施設が入り込まない空閑地は集落内でも特別な場であったことが見て取れる。

甲良町小川原遺跡でも北白川上層式2期を中心とした集石遺構、貯蔵穴、サヌカイト集積遺構などにともない、配石遺構と平地式と認定された住居が確認されている。48軒の平地住居と位置的に重なる配石遺構は、重複関係から住居廃絶後に設置されたものがほとんどとみられる。約70基の配石遺構には土坑をもち墓と認定されたものと、形態や構造の違いで区分できる配石遺構とにわけられる。土坑をともなわない配石遺構は大型礫を環状に配置し内側には礫は置かないものと、立てた礫を組み込み内側にも礫を配したものがあるほか、その折衷タイプや、列状に礫を並べるタイプもある（図3-3～6）。一方小さい土坑内に礫を立てて設置したものや礫を落とし込んだ配石遺構があり、立石とみるのが適当だろう。柱穴の取り合いなどからみて平地住居としての認定が困難な遺構が存在するほか、住居にともなう焼土以外に祭祀の場における火の使用も考えられ、日常の場をハレの祭祀の場に替えていった事例として注目すべきだろう。滋賀県ではほかに栗東市辻遺跡、大津市穴太遺跡、守山市吉身西遺跡、甲良町北落遺跡などから後期中葉から終末にかけての時期の配石遺構や集石遺構が検出されている。

大津市滋賀里遺跡で検出された晩期中葉から終末に主体がある埋葬施設の構成は、100基を上回る数の土坑墓と30基以上の土器棺墓からなる。土坑墓は

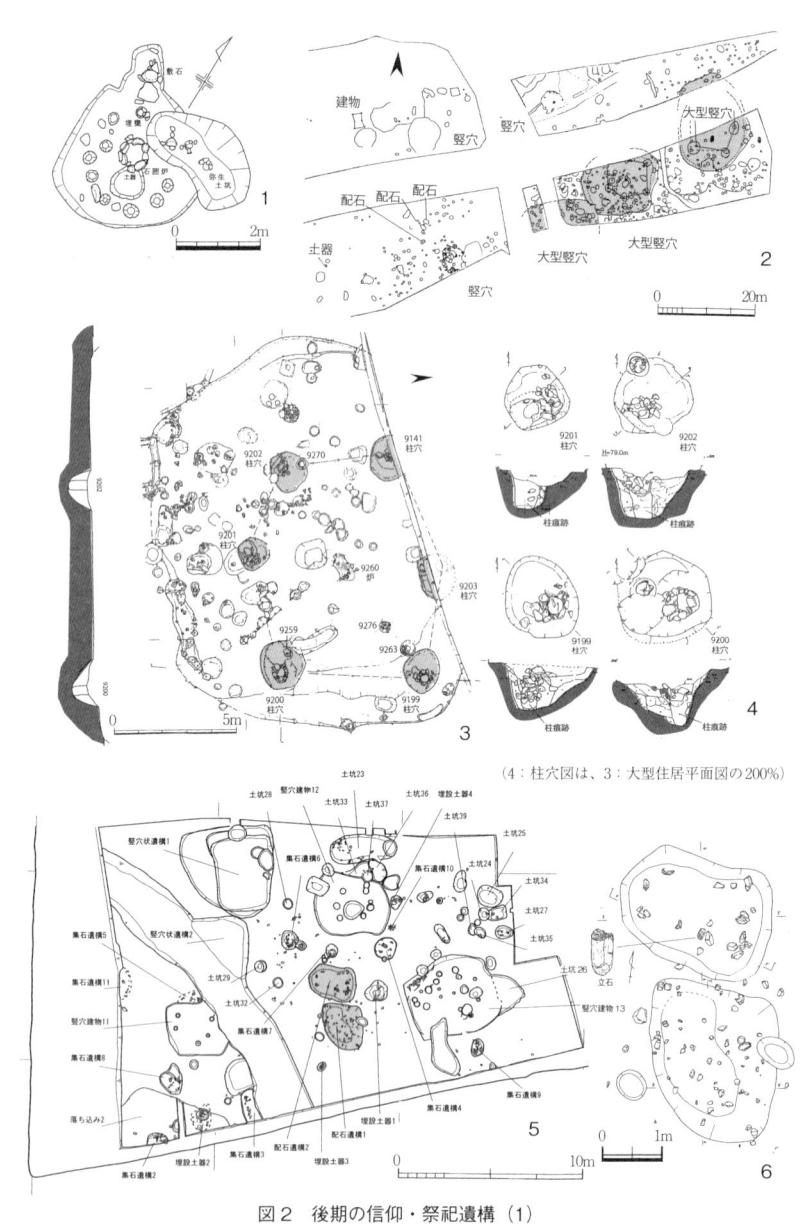

図2 後期の信仰・祭祀遺構 (1)
1：柄鏡形住居　2：大型住居と配石遺構の配置　3・4：大型住居と主柱穴
5：竪穴建物と配石遺構の配置　6：立石をともなう配石遺構
(1：三重県下川原遺跡　2〜4：和歌山県中飯降遺跡　5・6：和歌山県丁ノ町・妙寺遺跡)

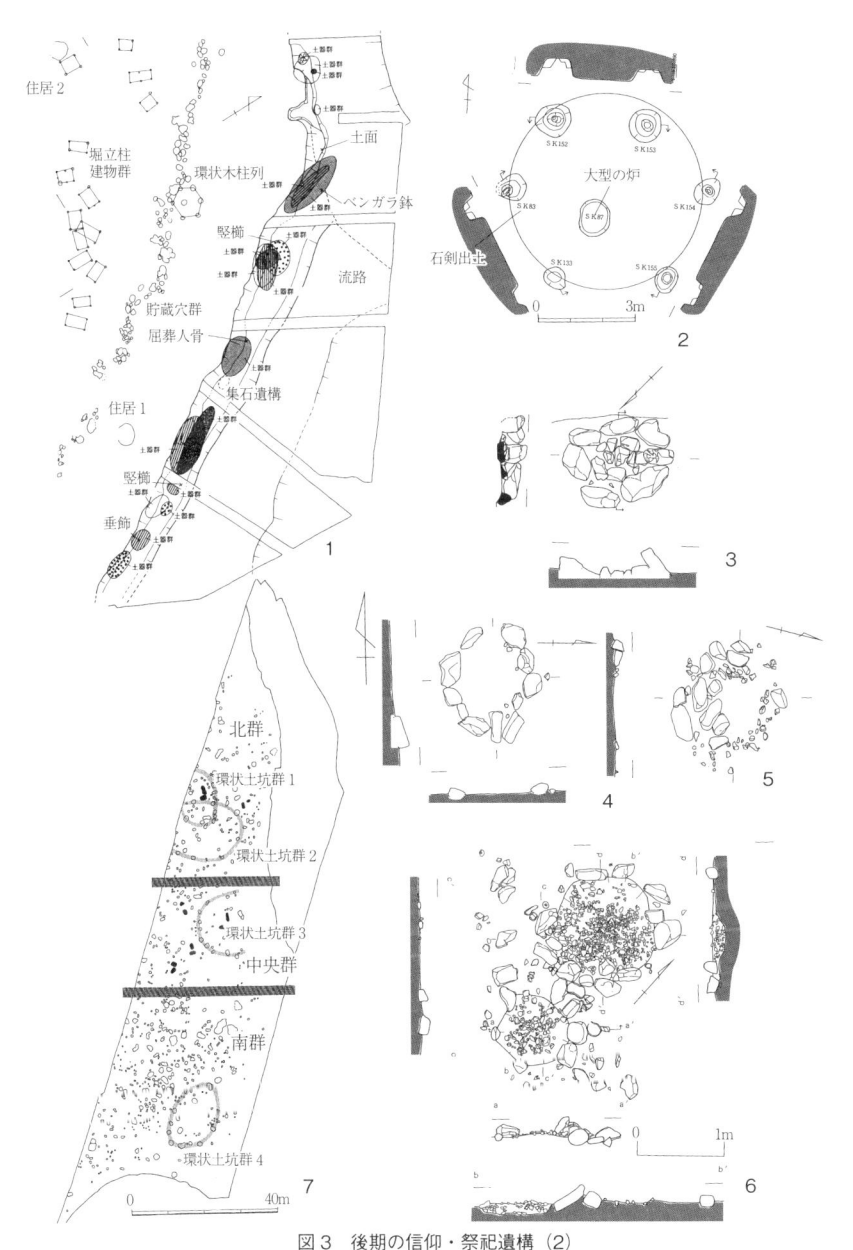

図3 後期の信仰・祭祀遺構 (2)
1：流路に添った貯蔵穴と環状木柱列・建物群の配置　2：環状木柱列
3〜6：配石遺構の各形態　7：配石遺構の構造と環状土坑群
(1・2：滋賀県正楽寺遺跡　3〜6：滋賀県小川原遺跡　7：大阪府向出遺跡)

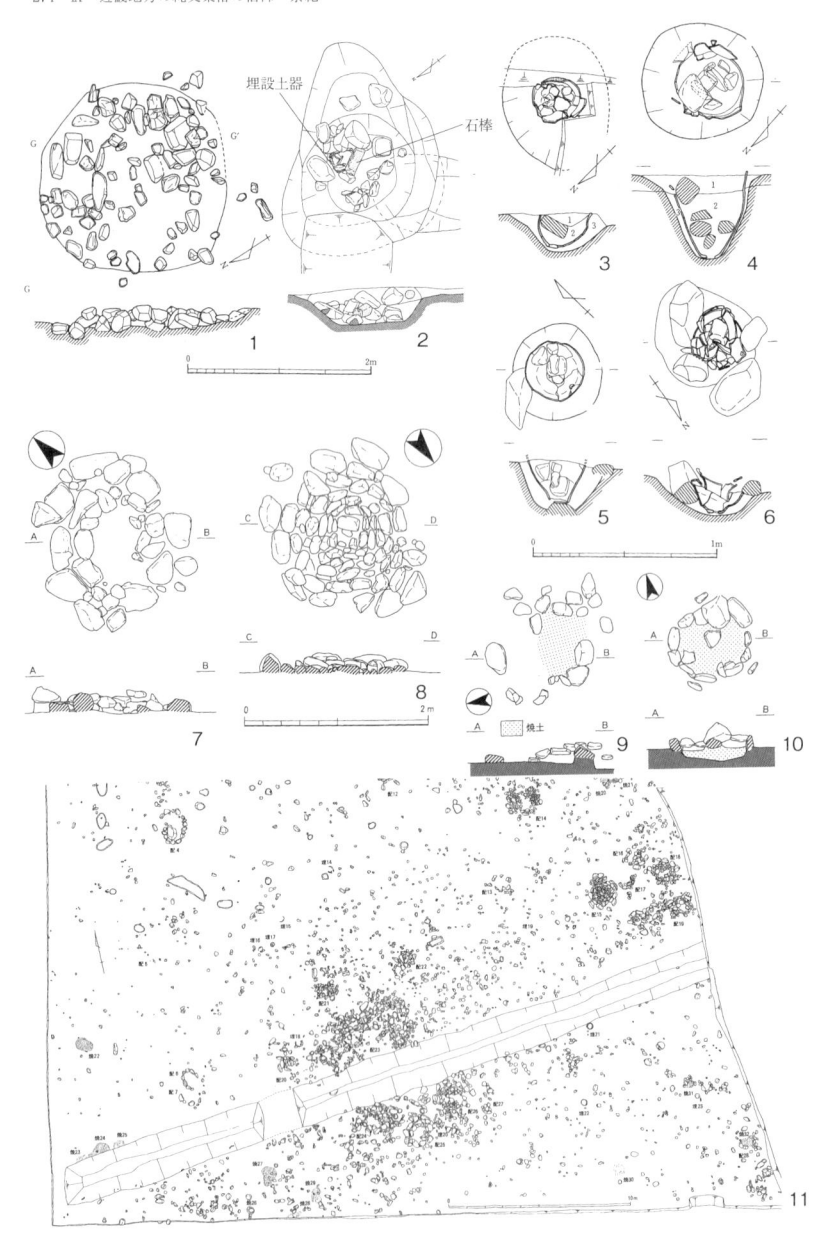

図4 後期の信仰・祭祀遺構 (3)
1：配石遺構　2：石棒と埋設土器をともなう配石遺構　3〜6：礫をともなう埋甕
7〜10：配石遺構の各形態　11：配石遺構主要部の配置
(1〜6：和歌山県徳蔵地区遺跡　7〜11：三重県天白遺跡)

仰臥と横臥の違いがあるものの屈葬されている点で共通し、互いに重複する例もある。土坑墓は頭部を北東に向ける群が先行し、北西に向ける群が後続する傾向が窺え、被葬者グループないし時期による埋葬規制のようなものが窺える。土器棺墓は単棺が圧倒的だが、南東部の一角には2棺を使用した墓が集まる傾向があり、特別な埋葬者の系統やグループの存在を推測させる。この墓域の南東地域で直径70cmの規模の配石遺構が検出されている。浅い土坑の周囲に礫を敷き並べ、底にも小礫を敷き中に2個体の深鉢を納める。その西側には棒状礫を土坑内に直立させた立石遺構が隣接して存在している。土坑墓と土器棺墓ともに改葬された事例が含まれており、配石遺構などが1次埋葬だけでなく2次埋葬にも関わる祭祀と関係する可能性がある。高島市弘部野遺跡でも篠原式期の土坑墓40基と埋設土器5基にともなった同様の配石遺構がある。

大阪府　東大阪市縄手(なわて)遺跡では数軒の住居、石囲炉、土坑墓、埋設土器、土器敷き遺構、焼土など、北白川上層式期の居住遺構が検出されているが、その東方約100mの付近で、外縁に礫を巡らした土坑をともなわない円形の配石遺構が検出されている。隣接して北側にも外縁が巡りきらないものの、円形を指向した配石遺構が4ヵ所ほど認識でき、この地区からは土面も出土している。本遺跡では半径100m規模の住居やピット群を核とした居住域の周縁に、祭祀域や墓域の存在を、それを取り巻く空間に貯蔵穴など生業関係の施設の配置を想定する見解もある。住居に接して土坑墓や埋設土器などが分布するほか、地形環境に左右される施設もあり、そのような模式的構造となるかは疑問だろう。ただ配石遺構が住居や墓などと地域を異にして置かれている事実は重要だろう。同じ北白川上層式期でありながら和泉市仏並(ぶつなみ)遺跡では、住居や掘立柱建物と場所を区別せず、土坑墓や土器棺墓とともに埋設土器や大型礫を中心に礫が敷き詰められた配石遺構などが検出されている。

　後期後半から晩期中葉に継続する阪南市向出(むかいで)遺跡では、特に元住吉山式期から宮滝式期の156基の墓坑を含む多数の土坑群が確認されている。検出された土坑は長短比と形態および規模や土坑堆積状態などを基準に分類され、埋葬方法や埋葬儀礼などと関連づけた性格が付与されている。埋葬施設の分析について本稿では扱わないが、祭祀とも関わるため土坑を中心とした全体の構造に触れてみると、土坑群は直径5～15mの環状を呈する小規模な群が単位となり、

それが複合したより大きい纏まりとして北群、中央群、南群が構成されている。遺構の時期的推移も考慮し、全体としてそれが空閑地を有する規模の大きな環状ないし半環状構造が復元されるという（図3-7）。東側に空閑地の存在を想定し、その縁辺の一角には石棒が検出された土坑が位置する祭祀空間がレイアウトされたとみなされているが、周辺地形をみる限り遺構の配置や、遺跡の全体像は今後の隣接地調査の結果を待たねばならないだろう。報告では遺跡の南東に位置する雨山に多数の墓坑が主軸を向けることから、山を信仰の対象としていたと推定している。この当否は筆者には判断できないが、ここでは墓地を含む儀礼の場が複数の集落によって共営された場という解釈が貫かれている。祭祀遺構に目を向けると、中央域で宮滝式ないし滋賀里式期の石棒土坑があり、南域では赤色顔料が付着したものを含む5点の石皿と、深鉢大型片が出土した土坑、角礫と棒状礫とを並べた配石、三角柱を呈した礫を用いた立石などが検出されている。埋葬遺構を含めた遺跡全体からは、石皿、敲石、石棒状礫、石刀類、小形丸石、石冠などの石製品も出土していて、祭祀の場で新たな役割をもった祭具に転用されたものが含まれる。

　大阪市長原遺跡では長原式期から弥生前期に営まれた、土器棺墓群と土坑墓を含むとみられる土坑群が、中央の空閑地域を挟んで東西2ヵ所から検出されている。住居などの居住遺構も含んだ埋葬遺構が分布するそれぞれの墓域からは、東側の墓域で石棒と角礫が入れられた小土坑が、西側の墓域では石棒片が出土した小土坑や、強い火を受けて破砕・変色した石皿が出土した小土坑が確認されているほか、その中間の空閑地となる微高地の浅い掘り込みからも石棒破片と突帯文深鉢が出土している（図5-3・4）。

　奈良県　川上村宮の平遺跡では中期終末から後期前半の住居とともに、配石遺構、立石、土坑など埋葬や祭祀に関わる遺構が検出され、配石遺構全体は規模の大きい上下2層の遺構群とそれにともなう個別の遺構からなっている。上層配石群は約10m四方の範囲に人頭大の礫が集合し、北側に中央部が盛り上がる隅円長方形の配石が、西側により礫の集中度が高い配石が設けられている。下層配石群は東西約13m、幅約5mの規模で、群の東半部は約1m規模の単位配石数基で構成され、配石には礫を上面に置くなどした土坑がともなうものもあるが、多くは下部に土坑は認められない。配石内に光沢ある磨かれた礫や

石皿の埋置されているものがある(図1-7)。5軒の住居のなかの1軒は柄鏡形住居で、竪穴主体部の直径約4m、張り出し部長さ1.5m、幅1.4mの規模があり中央に炉が設けられる(図1-4)。張り出し部先端には深鉢土器を倒立させて据え、その内側に板状の礫を横たえる。床面には石皿や台石として用いられた大型石器を置き、炉に据え置かれた石皿表面には水銀朱が付着する。立石の1つは棒状礫を小石で根固めのため支持するように据えられ、隣接して石皿が置かれた土坑があり周囲には焼土が散乱する。別の立石も根固めの礫を据え、接するように穿たれた土坑から石皿が出土し、石皿を置く土坑と立石とが対をなしている(図1-5・6)。

天理市布留遺跡堂垣内地区では後期初頭を中心とした時期の住居、石囲炉、貯蔵穴、焼粘土遺構とともに、台石や硬玉製大珠が出土した土坑のほか、頭部2段に加工された大型石棒が出土している。奈良市大柳生ツクダ遺跡では後期中葉から晩期後半にかけて約400基あまりの土坑が検出されている。上面に標識と思われる大型礫が置かれものがあるほか、土坑群の範囲内から土器棺墓も確認され、土坑の多くは埋葬遺構と考えられる。ただし土坑の形態や規模は多様で、礫が多数集積した土坑や浅い土坑内に据えられた立石も存在するほか、石剣や石刀なども出土し、埋葬にともなう祭祀行為に関わる施設とみるべき遺構も含まれている。五條市中遺跡では晩期前半に属する土器棺墓に先行する宮滝式期の土器を埋納した遺構が存在する。土坑底に破片とした6個体以上の深鉢を敷き、その上に体部下半を欠いた深鉢を置き、中央に完全な形の注口土器を丁寧に納める。さらにこれら全体を深鉢の大型破片で覆ったもので、この時期には近府県にも類例が知られる特徴ある埋納遺構である。

葛城市竹内遺跡では竪穴住居状の遺構や炉などのほかに、土坑墓、埋設土器、および配石遺構など晩期前半から中葉にかけての遺構が検出されている。100基以上が検出されている土坑には標識となる人頭大の礫を置いたもの、土坑内に土器を添えたもののほか、小土坑や土器棺など乳幼児の埋葬が想定できる遺構も含め土坑墓と認識できるものが多い。これとは別に配石遺構にともなう土坑も存在し、礫を環状に配置するもの、焼礫や焼土がともなうもの、小ピットがせまい空間を環状に囲繞するもの、立石を備えたものなど形態や構造は多様で、配石内や遺構を覆う堆積層から石剣、磨石、敲石、石皿、独鈷石、土偶な

ど祭祀関係遺物の出土が目立って多い。同時期には西日本では他の追随を許さない量の土偶や石刀などの遺物が出土した橿原市橿原遺跡がある。被熱痕跡をもつ人骨の存在や屈葬状態の人骨があった指摘があり、出土遺物の内容から埋葬施設や祭祀施設の存在した可能性は高いが確認にはいたっていない。

　橿原市と御所市に跨がる観音寺本馬遺跡では、蛇行する自然流路に挟まれた篠原式期の集落の一部が検出されている。埋葬遺構として18基の土器棺墓と16基の土坑墓が混在した状態にあり、土坑墓は屈葬された単独葬以外に、四隅に杭を打ち込んだ構造の複数体が埋葬されたものなども確認されている。そのなかに叉状研歯やより稀少な斜状研歯を施された人骨が含まれる。土器棺墓は再葬された4歳前後の人骨など、多くは幼児を埋葬した可能性が高い。隣接して検出された13軒の平地住居のなかの、2ヵ所でほかの住居とは異なる平面形態をもつ、直径約1mの柱穴に太い柱材が遺存する特殊な構造の建物が確認されている（図5-1）。流路に近い場所の4ヵ所の土器溜まりからは土偶、土冠、半輪状木製品、石棒、石刀や焼けた獣骨などが出土し、葬送の儀礼などが執行された空間が展開していたとみることができる。

　和歌山県　みなべ町徳蔵地区遺跡では後期前半の3軒の住居とともに、10基の埋甕と土坑をともなう配石遺構などが確認されている。埋甕の多くは穿孔されて正位に据え内部に礫を入れたものがみられ、これらは住居周辺の屋外に纏まりをなさずに分布する（図4-3～6）。配石遺構には2種あり、礫が平面的にほぼ円形の範囲に纏まって配置されたものは、住居や埋甕が設けられた地域の中に存在する。礫は火を受けた痕跡がなく、土器などの遺物は一切ともなわない。一方は土坑をともなう配石遺構で、埋甕に接した場所では長さ約2mの2段に掘り込まれた土坑内に、底部を穿孔した深鉢と基底部を欠損した石棒を埋置したものがある（図4-1・2）。調査者によれば、本来は石棒を中心に礫を円形に設置されていたとみなす。土坑底に置かれた深鉢の検出状況は、埋甕の設置状態と類似し両者の関係が窺える。かつらぎ町丁ノ町・妙寺遺跡では、後期初頭から後期前半の磨石や敲石などが含まれる礫を配した2基の配石遺構が確認され、そのうちの1基は太い棒状の立石を据えている（図2-6）。配石遺構の周囲に4軒の住居をはじめ、竪穴遺構、集石遺構、埋設土器などが設けられ、集落がこの配石遺構を中心に形成された可能性を示唆する（図2-5）。中央に近

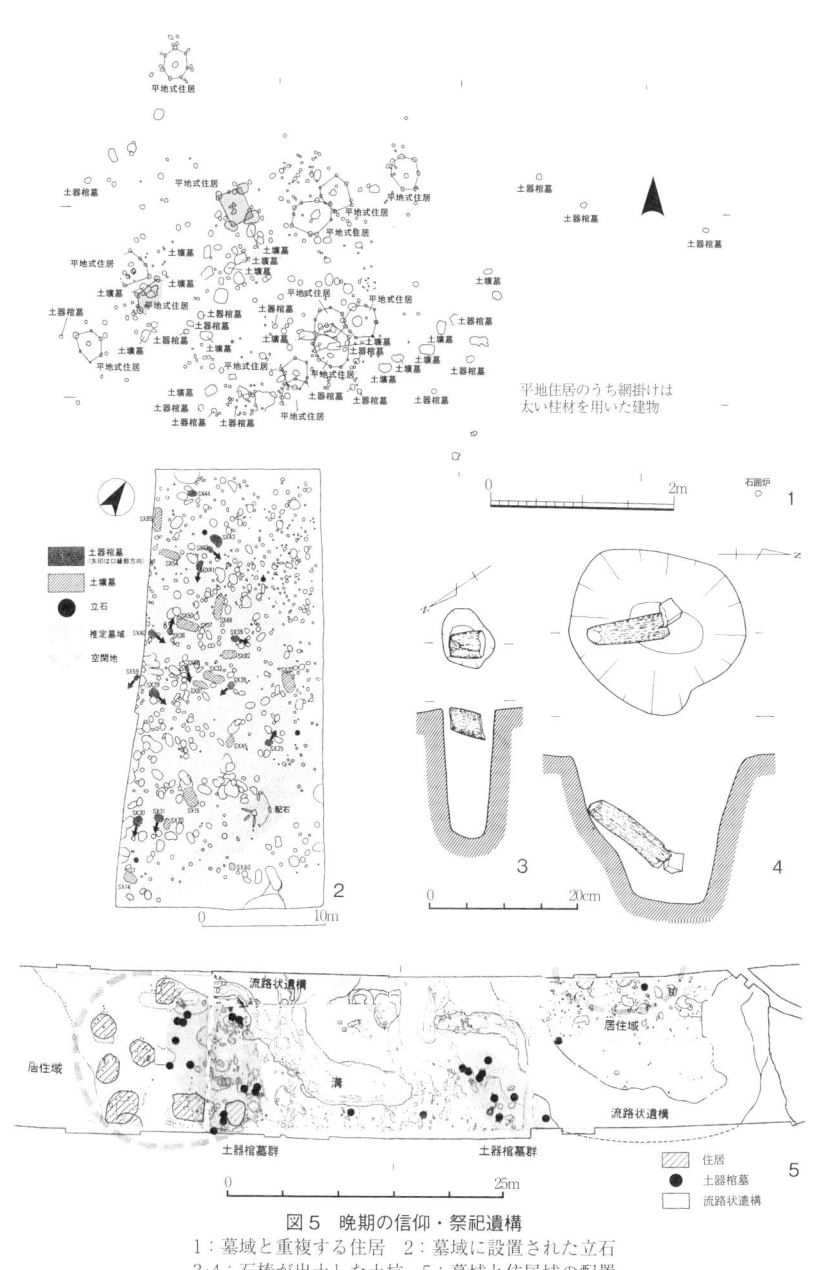

図5　晩期の信仰・祭祀遺構
1：墓域と重複する住居　2：墓域に設置された立石
3・4：石棒が出土した土坑　5：墓域と住居域の配置
(1：奈良県観音寺本馬遺跡　2：三重県大原堀遺跡　3・4：大阪府長原遺跡　5：京都府上里遺跡)

い場所から検出されている4基の埋設土器は横位に据えられ、結晶片岩の板石を底石や蓋石として用いていて、土坑をともなう一部の集石遺構とともに埋葬遺構と考えられ、比較的規模の小さい集落における祭祀と埋葬空間の構造が窺われる。

　かつらぎ町中飯降(なかいぶり)遺跡は後期中葉の住居、掘立柱建物、配石遺構、立石などに加えて、近畿地方では例のない規模の円形大型住居4軒が検出されている（図2-2）。全容が明らかな1軒は5本の主柱穴をもつ直径約19mの破格の規模を有する住居で中央に地床炉を備える。主柱穴は直径約2m、深さ約1.1mで平積みした根固めの円礫と裏込め礫を備えた入念な構造をもつ（図2-3・4）。南側には張り出し施設があり、住居の西側や内部に併せて10基の正位に置かれた穿孔埋設土器が確認できる。上屋を支えた主柱の直径は30〜40cm程度と推定され、重複する柱穴があることや、住居4軒は切り合うごく近接していて、ほぼ同じ場所で建て替えられた可能性が高い。大型住居に近接して立石をともなう土坑や配石遺構のほか、石錘や磨製石斧を埋納したピットが検出され、大型住居群からやや距離を置いた西側には、普通規模の住居のほか、掘立柱建物、配石土坑、埋設土器などが配置されている。周辺の情況は必ずしも明らかでないが、本遺跡では集落の中心に集団規模の祭祀など非日常的諸行為の場としての大型住居が継続的に維持され、普通規模の住居など日常的施設はその周辺に計画的に配置していた可能性が高い。海南市溝ノ口(みぞのくち)遺跡では後期中葉の住居が2軒とともに、埋設土器2基、土坑墓3基および配石遺構3基が検出されている。配石遺構のなかの隣接する2基は大型礫を楕円形に配列して、内部に小礫を集積した構造で、構成礫の中に棒状の礫を組み込んでいる。

　三重県　名張市下川原(しもがわら)遺跡では後期前半の6軒の住居とともに、北側に短い張り出し部をもち竪穴主体部の直径が約3.5mの規模の小さい柄鏡形住居が検出されている（図2-1）。張り出し部には大型板石を用いた敷石を備え、住居中央の石囲炉の周りに柱穴が巡り、張り出し部と石囲炉の連結部には、倒立し穿孔した底部を板石で蓋をした埋甕が置かれる。住居へは廃絶後3度にわたって行われた関東系を含む土器の投棄が確認できる。集落の中央部は埋設土器を含む土坑が集中し、土坑群の周辺からは土面や水銀朱の入った鉢や土面が出土し、調査者は中央に広場を想定し、住居がその東西両側に配置さていたとみる。後

期初頭から前半には多気町井尻遺跡で、配石をともなった13基を含む30基を超える土坑が検出され、また同時期の名張市中戸遺跡でも住居にともなって埋設土器3基と配石遺構2基が検出されている。

　松阪市天白遺跡では縄文時代後期中葉から晩期初頭にいたる時期に形成された、75×60mの範囲に広がる近畿地方では規模の大きい配石遺構が確認されている。検出遺構には配石遺構30基、埋設土器26基、焼土35基などがあり、住居などの居住遺構はともなっていない（図4-11）。配石遺構の平面形は円形もしくは楕円形を呈し、多くは直径が1～2m規模の環状をなすが、直径が5mに及ぶものもある。配置方法には礫を二重に並べる形態、周囲に礫を巡らす形態、内部にも礫を充填する形態のほか、密集度にも差があって多様である（図4-7～10）。遺跡全体の配置は南側においては密集度の高い各形態の配石遺構が、東西2ヵ所で同心円を描くように配置された群を形成し、特に南東側の典型的な配石遺構は直径1.8mの規模で、内部まで丁寧に同心円状に小礫を配する。北から北西側は礫が多いものの散漫な配石や、周囲にだけ礫を巡らす形態の配石が集中する群があり、加えてその両者を繋ぐように別に西群が認識されている。地中レーダー探査によれば、配石群の北東側に直径が約16mの円形周堤状の遺構が新たに検出されている。埋設土器は元住吉山Ⅱ式から宮滝式が主体で南群と北群の2群としてまとまり、埋設方法には正位のものと倒立したものとがある。焼土も配石遺構や埋設土器と同様に南群と北群に集中し、配石などの遺構との関連が強いとみなすことができる。配石遺構には土坑を伴うものや、焼土が堆積したものもあるが、土坑を伴わないものもある。埋設土器の分析でもそれらが埋葬遺構とは断定できないとされているが、類似する事例などを参考にすれば、本遺跡は埋葬をも含んだ儀礼や祭祀が執行された場とみることができる。天白遺跡からは土偶70点、岩偶と岩版が計13点、石棒63点、石刀と石剣が計11点、独鈷状石製品2点など祭祀に関わる遺物が出土している。また赤色顔料を塗布した精製土器、土偶、岩偶が多数あるほか、浅鉢や皿など限られた器種の内部に顔料が残存するものに加えて、辰砂原石や赤色顔料が付いた敲石、磨石、石皿、台石類が出土している。粉砕や比重選鉱による不純物除去などの製錬工程を経て、赤色顔料を製造した情況が復元できる。

　松阪市下沖遺跡は天白遺跡に併行する後期後半から晩期初頭に盛期があり、

元住吉山Ⅰ式期の住居5軒と集石遺構3基が検出され、土偶、岩偶、石剣、石棒、朱が付着した磨石などが出土している。集石の規模は直径が3.5mから1m程度、礫の集中度は疎で、うち1基は重複する住居に先行する。近接する天白遺跡と同規模で設計され、両者が密接な関係のもとに機能したとする見方が提示されている。後期後半から晩期初頭の遺構が集中する度会町森添遺跡では、石囲炉や地床炉をもつ住居が12軒確認され、ここでは貯蔵穴の可能性があるとされる土坑とともに、住居群に隣接して配石遺構5基が検出されている。配石遺構はどれも小礫がほぼ平面的に集合したもので、うち1基は元住吉山Ⅱ式期に属し重複する住居に先行する。土偶、御物石器、石棒などが出土しているほか、多数の朱が付着した磨石や石皿がありこの集落が朱の生産に関わっていたことが指摘されている。

　晩期後半から終末の土器棺墓と土坑墓がそれぞれ14基検出されている松阪市大原堀遺跡では、配石遺構や土坑などの遺構が確認されている。土器棺墓は深鉢を横位ないし斜位に据えられ、土坑墓は長さと幅の法量に差があるグループを、屈葬と伸展葬の違いと捉えているほか、より小さい土坑はイヌの埋葬の可能性があると指摘される。埋葬遺構と同域内には埋土上に礫を置き立石と認識された遺構があり、そのなかの1基の土坑からはイノシシの骨が出土したほか、ニホンジカの骨や朱の付着した台石が出土した土坑、石器の再加工品を地面に立てた配石遺構など、石器や礫を意図的に埋納あるいは設置した遺構が存在する。ここでは土器棺墓と土坑墓は排他的な分布を示さず、4基の立石によって定められた墓域内に両者を配置し、周囲に設定された空閑地が祭祀の場所となり、日常の居住地域とを分かつ構造が想定されている（図5-2）。

第3章　近畿地方の信仰・祭祀施設の特徴とまとめ

第1節　屋内信仰・祭祀施設

　近畿地方において、屋内の祭祀行為の跡を示す遺構はきわめて限られているが、他地域に先駆けて草創期の住居から2例の土偶の存在が知られ、系統的な検証は必要だが早期にも引き継がれる事実は重要である。草創期の調査は限定的ではあるが、この時期には屋外で祭祀が行われたと考えられる施設は確認さ

れていない。前期以降になり配石遺構や立石状の屋外の遺構が少数認識されるが、住居内での信仰・祭祀施設は中期に至るまで顕著なものはみられない。中期終末以降には住居ないし建築物そのものが儀礼や祭祀の場となったことが考えられる遺構があり、ここでは大型の特殊な住居を含む構造物と柄鏡形住居などについて取り上げる。

大型住居と掘立柱建物 中飯降遺跡では後期中葉の直径が最大で約19mの大型住居が4軒検出され、主柱穴は直径約2m、深さ約1.1mで、住居のプラン・構造とも規格外で、かつ礫を積んだ根固めをする堅牢なつくりの建築物である。住居内に数多く設けられた埋設土器や、住居に近接して立石をともなう土坑や配石遺構が存在し、建替えによって継続維持された大型住居が集落の祭祀の核となる位置を占めていたことが窺える。このような大型住居とは別に、正楽寺遺跡や観音寺本馬遺跡では、時期や平面形態に違いはあるものの、太い柱を用いた環状木柱列状あるいは太い半截材を用いた掘立柱建物とみられる構造物が確認されている。これらの建物の性格は貯蔵施設など祭祀に限定されないとの見方もあるが、規模や用材の点からみて日常とは切り離された特別の用途を考えざるを得ない。これらは住居などの構造物とは一線を画したものであるが、通有の住居と混在して存在するものと、特定の場所に設置されたものとがある。また竪穴住居と共存する掘立柱建物や平地住居とされる建造物については、近畿地方に同種の住居の割合が多いことに注意を払いながら、規模や配置などから集落内で果たした用途を考慮する必要がある。

柄鏡形住居 東北地方南部から関東・中部地方にかけての地域で、中期終末から後期前半に盛行する柄鏡形住居が、下川原遺跡と宮の平遺跡で確認されている。なかでも張り出し部に敷石を備えた下川原遺跡の柄鏡形住居は構造が明確に認識でき、東日本の事例とも比較が可能な内容をもつ。検出された主要部の直径が約3.5m、張り出し部を含めても比較的小さい規模が多い柄鏡形住居のなかにあっても、長さが4m程度でかなり小規模である。住居中央の円形の石囲炉の周りに柱穴が巡り、入念に附設された敷石を設けた張り出し部と石囲炉の中間に埋甕が埋置されている。ここでは胎盤を納める行為が想定されているが、容量の大きい埋甕の存在など最近の事例からすると再葬などの埋葬も考慮される。柄鏡形住居の炉を中心とした主要部中央から、

張り出し部へと続く狭長なつくりや敷石、埋甕、立石などの装置が、特別な空間として儀礼執行に効果ある舞台となったのであろう。またの宮の平遺跡にみられるように、柄鏡形住居とともに同時期に併存した可能性が指摘されている立石と土坑の関係については、それぞれの祭祀が有意な関係にあることを示唆しており、屋内と屋外という祭祀の場の問題に関わって重視されなければならない。関東や中部地方においては中期終末に環状集落の衰退に象徴されるような集落構造が変容を迎えるなかで、柄鏡形住居の出現や消滅といった盛衰がみられるが、当該地域における2遺跡の事例はその動きに敏感に影響を受けたことを示している。

第2節　屋外信仰・祭祀施設

配石遺構の様相　屋外における祭祀施設を最も視覚的に認識できる遺構は配石遺構だろう。後期後半に盛期となる天白遺跡では配石遺構を南北の2群に分けて捉えられているが、それらの形成は時期差でないため、祭祀を行った集団の違い、ないしは執行された祭祀行為の違いに起因するとみられている。遺構の配置状況をみる限り、北群は配石遺構の構造が南群と異なることに加えて、配石以外の埋設土器、焼土塊などが渾然として存在しているが、南群ではそれぞれが排他的な位置取りをしている点で異なる。丁寧で密に整えられた配石遺構には特別な意味があり、それを中心とした南群はほかの配石群とは祭祀行為の内容に違いがあったのだろう。なお、配石遺構の中で浅い土坑をともなう遺構については、再葬墓の可能性が指摘されているが充分な根拠はない。本遺跡の呪術具全体の数量は三重県下ではほかの遺跡の追随を許さない数に上り、天白遺跡を形成したのは単位集落を越えたある程度の規模を有する組織化された地域集団と考えられているのは、三重県ではこの時期の遺跡数が少ない反面、遺跡規模が拡大する動向とも関係するという見解によっている。また、本遺跡のような大規模な祭祀遺跡の出現理由を、出土した辰砂原石、顔料付着石皿や磨石、顔料を入れたとみられる土器、800点にも上る顔料塗布土器などの存在を根拠に、中勢地域で後期前半から始まる辰砂の精錬・朱生産に起因するとした想定もある。一方、晩期後半の大原堀遺跡では土器棺墓と土坑墓からなる墓域が検出されているが、全体像は必ずしも明らかではなく、さらに西へ広がる

可能性もある。想定墓域外でも土器棺墓や土坑墓は検出されており、指摘される立石や空閑地による造墓場所の規制という解釈に加えて、個々の遺構の属性にも注視する必要があろう。混在する土坑墓の主軸方向には北西から南東方向を指向する群と、ほぼ東西を指向する群の存在を読み取ることもでき、被葬者の区別を軸にした分析の視点に立って、立石や配石遺構などの遺構の理解も必要だろう。

立石と石棒と石皿の埋納 自然石ないし石棒を立石として据える遺構以外に、土坑内に埋納する事例が多いなか、同様に石皿を対として埋納する遺構も存在する。宮の平遺跡では中期終末から後期初頭のいくつかの立石に近接して、柄鏡形住居の炉に朱が付着した石皿が据え置かれている。東南遺跡では後期前半ないし中葉の土坑をともなう配石遺構に立石と石皿が埋納され、向出遺跡では墓域内に設けられた配石遺構にともない、立位に据えられた石棒などの遺構とともに、朱が付着した石皿が出土している。長野県穴場遺跡の焼失住居から石棒とともに出土している石皿や、同県棚畑遺跡出土の石棒形と石皿形の土製品がもつ意味に通じるところがあろう。晩期終末の長原遺跡の土器棺墓と土坑墓からなる墓域でも、石棒を埋納した土坑とともに、火を受けて破砕した状態の石皿が小土坑内に置かれている。同時期の大原堀遺跡では立石として解釈されている土坑上の礫の存在に加えて、本来の用途を終えたことを示す石皿を、配石遺構や集石遺構のなかに埋置する行為がみられ、同様の意識が縄文時代終末まで引き継がれていることがわかる。このように、石皿は近畿地方においても中期終末以降、墓や祭祀関連すると思われる屋外の遺構から立石や石棒とともに出土する事例も少なくない。石皿は食物類の粉砕だけでなく、朱の痕跡が示すように鉱物などの精錬にも使われており、対象物の形状を潰して新たな価値を生み出す万能の道具としての扱いや、かつて鳥居龍蔵が石棒を彫刻した石皿の存在を根拠に、石棒と対峙させて女性の象徴として意味をもつと指摘しており、祖先信仰に繋がる祭祀体系の重要な部分を担う道具が遺構に関わっていることに注意を向けたい。ここでは屋外の土坑や配石遺構にともなう石棒と石皿の事例を掲げたが、住居などの遺構と関係した出土状況も見受けられ、祭祀が屋内祭祀として行われたことを否定するものではない。

大型土器の埋納遺構 近畿地方において意識的に完形に近い土器を埋納する

遺構は、徳蔵地区遺跡の中期前半の屋外の埋甕にまで遡る。埋葬施設として利用された土器については詳しく触れないが、立岡和人によれば後期中葉から晩期前葉にかけての時期は、それ以前にみられた埋設土器や晩期中葉以降に隆盛する土器棺が、三重県など近畿東縁地域を除くと近畿地方ではほとんど知られないという（立岡 2000）。この間を埋めるように出現するのが大型土器破片の埋納行為と考え、大阪府西大井遺跡、奈良県明日香村稲淵ムカンダ遺跡、和歌山県溝ノ口遺跡などの例を抽出する。埋設土器のように器を完形で埋置するのではなく、破砕した破片を埋納している点に注目して「容器としての形態破棄を意図とした」特徴を提示する。既述した印路遺跡や中遺跡で検出された宮滝式期の大型破片出土土坑の例も加えることができる。ただし、時期の遡る類似例も存在することから、埋設土器や土器棺墓との時期的関係も検討が必要であることに加えて、土器の埋納状態や注口土器などの扱い方などからみて埋葬施設とは考え難いものが多く、土器が担う役割や土器に対する特別の意識に関わる祭祀の一形態とする視点もあろう。

　　廃棄祭祀行為の痕跡　屋外で行われた祭祀行為として廃棄行為の存在が指摘されている。廃棄された遺物以外に大地に刻まれた痕跡が確認できないことが少なくないため、祭祀の内容は廃棄されたモノから復元しなければならない。祭祀関係遺物の比率が高い組成を示すことや特殊な遺物の出土は、祭祀行為が執り行われた場所であればそれが自然であり、廃棄そのものの行為が儀礼として行われたか否かは個別の事例を検討し、単なる不要物の廃棄行為と峻別する必要がある。他地域でみることのできる完形土器の大量廃棄行為など、祭祀の一環として廃棄行為という儀礼があったことはもちろんだが、近畿地方の事例をみる限り通常の廃棄行為との峻別はかなり困難な面があり、今後の分析方法などの検討に委ねられることになろう。

第3節　まとめ

　近年、地理的に東日本に近い三重県の天白遺跡にみるような、規模の大きな祭祀遺構が近畿地方の中核地域にも存在する可能性が指摘されている。遺跡の全容が明らかにされた調査は限られるが、検出された遺構の構造をみるかぎり、秋田県大湯環状列石や山梨県金生遺跡に代表される関東や東北地方を中心に盛

行した縄文時代の祭祀の場を象徴する配石遺構の流れを汲んで、東西日本の接触地であるこの地域において成立した祭祀遺跡と捉えることができようか。このような東日本からの確かな影響は、配石遺構や立石の形態のほか柄鏡形住居の存在などにもみることができる。天白遺跡の配石遺構については規模の大きいことに加えて、全体が対峙する2群とそれを繋ぐようなもう1群からなる構造と理解した前提に立って、施設全体の形成は1つの集落によってなしえたのではなく、互いに結びつきのある地域集団の精神的な統合が前提となっていたのであろうという考えが支配的である。同様なことは向出遺跡においても祭祀遺構を含む3ヵ所の墓域は、飽和する埋葬に起因した集団の分割や、結合強化による統合の動きの帰結とみなされている。集落内遺構から推定される集落内人口の復元や、土器型式からの遺構存続期間などの検証を元にした集落規模や消長の検討も行われてはいる（関西縄文文化研究会2009）が、その推定には許容を越える誤差が存在するように思える。大規模祭祀遺構の出現に近畿縄文社会の画期を求めようとするが、解釈には慎重を期すべきだろう。ここで取り上げた近畿各地の祭祀遺跡の多くについては、発掘調査で明らかにされた遺構は遺跡の一部であって、全体の構造や規模が明らかにされているわけではなく、ほかにも天白遺跡のような規模を有する遺跡の存在も否定できないが、絶対的多数は規模の小さな遺跡であったことは否めず、それが近畿地方の祭祀遺跡の実態であり特質でもある。

　次に、近畿地方における信仰・祭祀関係遺構と、居住域などそのほかの生活の場との空間的位置関係について触れておく。中期前半に遡る徳蔵地区遺跡の屋外埋甕や特殊土坑は、居住域の範囲にとどまっているが、この状況は中期終末から後期初頭に至っても大きく変化しない。日野谷寺町遺跡でも住居の分布範囲内から大型礫や土偶を出土した祭祀に関わる土坑が検出されている。ただし、ここでは後続する土器の存在から居住域内に存在した埋葬の場が、祭祀の場へと発展した可能性もある。宮の平遺跡では、多くが直径1m規模の単位配石によって構成される中期終末から後期初頭の下層配石遺構が、その範囲内で検出されている数基の立石とともに、同時期の柄鏡形住居を含む住居に接する場所に設けられている。

　丁ノ町・妙寺遺跡の後期初頭から後期前半の立石を据えた配石遺構は、住居

や埋葬施設とみられる集石遺構や埋設土器などを周囲に配している。いわば祭祀空間が住空間と区別され、集落の核となる位置を与えられた構造が窺える。このような構造は、時期が下るが近接する後期中葉の中飯降遺跡の構造にも引き継がれる。4軒の規格外の大型住居は、集落の統合が揺るぎないことを象徴するように集落中央に維持され、配石遺構、立石、埋設土器、石器埋納ピットなど祭祀関連諸施設を付帯する。普通規模の住居や掘立柱建物などが周囲に配置されて、空間区分が明確化されている。この場合大型の4軒は当然住居とは異なった機能が想定できるだろう。形態は異なるが後期前半から中葉の正楽寺遺跡の環状木柱列は、住居や掘立柱建物および貯蔵穴群と、流路に沿った空間との境界に設けられた構造物で、祭祀遺構は居住域から離れることはないが、祭祀空間を設けて区域を分ける意識が明確に働いている。さらに、縄手遺跡では住居や土坑墓などの施設とはかなり距離を隔てた場所から、土面などが出土した配石遺構が検出されていて、分離独立した祭祀場が設けられていた可能性がある。明確に居住地域から分離された祭祀遺構は、後期後半の天白遺跡にみることができる。配石遺構30基、埋設土器26基、焼土35基などからなる遺構群は、これまでの調査では居住に関する遺構はともなわず、確実ではないが埋葬に関わる儀礼なども含む祭祀遺跡と捉えられている。上流に位置する同時期の下沖遺跡で検出されている住居を含めた造営集団が、天白遺跡と関わりがあるという想定の当否は別にしても、居住域から分離された祭祀施設の確立を意味する。後期後半から終末の向出遺跡では、1次埋葬だけでなく葬送や埋葬儀礼の諸段階にも関わる性格が与えられた土坑が、全体として空閑地を有する環状ないし半環状構造をなし、居住域とは切り離されて独立した大規模な祭祀空間が復元されている（岡田 2005）。

　しかし、集落の全容がかなり明らかになっている後期前半の仏並遺跡や徳蔵地区遺跡では、住居と掘立柱建物などと場所を区別せず、土坑墓や土器棺および配石遺構などを設ける構造がみてとれる。同様に、後期後半の京都府森山遺跡でも配石遺構と埋石遺構の祭祀遺構が、大型住居をともなう居住地域に存在しており、近畿の後期集落においては、むしろ中期終末以前の集落の構造と基本的に変わらず、居住地区に埋葬と祭祀関係施設が設けられる構造の遺跡が多数を占めているのが実態だろう。晩期に至っても土坑墓と土器棺墓群の一角に

配石遺構や立石とみられる祭祀遺構が設けられ、居住域が別の場所に想定されている滋賀里遺跡や大原堀遺跡の事例があるものの、それがこの時期の一般的な集落構造とはなっていない。長原遺跡のほか竹内遺跡や観音寺本馬遺跡にみられるように、集落内で日常と非日常の空間を区別しながらも、居住地に密接あるいは隣接して祭祀や葬送儀礼に関わる施設が維持され、機能や目的が完結する仕組みであったことに特徴が見いだせる。

　これとは別に、小川原遺跡の後期前半の祭祀施設とみられる配石遺構の多くは、平地住居廃絶後に設置されており、居住空間がその後祭祀の場となったと捉えられている。後期後半の火葬施設や遺体の扱いにともなう祭祀行為が想定される伊賀寺遺跡も、居住の場から葬送関連施設への利用変遷が窺える事例である。しかし、森添遺跡では住居に隣接して後期後半から晩期初頭の配石遺構が検出され、周辺から土偶、御物石器、石棒などが出土している。性格は明らかにし難いが、ここでは住居に先行して設けられた配石遺構が存在し、日常の場が祭祀空間として利用されるという図式だけでは説明できず、今後精緻な調査と事例分析を重ねなければならない。

　注
(1) 土器を地中に埋置する遺構については用途を限定しない埋甕や埋設土器に対して埋葬施設としての土器棺とがあるが、一方でそれとは関わりなく時期や設置場所による使い分けも行われている。本稿は埋葬施設を直接扱わないこともあり、ここではそれぞれの報告に従ったが、事例を比較検討する場合は埋設土器とした箇所もある。当該地域では大型土器の埋納遺構も一定の時空的広がりが認知されており、それぞれの研究史も尊重した上で今後用語の整理が必要だろう。

　引用・参考文献
阿部義平 1983「配石」『縄文文化の研究』9
石井　寛 1998「縄文集落からみた掘立柱建物」『先史日本の住居とその周辺』
岡田憲一 2005「大規模葬祭空間の形成」『関西縄文論集関西縄文文化研究会』2
関西縄文文化研究会 2000『関西の縄文墓地―葬り葬られた関西縄文人―』
関西縄文文化研究会 2009『関西縄文時代の集落と地域社会』
佐々木勝 1994「岩手県における縄文時代の掘立柱建物について」『岩手県立博物館研

究報告』12
鈴木保彦 1991「第二の道具としての石皿」『縄文時代』2 縄文時代文化研究会
立岡和人 2000「近畿地方における縄文晩期土器棺の成立と展開」『関西の縄文墓地』関西縄文文化研究会
山本暉久 1996「柄鏡形（敷石）住居と石棒祭祀」『縄文時代』7 縄文時代文化研究会
＊発掘調査の報告書につては主要なものに限って巻末の遺跡関連文献に掲載した。ご寛容いただきたい。

X 中国・四国地方の縄文集落の信仰・祭祀

中 村　　豊

第1章　中国・四国地方の信仰・祭祀施設研究の現状と課題

　中国・四国地方では、縄文時代遺跡があまり多くないこともあって、どちらかといえば、基礎的な遺物論を中心に研究を展開してきた。しかし、近年集落論や社会論についても、本地域最大の研究会である、中四国縄文研究会などのテーマとして取り上げられるようになりつつある（中四国縄文研究会 2008・2010）。

　そうしたなかでも、信仰・祭祀関連の研究は、もっとも立ち後れている分野であるといえる。元来考古学は信仰・祭祀の研究を苦手としているが、資料が豊富とはいえないこの地域では、より近づき難い課題となっている。

　近年、ようやくある程度の資料が蓄積されつつあるが、遺構に関しては、まだ十分ではない。それでも、墓制についての萌芽的な研究は、みることができる。一方、配石遺構に関しては、島根県と高知～愛媛県といった地域的な偏りもみられるため、あまり取り上げられることはない。本稿では、配石遺構に加え、大型石棒についても言及しつつ論を展開したい。

　なお、本地域は草創期～中期前半にかけての遺跡自体あまり多いとはいえないため、信仰・祭祀関連施設についても判明していない部分が多い、以下の記述でも、中期前半以前は何件かの事実報告にとどまり、後晩期が中心となることをお断りしておきたい。

　さらに、西日本において縄文時代を前後に画するのは中期末である（泉 1985・1991）。この歴史的文脈を重視する立場から、中期末を後、晩期に含めて記述していきたい。

第 2 章　中国・四国地方の信仰・祭祀施設の変遷

第 1 節　草創期～早期の信仰・祭祀施設

　本地域では、草創期～早期における、信仰・祭祀に関連する遺構は多くない。遺物として特筆すべきものは、愛媛県久万高原町上黒岩岩陰遺跡における線刻礫である。近年、国立歴史民俗博物館によって報告書が刊行された（春成 2009）。しかし、比較対象となる資料がまだみられないので、具体的な評価については今後の課題であろう。ただし、周辺に比較対象資料がみられないということは、各地にローカル色の強い信仰・祭祀が展開した可能性はある。また、鳥取県米子市上福万遺跡において検出された配石遺構は特筆すべきものである（図 1）。上福万遺跡では、35 基の配石遺構が検出されている。拳大～人頭大の礫をもちいて配石をおこなう。もっとも規模の大きいもので径 8m をはかる。集石下に土坑をともなうものもみられ、これらは配石墓と考えられている。

　ただし、この類例が、のちの配石遺構の系譜となるものであるかは、早期以後中期前半までの類例に乏しいため明らかではない。

第 2 節　前期～中期の信仰・祭祀施設

　この時期についても、信仰・祭祀関連資料はあまり多くはないといえる。しかし、前期後半～中期前半にかけて、各地で玦状耳飾の出土が認められる。徳島県美波町田井遺跡では、9 点の玦状耳飾がまとまって出土した。ほか、高知県本山町松ノ木遺跡などでも出土が認められる。玦状耳飾の出土自体決して多いものではないが、広い地域に分布する。出土遺跡の立地条件も、沿岸部の砂堆上に立地したものから、内陸部の河岸段丘上に立地するものまで、多岐にわたる。形態には統一性がみられ、破損（意図的かは不明）したものを穿孔し、垂飾として利用している。石材も滑石ないし蛇紋岩製のものが多く、地元石材を凌駕している。これらの事実は、信仰・祭祀関連資料に一定の共通性がみられるようになったことを示している。香川県金山産サヌカイトや大分県姫島産黒曜石の開発と流通が普及したのはこの時期であるが、これらの流通の前提となる、縄文海進にともなう海上交通や沿岸部と内陸部との交易網発達には、信仰・祭祀の普及も大きく関与したものと推察される。

図 1 鳥取県上福万遺跡配石遺構（早期）（鳥取県 1985 より）

配石遺構については、この時期ごろまで、野外での解体・調理作業にかかわると考えられる「集石遺構」ないし「礫群」はみられるが、野外で明確に信仰・祭祀関連の配石遺構が分離して営まれた様子は一般的ではない。

　愛媛県今治市江口貝塚では、小規模ながら配石遺構1基が検出されており、貝輪を1点ともなう。時期は中期前葉である。

　広島県庄原市久代東山岩陰遺跡（図2）では、前期前半の配石遺構がみつかっている。岩陰遺跡内ということなので、屋内遺跡ということになろう。南北10m、東西4m程度の範囲に、敷石・立石・石列・礫群が集中して分布している。立石は、長さ66.5cm、幅30cm、厚さ15cmの洋梨形をした石からなっており、2つの小型の石に支えられるように検出された。径65cmほどの土坑に立てられていたようである。敷石は、東西1.6m、南北1.7mの三角形状に石を敷き詰めて形成されている。径20～40cm程度の石から形成されている。石列は、径15～35cm程度の扁平な石12個が長さ2mにわたって検出された。礫群は火をうけたものもみられ、調理・解体の機能をもつものであろう。

　以上のほか、島根県益田市中ノ坪遺跡においても、前期の配石・立石をともなう土坑群が検出されている。そのうち、SK26からは、玦状耳飾が出土している。

　これらの信仰・祭祀関連遺構は、西日本の前期段階での資料として、また久代東山例は、岩陰内に作られたものとして貴重な資料といえる。

第3節　後期〜晩期の信仰・祭祀施設

　中期末・後期初頭以降は、西日本でも縄文時代の遺跡が増加する。これにともなって、信仰・祭祀関連の資料も、類例が急激に増加する。以下、前半部分で配石遺構の展開をかいまみて、後半部分では、信仰・祭祀関連資料でもっとも一般的に出土している大型石棒出土遺跡について概観する。

(1)　配石遺構の展開

　配石遺構は、中期末からみられ、後期前葉ごろから増加する。また、山間部ないしは内陸部の河岸段丘上に立地する遺跡に集中する傾向が強い。このような立地条件にある理由としては、配石の素材である川原石を得やすいことと、

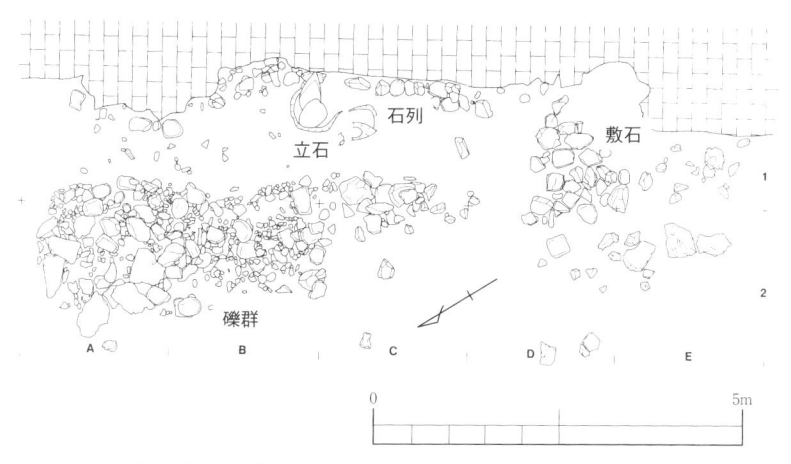

図2 広島県久代東山岩陰遺跡配石遺構（前期）（広島大学 1995 より）

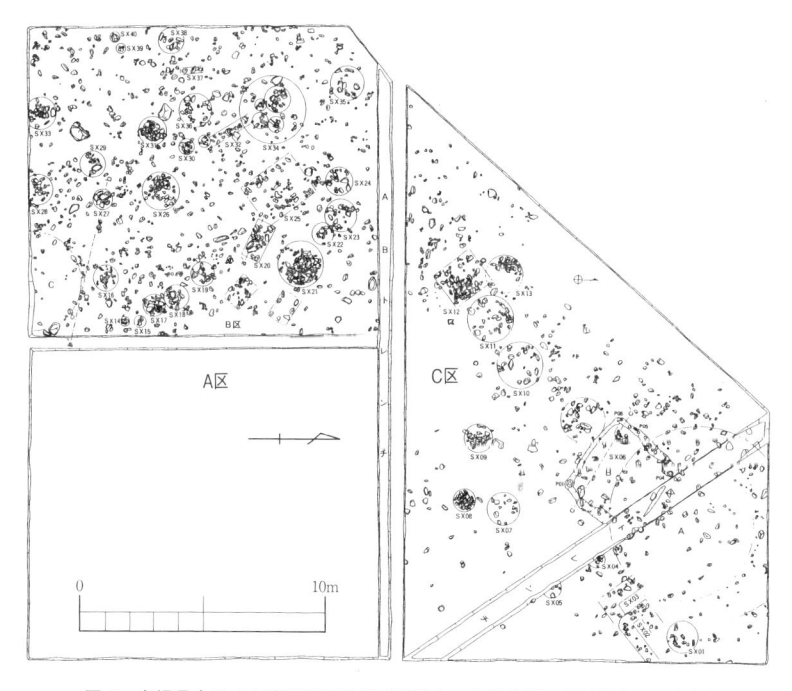

図3 島根県水田ノ上遺跡配石遺構（後期末〜晩期前葉）（匹見町 1991 より）

小規模な遺跡が点在する傾向が強いため、これらを結びつける信仰・祭祀の場として、配石遺構を要したからではなかろうか。

また、中国・四国地方における配石遺構の特徴としては、墓域と密接にかかわりをもつということである。西日本でも、後晩期においては、一般的な生活遺構と墓域が分離する傾向のあることが指摘されてきている。しかし、墓域と配石遺構との分離は明確ではなく、これらの立地が重なることが多く見受けられる。この地域では、祭祀に特化した「祭祀遺跡」そのものは未分化であるとみてよいのではなかろうか。以下、その類例を概観する。

配石遺構のうち、中期末・後期初頭～後期前葉・中葉の例としては、島根県益田市石ヶ坪遺跡、同市前田中（まえたなか）遺跡、鳥取県智頭町智頭枕田（ちずまくらだ）遺跡、本山町松ノ木遺跡などにみることができる。

石ヶ坪遺跡では、後期前葉の配石遺構が検出されている。長径 1.52m、短径 1.25m をはかり、拳～人頭大の石から成り立っている。

前田中遺跡では、28 基からなる配石遺構が検出されている。配石には多様なパターンがみられる。それぞれが近接して営まれ、円形に群集している。

縄文後期後葉～晩期前葉・中葉では、島根県飯南町下山遺跡、同県奥出雲町林原遺跡、同町下鴨倉遺跡、同町寺宇根（てらうね）遺跡、同町原田遺跡、同県雲南市家の後（うしろ）Ⅱ遺跡、同県益田市水田ノ上（みずたのうえ）遺跡、同市イセ遺跡、愛媛県鬼北町岩谷（いわや）遺跡、同県久万高原町山神（やまがみ）遺跡、同県砥部町長田（ながた）遺跡、高知県四万十市大宮・宮崎遺跡、徳島県東みよし町稲持（いなもち）遺跡（湯浅 1993）などで出土している。

下山遺跡は、後期中葉の遺構面 2 枚を検出している。上層の遺構面からは、配石をともなった土坑と、立石を有する土坑が検出された。

林原遺跡では、配石遺構が 14 基検出されており、時期比定の難しいものなどをのぞく 9 基が後期中葉のものと考えられている。いずれも住居近くに営まれた比較的小規模なものである。

下鴨倉遺跡では、8 基以上の配石遺構が、群集して営まれている。これも住居と思われる柱穴付近に営まれている。後期後葉～晩期初頭の土器が出土している。

原田遺跡 2 区では、縄文晩期中葉ごろの配石墓 9 基、配石遺構 10 基が検出されている。上記下鴨倉遺跡や、水田ノ上遺跡とは異なり、個々が分散して

営まれる特徴をもっている。原田遺跡では、大型石棒の破片や、刀剣形石製品（小型石棒・石刀）なども多数出土している。

水田ノ上遺跡では、縄文後期末～晩期前葉の配石遺構40基以上が出土している（図3）。これらの配石遺構は、隣接して密に形成されており、これらが環状を呈している。中国・四国地方において、現時点で配石遺構が明確に環状列石の形をなしている唯一の類例である。信仰・祭祀関連遺物も豊富に出土しており、土偶・円盤状線刻土製品のほか、ヒスイ・蛇紋岩・滑石製の管玉・丸玉が出土している。

イセ遺跡（図4）でも縄文後期末～晩期前葉の配石遺構41基が検出されており、鳥形土製品のほか、土偶、円盤状線刻土製品、ヒスイ・瑪瑙・滑石製の玉類が出土している。

大宮・宮崎遺跡では、後期後葉の配石遺構19基が群集して営まれた（図5）。このうち、第11・12号配石からは、大型石棒の出土が認められる。大宮・宮崎遺跡とおなじころに、同じく四国の愛媛県西部の山間部でも、岩谷遺跡・山神遺跡といった配石遺構をもつ遺跡が検出されている。岩谷遺跡は、径4mほどの環状配石5基が帯状に連続して営まれている。

山神遺跡では、径2～5m程度の環状配石遺構4基と長さ12m、幅1.5mほどの帯状配石遺構1基を検出している。

長田遺跡では、晩期前葉の配石遺構とともに、石棺墓状に配石をおこなった土壙墓が14基検出されている（図6）。石棺墓は、縄文晩期の東日本では多数認められるが、長田遺跡のように群集する例は、現時点での西日本では比較資料がない。

(2) 大型石棒出土遺跡の展開

中期末・後期初頭以降、大型石棒・土偶を含む信仰・祭祀関連遺物の出土する遺跡が一般的となる。土偶は、山陰を中心に中国地方に集中し、四国ではあまりみられない傾向がある。また、刀剣形石製品も、中国地方を中心に分布する。一方大型石棒は、各地で一般的にみられるので、以下、その展開を概観していきたいと思う。

中国・四国地方では、中期後葉以前にさかのぼる大型石棒の確実な類例については知られていない。中期末～後期初頭にかけて、沖積平野に立地する遺跡

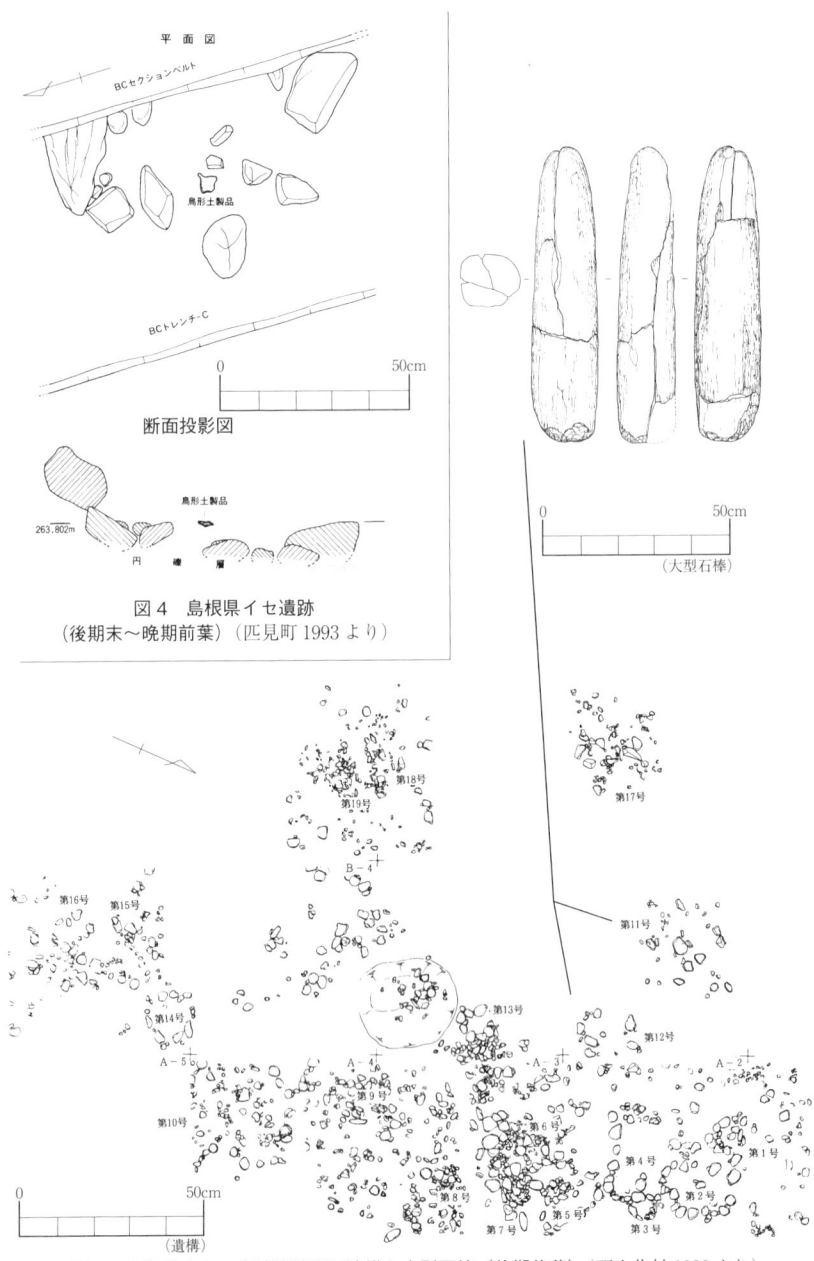

図4　島根県イセ遺跡
（後期末～晩期前葉）（匹見町 1993 より）

図5　高知県大宮・宮崎遺跡配石遺構と大型石棒（後期後葉）（西土佐村 1999 より）

図6 愛媛県長田遺跡配石墓・配石遺構（晩期前葉）（愛媛県 1918 より）

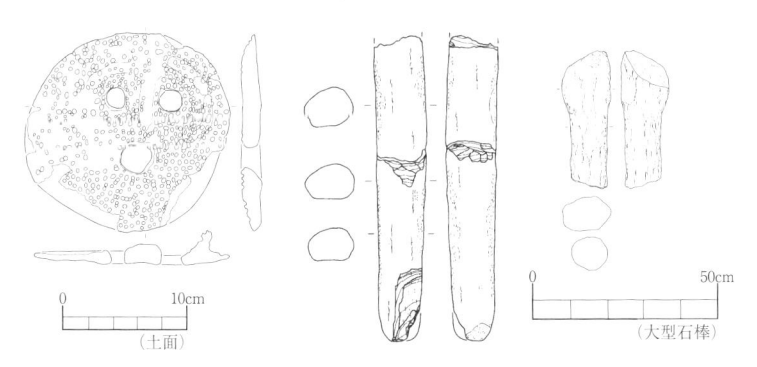

図7 徳島県矢野遺跡出土資料（中期末～後期初頭）（徳島県 2003 より）

が増加し、東日本系の文物が流入するとともに、大型石棒の出土も認められるようになる。
　徳島市矢野遺跡では、土面をふくむ土製品3点と大型石棒6点が出土している（図7）。検出された住居は31軒、炉は64基を数え、いずれも西日本では屈指の数である。矢野遺跡は、中期末・後期初頭に、東日本系の文物が流入する当初に営まれた例外的なあり方で、大型石棒6点が出土する。
　しかしその後、中国・四国地方では、晩期前半にいたるまで大型石棒がまとまって出土するケースはほとんどなく、1遺跡につき1〜2点が単発的に出土する場合が大半である。先にみた、後期中葉の大宮・宮崎遺跡のほか、後期末の徳島市庄(しょう)遺跡も単独出土である。縄文晩期中葉の愛媛県西条市池の内遺跡では、SK39・SP146の2ヵ所の土坑から1点ずつ出土している（図8）。凸帯文期（口酒井期〜船橋式併行）の愛媛県新居浜市上郷(かみごう)遺跡でも、土坑から石棒1点が出土している（図9）。滋賀里Ⅳ式併行期の、徳島県東みよし町土井遺跡でも、土坑から破片1点が出土している（図10）。以上のほか、愛媛県西条市長網(ちょうあみ)Ⅰ遺跡、同県今治市阿方(あがた)遺跡（報文では敲石）などで、土坑からの出土がみられる。また、松山市別府遺跡や香川県高松市東中筋遺跡、同市井出東Ⅱ遺跡のように、自然流路や旧河道から出土するケースもみられる。基本的には、1遺跡から1〜2点完形品に近い形で出土するケースが多い。また、頭部を男根状に仕上げた有頭形ではなく、そのほとんどが無頭形である（縄文後期前葉までは、有頭形もみられる）。
　しかしながら、晩期末の徳島市三谷遺跡、同市名東(みょうどう)遺跡は上記とは異なった出土状況をみせる。すなわち、三谷遺跡は貝層の堆積する自然凹地（7体のイヌの埋葬がみられる）から18点以上の大型石棒が出土している（図11）。また、名東遺跡でも自然凹地から4点が出土している。すなわち、晩期中葉までの1〜2点が出土する様相とは確実に異なる出土状況を示しているのである。さらに、無頭形の多い後期中葉〜晩期中葉までとは異なり、確実に有頭形が認められるようになる。
　大型石棒の使用石材は、中期末・後期初頭〜晩期前半にいたるまで、何種類かの在地の石材を利用している。
　四国では三波川帯の、いずれも雲母を多く含んだ点紋泥質片岩や点紋塩基性

301

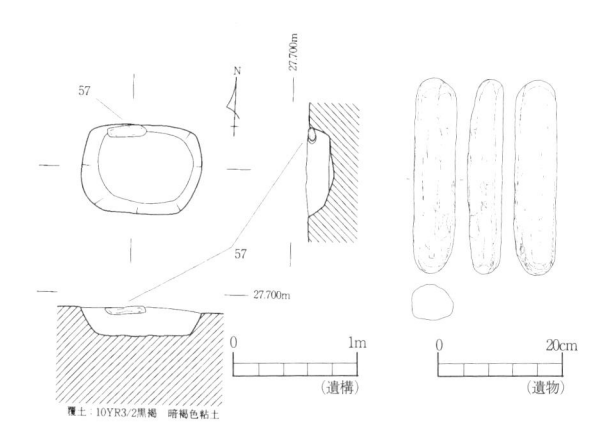

図8 愛媛県池の内遺跡 SP146 と大型石棒（晩期中葉）（西条市ほか 2009 より）

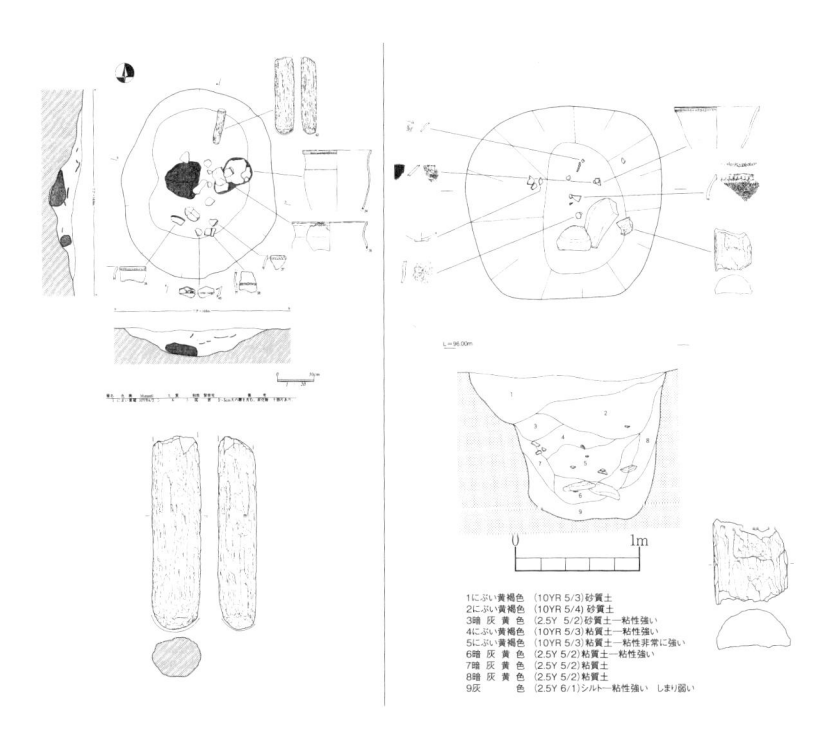

図9 愛媛県上郷遺跡 SK58 と大型石棒
（晩期後葉）（愛媛県 2009 より）

図10 徳島県土井遺跡 SK1023 と大型石棒
（晩期後葉）（徳島県 2001b より）

302　Ⅹ　中国・四国地方の縄文集落の信仰・祭祀

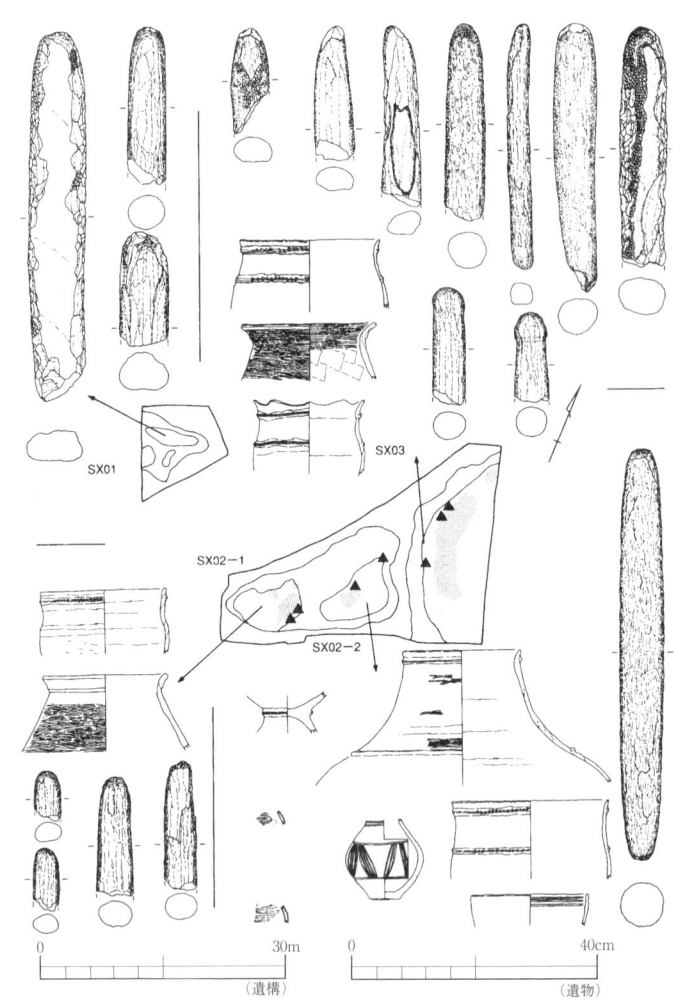

図11　徳島県三谷遺跡大型石棒出土状況（▲はイヌの埋葬）
（晩期末）（徳島市1997より）

片岩、珪質片岩を素材とする。見た目が銀色を呈するものを好んで使用する。

中国地方では、砂岩・凝灰岩・流紋岩・緑色の塩基性片岩など、比較的多様な石材を使用する傾向にある。

晩期後半は、三波川帯の点紋泥質片岩、点紋珪質片岩、点紋塩基性片岩が東部瀬戸内地域を中心に、中国・四国地方全域に広く流通する。一方、山陰地方を中心に、島根県松江市蔵小路西遺跡や鳥取県米子市青木遺跡、同市長砂遺跡など、地域色の強い角柱状の大型石棒（濵田2000）が展開し、四国太平洋岸でも、高知県土佐市居徳遺跡や、高知市仁ノ遺跡、南国市田村遺跡など、緑色の塩基性片岩製大型石棒が展開する。

なお、近年、寺前直人は、大型石棒終焉後の弥生前期中葉以降の遺跡から出土する小型石棒・石刀・石剣に関して、大型石棒の後継として評価する（寺前2005・2009）。しかし、出土状況を十分に吟味することなく、晩期中葉以前の型式を弥生時代に下げるなど、縄文後晩期遺跡を破壊して史上空前の開発がおこなわれた時代背景をふまえた基礎的な資料批判が十分ではない。

第3章　中国・四国地方の信仰・祭祀施設の特徴とまとめ

第1節　屋内信仰・祭祀施設

現時点では、確実に屋内祭祀とよびうる遺構は多くない。前期の広島県庄原市久代東山岩陰遺跡検出の配石遺構は、岩陰遺跡内唯一の類例であり特筆すべき存在である。ほかに、島根県益田市石ヶ坪遺跡や愛媛県久万高原町山神遺跡など、住居廃絶後に配石をおこなうかのような遺構は認められるが、この地域独自に屋内信仰・施設から野外信仰・施設へと展開する様相をうかがい知ることは、現時点では不可能である。

なお、屋内での大型石棒祭祀を示唆する資料は、今のところ認められない。

第2節　屋外信仰・祭祀施設

中国・四国地方において、屋外信仰・祭祀施設と考えられるものの大半は、中期末・後期初頭以降に展開する。早期・前期に属するものとして、鳥取県米子市上福万遺跡、島根県益田市中ノ坪遺跡の配石遺構をあげることができる。

しかし、現時点ではこれが中期末・後期初頭以降の配石遺構の系譜となるかは明らかではない。現時点では、中期末・後期初頭以降に、ほかの文物とともに急増する信仰・祭祀関連遺物の様相からみて、東日本より伝播したとみておくのが穏当である。

　配石遺構は、配石墓とともに検出される例がほとんどである。また、住居、土坑など、生活関連遺構の周辺から検出される事例が多い。すなわち、中国・四国地方の配石遺構は、基本的には地域の中心となる集落域の一角に置かれた可能性が高く、「祭祀遺跡」として独立したものではなさそうである。

　中国・四国地方の縄文集落は、当時の列島でも規模が小さかったものと考えられる。そうした背景のもと、大型の配石遺構を有する集落は、小規模な集落間を結びつけて、ひとつの地域社会を形成するのに重要な役割を果たしていたものと推察される。また、近隣の地域社会間を結びつける役割をも果たし、外部世界との窓口としての機能を果たしていたものと推察される。実際、これらの集落からは、遠隔地からの石材や外来系土器が多く出土する傾向がみられるのである。

　なお、こんにちまでほとんど注目されることはなかったが、配石遺構は、弥生時代にも受け継がれた可能性がある。徳島県阿波市日吉谷遺跡、同市桜ノ岡遺跡、同市北原遺跡など、吉野川中流域の、内陸部河岸段丘上に立地する弥生中期の遺跡では、縄文時代の配石遺構に酷似した遺構が検出されている。弥生前期の遺跡は、沖積平野において検出される例が多く、河岸段丘など、配石遺構の多く認められる遺跡立地とは重ならない傾向が強い。そのため、現時点で、弥生前期の配石遺の類例が認められないこともあって、これら遺構の系譜については、従来ほとんど取り上げられることがなかった。また、山陰地域においても、島根県飯南町板屋Ⅲ遺跡や同県美郷町沖丈遺跡などにみられる、弥生前期の配石遺構（墓）の系譜は縄文晩期にあることが指摘されている（山田2000）。四国地域の弥生中期にみられる配石遺構も、縄文時代からの系譜を受け継ぐとみてよいだろう。

　大型石棒出土遺跡をみると、中期末・後期初頭〜晩期前半にいたるまで、単独出土の遺跡が大半を占めている。これは、高知県四万十市大宮・宮崎遺跡にみられるような、配石遺構から出土する遺跡でも同様である。

この状況に変化がみられるのは、晩期末～弥生前期初頭にかけての時期で、中国・四国地方東部を中心に、4・5～20点程度まとまって出土するケースがみられるようになるところである。徳島市三谷遺跡、同市名東遺跡、徳島県東みよし町大柿遺跡、高知県土佐市居徳遺跡などである。

第3節　大型石棒の展開からみた縄文祭祀の終焉

　ここでは、大型石棒出土遺跡の展開を概観し、縄文祭祀の終焉について考察を加えたい。

　中国・四国地方において、大型石棒の出土する遺跡は、下記のように、大きくみて3つの類型に分類することが可能である（中村2009を一部修正）。

A：1遺跡から1～3点程度の石棒が出土する。土坑や流路、配石遺構など、遺構から出土することもあるが、1・2点の出土にとどまる。大宮・宮崎遺跡、徳島市庄遺跡、愛媛県西条市池の内遺跡など、晩期中葉以前の大半がこの類型に属する。また、晩期後葉にも、同様の類例は継続する。愛媛県今治市阿方遺跡（報告では敲石）、同県新居浜市上郷遺跡、同県西条市長網Ⅰ遺跡、徳島県東みよし町土井遺跡などである。

B：1遺跡から4・5～20点程度のまとまりをもって出土する。縄文晩期後葉の東部瀬戸内地域に特有の類型である。三谷遺跡、名東遺跡、大柿遺跡といった徳島の遺跡のほか、居徳遺跡もこの類型に属する可能性が高い。（島根県飯南町原田遺跡は、多くの石棒が出土する晩期中葉の類例であるが、遺跡の継続期間に幅をもって考えなければならないため、ここでは省いている。）

C：溝・灌漑用水路をもち、遠賀川式土器を使用する弥生時代初期の遺跡。高知県南国市田村遺跡、香川県善通寺市龍川五条遺跡（図12）などのほか、関西地方の神戸市大開遺跡などがこれに相当する。

　縄文晩期中葉以前は、基本的には上記Aの遺跡が点在するか、Aに大型石棒をもたない遺跡が結合して地域社会を形成していたものであろう。こうした様相は、縄文晩期後葉にも継続したとみられるが、おもに東部地域では、上記Bを中心に複数のAが、大型石棒をもちいた儀礼を通して有機的に結合するような地域社会を想定できる。一方Cは、Aが灌漑水田稲作経営にともなう協業の必要性から集住化することによって形成された初期の遠賀川式土器をも

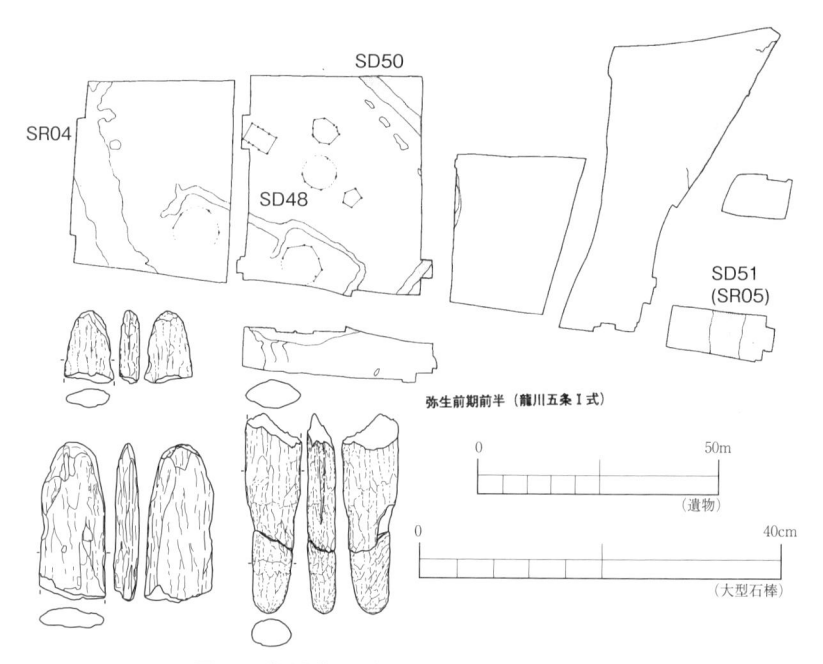

306　X　中国・四国地方の縄文集落の信仰・祭祀

図 12　香川県龍川五条遺跡と大型石棒（再加工）
　　　（弥生前期中葉）（香川県 1998 より）

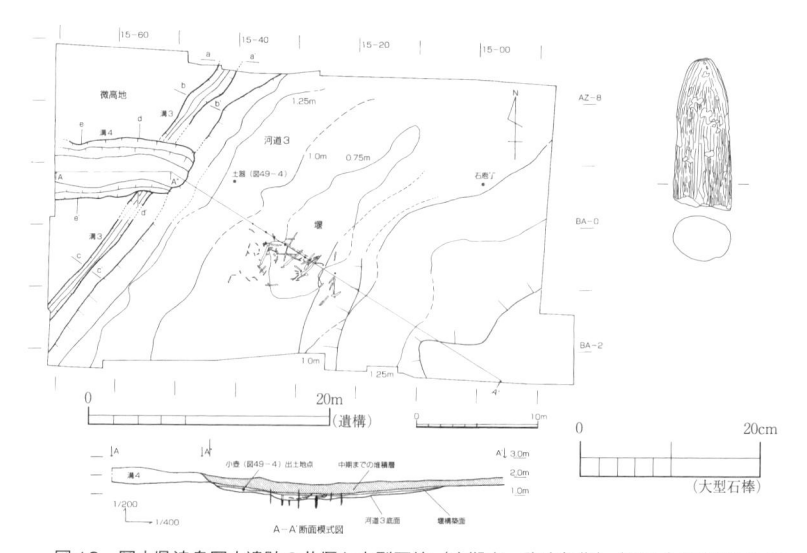

図 13　岡山県津島岡大遺跡の井堰と大型石棒（晩期末〜弥生初期）（岡山大学 2006 より）

ちいる集落で、大型石棒は集住化の過程でもち込まれたものか、BがCへ移行したものであろう。あるいは、交易によってA―Bより得た可能性もある。縄文晩期末～弥生前期初頭は、A―BとCが併存する形で展開していたのではなかろうか。A―B・C併存期、すなわちC成立当初は、A―BとCとの間にも交流はみられたと想定できるので、岡山市津島岡大遺跡（図13）の井堰出土例のように、大型石棒をもちいた儀礼は継続したとみられる。大型石棒の分布圏は、おなじような境遇にあった、A―BまたはA―B・Cどうしの交流、すなわち儀礼の共有を意味するのであろう。なお、弥生前期中葉以降の大規模化した集落からも石棒がみられるが、混入ないし再利用の可能性を十分に吟味し、石棒祭祀が本来の機能を果たしていた段階とは明確に区別しておく必要がある。

　しかしながら、Cは灌漑水田稲作経営にともなう協業によって、日常的に結合しているのであるから、A―Bを成り立たせていた、地域社会を維持するための大型石棒儀礼は、遅くとも弥生前期中葉には衰退した。また、C内部では大陸系ないし、特有に発達した新たな精神文化が、大型石棒にかわって力を発揮していったものと推察される。たとえば、龍川五条遺跡のように、大型石棒を石剣へ再加工するようなこともみられた（図12）。

　Bが発達せずCの拡大が早かった西部地域に続いて、東部地域においてもCは弥生前期中葉～後葉にかけて拡大し、Bは衰退する。Aは以後も細々と展開したであろうが、Bの衰退によって、大型石棒をもちいることもなくなった。ここに、大型石棒は終焉を迎えるのである。

引用・参考文献
泉　拓良 1985「縄文時代」『図説発掘が語る日本史4　近畿編』
泉　拓良 1991「縄文文化」『考古学　その見方と解釈　上』
中四国縄文研究会 2008『中四国における縄文時代後期の地域社会の展開』
中四国縄文研究会 2010『遺構から見た中四国地方の縄文集落像』
寺前直人 2005「弥生時代における石棒の継続と変質」『待兼山考古学論集―都出比呂志先生退任記念―』
寺前直人 2009「武威と社会形成」『弥生時代の考古学6　弥生社会のハードウェア』

中村　豊 2009「石棒を通してみた縄文から弥生への地域社会の変容」『一山典還暦記念論集　考古学と地域文化』
濱田竜彦 2000「中国地域（鳥取県・島根県）の概要」『縄文・弥生移行期の石製呪術具1』
春成秀爾 2009「第3部第3章　石偶・線刻礫」『国立歴史民俗博物館研究報告』154
山田康弘 2000「山陰地方における列状配置墓域の展開」『島根県考古学会誌』17
湯浅利彦 1993「阿波の縄文人―稲持遺跡を素材として―」『鳴門史学』7

XI　九州地方の縄文集落の信仰・祭祀

堂込秀人

第1章　九州地方の信仰・祭祀施設研究の現状と課題

　1990年代に、縄文時代の大規模な発掘調査が北九州地域では一段落したものの、東南九州にあっては2000年代の大分県・宮崎県の東九州自動車道建設に伴う発掘調査の報告書が出揃ったされたところで、特に早期の新たな資料が提供されている。

　また遺構論では、盛土遺構の存在を、後期の大規模土木工事とも関連させて金丸武司（2006）が述べたが、宮崎県宮崎市本野原（もとのばる）遺跡や鹿児島県屋久町屋久横峯遺跡でのアカホヤ層の欠落が、長年の土木工事による可能性がある。これらと併せて他の地域の縄文時代遺跡を検討し、関東の環状盛土遺構と比較・検討した。どちらかというと遺物論中心に成りつつある現状では、発掘調査者としての遺構や遺跡の検討への姿勢は、行政で発掘調査に携わる者として敬意を表したい。九州では水ノ江和同（2006）の述べたとおり、関東の環状盛土遺構と同等のものと位置づけるには、時期的な整合性の問題も含め検討する課題が多いのであるが、盛土遺構の存在は集落構造の解明や遺物包含層の見直しを迫るだけでなく、発掘調査の重要性を再認識させる絶好の機会であるとした見解に全く同感するところである。さて、縄文時代の土木工事としてあげられた鹿児島県いちき串木野市市来（いち）貝塚と鹿児島県出水（いずみ）市出水貝塚については、それぞれに中世山城の構築時期に造成が入っており、担当した者として縄文時代の土木工事は認められない。アカホヤ層の欠落も城の曲輪平坦面の形成によるものと判断した。屋久横峯遺跡では盛土は確認されていない。ただ前述するように、発掘調査担当者の認識により、遺跡からより多くの情報を引き出せるし、国民に開示できるのであって、ささいな変化を見逃すことなく、遺構として発掘していく作業が欠かせない。

2012 年には、第 22 回九州縄文研究会鹿児島大会で、「縄文時代における九州の精神文化」として、関係資料の集成と議論が行われた。本稿にも関連し参考としたところであるが、こうした遺物がなかなか遺構と伴わないという出土状況が確認できる。

　後述する大分県別府市十文字原遺跡と大分県九重町二日市洞穴と大分県豊後大野市大恩寺稲荷岩陰遺跡を比較し、西日本の配石遺構を述べた家根祥多(1990) が、押型文土器期に埋葬に伴う配石と死者に関わる祭祀と関係する配石があることを指摘する。このことは遺構の考証にあたり、埋葬と祭祀のあり方を象徴的に示している。

　祭祀・信仰遺構と葬墓遺構との区別が根源的につきまとう問題であり、だからこそ発掘調査における遺構判断の重要性があるといえる。

第 2 章　九州地方の信仰・祭祀施設の変遷

第 1 節　草創期〜早期の信仰・祭祀施設

　九州各県で草創期から早期の遺跡において、佐賀県多久市三年山遺跡や同市茶園原遺跡（杉原ほか 1983）を原産とするサヌカイトの柳葉形の石槍が出土する。白石浩之は九州島の細石器に伴う石槍の一群を、神子柴・長者久保系石器群に後続する大型木葉形石器群に対比されるものとした（白石 2003）が、それが、九州島の在地の系譜の石槍と併存しながら、九州島で独自の発展をして、早期まで残存していく。

　鹿児島県中種子町園田遺跡は、種子島のほぼ中央部、西海岸に面した海岸段丘上の標高 120 m の東シナ海を望む山稜地の尾根上に立地する。石槍埋納遺構が 3 ヵ所確認され（図1）、包含層からは早期初頭の岩本式土器が出土している。

　石槍は、多久産のサヌカイトを原料として、剥離成形後に研磨による平坦化がなされ、細長く薄く仕上げられて、埋納直前に折断されたと考えられる。

　鹿児島県では、早期の精巧で長身・細身の石槍は、岩本式土器文化で多量に発見されており、その後減少・消滅していく。完全品や意図的な分割品を埋納した園田遺跡の石槍は、狩猟具としての実用性を見出すことができず、神子柴・長者久保文化につながる埋納行為が主たる目的であった。岩本式土器の確

図1　鹿児島県園田遺跡出土石槍（中種子町教育委員会提供）
左：石槍埋納状況（A地区）　右：出土石槍接合図

立と新たな狩猟具である弓矢の成立期に、独自に成立した九州島固有の槍先形尖頭器が九州各地へ拡散したとする（長野2003）。熊本県山鹿市鹿北町柿原遺跡（古森1980）も同様の発見例として位置づけられる。

　大分県十文字原遺跡は、大分県のほぼ中央部の別府市北部の溶岩台地、通称十文字原と呼ばれる台地の東方へせり出した標高430mの舌上台地の先端に立地する。押型文土器に伴う配石（花弁状配置された大型礫）と中央集石の下部構造に、石鏃を伴う土坑を持ち、墓坑の可能性が指摘され、埋葬後に集石や配石が形成され祭祀された（図2）。別府湾を見下ろす絶景の高台に、誰かが葬られ、その後祭られるという行為が想定される。

　熊本県大津町瀬田裏遺跡は、阿蘇外輪山の西麓、瀬田裏原野の尾根裾に立地する。南北両側を渓谷に挟まれた標高300mの平坦面である。早期の大型の長方形の配石遺構の他に、大型の板石で構成される配石遺構8基、集石231基（石組炉139基）、炉穴41基、土坑多数検出された。調査時から密度の高い集石と、長辺が21mにおよぶ長方形の配石遺構が注目された。集石と配石の関係について、円形配石遺構は萩の平地区に於いてはドーナッツ状あるいは弧状をなす集石炉群の内側の縁辺、山の神地区においては楕円形になると思われる集石炉群の中に位置することが指摘されている（家根1990）。

　さて、配石遺構を中心に半径6〜8mの円を描いてみた（図3）。2号、4号、6号、8号、9号、10号を中心に半径8mの円を描くと、この円周上に集石が

312 XI 九州地方の縄文集落の信仰・祭祀

大分県十文字原遺跡配石

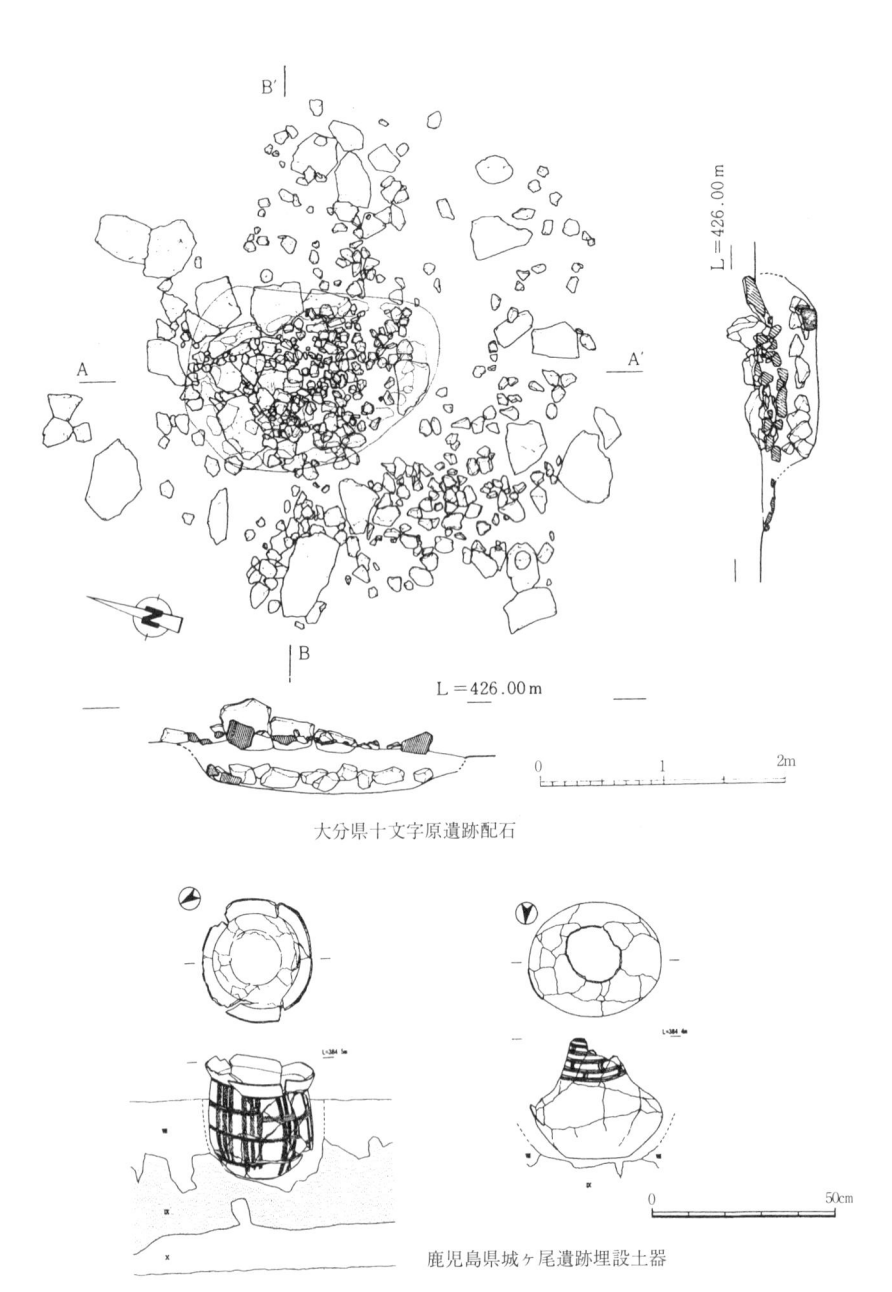

鹿児島県城ヶ尾遺跡埋設土器

図2 早期の遺構

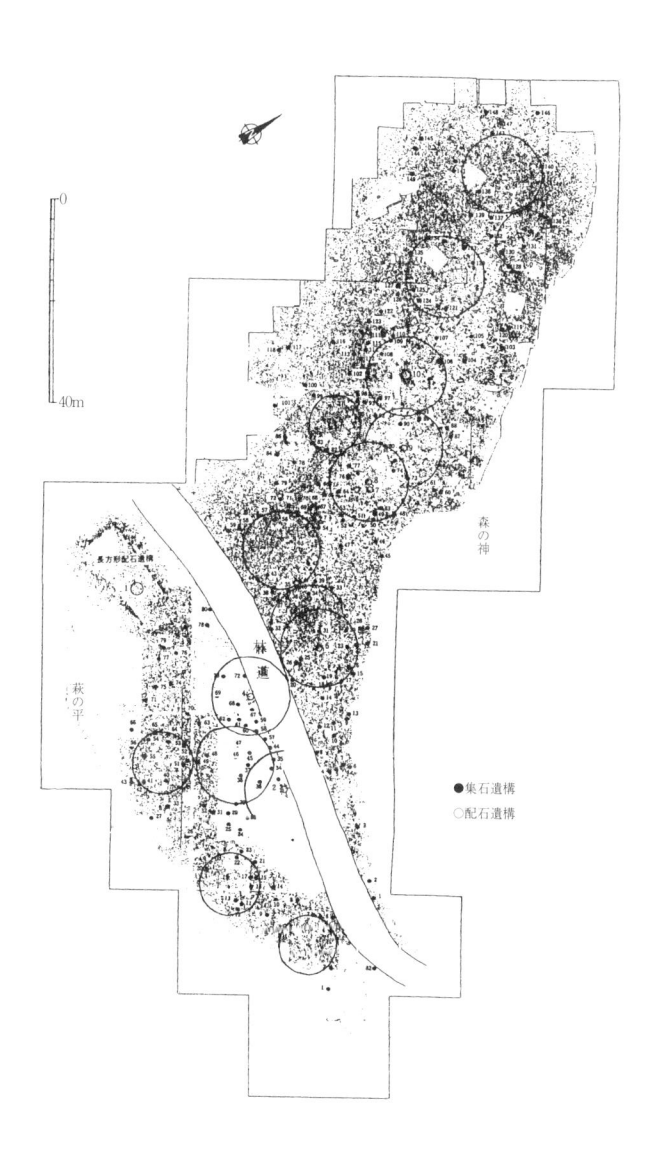

図3 熊本県瀬田裏遺跡の配石と集石

ある傾向が読み取れる。板石が散在して配石を形成しないが、解体された配石は予想され、6号配石の上に1ヵ所、10号配石の上部に3ヵ所、萩の平地区では配石はないが、半径6mの円を集石上に置いてみたところである。このように、大型の配石を囲むように集石が作られており、配石は祭祀行為が行われた場で、集石は成員に饗応する調理の場として機能したとも考えられる。

押型文土器の壺形の注口土器が多数出土し、これらが酒器とも考えられており、集団の紐帯の再確認のための祭りが行われていたものであろう。

長方形の配石遺構は、石材の木口部を内側に揃え、三段ぐらい重ねられていた。長方形配石遺構については、前述の祭祀とは別の機能の場として、報告書では墓の可能性を指摘しているが、そのまま埋め戻されて保存されており評価できない。墓以外を含めて、複数集団が祭祀にまつわる物語を演じたり、何らか競い合ったりする場であったのかもしれない。これについては、学術調査と類例を待つのみである。

阿蘇の外輪山の西麓には、多数の縄文集落が展開しており、そのひとつに、瀬田裏遺跡の北西方向の標高200m強の低位山麓に菊池市無田原遺跡がある。同じ押型文土器期の遺跡で、祭祀に伴う石器類が出土していることで知られるが、遺跡の規模は小さく、3つの厨房空間と居住空間、そしてその間にある広場というレイアウトが想定されている。こうした遺跡の集団が、より高位の台地に集い祭祀行為が行われたとは考えられないだろうか。

鹿児島県上野原遺跡は、霧島市国分の標高約260mのシラス台地に立地し、南東側には7,500年前とされる早期中葉の集石遺構や埋設土器が検出され、遺物は壺形土器、土偶、耳栓をはじめ多種多様な遺物が環状に出土した。台地北側は緩やかな傾斜地で、約9,500年前と言われた早期前葉の集落が検出され、この集落が史跡に指定された。

南東側の発掘調査を行い報告した八木澤一郎は、遺物の出土位置が高台を取り巻くように出土し、この環状出土地域の土器が離れていても接合することや、先行する土器型式ではこうした接合が見られず、前者の土器型式と同じ壺形土器の埋設が同時期になされたので、意図的に遺棄行為が行われたとして、ほぼ全域を祭祀遺跡と考えた（八木澤2003）。

水ノ江（2012）が早期の葬墓例として、上野原遺跡の環状遺物集中帯の内部

の空白域を生活空間としながら、内部に形成される壺形土器の埋設を、再葬土器棺墓の可能性が強いとして、墓域として設定した。

　上野原遺跡の環状の遺物出土状況に、集石遺構のあり方を加味すると、空白地の周辺に集石遺構があり、さらにその外側に土器が廃棄されていることから、空白域が生活空間であったことが合理的な解釈と判断する。類例としてあげた鹿児島県鹿屋市前畑遺跡も土器散布域の内側に集石遺構が展開するし、鹿児島県霧島市城ヶ尾(じょうがお)遺跡でも同様に内側に集石遺構がまわる。それぞれの空白域が生活空間としてとらえられる。また、城ヶ尾遺跡では、壺形土器の埋設と環状廃棄が、土器型式を違えて（時期を違えて）隣接していることから、必ずしもセットと考えられず、埋設の事例は他の遺跡でも見られ、「環状遺棄遺構」は必ずしも伴っていない。

　新東晃一（2003）は早期の壺形土器出現の意義について、種子類や製粉の保存等を想定しながら、日常の壺形土器と「埋設」に使われた壺形土器は異なり、「埋設」の壺形土器は祭祀的な儀礼を行うためのものとし、上野原遺跡の「埋設」場所が、遺跡中最も高所の儀礼に最良の場所であり、3時期にわたって埋める行為が継続的になされていることから、土坑から何度も出し入れしたものではなく、二度と取り出されなかったものと考え、祭祀的儀礼行為で火で焚かれ、完全に埋められて、二度と取り出されなかったとした。

　「埋設」土器については、上野原遺跡、城ヶ尾遺跡、熊本県人吉市灰塚遺跡、鹿児島県肝付町鐘付(かねつき)遺跡などで壺形土器が主体に埋設されている。この他に、宮崎県都城市平松遺跡では平拵式の壺形土器と深鉢が、宮崎県宮崎市（清武町）上猪ノ原(かみいのはる)遺跡では下剃峯式が、同下猪ノ原(しもいのはる)遺跡では塞ノ神式の深鉢が埋設され、宮崎県都城市伊勢谷(いせたに)第１遺跡では塞ノ神式の深鉢が、宮崎県川南町尾花(おばな)Ａ遺跡では撚糸文系の深鉢が、それぞれ逆位で埋設されている。ほとんどで、土坑が土器と密着するほど、狭く掘られている（図2）。これらから南九州地域にみられる土壌豊穣の祭祀の可能性が高いと考えている。

　早期の遺跡で多く見られる集石は、調査や実測に多大の手間と時間を要するものの、報告書で、配置や型式、年代について積極的に論じられることは少ない。

　宮崎県延岡市森ノ上(もりのうえ)遺跡では、押型文系土器の時期を中心に、集石168基が1,400㎡の範囲で検出され、遺構の上面は一面に散礫状態で検出された。千枚

岩の巨大礫の東側に長軸約20mの楕円形に空白域がある。一見すると花びらが広がったように様に配置してある大型の集石遺構が検出されており、扇状地の扇中部分にもあたることから、祭祀場所としての機能が考えられる。同県田野町芳ヶ迫第1遺跡でも、集石54基が検出されるが、もっとも平坦な部分では、集石遺構の分布が粗で土器やチャートを中心とするチップなど多く出土していることから、この平坦面が日常的生活空間であったとされている。熊本県人吉市白鳥平A遺跡にも最高所を取り巻くように空間がある。

宮崎県高鍋町野首第2遺跡では集石189基、鹿屋市飯盛ヶ岡遺跡では126基など集石が集中している場合、検出状況では集石の群構成や空白域が、なかなか把握できないことも多い。

宮崎市（清武町）滑川第1遺跡では、集石からの放射性炭素年代測定と土器型式などから、年代ごとに集石遺構の大別を行っている。宮崎県川南町尾花A遺跡では、集石243基が検出され、そのうち約20の集石からの炭素14年代測定が行われ、その結果8,500～6,500BPの間の3つの時期範囲に特定された。時期により集石遺構の特徴の違いも把握されている。集石の構築が繰り返し行われたことが窺われ、必ずしも平面分布状況が集団の生活・社会・行動パターンを反映しておらず、時代別、型式別の配置状況の資料操作・分析が欠かせないことを示唆している。

空白域が生活空間か祭祀空間の区別は困難であるが、集石の機能としての分配行為の背景には、集団の紐帯の確認や獲得物に対する感謝などの行為が伴っていたことは想像に難くない。大型の集石については、回帰性も有するであろうから、より回帰性と分配規模の大きさなど特殊性を抽出できる可能性がある。

第2節　前期～中期の信仰・祭祀施設

熊本県宇土市曽畑貝塚では、低湿地にある堅果類の貯蔵穴の上部に石皿や、イノシシの頭骨が置かれたものがある。報告書では、使用後の土坑に廃棄と報告されているが、イノシシの頭骨の存在を食料獲得の祭祀との見方もある。

宮崎県高鍋町下耳切第3遺跡は、牛牧台地の標高90mの北東部縁辺に立地する中期の集落で、竪穴住居9基、平地式住居32棟、土坑群が等高線に沿って弧状に展開し、東西に大きく分かれ、翼を広げたような配置をなしている。

土坑群は求心的・列状配置をなし、扇形に展開し、扇の要は遺構が少ない空白の空間がある。

第3節　後期〜晩期の信仰・祭祀施設

(1) 空間利用

　鹿児島県南種子町藤平小田(とうへいおだ)遺跡は、種子島南部の南種子町島間の北方の標高50m前後の台地上に位置する。南北の両側が谷に挟まれた細長く西側に緩やかに傾斜する台地で、南西方向の眼下に種子屋久海峡を挟んで屋久島を望見できる。後期の市来式を主体とする遺跡で、65基の配石土坑が、中央の大型配石土坑や大型土坑のまわりに2列に弧状に検出された（図4）。大規模な集石遺構を3基伴っている。配石土坑には磨石や石皿などの石器が用いられ、中央の大型土坑からは台付き皿形土器や壺形土器が出土している。非実用の小型の磨製石器も伴っている。配石については、再葬墓の可能性や、掘立柱建物跡などの見解（石井1999）があるが、中央広場が祭祀の場であったと考えられる。圧倒的な石器の出土量に比べ、土器は少ない。

　なお、遺跡は旧砂丘に立地し、検出層や掘込みは砂層で、配石土坑検出は容易で、配石に掘込みを伴うものと伴わないものがあること、半裁時に柱痕跡が認められなかったこと、掘立柱建物であれば、なぜ根固めにわざわざ石器が使われなければならなかったのか、など検討した結果の報告である。住居は検出されていない。

　本野原遺跡は、宮崎平野から都城盆地の中間、河川の合流点に向けて東側に延びる、標高180m前後の起伏の大きい台地上の東端に立地する。後期の住居や土坑、掘立柱建物などが検出された。

　報告書の遺構変遷図を見る限り、住居が環状に配されたわけでなく、中央配石のおかれた8・9期（後期中頃）に、掘立柱建物、立石遺構、土坑が環状に配され、窪地遺構を形成する。そして、この時期の居住地は不明とされる。墓坑は検出されており、前の時代に形成された集落の南側の窪地という立地からも、先祖に対する儀礼・祭祀が行われたものであろうか。

　窪地遺構については、4期から掘削が始まり、5期には存在し、10期〜13期も祭祀的な空間として位置づけられるが、そのころから中央配石の埋没は始

318　XI　九州地方の縄文集落の信仰・祭祀

鹿児島県藤平小田遺跡配置図

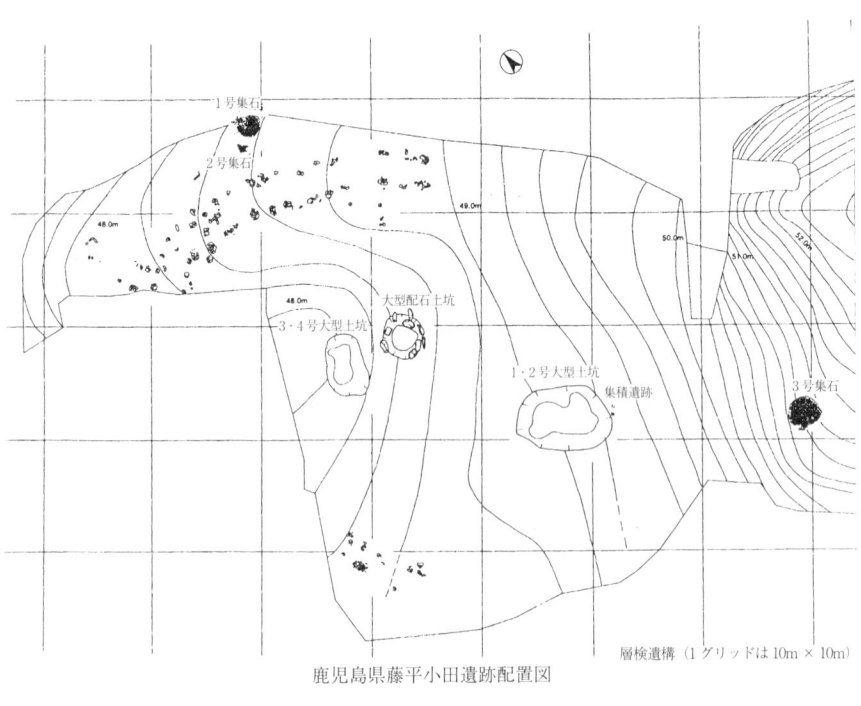

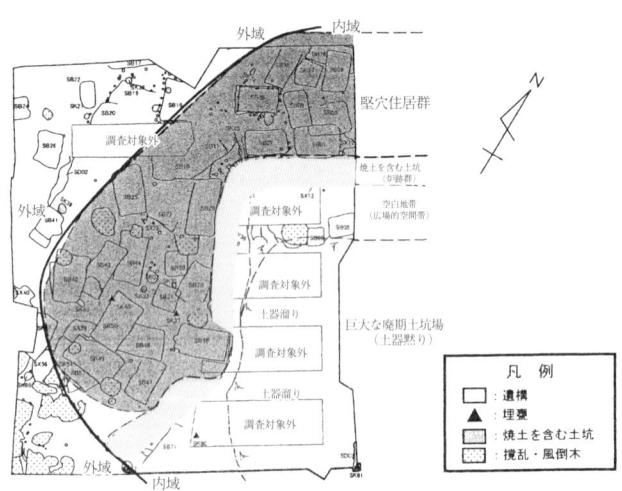

長崎県小原下遺跡遺構配置図

図4　後期の集落

まるとされる。

　住居とともに当初から場が設定されたのか、集落が廃絶してから形成されたものか、それによって祭祀の意味づけは大きく異なってくる。前者であれば、日々の生活の中での祭祀や通過儀礼の場など、集落の祭祀空間ととらえられるし、後者であれば先祖に対する儀礼・祭祀が行われたものととらえられる。

　東側住居群のピークは5期にピークを迎える。続く8・9期には袋状土坑など環状土坑群の主体期にあたるほか、続く10～13期も住居は全く確認されないにもかかわらず、窪地遺構内から多量の土器が出土するとされる。多量な土器出土は、掘立柱建物が住居であった可能性と、日常的な祭祀の場にもふさわしいとも考えられる。

　本野原遺跡の環状構造での掘立柱建物と同様に、藤平小田遺跡の配石列をとらえる見方もある。調査者はそうとらえておらず、遺構が一致することより、中央配石を取り巻くように祭祀空間が展開することに着目したい。

　屋久横峯遺跡では後期後半の多数の住居が検出されたが、集落部分だけがアカホヤの堆積が見られないということで、整地活動がなされたと指摘されている。礫の入った土坑に、藤平小田遺跡の土坑と共通性を感じる。

　有明海の海岸を望む標高17～20mの洪積台地上にある長崎県島原市小原下（おばるしも）遺跡では、後期後半の集落が検出された（図4）。39棟の住居、土坑が24基、溝3条、巨大な廃棄土坑と考えられる土器溜まりが1ヵ所検出され、8点の土偶が出土した。遺構配置は、住居が弧状（三日月状。半環状）に、その弧状の内側に向かって、炉と考えられる焼土を含む土坑、埋甕、作業や集会等の広場として利用されたことも推定される約10mの空白地帯、巨大な廃棄土坑と、順に構成されている。祭祀の場が求心部に形成される。土偶以外に土版・X字形土製品などの特殊遺物が、三万田式土器期を中心にともなっており、広場を利用した祭祀活動が想定される。

　大分県竹田市下坂田西（しもさかた）遺跡は西平式期～三万田式期の後期後葉の遺跡であるが、総数57基の竪穴遺構の中央に空白域があり、祭祀の場として利用された可能性がある。石棒などが出土した竪穴遺構に、他の竪穴遺構との差は認められない。福岡県二丈町広田遺跡では、結局自然地形的な溝として位置づけられた大きな溝状の地形に、後期末の御物石器、石棒、土偶等、玉類等がまとまっ

て出土した。こうした場に、まとめて廃棄行為を行ったという、一括廃棄行為が祭祀行為として存在した可能性を指摘しておきたい。

集石は、後期になると、散在して検出されることが多いが、まとまる場合は鹿児島県姶良市干迫遺跡や宮崎県宮崎市丸野第2遺跡のように、集落の中で住居域と別にまとめて検出される例があり、調理施設としての機能が強くなる。

(2) 遺　構

鹿児島市加世田市上加世田遺跡は、加世田市の沖積地を望む標高20mの低い洪積台地、沖積低地からの比高差8mの河岸段丘に立地する。晩期の集落地の北西に隣接してつくられた集会場遺構が検出されたとされる。長径23m×短径16mの楕円形のナベ底状の窪地で、最深地点で2.15mの深さがある（図5）。

遺構内には、さらに配石遺構、埋甕、岩偶をおさめた深鉢や軽石を入れた深鉢などの遺構がある。配石遺構のなかには石棒を立てたものが2基あり、遺跡一面に配置した岩偶、石棒、ヒスイの勾玉、管玉、小玉、岩偶内蔵の甕などとともに、性器信仰が重要な位置をしめていたことを示しており、集落のあらゆる

図5　鹿児島県上加世田遺跡の集会場遺構（中央部凹地）（鹿児島県埋蔵文化財センター提供）

行事が行われた場所であったことを示しているとされる。集会場か廃棄場所か、窪地状遺構の判断は難しいが、その後河川改修で行われた発掘調査では、集会所と考えられる直径8.6mの楕円形の大掘込みが検出されている。報告書で詳述されていないのは残念である。

上加世田遺跡と関連する遺構としては、縄文晩期農耕論で知られる大分県豊後大野市大石遺跡があげられる。縄文晩期農耕論の根拠とされた遺跡として著名である。4次～5次調査で径7.8m、深さ2.8mの三段構築の大土坑が検出され、集会所として位置づけられた。住居群とは離れて別にあり、周囲は広場として利用された。

宮崎県高鍋町野首第2遺跡では、三万田～鳥居原式段階の住居群に先行する第1号窪地状遺構が、ほかの住居より規模が大きく、ヒスイ製小珠、装着痕のある扁平棒状礫、円板形石製品、石鏃、台付皿などが多く出土し、祭祀場所であった可能性が強いとされる。石棒類の出土は宮崎県内で随一である。

鹿児島県鹿児島市大龍遺跡では竪穴遺構から軽石製品が多量に出土している。後期（御領式）の遺跡で、1次調査で径2.5m前後の竪穴遺構9基が検出、床がなく住居とは考えられないとされる。特に3次調査の7号土坑は、径2.6×2.3m、深さ1.2mのすり鉢状をなし、陰石、陽石、線刻などの多量の軽石製品が伴うことから、祭祀遺構とされている。

北部九州の後期集落を概観した小池史哲は福岡県上毛町下唐原龍右ェ門屋敷遺跡、豊前市狭間宮ノ下遺跡、うきは市三春大碇遺跡の例を具体に挙げ、敷石石囲炉の石が、住居廃絶時や住居内での移動に際して、抜き取られることから、炉が火の使用を終える祭祀行為を想定した。抜き取り行為は、豊前市中村石丸遺跡など他の集落遺跡でも見られるとした（小池2011）。

(3) 貝　塚

鹿児島県垂水市柊原貝塚は、周期的に意図的に、海岸に打ち上げられた貝をばらまいて積み白く彩られた「塚」であった。

垂水市街地の南東5km、背後に上野台地、眼前に鹿児島湾を望む、標高10m前後の平地に形成された貝塚である。後期の市来式期を中心とする貝塚で、貝層はアコヤガイ層−魚骨層−モクハチアオイ層のサイクルがみられ、これらが互層状態で堆積しており、もともと平坦地に形成された貝塚が塚状に形

図6　鹿児島県柊原貝塚貝層断面（垂水市教育委員会提供）

成されたものである（図6）。
　非食用のモクハチアオイの死貝を搬入して、高さ4〜5mに、貝塚を形成する目的で貝が持ち込まれ、塚状に形成された。貝塚の最下部より出土した埋葬人骨等や岩偶など「第二の道具」の出土から、貝塚自体に祭祀的機能を併せ持つとしている（垂水市2006）。県内で最も多くの岩偶と多彩な軽石製品が出土しており、貝塚の性格との関連性が考えられる。

(4)　土　偶
　宮崎県高千穂町陣内遺跡は、高千穂町の中心地の三田井地区は五ヶ瀬川の上流に開けた盆地で、この盆地内の緩やかに起伏した小台地上に立地する。おそらく三万田式土器に伴う土偶は、「三方に長めの角礫を配置した中に見いだされたが、右脇に拳大の円礫があった。」（石川1968）とされ、土偶が遺構内から出土した稀な事例である。
　熊本県熊本市太郎迫遺跡では土偶は包含層から出土しており、山国川流域に位置する大分県中津市槇遺跡、大分県中津市佐知遺跡などの土偶出土住居に特殊性は見られない。熊本県熊本市山海道遺跡では、32点の土偶が出土し、その集中部には、埋甕が多くあり埋甕群に伴う可能性が強い。「ひとがた」の土偶は、集団祭祀を伴わずに廃棄された、極めて属人的な呪術具であった可能性がある。

(5)　石　棒
　宮崎県田野町青木遺跡は、清武川の支流の井倉川の河岸段丘にあり、縄文後期の遺構について「配石遺構は、経30〜40cmの扁平な円礫を二重にめぐらし、中央に1個の立石を持っていたとおもわれる状態で出土し」とある（鈴木1963）。
　熊本県熊本市健軍神社周辺遺跡群の上ノ原遺跡では、後期後半から晩期前半

までの土偶、ヒスイ製の玉類、石冠類似石製品が出土し、土坑のうち一つには、火を受けた痕のある長さ50cm、幅20cmの板状の砂岩が出土し、その周囲から破砕した深鉢や勾玉・管玉・玉用の石材が出土しているものがある。状況から、板状の砂岩が立てられ、廃棄時の祭祀の可能性が指摘されている。また、熊本県熊本市石の本遺跡でも、石刀が重機掘削の際に倒れたが、それまでは立っていたとされる。こうしたことから、石棒を立てて祭った遺構が存在した可能性は極めて強い。

　沖縄県宜野湾市ヌバタキ遺跡は、晩期後半の集落であるが、8.9×（6.0）mのベット状遺構をもつ大型の14号竪穴内の土坑から、石棒状石製品が出土している。扁平な細粒砂岩を加工して、上端部を亀頭状に仕上げたものである。陣内遺跡出土の石棒は、発掘品と個人の採集品が接合したもので、瘤状の頭部「x」字状の結接文とその左右から背面にかけて3条の凹線が彫刻され、その下方には隆起帯が一周し、その中央に一条の凹線が巡っている石棒で、東日本から伝来してきたものであろう。石棒祭祀は変容しながらも沖縄まで波及していったのである。

　大分県竹田市下坂田西遺跡などで、石棒など出土した竪穴遺構に差はなく、野首第2遺跡でも第1号凹地状遺構をのぞけば、埋土から石棒、円盤状石器などが出土した竪穴状遺構と他の竪穴状遺構に差が見られない。

第3章　九州、沖縄地方の信仰・祭祀施設の特徴とまとめ

第1節　屋内信仰・祭祀施設

　土偶は属人的な祭祀・呪術具であり、山国川流域の遺跡では、分銅形が主として住居から出土し、ひとがたの土偶は住居以外から出土することが多いことから、分銅形土偶には護符などの、土偶とは違った機能があったのではないかと指摘（小池2004）されている。

　さて、後期後半から晩期にかけて、熊本県熊本市上南部遺跡、同三万田遺跡、太郎迫遺跡などの白川中流域を核とする土偶の出土（冨田1997）が九州北部にみられ、南九州では軽石製岩偶がみられることから、2つの「ひとがた」を使った祭祀の大きな地域性がみられる。南九州の後期末から晩期初頭の岩偶

は、竪穴状遺構・窪地状遺構などの遺構から出土し、手に持つことを意識して作られたサイズ・施文のものが多く（寒川 2002）、これも個人に合わせた祭祀・呪術具であるが、出土状況は土偶とは異なっているようである。

佐賀県鳥栖市蔵上遺跡、小原下遺跡の土偶について、大坪芳典は屋外の遺物包含層からの出土であること、部位と部位の境目できれいに割れている点から、住居内というより屋外において、何らかの目的と意図のもとに、土偶を割るという行為を推定した（大坪 2012）が、能登健が言うように一般の廃棄行為との差が存在するのか疑問である（能登 1983）。しかしながら、大龍遺跡などの土坑、小原下遺跡の集落中央部、広田遺跡の自然の溝状の窪地など、廃棄場所が決められて、持ち寄って一括廃棄という行為は想定可能である。

屋内信仰・祭祀は、おそらく属人化した祭祀具・呪術具で行われたと思われるが、施設については、だからこそ明確ではない可能性がある。

第 2 節　屋外信仰・祭祀施設

瀬田裏遺跡、十文字原第 1 遺跡は、見晴らしの良い尾根先端部の遺跡である。上野原遺跡も高所にあり、後期での藤平小田遺跡など、象徴的な遺跡が周辺より高所に形成される傾向がある。

後期の本野原遺跡の窪地、藤平小田遺跡の中央の巨大配石と空間、小原下遺跡の空白帯などは祭祀場所として使われたもので、先祖信仰、通過儀礼等の具体の祭祀・儀礼行為については特定できないものの、社会の成員同士の紐帯を再確認する重要な場であったと考えられる。それぞれの時代で空白域が形成され、それが祭祀の場であったと考えると、水野正好が長野県阿久遺跡の例で、集落全員が参列する中で集落の生成・展開にまつわる祖先神をめぐる祭式が行われたことを想定した情景が想像される（水野 1979）。祖霊祭祀だけでなく、各種の通過儀礼、狩猟・漁労にかかわる儀礼、種々の呪術行為もこの広場でなされたであろう。

集落の様相が把握できてはじめて、場の位置づけが特定されるという面がある。非日常の祭祀や儀礼で使われる「第二の道具」は、日常と違う時間で使用されるが、他の道具と同じく日常の中から生み出されているのであって、発掘調査中の遺物・遺構の把握や観察眼と密接に関わらざるを得ない。

第3節　発掘調査の成果と意義

　祭祀・儀礼に関わる遺構を九州各県でみてみると、環状の遺構構成や大きな凹地状の遺構に共通性が窺われる。デポについては、使用を考えての一時的な保管か、祭祀的な行為としての埋納行為なのか判断が難しく、縄文時代の多くの遺跡でみられるデポについては、取り上げられなかった。

　こうした中で、長崎県五島市宮下貝塚の後期の人頭大の礫の下に10本の打製石斧が置かれていた遺構は、埋納（富江町1998）と考えてよく、こうした埋納行為についてはさらに検討が必要である。

　大規模発掘は、集落域を面的にとらえることを可能とし、おそらく祭祀や年中行事の場としての空間把握が可能となった。環状の集落像は、こうした発掘の大きな成果である。

　しかし、残念ながら、多くの報告書を目にしたが、少なからず土偶や石棒等の「第二の道具」の出土状況や遺構との関係性を十分に説明していないものがみられた。遺構配置図が報告書にさえも掲載されない場合もあったのである。土偶などの遺物を認知したのが、おそらく整理作業中であったものも多いと感じられ、大規模発掘の現状の欠陥があることも理解された。

　発掘調査者は、発掘調査に対する先入観や早い段階の判断は、遺構を意図的に掘ることとなり、こうしたことを思いめぐらしながらも、その概念にとらわれることを極力さけながら、土の示すままに遺構を掘ることに集中する。しかし、遺構の性格の判断は、まず調査者が行わなければ、報告書で表現しきれないであろうし、後世の人々は読み取ることは困難である。客観性や検証可能性を担保して、発掘調査者として、勇気をもって遺構の位置づけを行ってほしい。常に発掘調査・報告書作成の改善にあたらないければならないことを、強く感じながら校了したい。

　最後に本稿の情報収集にあたり、小池史哲氏、村崎孝弘氏、坂口圭太郎氏、池田朋生氏、宮崎貴夫氏、中尾篤志氏、小林昭彦氏、上野淳也氏等々多くの方々のお手を煩わせた。鹿児島県立埋蔵文化財センター南の縄文調査室の海老春樹沙さんには報告書の検索等で協力して頂いた。記して感謝したい。

引用・参考文献

石井　寛 1999「遺構研究　掘立柱建物跡」『縄文時代』10

石川恒太郎 1968「陣内遺跡」『宮崎県の考古学』

大坪芳典 2012「西北・西九州における縄文時代後期後半の精神文化」『縄文時代における九州の精神文化』第 22 回九州縄文研究会鹿児島大会

金丸武司 2006「南九州縄文後期における斜面堆積の再検討」『大河』8

小池史哲 2004「福岡県内出土の土偶」『福岡大学考古学論集』小田富士雄先生退職記念事業会

小池史哲 2011「北部九州の縄文集落―周防灘南西沿岸と筑後川中流域の後期集落―」『季刊考古学』114

寒川朋枝 2002「祭祀行為についての研究」『人類史研究』13

白石浩之 2003「石器と土器の出会いの世界」『季刊考古学』83

新東晃一 2003「縄文時代早期の壺形土器出現の意義」『縄文の森から』創刊号、鹿児島県立埋蔵文化財センター

杉原荘介・戸沢充則・安蒜政雄 1983『佐賀県多久三年山における石器時代の遺跡』明治大学

鈴木重治 1963「宮崎県田野町青木遺跡の調査」『日本考古学協会昭和 38 年度大会研究発表要旨』

冨田紘一 1997「熊本地方の土偶」『西日本をとりまく土偶　発表要旨集　土偶シンポジウム 6』

長野眞一 2003「鹿児島県における槍先形尖頭器の出現と消滅」『九州旧石器』7

能登　建 1983「土偶」『縄文文化の研究 9　縄文人の精神と文化』

林　潤也・板倉有大 2012「福岡県における精神文化遺物の様相」『縄文時代における九州の精神文化』九州縄文研究会

古森政次 1980「鎌田辰則氏採集の尖頭器について」『とどろき』6

水ノ江和同 2006「九州地方の縄文集落と「盛土遺構」」『考古学ジャーナル』548

水ノ江和同 2012「XI　九州地方の縄文集落の葬墓制」『葬墓制』

水野正好 1979「縄文祭式と土偶祭式」『土偶』日本の原始美術 5

八木澤一郎 2003「上野原遺跡第 10 地点検出の「環状遺棄遺構」について」『研究紀要　縄文の森から』創刊号、鹿児島県立埋蔵文化財センター

家根祥多 1990「西日本の配石遺構」『縄文時代屋外配石の変遷―地域的特色とその画期―』山梨県考古学協会資料集

遺跡関連文献

北海道北部

阿寒町教育委員会 1965「北海道阿寒町阿寒湖畔オンネサルンペツ遺跡発掘報告」『阿寒町の文化財　先史文化篇第二輯』
旭川市教育委員会 1990『神居古譚ストーン・サークル遺跡調査報告』
旭川市教育委員会 1991『末広7遺跡』
足寄町教育委員会 1990『上利別20遺跡』
厚真町教育委員会 2007『上幌内モイ遺跡（2）』
厚真町教育委員会 2010『厚幌1遺跡（2）・幌内7遺跡（1）』
石狩市教育委員会 2005『石狩紅葉山49号遺跡発掘調査報告書』
石狩町教育委員会 1992『石狩町上花畔地区宅地開発事業に伴う埋蔵文化財調査報告書』
浦幌町教育委員会 1976『共栄B遺跡』
恵庭市教育委員会 1988『柏木川8遺跡、柏木川13遺跡』
恵庭市教育委員会 1989『カリンバ2遺跡』
恵庭市教育委員会 2003『カリンバ3遺跡（1）』
恵庭市教育委員会 2005『カリンバ1遺跡C・E地点』
北見市教育委員会 1978『中ノ島遺跡発掘調査報告書』
北見市教育委員会 2007『常呂川河口遺跡（7）』
釧路市埋蔵文化財センター 1987『桜ヶ岡1・2遺跡調査報告書』
釧路市埋蔵文化財センター 1987『桜ヶ岡2遺跡調査報告書』
釧路市埋蔵文化財センター 1990『武佐川3遺跡調査報告書』
釧路市埋蔵文化財センター 1995『釧路市東釧路貝塚調査報告書』
釧路市埋蔵文化財センター 1996『幣舞遺跡調査報告書』Ⅲ
釧路市埋蔵文化財センター 1998『武佐川1遺跡調査報告書』
釧路市立郷土博物館 1978『釧路市東釧路第3遺跡発掘報告』
札幌市教育委員会 1995『T71遺跡』
札幌市教育委員会 1998『N30遺跡』
静内町教育委員会 1963『GOTENYAMA Plates』
静内町 1975『静内町史』
斜里町教育委員会 1980『オクシベツ川遺跡』
斜里町教育委員会 1981『斜里町文化財調査報告』（内藤遺跡）
斜里町教育委員会 1983『尾河台地遺跡発掘調査報告書』

斜里町教育委員会 1988『谷田遺跡発掘調査報告書』
斜里町教育委員会 1990『ピラガ丘遺跡』
千歳市教育委員会 1971『ママチ遺跡』
千歳市教育委員会 1983『メボシ川2遺跡における考古学的調査』
千歳市教育委員会 1979『ウサクマイ遺跡群とその周辺における考古学的調査』
千歳市教育委員会 1981『末広遺跡における考古学的調査 上』
千歳市教育委員会 1982『末広遺跡における考古学的調査 下』
千歳市教育委員会 1986『梅川3遺跡における考古学的調査』
千歳市教育委員会 1990『イヨマイ6遺跡における考古学的調査』
千歳市教育委員会 1996『末広遺跡における考古学的調査Ⅳ』
常呂町教育委員会 1995『栄浦第二・第一遺跡』
常呂町教育委員会 2006『常呂川河口遺跡（6）』
苫小牧市教育委員会 1985『ニナルカ』（静川6遺跡）
苫小牧市教育委員会 1986『柏原24遺跡』
苫小牧市教育委員会 1989『柏原4遺跡』
苫小牧市教育委員会 1997『柏原5遺跡』
苫小牧市教育委員会 2002『苫小牧東部工業地帯の遺跡群』Ⅷ
名寄市図書館 1967『智東遺跡B地点 図録篇』
名寄市図書館 1968『智東遺跡B地点 本文篇』
根室市教育委員会 1989『初田牛20遺跡』
東神楽町教育委員会 1981『東神楽町沢田の沢遺跡発掘調査報告書』
東川町教育委員会 1966『幌倉沼の墳墓』1
広島町教育委員会 1978『富ケ岡遺跡』
広島町教育委員会 1984『共栄1遺跡』
富良野市教育委員会 1986『三の山2遺跡』
富良野市教育委員会 1986『鳥沼遺跡』
富良野市教育委員会 1988『無頭川遺跡』
㈶北海道埋蔵文化財センター 1982『吉井の沢の遺跡』
㈶北海道埋蔵文化財センター 1983『ママチ遺跡』
㈶北海道埋蔵文化財センター 1984『美沢川流域の遺跡群』Ⅶ（美々4遺跡）
㈶北海道埋蔵文化財センター 1985『美沢川流域の遺跡群』Ⅷ（美々4遺跡）
㈶北海道埋蔵文化財センター 1987『ママチ遺跡』Ⅲ
㈶北海道埋蔵文化財センター 1989『西野幌12遺跡』
㈶北海道埋蔵文化財センター 1989『納内6丁目付近遺跡』

㈶北海道埋蔵文化財センター 1990『納内6丁目付近遺跡』Ⅱ
㈶北海道埋蔵文化財センター 1990『美沢川流域の遺跡群』ⅩⅣ（美々3遺跡）
㈶北海道埋蔵文化財センター 1992『咲来2遺跡・咲来3遺跡』
㈶北海道埋蔵文化財センター 1993『音更町西昭和2遺跡』
㈶北海道埋蔵文化財センター 1998『滝里遺跡群』Ⅷ
㈶北海道埋蔵文化財センター 2000『内園6遺跡』
幕別町教育委員会 2000『札内N遺跡』
湧別町教育委員会 1973『湧別市川遺跡』
湧別町教育委員会 1985『湧別市川Ⅱ遺跡』
礼文町教育委員会 2000『礼文町船泊遺跡発掘調査報告書』

　　北海道南部

岩内町教育委員会 2004『岩内町東山1遺跡』
大場利夫・重松和男 1977「北海道後志支庁余市町西崎山遺跡4区調査報告」『北海道考古学』13
奥尻町教育委員会 1998『青苗遺跡（F地区）』
小樽市教育委員会 1999『忍路環状列石』
小樽市教育委員会 2001『忍路環状列石Ⅱ』
上ノ国町教育委員会 1979『小砂子遺跡』
木古内町教育委員会 1974『札苅遺跡』
木古内町教育委員会 2004『木古内町蛇内遺跡』
北桧山町教育委員会 2001『豊岡6遺跡』
駒井和愛 1959『音江』
札幌医科大学解剖学第二講座 1987『高砂貝塚』
知内町教育委員会 1979『知内町中流域の縄文時代遺跡　北海道―上磯郡知内町湯の里1遺跡発掘調査報告』
田才雅彦・青木　誠・乾　芳宏 1999「西崎山ストーンサークルの調査について」『余市水産博物館研究報告』2
戸井町教育委員会 1990『浜町A遺跡Ⅰ』
戸井町教育委員会 1991『浜町A遺跡Ⅱ』
戸井町教育委員会 1993『戸井貝塚Ⅲ』
戸井町教育委員会 1994『戸井貝塚Ⅳ』
道立北海道埋蔵文化財センター 2001『西崎山ストーンサークル』
七飯町教育委員会 1999『桜町6遺跡・桜町7遺跡発掘調査報告書』
函館圏開発事業団 1974『西桔梗』

函館市教育委員会 1989『陣川町遺跡』
函館市教育委員会 1999『函館市石倉貝塚』
函館市教育委員会 2003『豊原 4 遺跡』
函館市教育委員会 2007『著保内野遺跡』
福島町教育委員会 2004『豊浜遺跡』
北海道文化財保護協会 1979『函館市・日吉町 1 遺跡』
㈶北海道埋蔵文化財センター 1985『湯の里遺跡群』
㈶北海道埋蔵文化財センター 1989『忍路土場遺跡・忍路 5 遺跡』
㈶北海道埋蔵文化財センター 1996『函館市中野 B 遺跡Ⅱ』
㈶北海道埋蔵文化財センター 1999『函館市中野 B 遺跡Ⅲ』
㈶北海道埋蔵文化財センター 2004a『森町石倉 3 遺跡・石倉 5 遺跡』
㈶北海道埋蔵文化財センター 2004b『森町倉知川右岸遺跡』
㈶北海道埋蔵文化財センター 2004c『森町石倉 2 遺跡』
㈶北海道埋蔵文化財センター 2005a『森町森川 3 遺跡』
㈶北海道埋蔵文化財センター 2005b『森町上台 1 遺跡』
㈶北海道埋蔵文化財センター 2012『北斗市館野遺跡（2）』
松前町教育委員会 1974『松前町高野遺跡発掘報告』
松前町教育委員会 1974『松前町大津遺跡発掘報告書』
松前町教育委員会 2005『東山遺跡』
南茅部町教育委員会 1981『木直 C 遺跡』
南茅部町教育委員会 1986『臼尻 B 遺跡 vol. Ⅵ』
南茅部町教育委員会 1996a『大船 C 遺跡』
南茅部町教育委員会 1996b『磨光 B 遺跡』
南茅部町教育委員会 2000『安浦 B 遺跡』
南茅部町埋蔵文化財調査団 1992『八木 B 遺跡』
南茅部町埋蔵文化財調査団 1997『八木 A 遺跡Ⅲ・八木 C 遺跡』
峰山　巌・久保武夫 1965『西崎山』郷土研究 7、余市町教育委員会・余市町郷土研究会
森町教育委員会 1985『御幸町』
森町教育委員会 2004『鷲ノ木 4 遺跡』
森町教育委員会 2006『鷲ノ木 4 遺跡』
森町教育委員会 2008『鷲ノ木遺跡』
森町教育委員会 2008『駒ヶ岳 1 遺跡』
森町教育委員会 2011『鷲ノ木遺跡Ⅵ』
八雲町教育委員会 1995『浜松 5 遺跡』

八雲町教育委員会 1983『栄浜』
八雲町教育委員会 1987『栄浜1遺跡』
八雲町教育委員会 1995『栄浜1遺跡』
蘭越町・蘭越町教育委員会 1970『港大照寺遺跡―積石墳墓群の調査』
蘭越町教育委員会・小樽市博物館 1973『港大照寺遺跡調査報告書』
　青森県
青森県教育委員会 1976『泉山遺跡発掘調査報告書』
青森県教育委員会 1980『大面遺跡発掘調査報告書』
青森県教育委員会 1984『一ノ渡遺跡発掘調査報告書』
青森県教育委員会 1986『大石平遺跡発掘調査報告書』
青森県教育委員会 1988『大石平遺跡発掘調査報告書Ⅲ』
青森県教育委員会 1988『上尾駮（2）遺跡Ⅱ発掘調査報告書』
青森県教育委員会 1989『表館（1）遺跡Ⅲ』
青森県教育委員会 1993『富ノ沢（2）遺跡発掘調査報告書Ⅴ』
青森県教育委員会 1995『泉山遺跡発掘調査報告書』
青森県教育委員会 2000『三内丸山遺跡ⅩⅣ』
青森県教育委員会 2003『三内丸山遺跡22』
青森県教育委員会 2003『松石橋遺跡』
青森県教育委員会 2004『三内丸山遺跡23』
青森県教育委員会 2009『砂子瀬遺跡　水上(3)遺跡　水上(4)遺跡』
青森市教育委員会 2004『稲山遺跡発掘調査報告書Ⅴ』
青森市教育委員会 2006『小牧野遺跡発掘調査報告書Ⅸ』
桜井清彦ほか 1985「青森市王清水遺跡発掘調査概報」『考古学ジャーナル』No.252
名川町教育委員会 2004『水上遺跡発掘調査報告書Ⅱ』
階上町教育委員会 2000『滝端遺跡発掘調査報告書』
八戸市教育委員会 1982『長七谷地遺跡発掘調査報告書』
八戸市教育委員会 1988『田面木平遺跡(1)』
八戸市南郷区役所建設課 2007『荒谷遺跡』
弘前市教育委員会 2010『大森勝山遺跡発掘調査報告書』
平賀町教育委員会 2005『太師森遺跡発掘調査報告書』
三厩村教育委員会 1996『宇鉄遺跡発掘調査報告書』
　岩手県
一戸町教育委員会 1993『御所野遺跡Ⅰ』
一戸町教育委員会 2004『御所野遺跡Ⅱ』

一戸町教育委員会 2006『御所野遺跡Ⅲ』
岩手県教育委員会 1980『東北新幹線関係埋蔵文化財調査報告書—Ⅶ—（西田遺跡)』
岩手県文化振興事業団 1988『馬立Ⅱ遺跡発掘調査報告書』
岩手県文化振興事業団 1991『間舘Ⅰ遺跡発掘調査報告書』
岩手県文化振興事業団 2002『権現前遺跡発掘調査報告書』
岩手県文化振興事業団 2002『清水遺跡発掘調査報告書』
岩手県文化振興事業団埋蔵文化財センター 2006『大清水上遺跡発掘調査報告書—胆沢ダム建設事業関連遺跡発掘調査—』
岩手県埋蔵文化財センター 1980『東北縦貫自動車道関連遺跡発掘調査報告書（西根町崩石遺跡)』
岩手県立博物館 1987『根井貝塚発掘調査報告書』
北上市教育委員会 1993『蟹沢館遺跡発掘調査概報』
北上市教育委員会 1978『八天遺跡』
北上市教育委員会 2010『八天遺跡』
千厩町教育委員会 1998『南小梨蛇王遺跡発掘調査報告書』
滝沢村教育委員会 2008『仏沢Ⅲ遺跡—平成２年度発掘調査報告書』
滝沢村教育委員会 1987『仏沢Ⅲ遺跡』
東和町教育委員会 1999『安俵６区Ⅳ遺跡発掘調査報告書』
東和町教育委員会 2000『安俵６区Ⅴ遺跡発掘調査報告書』
東和町教育委員会 2004『清水屋敷Ⅱ遺跡発掘調査報告書』
遠野市教育委員会 2002『新田Ⅱ遺跡』
花巻市博物館 2005『上台Ⅰ遺跡発掘調査報告書(1)』
花巻市教育委員会 2006『立石遺跡発掘調査報告書』
花巻市教育委員会 2009『稲荷神社遺跡発掘調査報告書』
松尾村誌編纂委員会 1989『松尾村誌』
盛岡市教育委員会 1995『繋遺跡—平成５・６年度発掘調査概報』
陸前高田市教育委員会 1992『門前貝塚』

秋田県

秋田県教育委員会 1979『館下Ⅰ遺跡』
秋田県教育委員会 1980『才の神遺跡』
秋田県教育委員会 1983『平鹿遺跡』
秋田県教育委員会 1985『遺跡詳細分布調査報告書』
秋田県教育委員会 1988a『東北横断自動車道秋田線発掘調査報告書Ⅱ—上ノ山Ⅰ・館野遺跡・上ノ山Ⅱ遺跡』

秋田県教育委員会 1988b『中小坂遺跡発掘調査報告書』
秋田県教育委員会 1988c『国道103号大館南バイパス建設事業に係る埋蔵文化財発掘調査報告書Ⅰ―上ノ山Ⅰ遺跡・上ノ山Ⅱ遺跡―』
秋田県教育委員会 1989『八木遺跡』
秋田県教育委員会 1990a『西山地区農免農道整備事業に係る埋蔵文化財発掘調査報告書―高屋館跡―』
秋田県教育委員会 1990b『はりま館遺跡』
秋田県教育委員会 1996『東北横断自動車道秋田線発掘調査報告書ⅩⅩⅡ―岩瀬遺跡―』
秋田県教育委員会 1998『虫内Ⅰ遺跡』
秋田県教育委員会 2000『潟前遺跡(第2次)』
秋田県教育委員会 2001『江原嶋1遺跡』
秋田県教育委員会 2002『桐内沢遺跡』
秋田県教育委員会 2003a『向様田B遺跡・向様田C遺跡・向様田E遺跡』
秋田県教育委員会 2003b『和田Ⅲ遺跡』
秋田県教育委員会 2003c『ヲフキ遺跡』
秋田県教育委員会 2004『高野遺跡』
秋田県教育委員会 2005a『日廻岱B遺跡』
秋田県教育委員会 2005b『長戸呂遺跡』
秋田県教育委員会 2006a『深渡遺跡』
秋田県教育委員会 2006b『深渡A遺跡』
秋田県教育委員会 2008『堀ノ内遺跡』
秋田県教育委員会 2009a『坂下Ⅱ遺跡』
秋田県教育委員会 2009b『向様田A遺跡』
秋田県教育委員会 2010『智者鶴遺跡』
秋田県教育委員会 2011『漆下遺跡』
秋田市教育委員会 1976『小阿地』(下堤遺跡、坂ノ上遺跡)
秋田市教育委員会 1985『秋田市臨空港新都市開発関係埋蔵文化財発掘調査報告書』(坂ノトF遺跡ほか)
秋田市教育委員会 1988『秋田新都市開発整備事業関係埋蔵文化財発掘調査報告書』(下堤A遺跡ほか)
稲川町教育委員会 1990『欠上り遺跡』
鹿角市教育委員会 1984『天戸森遺跡発掘調査報告書』
鹿角市教育委員会 2005『特別史跡大湯環状列石Ⅰ』
鹿角市教育委員会 2010『特別史跡大湯環状列石Ⅱ』

北秋田市教育委員会 2011『史跡伊勢堂岱遺跡』
田沢湖町教育委員会 1985『黒倉B遺跡』第1次発掘調査報告
田沢湖町教育委員会 1985『黒倉B遺跡』第2次発掘調査報告
日本鉱業株式会社船川製油所 1979『大畑台遺跡発掘調査報告書』
能代市教育委員会 2006『杉沢台遺跡』
八竜町教育委員会 1979『萱刈沢貝塚』
森吉町教育委員会 1999『平成10年度埋蔵文化財発掘調査報告書　上悪戸B・C遺跡・姫ヶ岱A・B・C遺跡』
横手市 2007「長蓮寺」『横手市史資料編』
　山形県
酒田市教育委員会 1987『生石2遺跡―宅地造成に伴う緊急発掘調査の概要―』
佐川正敏・鈴木　雅編 2006『山形県東置賜郡高畠町日向洞窟遺跡西地区出土石器群の研究Ⅰ―縄文時代草創期の槍先形尖頭器を中心とする石器製作址の様相―』東北学院大学文学部歴史科佐川ゼミナール
山形県教育委員会 1972『岡山―山形県における原始住居跡と立石遺構―』
山形県教育委員会 1976『小林遺跡発掘調査報告書』
山形県教育委員会 1988『吹浦遺跡第3・4次緊急発掘調査報告書』
山形県教育委員会 1990『押出遺跡発掘調査報告書』（2006年刊行）
山形県教育委員会 1990『川口遺跡発掘調査報告書』（1997年刊行）
山形県教育委員会 1991『西海渕遺跡第1次発掘調査報告書』（2006年刊行）
山形県教育委員会 1992『西海渕遺跡第2次発掘調査報告書』（2006年刊行）
山形県埋蔵文化財センター 1994『西ノ前遺跡発掘調査報告書』
山形県埋蔵文化財センター 1995『宮の前遺跡第2次発掘調査報告書』
山形県埋蔵文化財センター 1999『宮の前遺跡第3次発掘調査報告書』
山形県埋蔵文化財センター 2003『釜淵C遺跡発掘調査報告書』
山形県埋蔵文化財センター 2005『高瀬山遺跡（HO地区）発掘調査報告書』
米沢市教育委員会 2006『台ノ上遺跡発掘調査報告書』
　宮城県
仙台市教育委員会 1996『下ノ内浦・山口遺跡―仙台市高速鉄道関係遺跡調査報告書Ⅴ―』
宮城県教育委員会 1984『東北自動車道遺跡調査報告書Ⅹ』
宮城県教育委員会 1986『田柄貝塚　Ⅰ・Ⅱ・Ⅲ』
　福島県
会津若松市教育委員会 2001『本能原遺跡―上三寄地区県営ほ場整備事業発掘調査報告書―』

福島県文化センター 1989『三春ダム関連遺跡発掘調査報告2　柴原A遺跡（第1次）・折ノ内遺跡』
福島市教育委員会 1991『南諏訪原遺跡―松川小学校移転用地内発掘調査報告―』
船引町教育委員会 1990『船引・堂平遺跡』
三春町教育委員会 1992『西方前遺跡Ⅲ―縄文時代中期末葉から後期前葉の集落跡―本文篇』

茨城県
茨城県教育財団 1986『小場遺跡』

栃木県
上河内村教育委員会 1986『古宿遺跡』
栃木県教育委員会ほか 1997『寺野東遺跡Ⅴ』
栃木県文化振興事業団 1985『上欠遺跡』
栃木県文化振興事業団 1987『御城田』
栃木県文化振興事業団 1994『古宿遺跡』
塩谷町史編さん委員会 1996「佐貫環状列石」『塩谷町史』第1巻　原始・古代資料編

群馬県
安中市教育委員会 1992『天神原遺跡』
安中市教育委員会 1994「天神原遺跡」『中野谷地区遺跡群』
安中市教育委員会 2003「1野村遺跡・野村Ⅱ遺跡」『東上秋間遺跡群発掘調査報告書』
大胡町教育委員会 1994『西小路遺跡』
群馬県教育委員会ほか 1997『行田梅木平遺跡』
群馬県吾妻郡中之条町教育委員会 1985「久森環状列石遺跡」『上沢渡遺跡群』
群馬県埋蔵文化財調査事業団 1986『下佐野遺跡―縄文時代・古墳時代編』
群馬県埋蔵文化財調査事業団 1987『深沢遺跡』
群馬県史編纂委員会 1988「中山遺跡」『群馬県史』資料編1(原始古代1　旧石器・縄文)
群馬県埋蔵文化財調査事業団 1990『田篠中原遺跡』
群馬県埋蔵文化財調査事業団 1993『南蛇井増光寺遺跡Ⅱ』
群馬県埋蔵文化財調査事業団 1997『白川傘松遺跡』
群馬県埋蔵文化財調査事業団 1997『南蛇井増光寺遺跡Ⅵ』
群馬県埋蔵文化財調査事業団 2008『長野原一本松遺跡（4）』
群馬県埋蔵文化財調査事業団 2009『長野原一本松遺跡（5）』
群馬県埋蔵文化財調査事業団 2009『横壁中村遺跡（8）』
群馬県埋蔵文化財調査事業団 2009『横壁中村遺跡（9）』
群馬県埋蔵文化財調査事業団 2010『横壁中村遺跡（11）』

子持村教育委員会 1987『押出遺跡発掘調査概報』
子持村教育委員会 2000『浅田遺跡』
下仁田町遺跡調査会 1997『下鎌田遺跡』
昭和村教育委員会 1995『糸井太夫遺跡』
月夜野町教育委員会 2005『上組北部遺跡群Ⅱ 矢瀬遺跡』
藤岡市教育委員会 2001『東平井寺西遺跡』
北橘村教育委員会 1993「前中後Ⅱ遺跡」『村内遺跡Ⅰ』
松井田町遺跡調査会 1997『新堀東源ヶ原遺跡』
松井田町遺跡調査会 1997『八城二本杉東遺跡・行田大道北遺跡』
松井田町教育委員会 2004『坂本堰下遺跡』
松井田町埋蔵文化財調査会 1999『坂本北裏遺跡』
吉井町教育委員会 2000『多比良天神原遺跡発掘調査報告書』
　埼玉県
大宮市遺跡調査会 1992『下加遺跡』
合角ダム水没地域総合調査会 1995『塚越向山遺跡』
埼玉県埋蔵文化財調査事業団 1988『赤城遺跡』
埼玉県埋蔵文化財調査事業団 1990『雅楽谷遺跡』
埼玉県埋蔵文化財調査事業団 1994『樋ノ下遺跡』
埼玉県埋蔵文化財調査事業団 2000『浜平岩陰・入波沢西・入波沢東』
鈴木正博 2007「馬場小室山遺跡―集落構成としての「環堤土塚」と「第51号土壙」―」『「環状盛土遺構」研究の現段階』馬場小室山遺跡に学ぶ市民フォーラム実行委員会
深谷市教育委員会 2007『上本田遺跡Ⅱ』
　千葉県
青沼道文 2000「加曽利貝塚」『千葉県の歴史　資料編　考古1』千葉県
一の谷遺跡調査会 1984『一の谷西貝塚』
市原市文化財センターほか 2005『市原市西広貝塚Ⅱ』
犬塚俊雄 2000「中沢貝塚」『千葉県の歴史　資料編　考古1』千葉県
印旛郡市文化財センター 1989『長田雉子ヶ原遺跡・長田香花田遺跡』
印旛郡市文化財センター 1999『吉見台遺跡 A 地点』
印旛郡市文化財センター 2009『宮内井戸作遺跡（旧石器時代編）（縄文時代本文・分析編）』
上総国分寺台遺跡調査団編 1977『西広貝塚』
君津郡市文化財センター 1992『岩井遺跡』

佐倉市教育委員会 2010『井野長割遺跡―第 17 次調査報告書・総括報告書―』
田川　良 2000「吉見台貝塚」『千葉県の歴史　資料編　考古 1』千葉県
千葉市教育振興財団 2003『千葉市平和公園遺跡群Ⅰ　多部田貝塚』
千葉市教育振興財団 2007「上谷津第 2 遺跡」『下泉町遺跡群』
流山市教育委員会 2008『三輪野山貝塚発掘調査概要報告書』

　東京都

下宅部遺跡調査団 2006『下宅部遺跡Ⅰ』
新山遺跡調査会・東久留米市教育委員会 1981『新山遺跡』
忠生遺跡調査会 2007『忠生遺跡 A 地区（Ⅰ）』
調布市教育委員会 1980『調布市下布田遺跡』
調布市遺跡調査会編 1982『調布市下布田遺跡―56 年度範囲確認調査―』
東京都国立市遺跡調査会 1994『南養寺遺跡Ⅷ・Ⅸ』
東京都国立市教育委員会 1995『南養寺遺跡Ⅹ』
東京都埋蔵文化財センター 2007『中高瀬遺跡』
なすな原遺跡調査会 1984『なすな原遺跡　No.1 地区調査』
八王子市船田遺跡調査会 1969『船田（図版編）』
町田市教育委員会 1969『田端遺跡調査概報―第 1 次』
町田市教育委員会 2003『田端遺跡』

　神奈川県

市ノ沢団地遺跡調査団 1997『市ノ沢団地遺跡』
大磯町教育委員会 1974『大磯・石神台配石遺構発掘報告書』
神奈川県教育委員会ほか 1972『東正院遺跡調査報告』
神奈川県教育委員会 1977『尾崎遺跡』
神奈川県教育委員会 1977『下北原遺跡』
神奈川県立埋文センター 1992『三ヶ木遺跡』
神奈川県立埋文センター 1992『川尻遺跡』
かながわ考古学財団 1995『大地開戸遺跡』「青野原バイパス関連遺跡」
かながわ考古学財団 1995『宮ヶ瀬遺跡群Ⅴ　馬場（No.6）遺跡』
かながわ考古学財団 2000『三ノ宮下谷戸遺跡』
かながわ考古学財団 2002『用田鳥居前遺跡』
かながわ考古学財団 2002『川尻中村遺跡』
相模原市当麻・下溝遺跡群調査会 1992『神奈川県相模原市下原遺跡』
相模原市当麻・下溝遺跡群調査会 1994『上中丸遺跡（上）』
座間市教育委員会 1966『蟹ヶ澤・鈴鹿遺跡』

曽屋吹上遺跡発掘調査団 2002『曽屋吹上遺跡―200102地点―』
大正大学文学部 1962『大正大学文学部論叢』「神奈川県狩野配石遺跡―縄文時代配石遺跡性格究明への資料」
高山純ほか 1975『曽屋吹上―配石遺構発掘調査報告書―〈図録篇〉』
津久井町教育委員会 1997『寺原遺跡発掘調査報告書』
日本窯業史研究所 2000『松風台遺跡』
埋蔵文化財発掘調査支援協同組合ほか 2007『池端・金山遺跡』
横須賀考古学会 1974『神奈川県金子台遺跡』
横浜市ふるさと歴史財団 1997『市ノ沢団地遺跡（市立市沢小学校地区）』
横浜市ふるさと歴史財団 1999『小丸遺跡』

　新潟県
朝日村教育委員会 2002『アチヤ平遺跡上段』
朝日村教育委員会 2002『元屋敷遺跡Ⅱ（上段）』
糸魚川市教育委員会 1974『細池遺跡』
青海町教育委員会 1987『史跡寺地遺跡　新潟県西頸城郡青海町寺地遺跡発掘調査報告書』
塩沢町教育委員会 1998『原遺跡発掘調査報告書』
栃尾市教育委員会 1961『栃倉』
長岡市教育委員会 1996『中道遺跡―農業基盤整備事業に伴う発掘調査―』
長岡市教育委員会 2002『馬高・三十稲場遺跡―史跡「馬高・三十稲場遺跡」環境整備事業に伴う発掘調査報告Ⅰ―』
中郷村教育委員会 1990『図録 小丸山遺跡』
中郷村教育委員会 1996『籠峰遺跡発掘調査報告書Ⅰ　遺構編』
新潟県教育委員会 1992『五丁歩遺跡・十二木遺跡』
新潟県教育委員会 1996『清水上遺跡Ⅱ』
新潟県教育委員会 2005『北野遺跡Ⅱ（上層）』
見附市教育委員会 1982『羽黒遺跡』
安田町教育委員会 1984『ツベタ遺跡』

　富山県
大山町教育委員会 1990『東黒牧上野遺跡A地区発掘調査概要』
大山町教育委員会 1995『東黒牧上野遺跡A地区』
富山県教育委員会 1973『直坂遺跡発掘調査概要』
富山県教育委員会 1978『富山県立山町二ツ塚遺跡緊急発掘調査概要』
富山市教育委員会 1997『史跡北代遺跡発掘調査概要』

石川県

石川県教育委員会 1976『野々市町御経塚遺跡調査（第 8 次）概報』
石川県立埋蔵文化財センター 1989『金沢市米泉遺跡』
金沢市教育委員会 1983『金沢市新保本町チカモリ遺跡―遺構編―』
能都町教育委員会 2002『石川県能都町真脇遺跡 2002』
能登町教育委員会 2006『石川県鳳簾珠郡能登町　真脇遺跡 2006』
能都町教育委員会・真脇遺跡発掘調査団 1986『石川県能都町　真脇遺跡』
野々市町教育委員会 1983『野々市町御経塚遺跡』

山梨県

明野村教育委員会 1986『清水端遺跡』
雨宮正樹ほか 1988「山梨県青木遺跡調査概報」『山梨県考古学協会誌』2
上野原町教育委員会 1998「狐塚遺跡」『上野原町の遺跡』
上野原町教育委員会 2000『原・郷原遺跡』
閏間俊明 2007「女夫石遺跡」『発掘された日本列島 2007』新発見考古速報、文化庁編、
　朝日新聞社
大泉村教育委員会 1986『豆生田第 3 遺跡』
大泉村教育委員会 1987『姥神遺跡』
大泉村教育委員会 2002『古林第 4 遺跡Ⅱ』
上ノ原遺跡調査団 1999『上ノ原遺跡』
佐野　隆 1996「諏訪原遺跡」『北巨摩市町村文化財担当者会年報―平成 7 年度』
社口遺跡発掘調査団 1997『社口遺跡第 3 次調査報告書』高根町教育委員会
十菱駿武「大柴遺跡」『須玉町史』史料編 1、須玉町史編纂委員会
高根町教育委員会ほか 1987『石堂 B 遺跡』第二次調査
都留市史編纂委員会 1986「牛石遺跡」「久保地遺跡」「尾咲原遺跡」『都留市史』資料
　編地史・考古
長坂町教育委員会 2002『越中久保遺跡』
西桂町教育委員会 1993『宮の前遺跡』
韮崎市教育委員会 1989『後田遺跡』
韮崎市教育委員会 1990『北後田遺跡』
韮崎市教育委員会 2001『石之坪遺跡（西地区 3）』
白州町教育委員会 1985『根古屋遺跡』
白州町教育委員会 1993『上北田遺跡』
富士吉田市史編さん委員会 1997『池之元遺跡発掘調査研究報告書』
六科山遺跡調査団 1985『山梨県六科丘遺跡』櫛形町教育委員会

山梨県教育委員会 1975『山梨県中央道埋蔵文化財包蔵地発掘調査報告書』―北巨摩郡長坂・明野・韮崎地内―
山梨県考古学協会 1990『縄文時代屋外配石の変遷』
山梨県埋蔵文化財センター 1987『郷蔵地遺跡』山梨県教育委員会ほか
山梨県埋蔵文化財センター 1987『釈迦堂』Ⅱ、山梨県教育委員会ほか
山梨県埋蔵文化財センター 1989『金生遺跡』Ⅱ、山梨県教育委員会
山梨県埋蔵文化財センター 1994『天神遺跡』山梨県教育委員会
山梨県埋蔵文化財センター 1996『九鬼Ⅱ遺跡』山梨県教育委員会ほか
山梨県埋蔵文化財センター 1996『中谷遺跡』山梨県教育委員会ほか
山梨県埋蔵文化財センター 1997『大月遺跡』1、山梨県教育委員会
山梨県埋蔵文化財センター 1997『酒呑場遺跡』山梨県教育委員会ほか
山梨県埋蔵文化財センター 1995『宮の前遺跡』山梨県教育委員会
山梨県埋蔵文化財センター 1998『甲ツ原遺跡』4、山梨県教育委員会ほか
山梨県埋蔵文化財センター 2001『塩瀬下原遺跡(第4次調査)』山梨県教育委員会ほか
山梨県埋蔵文化財センター 2004『酒呑場遺跡』山梨県教育委員会ほか
山梨県埋蔵文化財センター 2005『原町農業高校前遺跡（第2次）』山梨県教育委員会

長野県

穴場遺跡調査団 1983『穴場Ⅰ』諏訪市教育委員会
飯田市教育委員会 1994『中村中平遺跡』
大場磐雄・永峯光一・原 嘉藤 1963「長野県東筑摩郡四賀村井刈遺跡調査概報」『信濃』Ⅲ、15―12
大町市教育委員会 1990『一津』
岡谷市教育委員会 1996『花上寺遺跡』
大桑村教育委員会 2001『中山間総合整備事業地内埋蔵文化財発掘調査報告書』
大参義一 1984「栃原岩陰遺跡発掘調査報告書」―昭和58年度―」北相木村教育委員会
神村 透 1998『お玉の森遺跡1（第9次）』日義村教育委員会
久保田遺跡発掘調査団 1984『久保田』小諸市教育委員会
駒ヶ根市教育委員会ほか 1990『反目・遊光・殿村・小林遺跡』
駒ヶ根市教育委員会ほか 1995『長野県駒ヶ根市的場・門前遺跡』
塩尻市教育委員会 1986『爼原遺跡』
島田哲男ほか 1982「上浅野遺跡・山崎古墳」『長野県史』考古資料編（北・東　信）
棚畑遺跡発掘調査団 1990『棚畑』茅野市教育委員会
茅野市教育委員会 1994『勝山遺跡』
辻沢南遺跡発掘調査団 1988『辻沢南遺跡』駒ヶ根市教育委員会ほか

戸倉町教育委員会 1990『円光房遺跡』
殿村遺跡発掘調査団 1987『殿村遺跡』山形村教育委員会ほか
㈶長野県文化振興事業団長野県埋蔵文化財センターほか 1993『中央自動車道長野線埋蔵文化財発掘調査報告書2―明科町内―北村遺跡』
㈶長野県文化振興事業団長野県埋蔵文化財センター 2000『上信越自動車道埋蔵文化財発掘調査報告書』19―小諸市内―
㈶長野県文化振興事業団長野県埋蔵文化財センター 2003『国営アルプスあづみの公園埋蔵文化財発掘調査報告書2 大町市内その1 山の神遺跡』
㈶長野県文化振興事業団長野県埋蔵文化財センター 2005『担い手育成基盤整備事業（芹ヶ沢地区）国道299号線バイパス建設事業埋蔵文化財発掘調査報告書』聖石遺跡・長峯遺跡（別田沢遺跡）
長野県教育委員会ほか 1982『昭和50年度長野県中央道埋蔵文化財包蔵地発掘調査報告書』茅野市・原村その1（阿久遺跡）
長野県文化財保護協会 1976『上原』（復刻）
永峯光一・樋口昇一 1967「長野県唐沢岩陰」『日本の洞穴遺跡』日本考古学協会洞穴遺跡調査特別委員会
原村 1985『原村誌』上巻（前尾根遺跡）
富士見町教育委員会 1978『曽利』第三・四・五次発掘調査報告書
穂高町教育委員会 1972『離山遺跡』
八幡一郎 1976『信濃大深山遺跡』川上村教育委員会

岐阜県
㈶岐阜県教育文化財団文化財保護センター 2005『上岩野遺跡』
㈶岐阜県教育文化財団文化財保護センター 2007『塚奥山遺跡』
澄田正一・安達厚三 1967「岐阜県九合洞穴」『日本の洞穴遺跡』日本考古学協会洞穴遺跡調査特別委員会
高木宏和編 2008『渡来川北遺跡』美濃市教育委員会
堂之上遺跡発掘調査団 1997『堂之上遺跡』久々野町教育委員会
戸田哲也 1980『堂ノ上遺跡第6・7次調査報告書』久々野町教育委員会
中野山越遺跡発掘調査団 1993『中野山越遺跡発掘調査報告書』
飛騨市教育委員会 2012『島遺跡2・塩屋金清神社遺跡3』
宮川村埋蔵文化財調査室 1996『堂ノ前遺跡発掘調査報告書』

静岡県
芦川忠利・池谷初恵 1994『五輪・観音洞・元山中・陰洞遺跡』三島市教育委員会
池田　純・青木克巳ほか 1977『上長尾遺跡Ⅰ』中川根町教育委員会

伊藤昌光編 1985『沼久保坂上遺跡』富士宮市教育委員会
稲垣甲子男・中野国雄ほか 1966『桑原』蒲原町教育委員会
井鍋誉之ほか 2001『富士川SA関連遺跡（遺構編・遺物編）』財団法人 静岡県埋蔵文化財調査研究所
馬飼野行雄・渡井英誉 1997『滝戸遺跡』富士宮市教育委員会
漆畑　稔・秋本真澄など 1986『仲道A遺跡』大仁町教育委員会
長田　実 1972「初島宮前遺跡」『熱海市史 資料編』熱海市
小野真一編 1975『千居』加藤学園考古学研究所
小野真一ほか 1983『修善寺大塚』修善寺町教育委員会
小野真一・長倉紫朗・石谷紘一 1979『年川前田』修善寺町教育委員会
小金澤保雄ほか 2004『原畑遺跡』中伊豆町教育委員会
小林孝子ほか 1956「上長尾遺跡調査報告」『大井川流域の文化』Ⅲ、静岡県立島田高等学校郷土研究部
鈴木弘蔵ほか 1953「上長尾遺跡調査報告」『大井川流域の文化』静岡県立島田高等学校郷土研究部
瀬川裕市郎ほか 1990『静岡県史 資料編1 考古一』
瀬川裕市郎・山崎克己ほか 1992『静岡県史 資料編3 考古三』
平野吾郎・鈴木裕篤・関野哲夫編 1979『上白岩遺跡発掘調査報告書』中伊豆町教育委員会
平林将信ほか 1984『天間沢遺跡Ⅰ』富士市教育委員会
平林将信ほか 1985『天間沢遺跡Ⅱ』富士市教育委員会
松浦哲二・飯塚博和ほか 1978『上長尾遺跡Ⅱ』中川根町教育委員会
向坂鋼二 1972「半場遺跡と平沢遺跡」『佐久間町史　上巻』引佐郡佐久間町
渡井英誉ほか 2007『滝戸遺跡Ⅱ』富士宮市教育委員会

愛知県

天野暢保 1985『大砂遺跡2』旭町教育委員会
天野暢保・鈴木茂夫・鈴木昭彦 1979『今朝平遺跡概報』足助町教育委員会
天野暢保・鈴木茂夫・鈴木昭彦 1981『馬場遺跡概報』足助町教育委員会
石黒立人編 1991『朝日遺跡Ⅰ』愛知県埋蔵文化財センター
伊藤敬行・内山邦夫・田中　稔・久永春男 1961『牛牧遺跡』守山市教育委員会
長田友也編 2011『水汲遺跡 第2・3・5・6次調査』豊田市教育委員会
小野田勝一・春成秀爾・西本豊弘 1988『伊川津遺跡』渥美町教育委員会
白石浩之 2009『宮西遺跡の発掘記録3』愛知学院大学文学部歴史学科
鈴木昭彦 1988「沢尻遺跡」『愛知県埋蔵文化財情報』3、愛知県教育委員会

鈴木昭彦 1989「木用遺跡」『愛知県埋蔵文化財情報』4、愛知県教育委員会
永井邦仁編 2005『水入遺跡』愛知県埋蔵文化財センター
長江洋一・増子康眞 1995『クダリヤマ遺跡』稲武町教育委員会
前田清彦編 1993『麻生田大橋遺跡発掘調査報告書』豊川市教育委員会
増子康眞・坂野俊哉 1999『ヒロノ遺跡 第2次調査報告書』稲武町教育委員会
松井孝宗・高橋健太郎 1999『中川原遺跡』豊田市教育委員会
山下勝年編 1983『林ノ峰貝塚Ⅰ』南知多町教育委員会
山下ひろみほか 1997『間瀬口遺跡』知立市教育委員会
余合昭彦・石黒立人 1993『三斗目遺跡・三本松遺跡』愛知県埋蔵文化財センター
渡辺　誠・小笠原久和 1982『形原遺跡発掘調査報告書』蒲郡市教育委員会
渡辺　誠ほか 2002『愛知県史　資料編1　旧石器・縄文』愛知県

三重県

油田秀紀 1991『雲林院青木遺跡調査概報』芸濃町教育委員会
伊藤徳也・森川幸雄 1992『平成3年度農業基盤整備事業地域埋蔵文化財調査報告1』三重県埋蔵文化財センター
奥　義次・御村清治・田村陽一 2011『森添遺跡』度会町教育委員会
小山憲一・小濵　学ほか 2008『大原堀遺跡発掘調査報告—第2・3次調査—』三重県埋蔵文化財センター
角正順子・穂積裕昌 2003『覚正垣内遺跡』三重県埋蔵文化財センター
門田了三 1997『三重県名張市夏見下川原遺跡5次調査概要』名張市遺跡調査会
小濵　学 1997『新徳寺遺跡』三重県埋蔵文化財センター
田村陽一 1991『埋蔵文化財発掘調査報告　堀之内遺跡C地区』三重県埋蔵文化財センター
田村陽一ほか 1996『上ノ垣外遺跡』三重県埋蔵文化財センター
中川　明 1997『粥見井尻遺跡発掘調査報告』三重県埋蔵文化財センター
西村美幸 1996『井尻遺跡発掘調査報告』三重県埋蔵文化財センター
松本　覚・春日井恒 1993『川向遺跡発掘調査報告書』北勢町教育委員会
森川幸雄編 1995『天白遺跡』三重県埋蔵文化財センター
和氣清章 2000「下沖遺跡発掘調査報告」『嬉野町埋蔵文化財調査報告』14集
和氣清章 2003「天白遺跡発掘調査概要」『嬉野町埋蔵文化財調査報告』18集
門田了三 1997『三重県名張市夏見下川原遺跡5次調査概要』名張市遺跡調査会

滋賀県

植田文雄 1996「正楽寺遺跡」『能登川町埋蔵文化財調査報告書』第40集
小島孝修 2002「弁天島遺跡」『ほ場整備関係遺跡発掘調査報告書』29-5、滋賀県教育

委員会
滋賀県教育委員会 2010「相谷熊原遺跡　発掘調査現地説明会」資料
篠宮　正 1986『ほ場整備関係遺跡発掘調査報告書ⅩⅢ-5』滋賀県教育委員会
田辺昭三ほか 1973『湖西線関係遺跡発掘調査報告書』
仲川　靖ほか 1994『一般国道161号線建設に伴う穴太遺跡発掘調査報告書Ⅰ』滋賀県教育委員会
仲川　靖ほか 1997『一般国道161号線建設に伴う穴太遺跡発掘調査報告書Ⅱ』滋賀県教育委員会
中村健二編 1996『小川原遺跡 ほ場整備関係遺跡発掘調査報告書ⅩⅩⅢ-5』滋賀県教育委員会
丸山竜平ほか 1982「弘部野」『今津町文化財報告書第1集』

　京都府
泉　拓良・宇野隆夫 1985『京都大学埋蔵文化財調査報告書Ⅲ　北白川追分町縄文遺跡の調査』
岩松　保ほか 2009「大山崎大枝線道路改良事業関係遺跡発掘調査報告」『京都府遺跡調査報告集』第133冊
近藤義行 1977「森山遺跡発掘調査概報」『城陽市埋蔵文化財調査報告書 第6集』
菅田　薫 1987「日野谷寺町遺跡」『京都市埋蔵文化財調査概要　昭和59年度』
高橋　潔 2009「京都市上里遺跡—縄文時代晩期集落遺跡の調査—」『関西縄文時代の集落と地域社会—関西縄文文化研究会第10回研究集会—』
中村徹也 1974『京都大学理学部ノートバイオトロン実験装置室新営工事に伴う埋蔵文化財発掘調査の概要』
肥後弘幸ほか 1989『京都府遺跡調査報告書第12冊　志高遺跡』京都府埋蔵文化財センター
森下　衛ほか 1994「恭仁宮跡」『埋蔵文化財発掘調査概報』京都府教育委員会

　大阪府
岩崎二郎・松尾信裕 1986『仏並遺跡発掘調査報告書』大阪府埋蔵文化財協会
菅原章太 2009「生駒西麓・縄文集落の動態—縄手遺跡を中心に—」『関西縄文時代の集落と地域社会—関西縄文文化研究会第10回研究集会—』
杉本厚典 2002『長原遺跡東部地区発掘調査報告Ⅴ』大阪市文化財協会
中村友博ほか 1976『縄手遺跡1』縄手遺跡調査会・東大阪市教育委員会
松尾信裕ほか 1983『長原遺跡発掘調査報告Ⅲ』大阪市文化財協会
山元　建編 2000『向出遺跡』大阪府文化財調査研究センター

　兵庫県

池田　毅 1992「印路遺跡」『平成2年度神戸市埋蔵文化財年報』神戸市教育委員会
石松　崇 1997『月岡遺跡発掘調査実績報告書』香住町教育委員会
上垣幸徳 1998「若宮遺跡」『平成9年度年報』兵庫県教育委員会
神戸市教育委員会 1993『神戸市兵庫区大開遺跡発掘調査報告書』
篠宮　正 2009『東南遺跡』兵庫県教育委員会
下條信行・定森秀夫ほか 1984『神戸市篠原A遺跡』平安博物館
多渕敏樹 1992「篠原遺跡」『兵庫県史考古資料編』
松林宏典 1997「五番町遺跡第5次調査」『平成6度神戸市埋蔵文化財年報』神戸市教育委員会
三村修次 1992「東南遺跡」『兵庫県史 考古資料編』兵庫県史編纂委員会

奈良県

島田　暁・小島俊次 1958「布留遺跡」『奈良県史跡名勝天然記念物調査抄報』第10輯
鈴木一義ほか 2009「観音寺本馬遺跡（観音寺Ⅰ区）」『奈良県遺跡調査概報2008年度　第3分冊』奈良県立橿原考古学研究所
橋本裕行 1998「竹内遺跡第14・15次発掘調査概報」『奈良県遺跡調査概報1997年度　第3分冊』奈良県立橿原考古学研究所
橋本裕行ほか 2005「宮の平遺跡Ⅲ」『奈良県立橿原考古学研究所報告』第89冊
久野邦雄・寺沢　薫 1977「竹内遺跡発掘調査概報」『奈良県遺跡調査概報1976年度』奈良県立橿原考古学研究所
前坂尚志 2004「中遺跡第4次」『大和を掘る22』奈良県立橿原考古学研究所附属博物館
水野敏典ほか 1999「大柳生遺跡群7・8次」『奈良県遺跡調査概報1998年度』奈良県立橿原考古学研究所

和歌山県

渋谷高秀・佐伯和也 2005『徳蔵地区遺跡』和歌山県文化財センター
武内雅人 1997『溝ノ口遺跡発掘調査報告書』和歌山県文化財センター
田中元治 2010『西飯降Ⅱ遺跡・丁ノ町・妙寺遺跡』一般国道24号線京名和自動車道改築事業に伴う第1次・第2次発掘調査報告書　和歌山県文化財センター
冨永里菜 2009「中飯降遺跡の発掘調査」『関西縄文時代の集落と地域社会―関西縄文文化研究会第10回研究集会―』
中尾憲市・前田敬彦 1984『溝ノ口遺跡Ⅰ』海南市教育委員会

鳥取県

青木遺跡発掘調査団 1978『青木遺跡発掘調査報告書Ⅲ』
智頭町教育委員会 2006『智頭枕田遺跡Ⅰ』
㈶鳥取県教育文化財団 1985『中国横断自動車道岡山・米子線建設工事に伴う埋蔵文

化財発掘調査報告書　上福万遺跡・日下遺跡・石州府第 1 遺跡・石州府古墳群』
㈶米子市教育文化事業団 1998『長砂第 3・4 遺跡』
　島根県
邑智町教育委員会 2001『沖丈遺跡』
奥出雲町教育委員会 2008『寺宇根遺跡』
島根県教育委員会 1998『板屋Ⅲ遺跡』
島根県教育委員会 1999『蔵小路西遺跡』
島根県教育委員会 2002『下山遺跡（2）』
島根県教育委員会 2005『宮ノ脇遺跡・家の後Ⅱ遺跡 1』
島根県教育委員会 2006『原田遺跡（2）』
島根県教育委員会 2007『原田遺跡（3）』
島根県教育委員会 2007『林原遺跡』
島根県教育委員会 2008『原田遺跡（4）』
仁多町教育委員会 1990『下鴨倉遺跡』
匹見町教育委員会 1990『石ヶ坪遺跡』
匹見町教育委員会 1991『水田ノ上遺跡・長グロ遺跡・下正ノ田遺跡』
匹見町教育委員会 1993『ヨレ遺跡・イセ遺跡・筆田遺跡』
匹見町教育委員会 1995『前田中遺跡』
匹見町教育委員会 1990『石ヶ坪遺跡』
　岡山県
岡山大学埋蔵文化財調査研究センター 2006『津島岡大遺跡 17 ―第 23・24 次調査―』
　広島県
広島大学文学部帝釈峡遺跡群発掘調査室 1995『広島大学文学部帝釈峡遺跡群発掘調査室年報Ⅹ』
　徳島県
徳島県教育委員会 1988『土成町北原遺跡』
㈶徳島県埋蔵文化財センター 1993『四国縦貫自動車道建設に伴う埋蔵文化財発掘調査報告 3　桜ノ岡遺跡（Ⅰ）・桜ノ岡遺跡（Ⅲ）』
㈶徳島県埋蔵文化財センター 1994『四国縦貫自動車道建設に伴う埋蔵文化財発掘調査報告 5　日吉谷遺跡』
㈶徳島県埋蔵文化財センター 1997『庄遺跡Ⅱ』
㈶徳島県埋蔵文化財センター 2001a『四国縦貫自動車道建設に伴う埋蔵文化財発掘調査報告 18　大柿遺跡Ⅰ』
㈶徳島県埋蔵文化財センター 2001b『四国縦貫自動車道建設に伴う埋蔵文化財発掘調

査報告19　土井遺跡』
㈶徳島県埋蔵文化財センター 2003『矢野遺跡（Ⅱ）（縄文時代篇）』
㈶徳島県埋蔵文化財センター 2007『田井遺跡』
徳島市埋蔵文化財発掘調査委員会 1997『三谷遺跡』
名東遺跡発掘調査委員会 1990『名東遺跡発掘調査概要』
　香川県
香川県埋蔵文化財調査センター 1996『四国横断自動車道建設に伴う埋蔵文化財発掘
　　調査報告23　龍川五条遺跡Ⅰ』
香川県埋蔵文化財調査センター 1998『四国横断自動車道建設に伴う埋蔵文化財発掘
　　調査報告29　龍川五条遺跡Ⅱ・飯野東分山崎南遺跡』
高松市教育委員会 1995『井手東Ⅱ遺跡』
高松市教育委員会 2004『東中筋遺跡―第2次調査―』高松市埋蔵文化財調査報告70
　愛媛県
岩谷遺跡発掘調査団 1979『岩谷遺跡』
㈶愛媛県埋蔵文化財調査センター 1981『一般国道33号砥部道路関係埋蔵文化財調査
　　報告書Ⅱ』
㈶愛媛県埋蔵文化財調査センター 2000『阿方遺跡・矢田八反坪遺跡』
㈶愛媛県埋蔵文化財調査センター 2004『善応寺畦地遺跡・大相院遺跡・別府遺跡』
㈶愛媛県埋蔵文化財調査センター 2005『長網Ⅰ遺跡・長網Ⅱ遺跡・実報寺高志田遺跡』
愛媛大学法文学部考古学研究室 1993『江口貝塚Ⅰ―縄文前中期編―』
㈶愛媛県埋蔵文化財センター 2009『上郷遺跡』
西条市教育委員会・㈶愛媛県埋蔵文化財調査センター 2009『池の内遺跡2次調査』
山神遺跡学術調査委員会 1975『山神遺跡』
　高知県
㈶高知県文化財団埋蔵文化財センター 2001『居徳遺跡群Ⅰ』
㈶高知県文化財団埋蔵文化財センター 2002『居徳遺跡群Ⅲ』
㈶高知県文化財団埋蔵文化財センター 2003『居徳遺跡群Ⅳ』
㈶高知県文化財団埋蔵文化財センター 2004『居徳遺跡群Ⅵ』
㈶高知県文化財団埋蔵文化財センター 2004『田村遺跡群Ⅱ　第2分冊』
㈶高知県文化財団埋蔵文化財センター 2004『田村遺跡群Ⅱ　第7分冊』
㈶高知県文化財団埋蔵文化財センター 2006『田村遺跡群Ⅱ　第9分冊』
西土佐村教育委員会 1999『大宮・宮崎遺跡Ⅰ』
春野町教育委員会 2003『仁ノ遺跡』
本山町教育委員会 1993『松ノ木遺跡Ⅲ』

本山町教育委員会 2000『松ノ木遺跡Ⅴ』
　福岡県
うきは市教育委員会 2010『三春大碇遺跡 2』
上毛町教育委員会 2010『下唐原龍右エ門屋敷遺跡』
福岡県教育委員会 1980『二丈・浜玉道路関係埋蔵文化財調査報告』
豊前市教育委員会 2000・2001『狭間宮ノ下遺跡』
　佐賀県
鳥栖市教育委員会 2000『蔵上遺跡Ⅲ』
　長崎県
島原市教育委員会 2011『小原下遺跡―株式会社東洋機工製作所工場建設に伴う発掘調査報告―』
富江町教育委員会 1998『宮下貝塚』富江町文化財報告書
　熊本県
大津町教育委員会瀬田裏遺跡調査団 1992『瀬田裏遺跡調査報告』
大津町教育委員会瀬田裏遺跡調査団 1993『瀬田裏遺跡調査報告Ⅱ』
熊本県教育委員会 1993『曽畑―曽畑貝塚・低湿地の調査』
熊本県教育委員会 1993『白鳥平 A 遺跡』
熊本県教育委員会 1995『無田原遺跡』
熊本県教育委員会 2000『万楽寺出口遺跡・山海道遺跡』
熊本県教育委員会 2000『灰塚遺跡 (1)』
熊本県教育委員会 2002『石の本遺跡群Ⅴ』
熊本市教育委員会 1999「健軍神社周辺遺跡群　第 7 次調査区」『熊本県埋蔵文化財調査年報　第 2 号』
熊本市教育委員会 1999『太郎迫遺跡・妙見遺跡』
　大分県
大分県 1983『大分県史　先史篇 1』
大分県教育委員会 1989『佐知遺跡』
大分県教育委員会 1990『若杉遺跡　十文字原遺跡　ふいが城遺跡　九州横断自動車道関係埋蔵文化財発掘調査報告書 (2)』
大分県教育委員会 2003『槙遺跡』
賀川光夫 1971『大分県の考古学』吉川弘文館
竹田市教育委員会 2011『下深迫遺跡　下坂田東遺跡　下坂田西遺跡』
　宮崎県
清武町教育委員会 2003『滑川第 1 遺跡』

清武町教育委員会 2009『上猪ノ原遺跡—2』
田野町教育委員会 1986『芳ヶ迫第 1 遺跡』
田野町教育委員会 1990『丸野第 2 遺跡』
田野町教育委員会 2004『本野原遺跡』
田野町教育委員会 2005『本野原遺跡二』
都城市 2006「伊勢谷第 1 遺跡」『都城市史』
都城市教育委員会 2013『平松遺跡』
宮崎市教育委員会 2006『本野原遺跡三』
宮崎県埋蔵文化財センター 2006『下耳切第 3 遺跡』
宮崎県埋蔵文化財センター 2007『野首第 2 遺跡　第一分冊』
宮崎県埋蔵文化財センター 2008『野首第 2 遺跡　第二分冊』
宮崎県埋蔵文化財センター 2009『尾花 A 遺跡』
宮崎県埋蔵文化財センター 2011『野地久保畠遺跡　森ノ上遺跡』
宮崎市教育委員会 2011『下猪ノ原遺跡　第二地区』
　鹿児島県
出水市教育委員会 2000『出水貝塚』
市来町教育委員会 1991『川上（市来）貝塚』
鹿児島県立埋蔵文化財センター 1997『干迫遺跡』
鹿児島県教育委員会 1993『飯盛ヶ岡遺跡』
鹿児島県教育委員会 1999『前畑遺跡』
鹿児島県立埋蔵文化財センター 2001『上野原遺跡（第 10 地点）』
鹿児島県立埋蔵文化財センター 2003『城ヶ尾遺跡』
鹿児島市教育委員会 1979『大龍遺跡—大龍小学校プール建設に伴う埋蔵文化財発掘調査報告書—』
鹿児島市教育委員会 1982『大龍遺跡—大龍小学校改築に伴う埋蔵文化財の第 2・3・4 次発掘調査報告書—』
加世田市教育委員会 1972『上加世田遺跡発掘調査概要　1972　第 5 次』
加世田市教育委員会 1985『上加世田遺跡 -1（第Ⅰ地点・第Ⅱ地点）』
河口貞徳 1973「上加世田遺跡」『鹿児島考古』7
肝付町教育委員会 2012『鐘付遺跡』
垂水市教育委員会 2006『柊原貝塚　Ⅱ』
中種子町教育委員会 2004『園田遺跡　大園遺跡』
南種子町教育委員会 2002『藤平小田遺跡』南種子町埋蔵文化財発掘調査報告書 9
屋久町教育委員会・横峯遺跡発掘調査団 2004『屋久島横峯遺跡発掘調査報告書』

沖縄県
宜野湾市教育委員会 1991『ヌバタキ　都市計画街路2-1-1号建設に係る緊急発掘調査』

執筆者一覧（50音順）

石坂　茂（いしざか　しげる）
1952（昭和27）年生まれ
明治大学文学部考古学専攻卒業
公益財団法人群馬県埋蔵文化財調査事業団
「関東・中部地方の環状列石―中期から後期への変容とその地域的様相を探る―」『研究紀要』22、群馬県埋蔵文化財調査事業団、2004、「環状列石（関東・中部地方）」『縄文時代の考古学』11、同成社、2007、「特集　日本のストーンサークル　北関東地方の諸遺跡」『季刊考古学』107、雄山閣、2007、「配石遺構にみる階層的様相」『考古学ジャーナル』612、ニュー・サイエンス社、2011

遠藤　香澄（えんどう　かすみ）
1952（昭和27）年生まれ
北海道大学文学部史学科西洋史学専攻
元 公益財団法人 北海道埋蔵文化財センター　調査部課長
「条痕文系平底土器（道央・道南地域）」『総覧 縄文土器』㈱アム・プロモーション、2008
「縄文系平底土器」『総覧 縄文土器』同上
「北海道南部の縄文集落の葬墓制」（共著）『縄文集落の多様性Ⅱ　葬墓制』雄山閣、2010

川添　和暁（かわぞえ　かずあき）
1971（昭和46）年生まれ
南山大学大学院人間文化研究科人類学専攻博士後期課程修了　博士（人類学）
公益財団法人 愛知県教育・スポーツ振興財団 愛知県埋蔵文化財センター 調査研究主任
『先史社会考古学―骨角器・石器と遺跡形成からみた縄文時代晩期―』六一書房、2011
「縄文時代後期注口土器の残存状況に基づく分析―豊田市今朝平遺跡出土資料より―」『研究紀要（愛知埋文）』12、2011

熊谷　常正（くまがい　つねまさ）
1952（昭和 27）年生まれ
國學院大學文学部
盛岡大学文学部　教授
「地域の諸相　2 東北」『講座　日本の考古学 3　縄文時代（上）』青木書店、2013
『南部北上高地における粘板岩系石器の研究』日本学術振興会科学研究費研究成果報
　告書、2013

児玉　大成（こだま　たいせい）
1972（昭和 47）年生まれ
青森大学経営学部
青森市教育委員会　文化財主査
「縄文時代における環状列石の石材運搬について」『研究紀要』14、青森県埋蔵文化
　財調査センター、2009
「土器の編年　縄文後期」「環状列石」『青森県史　資料編　考古 2』青森県、2013

小林　圭一（こばやし　けいいち）
1961（昭和 36）年生まれ
早稲田大学大学院文学研究科修士課程史学（考古学）専攻　博士（文学）
公益財団法人山形県埋蔵文化財センター
『亀ヶ岡式土器成立期の研究―東北地方における縄文時代晩期前葉の土器型式―』早
　稲田大学総合研究機構先史考古学研究所、2010

鈴木　克彦（すずき　かつひこ）
1948（昭和 23）年生まれ
國學院大學大学院文学研究科考古学専攻博士課程途中退学
考古学ジャーナリスト　弘前学院大学地域総合文化研究所　客員研究員
『北日本の縄文後期土器編年の研究』雄山閣出版、2001
『注口土器の集成研究』雄山閣出版、2007

堂込　秀人（どうごめ　ひでと）
1958（昭和33）年生まれ
広島大学文学部史学科考古学専攻卒
公益財団法人 鹿児島県文化振興財団埋蔵文化財調査センター長
「南西諸島における竪穴住居跡」『古代文化』47―1、古代学協会、1995
「鹿児島県の石器からみた弥生時代の様相」『考古論集―川越哲志先生退官記念論集
　　―』2005
「南島の先史古代文化と文化交流」『史跡で読む日本の歴史1』吉川弘文館、2009

中村　豊（なかむら　ゆたか）
1970（昭和45）年生まれ
立命館大学大学院修士課程
徳島大学大学院ソシオ・アーツ・アンド・サイエンス研究部　准教授
『縄文・弥生移行期の石製呪術具3』文部省科学研究費報告書
「列島西部における石棒の終末―縄文晩期後半における東西交流の一断面―」『縄文
　　時代』16、縄文時代文化研究会、2005
「縄文－弥生移行期の大型石棒祭祀」『縄文時代の考古学11　心と信仰』同成社、
　　2007

新津　健（にいつ　たけし）
1949（昭和24）年生まれ
上智大学大学院文学研究科修士課程修了
元 山梨県埋蔵文化財センター　所長
「縄文晩期集落の構成と動態」『縄文時代』3、縄文時代文化研究会、1992
『猪の文化史』考古編・歴史編、雄山閣、2011

林　克彦（はやし　かつひこ）
1968（昭和43）年生まれ
青山学院大学大学院文学研究科史学専攻博士後期課程中退
公益財団法人美術工芸振興佐藤基金　石洞美術館　学芸員
「「天神原式」土器の研究」『青山考古』13・14・17、1996・1997・2000
「高井東式土器」「天神原式土器」『総覧 縄文土器』㈱アム・プロモーション、2008

松田　真一（まつだ　しんいち）
1950（昭和25）年生まれ
明治大学文学部史学地理学科考古学専攻
天理大学附属天理参考館　特別顧問
香芝市二上山博物館　館長
『遺跡を学ぶ　大川遺跡』新泉社、2014
「押型文土器期の遺跡動静からみた生業活動」『東海地方における縄文時代早期前葉の諸問題』東海縄文研究会、2014

武藤　祐浩（むとう　まさひろ）
1963（昭和38）年生まれ
秋田大学教育学部卒業
秋田県教育庁文化財保護室
「大地湾遺跡について」秋田県埋蔵文化財センター研究紀要10、1995
「下部単孔土器」『総覧 縄文土器』㈱アム・プロモーション、2008

渡邊　裕之（わたなべ　ひろゆき）
1968（昭和43）年生まれ
明治大学大学院文学研究科史学専修考古学専攻　博士前期課程
新潟県教育庁文化行政課　世界遺産登録推進室　専門調査員
「新潟県北東部における縄文晩期前葉の土器群」『新潟県の考古学Ⅱ』新潟県考古学会、2009

2014年5月25日　初版発行　　　　　　　　　　《検印省略》

●シリーズ　縄文集落の多様性Ⅳ●
信仰・祭祀

編　者　鈴木克彦
発行者　宮田哲男

発行所　株式会社　雄山閣
　　　　〒102-0071　東京都千代田区富士見2-6-9
　　　　TEL 03-3262-3231　FAX 03-3262-6938
　　　　振替 00130-5-1685
　　　　http://www.yuzankaku.co.jp

印刷・製本　ティーケー出版印刷株式会社

Ⓒ KATSUHIKO SUZUKI 2014　　　　　　　　Printed in Japan
ISBN978-4-639-2315-9 C3021　　　　　　　N.D.C. 210 354P 22cm

シリーズ 縄文集落の多様性

南北に連なる日本列島の豊かな自然環境のもとに形成された縄文時代の集落形成には、地域と年代により多様性があることが知られている。
その多様な縄文時代の集落について、20世紀代第4四半期に日本各地において発掘された資料に今世紀に発掘された新資料を加え、「縄文集落」の全体像を明らかにする。

全4巻・好評発売中

Ⅰ	集落の変遷と地域性	2009年10月刊行	本体 5,200円
Ⅱ	葬墓制	2010年 7月刊行	本体 5,600円
Ⅲ	生活・生業	2012年 5月刊行	本体 5,500円
Ⅳ	信仰・祭祀 (本巻)	2014年 5月刊行	本体 5,600円

シリーズ縄文集落の多様性Ⅰ
集落の変遷と地域性

■内 容■

総 説		〈鈴木保彦〉
Ⅰ	北海道の縄文集落と地域社会	〈小杉 康〉
Ⅱ	東北地方の縄文集落の社会組織と村落	〈鈴木克彦〉
Ⅲ	関東・東海地方の縄文集落と縄文社会	〈鈴木保彦〉
Ⅳ	北陸・中部地方の縄文集落と世界観	〈櫛原功一〉
Ⅴ	関西地方の縄文集落と縄文社会	〈瀬口眞司〉
Ⅵ	中国・四国地方の縄文集落と縄文社会	〈丹羽佑一〉
Ⅶ	九州地方の縄文集落と「縄文文化」	〈水ノ江和同〉

シリーズ縄文集落の多様性 II
葬墓制

■内容■

縄文時代の葬墓制研究の諸問題 〈鈴木克彦〉
I 北海道北部の縄文集落の葬墓制 〈藤原秀樹〉
II 北海道南部の縄文集落の葬墓制 〈遠藤香澄・鈴木克彦〉
III 東北地方北部の縄文集落の葬墓制 〈鈴木克彦〉
IV 東北地方南部の縄文集落の葬墓制 〈相原淳一〉
V 関東地方の縄文集落の葬墓制 〈鈴木保彦〉
VI 北陸地方の縄文集落の葬墓制 〈木下哲夫・渡邊裕之〉
VII 中部地方の縄文集落の葬墓制 〈山本暉久〉
VIII 東海地方の縄文集落の葬墓制 〈長田友也〉
IX 近畿地方の縄文集落の葬墓制 〈中村健二〉
X 中国・四国地方の縄文集落の葬墓制 〈山田康弘〉
XI 九州地方の縄文集落の葬墓制 〈水ノ江和同〉
XII 南西諸島の縄文集落の葬墓制 〈新里貴之〉

シリーズ縄文集落の多様性 III
生活・生業

■内容■

総論―生活、生業施設に関する諸問題 〈鈴木克彦〉
I 北海道の縄文集落の生活と生業 〈西脇対名夫〉
II 東北地方北部の縄文集落の生活と生業 〈金子昭彦〉
III 東北地方南部の縄文集落の生活と生業 〈新井達哉〉
IV 北陸・中央高地の縄文集落の生活と生業 〈戸田哲也・綿田弘実・前山精明〉
V 関東地方の縄文集落と貝塚 〈小川岳人〉
VI 東海地方の縄文集落と貝塚 〈川添和暁〉
VII 近畿地方の縄文集落の生活と生業 〈松田真一〉
VIII 中国・四国地方の縄文集落の生活と生業 〈柳浦俊一〉
IX 九州地方の縄文集落の生活と生業 〈雨宮瑞生・桒畑光博・金丸武司・相美伊久雄〉
X 奄美・沖縄地方の縄文集落の生活と生業 〈盛本 勲〉